2015
闽台文化发展报告

主编 ◎ 丁智才 林义斌 宋西顺

Mintai Wenhua
Fazhan Baogao

图书在版编目(CIP)数据

闽台文化发展报告.2015/丁智才等编.—厦门：厦门大学出版社，2015.12
ISBN 978-7-5615-5794-5

Ⅰ.①闽… Ⅱ.①丁… Ⅲ.①文化发展-研究报告-福建省-2015 ②文化发展-研究报告-台湾省-2015 Ⅳ.①G127.57 ②G127.58

中国版本图书馆CIP数据核字(2015)第254421号

官方合作网络销售商：

厦门大学出版社出版发行

(地址：厦门市软件园二期望海路39号　邮编：361008)
总　编　办　电　话：0592-2182177　　传真：0592-2181406
营销中心电话：0592-2184458　　传真：0592-2181365
网址：http://www.xmupress.com
邮箱：xmup@xmupress.com

厦门集大印刷厂印刷

2015年12月第1版　2015年12月第1次印刷
开本：720×1000　1/16　印张：28　插页：1
字数：458千字　印数：1～1 000册
定价：50.00元

本书如有印装质量问题请直接寄承印厂调换

编委会

编撰单位：

厦门理工学院文化发展研究院

台北教育大学文化创意产业经营学系

福建省社科研究基地文化产业研究中心

主　编： 丁智才　林义斌　宋西顺

撰稿人：（按姓氏笔画顺序）

王怡惠　王新衡　刘　枭　吴应其　吴俞萱

陈荣俊　陈明贤　陈惠美　陈秋英　陈禹安

张玉汉　张家宁　张淑华　肖绯霞　杨晓华

林江珠　林朝霞　赵　梅　俞龙通　柯勇全

涂宏明　黄玉妹　黄金洪　黄佳仪　谢　十

程　玥　曾千豪　赖守诚　谭继镛　蔡清毅

摘　要

《闽台文化发展报告(2015)》聚焦闽台乡土文化与乡村发展,将传统的乡土文明放在现代经济社会发展,特别是文化创意时代,趋势下进行考察,及时反映两岸,特别是闽台农村发展成果、乡土文化际遇,填补了闽台迄今尚无乡土文化发展专题报告的空白。

《闽台文化发展报告(2015)》由"总报告""福建探索篇""台湾经验篇""典型案例篇""文创视野篇"五大部分构成。整体分析闽台乡土文化的挑战与机遇、发展状况与典型案例,以宽广的时代视野、深切的人文关怀,生动展示两岸(特别是闽台)的农业、乡村与乡土文化发展的历程、经验、问题、最新成就与未来趋势。"福建探索篇"重点关注福建乡村公共文化建设、新型城镇化与传统村落保护、民宿业发展、田园经济与乡村旅游。"台湾经验篇"分析台湾农村再生自主营造、再生培根计划、农村节庆活动推展、农村社区产业发展与辅导等乡村发展经验。"典型案例篇"精选闽台各五个最具代表性的乡村进行剖析。"文创视野篇"从更广的视野关注两岸文创产业园区、创意生活化、遗产活化、聚落有机发展等问题。

在分析两岸及闽台乡土文化发展时,报告尽量以2013—2014年两岸及闽台经济社会发展,特别是农村发展,的年度数据为核心,研究闽台乡土文化与农村发展特点,注重学理分析、经验探讨、资料统计、案例研究,突出专题性、方向性、实践性、对策性,为闽台乡土文化保护传承与农村发展提供理论与实践依据。

报告指出:乡土文化是联系闽台两地最原始、最核心的纽带之一。在现代文化强烈的冲击下,以传统农业文明为指证的乡土文化在新的时代遭遇困境,也蕴育新的机遇。台湾乡村"生活、生产、生态"的永续经营概念,由"传统的农村""社区总体营造下的农村""重建再生的农村"到"休闲农业的农村",从产业转型为文化,从传统走向精致化,逐渐成为台湾人的一种生活方式。福建人均GDP已超过1万美元,虽然经济社会发展进入"发达状态",但农村居民人均可支配收入12 650元,占人均GDP的比重偏低,新农村建设、新型城镇化、美丽乡村建设、田园经济快速发展,未来潜力巨大、空间广阔,可借鉴台湾的成功经验,推动闽台乡土文化发展优势互补,达到共生共荣。

报告认为:在现代文创新时代,闽台丰厚的乡村文化资源与现代创意产业嫁接,发挥比较优势,打造乡村经济,推动区域发展,以活化的乡土文化,共推乡土文明的勃兴。处于快速发展的东部沿海地区,闽台乡土文化的际遇具有中国乡土文化发展的典型意义。

《闽台文化发展报告(2015)》由厦门理工学院文化发展研究院与台北教育大学文化创意产业经营学系联合编撰。

目 录

总报告

乡土闽台：文化的重塑与活化 …………… 丁智才　林义斌　宋西顺 / 002

福建探索篇

当前福建省乡村公共文化建设的现状与问题 …………………… 程　玥 / 032
福建古村落民宿业发展研究报告 ……………………………… 林江珠 / 056
福建新型城镇化与传统村落保护研究报告 ……………………… 丁智才 / 069
两岸田园经济：从前工业时代向后工业时代的跃进 …………… 林朝霞 / 086
福建省"森林人家"乡村旅游模式发展研究报告 ………………… 刘　泉 / 101

台湾经验篇

台湾农村节庆活动推展 ………………………… 陈惠美　涂宏明 / 114
台湾农村再生自主营造推动经验 ………………………… 柯勇全 / 134
让乡土美好的重塑被体会：台湾乡村发展的新转向 …………… 赖守诚 / 156
台湾农村再生培根计划发展历程与未来展望 …………………… 陈荣俊 / 172
农村社区产业发展与辅导实务 …………………………………… 陈明贤 / 194

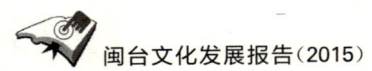

典型案例篇

闽南传统村落旅游发展与文化保护的实践
　　——以龙海市埭美村为例 ································ 吴应其 / 220
自然与人文的和谐共存——下梅古村落 ················· 黄玉妹 / 231
画里的村庄
　　——连城培田古民居的动态传承 ···················· 杨晓华 / 241
闽东"十美村庄"文化遗产的传承与保护
　　——屏南县漈头村 ······································ 肖绯霞 / 250
福建农业旅游化探索——东南花都 ······················· 陈秋英 / 261
低碳生态茶乡
　　——来自台湾新北市坪林乡实践 ···················· 蔡清毅 / 270
黄金稻穗与水车的故乡——新竹南埔 ·········· 黄佳仪　张家宁 / 288
原乡新时尚
　　——花东地区"原住民"文化创意产业 ············· 王怡惠 / 298
苗栗县农村旅游发展策略
　　——以大三通苑为例 ··································· 曾千豪 / 311
台湾客家庄区域发展策略：闲置旧教堂转型为社会企业的
　　行动研究 ··· 俞龙通 / 332

两岸文创视野篇

闽台文化创意产业园区发展研究 ··························· 黄金洪 / 348
佛教旅游胜地的机会教育
　　——以南普陀寺导览为例 ····················· 谭继镛　赵　梅 / 368
文化经济六产化
　　——创意生活产业关键报告 ·························· 张淑华 / 380

目录

台湾近代制糖产业遗产活化
　　——以蒜头糖厂暨周遭制糖产业遗产群为例 …………… 王新衡 / 398
鼓乐文化与园区经营
　　——台南十鼓文创园区 ………… 谢　十　陈禹安　吴俞萱 / 415
台北宝藏岩共生聚落有机发展之个案探讨 …………………… 张玉汉 / 430

总 报 告

乡土闽台：文化的重塑与活化[*]

丁智才　林义斌　宋西顺

摘　要： 乡土文化起源于农业社会，是传统文化的重要组成部分，具有多重重要价值。闽台两地五缘相亲，乡土文化是联系闽台两地最原始、最核心的纽带。在现代文化强烈的冲击下，以传统农业文明为指征的乡土文化在新的时代遭遇困境，但也有新的机遇，成为两岸，尤其是大陆，近年来政治、经济、社会、文化建设关注的重点。台湾农业，结合"生活、生产、生态"的永续经营概念，由"传统的农村""社区总体营造下的农村""重建再生的农村"到"休闲农业的农村"，从产业转型为文化，从传统走向精致化，逐渐成为一种生活方式，形成独具风情的乡村。2014 年，福建人均 GDP 达到 1 万美元，虽然经济社会发展进入"发达状态"，但居民人均可支配收入仅 23 331 元，农村居民人均可支配收入仅 12 650 元，居民人均可支配收入占人均 GDP 的比重仅为 37% 左右，距离发达国家 55% 左右的平均水平仍有不小的距离。福建丰厚的乡村文化资源亟需与现代创意产业嫁接，活化乡土文化形态，打造乡村经济的新增长点，推动区域经济增长，重塑乡土文明。处于快速发展的东部沿海地区，闽台乡土文化的际遇具有中国乡土文化发展的典型意义。

关键词： 闽台；乡土文化；农村发展；重塑与活化

---

[*] 丁智才，博士，厦门理工学院文化产业学院教授；林义斌，博士，台北教育大学创意产业经营学助理教授；宋西顺，厦门理工学院文化产业学院副院长、副教授。本文系福建省社会科学研究基地重大项目"福建新型城镇化与文化产业融合发展研究"（项目批号 2014JDZ039）阶段性成果。

中国乡土文化源远流长,广大农村则是滋生培育乡土文化的根源和基因。近年来,农村在遭受较长时期的遮蔽甚至破坏之后,获得前所未有的关注和难得的机遇。2014年,中国大陆GDP达636 139亿元,其中第一产业占9.16%,第二产业占42.64%,第三产业占48.19%。大陆总人口为136 782万,其中城镇人口74 916万,增加1 805万,农村人口61 866万,减少1 095万,正从农业国家向现代化工业国家转变,农村与乡土文化面临着更大考验和新的发展机遇。台湾农业的年产值近新台币4 800亿元,农业从业人口约54万人,占全台总人口数的5%,农业GDP占全台总GDP比重约1.8%,如加计农业相关加工和休闲等二三级产业,总生产值占全台GDP约11%。在早已完成现代工业转型的台湾,农业在粮食供应、农村发展及环境生态保育等方面,扮演极为重要的角色,丰厚的乡土文化资源与现代产业嫁接,从产业转型为文化,从传统走向精致化,逐渐成为台湾人的一种生活方式,形成独具风情的乡村。

一、乡土文化的价值与意义

(一)乡土文化的内涵

乡土文化起源于农业社会,是广大劳动人民共同创造和传承的民间文化。作为传统文化的重要组成部分,乡土文化的核心在于"土",即土地,乡土社会结构的深厚根基深藏于农耕经济,经济活动黏着在土地上,围绕着土地制度,衍生形成相应的分配制度及一整套相关制度,衍生出更为抽象的文化形态。

乡土有界,文化无疆。由于长期处于农业社会,中国社会过去大多数人依靠土地而生存,中国的文化特征与自然与"乡土"连接在一起,带有浓厚的乡土文化特征,各地区的乡土文化虽具有不同地域特色,但有一些共性,包含诸如语言、习俗、价值观、宗教信仰、社会组织形式等乡民群体祖辈形成的文化因子。费孝通先生认为:"从基层上看去,中国社会是乡土性的。"①早有学者指出:"费孝通所使用的'乡土'一词,并不仅仅是农村,而是概括了整个传统中国的特点,又赋予现代中国一种区别于西方的独特文化色彩。"②梁漱溟认为:"(中国)所有文化多半是从乡村而来,又为乡村而设——法制、礼俗、工商业等莫不如是。"③中国文化与乡村有着深厚联系,文化传统多蕴于乡村,乡土文化成为中国文化区别于西方文化的独特属性。

(二)乡土文化的价值

乡土文化的价值在现代性进程中日益彰显,萨义德说:"每一种文化的发展和维护都需要一种与其相异质并且与其相竞争的另一个自我(alterego)的存在。自我身份的建构牵涉与自己相反的'他者'身份的建构,而且总是牵涉对与'我们'不同的特质的不断阐释和再阐释。每一个时代和社会都重新创造自己的'他者'。因此,自我身份或'他者'身份绝非静止的东西。"④现代化进程虽然摧毁乡村文化的本来面目,但也凸显乡土文化的独特价值。乡土文化既孕育了中华传统文化中的一些共性因素,又涵盖具有地方特色的民风、民俗、价值观和社会意识,不但在历史上,而且在今天,都具有社会、经济、文化、审美等多重重要的价值。

乡土文化具有重要的社会价值。乡土文化以乡村显习俗与隐习俗为主要表现形式,存在于特定的地域、族群、时间、环境中,通常以道德为主要约束力,辅以法律支持维系乡村、宗族社区生产生活秩序和国家基层稳定。在历史上,乡土文化作为精神纽带,起到团结乡民群众、稳定社会和谐的重要作用。时至今日,作为人们生长、居住或是与个人发生强烈情感与认同之地,乡土文化涵盖所有的自然与社会人文背景及历史文化,是具有高度生活意义、情感及使命

---

① 费孝通:《乡土中国》,江苏文艺出版社2007年版,第5页。
② 张士闪:《乡民艺术的文化解读——鲁中四村考察》,山东人民出版社2006年版,第13页。
③ 梁漱溟:《乡村建设理论》,上海人民出版社2006年版,第108页。
④ [美]爱德华·萨义德著,王宇根译:《东方学》,三联书店2000年版,第426页。

感的地方,是人们的精神家园,"记得住的乡愁"成为现代社会中人们共同的情结。

乡土文化具有重要的文化价值。中国传统文化根在乡土,乡村居民更多地继承中华民族传统文化的精髓,许多优秀传统文化在乡村得以保存和继承,流行在田间地头,传承于农夫村妇,并内化或外显在乡村的历史变迁、历史人物、神话传说、民间故事、民间艺术、能工巧匠、竞技游艺、民俗风情、村寨文化、园林艺术、民居艺术、古镇风貌、祠堂庙宇、乡村私塾、特色饮食、生活智慧中,成为区别于城市文化最显著的标志,由此保存着完整的农业文明文化因子,展现出极具中国传统文化特色的文化价值和文化魅力。

乡土文化具有重要的经济价值。根据传统的价值链经济学分析,乡土文化也是一种从孕育营造到产业化的动态发展的价值文化。作为重要的文化资源,乡土文化在现代化、城市化的今天日益显示其珍贵价值,各地乡村旅游、田园经济、生态农业方兴未艾,获得巨大的经济效益。

乡土文化具有重要的艺术价值,"乡而不俗,土而不粗",乡土文化具有唯美性特征。我国地域辽阔,天南地北乡村众多,不同气候、土壤、环境及不同民族的生活习性,从劳作到休闲,从民居到服饰和饮食,从语言到文字,从民俗到宗教,不同的乡土文化为人们提供了一幅活生生的生活全景图,其美学思想源远流长,美学价值贯穿其中。

(三)闽台乡土文化属性与价值

乡土文化大多在特定的地域内发端、流行并长期积淀,带有浓厚的地方性色彩。民国时期的学者王伯昂认为乡土指的是:"吾人所居住之本乡本地的一切自然和人为的环境而已。"[①]因地缘、血缘等关系,闽台形成相近的区域文化内涵。作为特定区域的共性文化积淀,闽台乡土文化具有鲜明的地域特色。时至今日,乡土文化是联系闽台两地最原始、最核心的纽带,闽台两岸人民特有的价值观念、思维方式和文化素养源源蕴含在乡土文化中。

---

① 王伯昂:《乡土教材研究》,商务印书馆1948年版,第2页。

中国传统文化的乡土色彩在闽台文化中表现得淋漓尽致。从台湾的人口组成来看，福建移民占绝大多数，台湾原著居民比重极小。福建人迁移台湾，实质上是乡土文化的迁移运动。闽台乡土文化是在福建人移民台湾、开发台湾，在延续中华文化与糅合本地文化过程中形成的，由闽台人共同创造，是闽台两地共有的区域文化，体现着两岸人民同根同源、血脉相连的关系。

闽台乡土文化同根同源，闽台两地的"地缘、血缘、文缘、商缘、法缘"的紧密联系形成闽台共同的文化区。闽籍移民几乎保持着故乡的风俗习惯，有许多共同的文化特征，例如乡族观念、多神信仰、士农工商并重的价值观。两岸的文化、民俗、语言、宗教互通，在这其中，闽南乡土文化与台湾联系尤为突出，台湾闽南话即由闽南一带随着移民带到台湾，成为台湾最普及的语言，一些在台闽南人及其后裔保持着家乡的衣、食、住等生活方式，遵循着家乡的岁时年节习俗，供奉着从家乡带来的神祇，演唱着家乡的戏曲音乐，闽台风俗从此融为一体。闽南聚族而居，有很强的乡土眷恋，在一地定居，子孙繁衍，不离乡土，即使外出求生，也对故土念念不忘，修族谱、建祠堂，凝聚家族血缘关系，建立浓厚的乡土观念，寻根认祖，结社建馆，传承习俗，乡土文化是闽台人的心灵归宿。

二、乡土文化发展的环境分析

随着城市化、工业化进程的加快，传统乡土文化的发展环境逐渐改变。在现代文化强烈的冲击下，以传统农业文明为指征的延续了几千年的乡土文化在新的时代遭遇困境的同时，也拥有新的机遇。乡土文化成为两岸，尤其是大陆，近年来政治、经济、社会、文化建设关注的重点。处于快速发展的东部沿海地区，闽台乡土文化折射出的危机和新的机遇具有中国乡土文化发展的典型意义。

(一)乡土文化的危机

1.工业化、现代化进程中乡村困境

2014年,大陆GDP达636 139亿元,其中第一产业占9.16%,第二产业占42.64%,第三产业占48.19%,大陆总人口为136 782万,其中城镇人口74 916万,增加1 805万,农村人口61 866万,减少1 095万,正从农业国家向现代化工业国家转变。"城市和矿区的工业化,它引起劳动力的大量集中,使乡村的手工业和一切以木材为燃料的工业归于消灭"[①],无论是较早实现现代化的台湾,还是后发展的大陆,都大体经历了这一过程。工业化所至,使得农村人口剧减,传统村落迅速走向凋敝。

台湾的工业化进程要比大陆早,早期台湾人的主要职业就是务农,稻田、蔗田和糖厂则是中南部乡间特有的景观。到了七八十年代,台湾放开粮食进口政策,工业化和都市化发展造成农业式微、农村人口外流;加入WTO之后,糖厂再度停工,废弃的厂房像蔗田里的怪兽,丑陋而又霸道地耸立在乡间。田地休耕和劳动力老化,不仅加速农村的凋敝,许多传统产业和文化也连带逐渐失落。随着工商业快速成长,在高度工业化社会的今天,台湾非农村社区及非务农人口无论在数量或地理分布上,均有上升的趋势,造成"农村"的概念逐渐模糊,角色与功能亦逐渐改变。受台湾内部本身政经环境的影响,兼之遇上WTO的全球性农业市场自由化浪潮,更使得台湾农业贸易竞争力遭遇极大冲击,进而导致农村地区结构重组。

在工业化、现代化过程中,特别是与"工业西方"比较,乡村一般被认为是闭塞、落后的。政府鼓励农村劳动力外出务工,城市化进程又进一步加剧农村劳动力的流失和城市文化对乡村文化的侵蚀,乡土文化缺乏传承主体,乡村社区漠视乡土文化。贝尔认为,在农业文明中,由于生产力低下,人类对自然的依赖相对紧密,此时人类的主要任务是与自然接触和较量;在工业文明中,随

---

① [法]菲利普·潘什梅尔著,漆竹生译:《法国》(上),上海译文出版社1980年版,第137页。

着人类加工制作技术的发展,人类对于自然资源的开发和利用更加高端化,此时人类的主要任务是与制作加工后的人工制品进行较量;后工业社会则是一种人际活动。詹明信认为"后工业社会"的根本标志就是"自然"一去不复返,整个世界已不同以往,成为完全人文化的世界。强调标准化、统一的工业化与文化多样性、丰富性和独特性的魅力和价值存在冲突。马克思更是从资本主义制度及其生产、贸易关系等方面批判资本主义生产交易方式破坏人与地球新陈代谢,从而导致乡村生态链"无法修复的断裂"。在现代工业社会,"对农民来说,农业的历史是痛苦的发展史,因为他们的精神状态和传统制度很难适应工业社会的需要,似乎有一种经济的和社会的衰退规律在威胁着农村社会"[①]。

现代化无情地摧毁以往的乡土传统,人口的外流,瓦解了土地村落文化赖以存在的基础,城市文化快速进入村民的生活,村落中越来越多的人趋向于接受城镇的生活方式、思想观念和价值体系;加上不适宜的新农村建设整齐划一地抹杀了乡村个性,许多乡村开始了在城市他乡的迷路历程。可以说,现代化已经将乡土文化改造面目全非。

2.城镇化进程中乡土文化的流失

"都市的兴起和乡村的衰落在近百年来像是一件事的两面"[②],改革开放以来,大陆城镇化进程快速推进。截至 2014 年,大陆人口城镇化率到 53.73%,达到世界平均水平。据预测,2020 年将达到 60.34%,现在东部沿海地区已有 8 个省区超过 60%。从城镇人口、空间形态标准看,大陆整体上已进入初级城市型社会。从 2013 年大陆 31 个省级行政区的城镇化率排名看,有 18 个省的城镇化率超过 50%,12 个省的城镇化率在 35%~50%。其中上海的城镇化率达到 88.02%,排名第一;北京以 86.30% 紧随其后;天津以 78.28% 排名第三。快速的城镇化意味着村庄进入快速消亡的时期,乡土文化也

---

① [法]让·雄巴尔—德洛夫著,马四丘等译:《法国农业趣史》,农业出版社 1985 年版,第 59 页。
② 费孝通:《乡土中国乡土重建》,上海世纪出版集团 2007 年版,第 254 页。

面临更多困境。作为东部沿海的富裕省份,福建农民人均可支配收入12 650元,城镇化快速推进,2014年的城镇化率已达到61.8%,提出实现2015年城镇化率超过62.5%的发展目标。

表1 2013年大陆省级行政区城镇化率排名

排名	省级行政区	户籍人口（万人）	常住人口（万人）	城镇人口（万人）	城镇化率（%）
1	上海	1 426.93	2 415.15	2 125.72	88.02
2	北京	1 297.5	2 114.8	1 825.1	86.3
3	天津	993.2	1 472.21	1 152.42	78.28
4	广东	8 635.89	10 644	7 212.37	67.76
5	辽宁	4 374.63	4 390	2 917.2	66.45
6	浙江	4 799.34	5 498	3 461.46	62.96
7	江苏	7 553.48	7 939.49	4 989.59	62.85
8	福建	3 689.42	3 774	2 293	60.76
9	内蒙古	2 470.63	2 497.61	1 466.35	58.71
10	重庆	3 343.44	2 970	1 732.76	58.34
11	黑龙江	3 831.22	3 834	2 181.55	56.9
12	湖北	6 165.4	5 799	3 161.03	54.51
13	吉林	2 701.5	2 751.28	1 491.19	54.2
14	山西	3 571.21	3 630	1 908	52.56
15	山东	9 580	9 733.39	5 077.83	52.17
16	宁夏	630.14	654.19	340.28	52.02
17	陕西	3 926.22	3 763.7	1 931.15	51.31
18	海南	901.93	895.28	457.46	51.1
19	江西	4 503.93	4 522.2	2 210	48.87
20	青海	565.55	577.79	280.3	48.51
21	湖南	7 179.87	6 690.6	3 280.8	47.96
22	安徽	6 902	6 029.8	2 885.9	47.86

续表

排名	省级行政区	户籍人口（万人）	常住人口（万人）	城镇人口（万人）	城镇化率（％）
23	河北	7 185.42	7 332.21	3 410.55	46.51
24	四川	9 097.35	8 107	3 640	44.9
25	广西	5 240	4 719	2 115	44.82
26	新疆	2 232.78	2 264.3	1 006.93	44.47
27	河南	10 543	9 413	3 990.97	42.4
28	甘肃	2 712.99	2 582.18	1 036.23	40.13
29	云南	4 596.62	4 659	1 831.45	39.31
30	贵州	4 249.48	3 502.22	1 324.89	37.83
31	西藏	300.21	307.62	69.98	22.75

数据来源：2015年中国统计年鉴。

表2 福建省近年来人口变化情况

年份	常住人口（万人）	城镇人口（万人）	城镇人口比重（万人）	农村人口（万人）	农村人口比重（％）
2010	3 693	2 109	57.11	1 584	42.89
2011	3 720	2 161	58.09	1 559	41.91
2012	3 748	2 234	59.61	1 514	40.39
2013	3 774	2 293	60.76	1 481	39.24
2014	3 806	2 352	61.80	1 454	38.20

数据来源：2014年福建统计年鉴。

城镇化的进程，实现乡土社会的快速转型，大量村庄快速消失，大量农村人口转变为城市人口。数据显示，大陆三十年来农村劳动力非农化的平均年增长率达到8.71％，相对而言，劳动力就业的非农化转移速度要远远快于同期城镇化的速度(4.28％)。目前就总规模来说，大陆拥有农业户籍然而在城镇非农就业的劳动者超过2.3亿，且每年仍然以上千万的规模递增。[①] 城镇化通

---

① 董玉芬：《中国农村劳动力非农化转移规模估算及其变动过程分析》，《人口研究》2010年5期。

过多种手段对乡村资源进行掠夺式开发与整合,打破了乡村的社会结构和文化根基,人们失去灵魂的寄托和精神上的后花园。城镇化过程中,乡村文化并未得到有效保护,盲目建设、拆古建新、过度商业化……这些盲目性和急功近利的做法迅速解构乡土文化。传统村落快速消失,物质和非物质的乡土文化随之消失,让人触目惊心。乡村学校一再缩小,生源一再减少,作为农村文化中心的学校逐渐消失,也使乡土文化传承的纽带被切断,作为乡土文化保存、引领、传播、拓展的公共场域不复存在。乡土文化不仅失去生产与传播的主体,更失去传承的载体。

3.市场经济对乡土文化的扭曲与扼杀

乡村有着不同于城市的文明发展史,现代普世价值的推广,需要适合乡村的方法和过程,现代化、城镇化在改变农村衣食住行的同时,深刻地改变人们的思想和意识,乡土资源的整合和乡土文化的传承也显得越来越功利化。乡土的古老习俗和文化本真大多处于老少边穷的乡村,但这些乡土文化的拥有者,在社会经济文化中处于弱势地位。市场经济的进入,消费主义的蔓延,大规模的社会流动和农民地位的边缘化,使乡土文化的善良、淳朴、亲情、伦常等核心价值观念坍塌。一边是市场理性,现代竞争、利益最大化,这些市场的思维方式逐渐侵蚀乡村的价值观念和行为方式;一边是集体化的瓦解,公众舆论的沉默,孝道的流失,乡民公共事务兴趣锐减,年轻乡民不再受内在道德的约束,不再敬畏外来神秘力量,不再在乎村庄舆论的评价。虽然近年来注重农村建设,但较多注重物质层面,忽略精神层面,乡土文化的传承、保护与建设也不同程度走上畸形的商业化发展道路。

闽台处于中国相对发达的地区,特殊的地理位置、丰厚的人文底蕴和快速发展的经济,使其乡土文化的际遇有着很强特殊性和典型性;加之两岸六十多年的分治一些乡土文化正慢慢变异,有些甚至濒临消失,保护、传承闽台乡土文化刻不容缓,也是两岸人民共同的责任。处理得当,可以以其较好的经济实力和群众共识延续乡土文明;处理不好,快速的经济发展和城镇化也可能加速乡土文明的破坏。

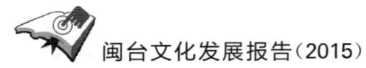

(二)乡土文化的发展机遇

早在 2005 年 10 月,大陆提出实施以"生产发展、生活宽裕、乡风文明、村容整洁、管理民主"为内容的新农村建设战略。建设社会主义新农村是现代化进程中的重大历史任务,是统筹城乡发展和以工促农、以城带乡的基本途径,是缩小城乡差距、扩大农村市场需求的根本出路,是解决"三农"问题、全面建设小康社会的重大战略举措。经过近十年的建设,农村基础设施建设取得重大进展,农村社会事业发展取得全面进步。

在建设美丽中国的背景下,2013 年中共中央一号文件中,第一次提出建设美丽乡村的奋斗目标,美丽乡村建设是新农村建设的"升级版",但又不仅仅是"生产发展、生活宽裕、乡风文明、村容整洁、管理民主"的简单复制。美丽乡村是三农发展的新起点、新高度、新平台,以多功能产业支撑农村的可持续发展,以良好的生态环境满足新时代农民守护乡村生活的愿望,以耕读文化传家实现乡土文明的更新。目前,美丽乡村建设已经形成广泛社会共识。

2013 年 12 月,中共中央城镇化工作会议指出,强调城镇化要融入现代元素,更要保护和弘扬传统优秀文化,要"让居民望得见山,看得见水,记得住乡愁"。2013 年年底召开的中共中央农村工作会议中,"乡土文化"成为新农村建设的亮点词。为传承并发扬乡土文化,2014 年年底召开的中共中央农村工作会议会议提出,积极稳妥推进新农村建设,加快改善人居环境,提高农民素质,推动"物的新农村"和"人的新农村"建设齐头并进,发挥好新型城镇化对农业现代化的辐射带动作用;着力解决好现有"三个一亿人"[①]问题,创新以城带乡、以工促农方式,引导城市现代生产要素向农业农村流动,多渠道促进农民增收;积极稳妥推进新农村建设,加快改善人居环境,提高农民素质,推动"物的新农村"和"人的新农村"建设齐头并进。2015 年 8 月,国务院印发《关于加

---

① 中央城镇化工作会议和中央农村工作会议明确提出"三个一亿人"目标。即到 2020 年,要解决约一亿进城常住的农业转移人口落户城镇,约一亿人口的城镇棚户区和城中村改造,约一亿人口在中西部地区的城镇化。

快转变农业发展方式的意见》指出,要积极开发农业多种功能,保持传统乡村风貌,传承耕读文化,加强农业文化遗产发掘与保护,扶持建设一批具有历史、地域、民族特点的特色景观旅游村镇。

几年前,乡土文化的重要载体——传统村落的保护已引起社会关注。大陆现有村庄约60万个,2012年4月,由住房和城乡建设部、文化部、国家文物局、财政部联合启动传统村落的调查,经过调查、汇总的现存具有传统性质的村落近12 000个。2012年9月,由住房城乡建设部、文化部、国家文物局、财政部联合成立由民俗学、建筑学、规划学、艺术学、遗产学、人类学等专家组成的专家委员会,评审《中国传统村落名录》。2014年,在四部局基础上联合国土资源部、农业部、国家旅游局公布第三批列入中国传统村落名录的村落名单。至此,经认定三批中国传统村落合计2 555个。在完成评估认定之后,下一阶段要更加注重保护成效的落实与民众文化自觉的提升。

表3 中国传统村落名录数量表

省市区	第一批 2012年12月20日	第二批 2013年8月28日	第三批 2014年12月3日	合计
北京	9	4	3	16
天津	1			1
河北	32	7	18	57
山西	48	22	59	129
内蒙古	3	5	16	24
辽宁			8	8
黑龙江	2	1	2	5
吉林		2	4	6
上海	5			5
江苏	3	13	10	26
浙江	43	47	86	176
安徽	25	40	46	111
福建	48	25	52	125

续表

省市区	第一批 2012年12月20日	第二批 2013年8月28日	第三批 2014年12月3日	合计
江西	33	56	36	125
山东	10	6	21	37
河南	16	46	37	99
湖北	28	15	46	89
湖南	30	42	19	91
广东	40	51	35	126
广西	39	30	20	89
海南	7		12	19
重庆	14	2	47	63
四川	20	42	22	84
贵州	90	202	134	426
云南	62	232	208	502
西藏	5	1	5	11
陕西	5	8	17	30
甘肃	7	6	2	15
青海	13	7	21	41
宁夏	4			4
新疆	4	3	8	15
合计	646	915	994	2555

数据来源:根据历次中国传统村落名录整理。

中国传统村落名录既是对入选村落历史文化价值的认定,也是保护名单。中央财政将用三年时间集中投入超过100亿元,推动传统村落保护工作。其中327个村落列入2014年第一批中央财政支持范围,经费16.8亿元,每个传统村落保护经费300万,中央投入7亿元用于村落文物文化遗产的保护。

传媒也对乡土文化给予充分关注。中央电视台七套《乡土》栏目是以反映各地风土人情,挖掘民间文化,展示乡土特色的生活类电视栏目,备受观众喜爱，拥有很高的收视率。2014年6月，由中宣部、住房和城乡建设部、新闻出版广电总局、国家文物局组织实施，中央电视台组织拍摄的百集大型纪录片《记住乡愁》启动，列入国家历史文化传承工程和历史文化纪录片工程重点项目，于2015年1月1日正式推出。项目以"关注古老村落状态，讲述中国乡土故事，重温世代相传祖训，寻找传统文化基因"为宗旨，展现传统村落优美和谐的自然环境、布局合理的人文景观、丰富多彩的民风民俗、独具特色的乡土之物、深沉丰厚的文化积淀，梳理传统村落的历史发展脉络，通过传承千百年的村规民约、家风祖训，找寻、探索民族文化的精髓，深入挖掘和阐述中华优秀传统文化的时代价值。通过记录传统村落村民的发展状况和生活状况，展现优秀传统文化在民间的延续和发扬，探寻古老文明以怎样的形式"活"在当下。其中，被誉为"福建民居第一村"的培田村以"敬畏之心不可无"为题成为开播第一集。

三、闽台乡土文化发展现状

（一）台湾乡土文化发展

台湾农耕面积占全岛土地面积的1/4，全岛现有人口2300余万，其中农业人口400多万，全台有368个乡镇，成就精彩而丰富的台湾农业。数百年来，台湾的农业不仅喂养了不同时代的台湾人，更随着时代的变迁，结合"生活、生产、生态"的永续经营概念，从产业转型为文化，从传统走向精致化，逐渐成为台湾人的生活方式。台湾农村从"传统的农村""社区总体营造下的农村""重建再生的农村"到"休闲农业的农村"，呈现出多元面貌，目前其农业现代化发展水平已接近发达国家的平均水平，乡村经过二三十年精心营造，各自形成独具风情的台湾乡村。

1.先进的农村发展理念

台湾对发展现代农业建设现代农村极为重视，从县到乡、从上到下，形成完整的现代农业管理和辅导体系。大到政策法规的制定、发展规划的编制、公共基础设施的建设,小到产学研机构与农村的对接、资金补助的安排、支农贷款的办理、农民的技术培训、信息服务的提供、农产品的销售……充分围绕"特色、科技、精细、休闲"的农村发展理念来实施,其崇尚自然、保护自然、融入自然、彰显特色、提高文化内涵的乡村建设理念值得借鉴。

始于20世纪90年代初,以"发展农业、照顾农民、建设农村"为宗旨的台湾富丽农村建设在建设规划、资金扶持和策略推动等方面积累了许多成功经验。90年代初台湾当局提出发展"精致农业""休闲农业"的构想,利用有限的资源总量走出技术含量高、农产品附加值大的现代农业之路。花露休闲农场、魔法休闲农场、关西金勇DIY休闲农场等休闲农业基地,从简单的农业生产拓展为集种植、教育、娱乐于一体的生态庄园,农业逐步由第一产业拓展为第一、三融合的产业,逐步为社会广泛认知和认同。

2.乡村区域特色化显著

台湾的乡村改造根据自身拥有的优势资源进行,尽可能融入当地传统文化特色。一方面,积极辅导农民成立产销班、合作社,配合政策导引、成立生产专区,大规模种植进口替代、有机或具市场竞争力的作物,促使农业品质和获利提高,逐渐摆脱弱势产业的地位;另一方面,为了保存传统农村价值和发展文化产业,也透过推广"一乡镇、一特色"和"地产地销"的观念,结合各地食材、农特产品和地方文化与旅游元素等,开发精品伴手礼和地方特色产业,例如酒庄、茶叶专区、竹艺园区,提高农产品的附加价值。

一乡一品、一村一色,彰显台湾农村区域化生产格局。1989年,台湾经济主管部门中小企业处推出"OTOP"计划,"OTOP",意指 One Town One Product(一乡镇一特产,即一乡一品)。"OTOP"计划源自于日本"一村一品"运动(OVOP,One Village One Product),台湾"OTOP"计划通过扶植地方特色产业,遴选出具备国际市场发展潜力的公司和产品,使台湾各地特色产品真正走向国际,以实现带动地方积极发展、促进地方就业、拉动消费、乐活台湾等目标。所开发出的特色产品具备历史性、文化性、独特性、唯一性等特质,所涉及的产品范围广泛,涵盖工艺品、食品和景点等,为地方建设和经济发展注入新的活力。按不同的区域条件,规划布局"一乡一品""一村一休闲"等相对集中、优势明显的区域化生产格局,使每个县、乡都有各自独特的优势、知名的品牌,每个农会都有自己的特色农产品,打造区域优质品牌,培育和塑造诸如苗栗县公馆乡红枣产业、大湖乡草莓产业、三义乡木雕产业、卓兰镇花卉产业、新竹县关西镇西红柿和仙草产业、桃园县新屋乡大米产业等产业和文化创意品牌,形成现代农业特色产业,实现农业发展与人居环境的和谐共存。

3.休闲观光农业发展迅速

台湾休闲农业始于20世纪80年代,在台北市木栅区指南山上,由53户茶农建立全台第一个观光农园。休闲农业是结合生产、生活与生态三位一体的农业,在经营上结合农业产销、技工和游憩服务等三级产业于一体的农业企业,是农业经营新形态,以教学体验、风味餐饮、乡村旅游、生态体验、果园采摘和农作体验以及民宿、蔬菜采收、农业展览、民俗技艺体验、林牧渔场体验、农村酒庄和市民农园为主要内容,具有经济、社会、教育、环保、游憩、文化传承等多方面的功能。

台湾休闲农业突破传统农业的范围,借用当地自然、文史资源,借用特有的农村生产、景观,融合旅游、餐饮等进行综合经营,为人们提供休闲服务。作为农业延伸至服务业的新产业,休闲农业有别于传统农家乐,休闲农庄大多主题鲜明,个性突出,创新不断。近年来,休闲及观光农业受到极大的欢迎,透过整合各地农渔产业的特色、文化节庆、农渔村的人文资源及自然景观等,带动休闲农业旅游的热潮,吸引愈来愈多的国内外游客亲身体验台湾农村丰盛的滋味。比如根据农委会委托台湾休闲农业学会进行的休闲"观光、呷茶、亲近自然"成为坪林乡茶产业发展的生动实践。坪林乡拟订未来发展的方向,主要是以产业观光及生态旅游作为发展主轴,规划出深度、优质、体验、生态、可承载的,让游客多元消费的旅游方式,成为坪林观光事业整合规划的方向。

4.文化创意的介入融合

传统文化挖掘、文化创意融入休闲观光农业是台湾农业的一大特点。台湾农业在从传统农业向现代农业发展过程中,历史、文化、乡土等元素不断融合,形成以农业为主体,体现农业多功能性特有的农业产业文化。如苗栗县公馆乡石墙村的农耕壁画、三义木雕博物馆等。经过十余年,今日台湾的农业已经摆脱初级农林渔牧的生产,也不再满足于农产加工,而是以强化创新加值和跨域整合、打造"新价值链农业"为策略目标,朝向"小而美"的特色型产业发展,透过自由化与国际接轨,强化农业竞争力,拓展全球商机。例如"观赏鱼产业"不断研发新品种,也积极发展周边设备和资材,已经是台湾极具竞争优势的出口产业;从传统作物中提炼萃取保健机能成分,开发生物医学的用途"生医科技";或者利用各种生产技术进行农作物的产销调节等,都是台湾现代农业发展的新趋势。

创意产业的介入,既有政府的辅助提振,也离不开业者自强变通的努力。许多传统产业今天都呈现新风貌,宜兰县的宜兰饼,开放游客参观制产流程并可亲手体验制饼的乐趣,变成深度游的新形式。桃园市的石门水库以活鱼料理闻名,近些年不但料理种类越来越多,从早期的红烧、砂锅鱼头、豆瓣三吃,渐渐演变出上百种吃法。许多餐厅景观很有特色,还拥有自己的品牌故事。信义乡的梅子梦工厂,以文创思维成功转型,发展成为梅子种植、产品加工、梅子休闲观光和梅子文化创意在内的新兴产业链,不仅为当地带来巨大的经营收益,也成为独具特色的梅子产业文化。在改造乡村的过程中,传统和新都是辩证的,垃圾也是放错了地方的资源。改造中尽可能体现传统的乡土文化,实际上会带来新的发展机会。

5.台湾农会功不可没

近年来,为了提高粮食自给率,繁荣农村发展,让农业注入新活力,台湾地方政府推出一系列政策,鼓励年轻人回流农村,活化休耕农地,凝聚社区共识,已经慢慢展现出成果。例如:为吸引青年返乡,项目辅导青年农民,提供贷款或设备补助等协助,透过"农民学院"办理教育训练;政府在全台各地设置"农业试验改良场",担负农业推广、培训以及栽培辅导、病虫害防治等工作;此外,辅导设立"农民组织",例如农会、渔会或农田水利会,办理农业推广、供销、信用、保险等业务,扮演政府与基层农民沟通服务的中介。

农会助推农村发展,农会收入的65%用于农业推广和文化福利事业,农会深入基层农村,以保障农民权益、提高农民知识技能、促进农业现代化、增加生产收益、改善农民生活、发展农村经济为宗旨,农会成为具有政治性、教育性、经济性、社会性等功能的农民组织。农会组织网络健全、管理规范,是台湾分布最广、影响最大、最为完善、功能最为齐全、运行十分规范的农民自助组织,在组织农民、服务农民、引导农民等方面发挥重要作用。农会的职能涵盖农业政策,农技,农产品的加工、运输、经销、推广,农户权益保障,介入涉农企业的项目资金投资等各个领域。

6. 以社区营造联结人与土地的感情

乡村要变美,除了要有规划,还要有文化,更要有人才,是个综合工程。自20世纪70年代起,台湾经济开始起飞,经过二三十年后,农村也出现过人口流失、农地废耕及环境污染等衰败现象,城乡差距日益加大。一些有识之士意识到这一问题,1993年台湾省文化建设委员会提出"社区总体营造"的施政方针。

所谓小区营造,通常是小区居民自发的行动,依托于小区的自然和人文资源,做出适当规划,再加以建设。南投县埔里镇的桃米小区是个经典例子。1999年台湾发生大地震,桃米几成废墟。重建完成后,当地人士思考认为,重建后若还是留不住年轻人,重建完成的桃米还是个废墟。于是当地人邀请专业人士前来提供对策。调查后发现,这个因经济不振而低度开发的桃米,竟是个生态宝库,台湾29种蛙类,这里就有23种;156种蜻蛉类,这里有65种;418种蝴蝶,这里有151种。于是,桃米小区就以生态为核心进行改造。经过15年的努力,桃米成为一个生态村,结合生态旅游、生态解说、民宿、餐饮、工艺等产业活动,成为台湾热门的生态景点,每个月还有超过3 000人的国际观光客,桃米为当地人口创造了1/4的就业机会,每年创造的产值超过2 000万元。年过八旬的老荣民,因为晚景无聊,就用彩笔在眷村墙上涂鸦,这些涂鸦不仅色彩缤纷,而且童趣盎然,浓缩了一代人的历史记忆,经媒体报道后,竟成旅游热门,颇具传奇色彩的台中"彩虹眷村"。

台湾社区营造行动至今仍方兴未艾,产生的效益有产业的,有文化的,有生态的,对社会安定和民间活力也贡献良多,更重要的是,让社区居民意到"人与土地"的联系。

(二)福建乡土文化发展

福建处于东南沿海,东隔台湾海峡与台湾省相望,全省土地总面积12.4万平方千米,海域面积13.6万平方千米,山地、丘陵占全省总面积的80%以上,素有"八山一水一分田"之称。作为著名侨乡和台湾汉族同胞祖籍地,旅居世界各地的闽籍华人、华侨达1 088万人,在港澳的闽籍同胞123万人,台湾汉族同胞中80%以上祖籍福建。截至2014年,福建省常住人口为3 806万人,其中城镇常住人口2 352万人,占总人口比重为61.8%。2014年,福建省实现地区生产总值24 055.76亿元,其中,第一产业增加值2 014.91亿元;第二产业增加值12 515.36亿元;第三产业增加值9 525.49亿元。人均地区生产总值63 472元,突破1万美元大关,达到10 376美元。按照世界银行不同阶段的收入标准,人均GDP达到1万美元后,标志着一国或地区的经济社会发展开始进入"发达状态"。但福建居民人均可支配收入23 331元,农村居民人均可支配收入12 650元,城镇居民人均可支配收入30 722元,居民人均可支配收入占人均GDP的比重仅为37%左右,距离发达国家55%左右的平均水平仍有不小的距离。在推进乡村建设、乡土文化发展方面,具有典型意义。

1.名镇名村建设

历史文化名镇名村,由建设部和国家文物局自2003年启动评选,对保存文物特别丰富且具有重大历史价值或纪念意义的、能较完整地反映历史时期传统风貌和地方民族特色的镇和村进行扶持建设。名镇名村是福建历史文化遗产的重要组成部分,反映不同时期、不同地域、不同经济社会发展阶段村庄部落形成和演变的历史过程,是乡土福建的典型化代表和福建多元文化发展历史的活化石,也是福建丰富灿烂文化积淀的反映。2014年3月,住建部、国家文物局公布了第六批中国历史文化名镇(村)名单,全国共有71个镇、107个村入选。福建宁德杉洋镇等6个镇、龙岩新罗区万安镇竹贯村等13个村榜上题名。比如"青砖小瓦石板路,袅袅畲歌半月香"的霞浦县溪南镇半月里村,是一个有300多年历史的纯畲族村落,至今留有独特的畲族古建筑风貌与畲族传统节日、小说歌、婚庆祭祀礼仪等畲族的非物质文化遗产。截至2014年,福建拥有42个国家级、74个省级名镇名村。其中国家级名镇13个、名村29个,省级名镇(乡)28个、名村46个。

此前,为了保护发展名村名镇,福建编制和实施《福建省"十二五"历史文化名镇名村保护设施建设规划》,旨在加强福建名镇名村保护工作,保持传统村落格局和建筑风貌的完整,改善基础设施和环境条件,建立保护与发展的协调机制,继承和弘扬八闽优秀传统文化,丰富人民群众精神文化需求,促进经济社会协调发展,全面推进新农村建设。2014年12月,制定了《福建省历史文化名镇名村评选办法》,按照《历史文化名城名镇名村保护条例》要求,组织评选福建省历史文化名镇名村,以更好地保护、继承和发扬优秀建筑历史文化遗产,弘扬民族传统和地方特色,促进乡村历史与文化的传承和延续。按照历史价值、风貌特色、原状保存程度、现状具有一定规模等评选出省级历史文化名镇名村,对未来五年福建名镇名村保护设施建设的总体要求、目标、任务和工作重点。福建省住建厅、文化厅等还联合制定《关于重点扶持历史文化名镇名村保护和整治的指导意见》《福建省历史文化名镇名村保护和整治导则》,编制了《福建省历史文化名镇名村保护与发展规划》,在技术指导、资金投入、用地保障等方面出台一系列支持政策,为传统村落保护利用提供了重要保障。《福建省历史文化名城名镇名村保护条例》立法工作也已被列入2015年福建省立法计划。从2014年起,福建省结合开展宜居环境建设,每年对10个重点历史文化名镇名村实施整体保护、环境整治和景观提升工程,福建省财政每年投入达5 000万元,市县财政相应配套。

特色景观旅游名镇名村建设也正在展开。为加强特色景观资源保护,促进特色发展,从2009年起,住房城乡建设部、国家旅游局开展全国特色景观旅游名镇(村)示范工作,把尊重自然山水格局,尊重村镇历史格局,尊重本地历史文化和建筑风格,尊重游客和当地村民文化需求作为特色景观资源保护的基本要求,加强对自然风光和历史文化遗产的保护,加强对具有地方特色的田园风光、传统村镇格局和形态、民间工艺、特色餐饮、民俗节庆、戏曲曲艺等资源的挖掘和保护,整合国家有关资金项目,加大对名镇名村的倾斜和支持,创新旅游发展模式,通过补贴改造家庭旅馆,补助支持特色商品和特色餐饮等方式,把发展旅游接待服务与改善居民居住条件、提高居民收入结合起来,增强村民参与名镇名村示范建设的积极性。自2009年以来,全国评选出3批共553个入选特色景观旅游名镇名村,福建16个镇村榜上有名,其中名镇9个,名村7个,名村分别为连城县宣和乡培田村、长泰县马洋溪生态旅游区山重村、漳平市赤水镇香寮村、长乐市航城街道琴江村、尤溪县洋中镇桂峰村、晋江市金井镇围头村、武平县城厢镇云礤村。这些村落在保护自然环境、田园景观、传统文化、民族特色、特色产业等资源,促进城乡统筹协调发展,促进城乡交流,增加农民收入,扩大内需,促进农村经济社会的全面发展等方面走在福建前列。

2. 传统村落保护

传统村落传承着中华民族的历史记忆、生产生活智慧、文化艺术结晶和民族地域特色,维系着传统文明的根,寄托着中华各族儿女的乡愁。在中国传统村落评选中,福建省共125个传统村落进入名录,第一批48个,第二批25个,第三批55个,在全国排第六,东部沿海地区排第三。

2014年4月,住房城乡建设部、文化部、国家文物局、财政部出台《关于切实加强中国传统村落保护的指导意见》,通过中央、地方、村民和社会的共同努力,用三年时间,使列入中国传统村落名录的村落文化遗产得到基本保护,具备基本的生产生活条件、基本的防灾安全保障、基本的保护管理机制,逐步增强传统村落保护发展的综合能力。其中,保护并合理利用文化遗产是传统村落保护的主要任务。要求保持传统村落的完整性、真实性、延续性的前提下,挖掘社会、情感价值,延续和拓展使用功能,挖掘经济价值,发展传统特色产业和旅游。2014年7月,公布第一批列入中央财政支持范围的中国传统村落名单,福建有包括龙岩市连城县宣和乡培田村等16个村庄入选。2014年12月,第二批列入中央财政支持范围的中国传统村落名单中,以南靖县书洋镇田螺坑村为代表等16个福建村落入选。

3. 新农村建设

2005年以来,大陆提出实施新农村建设战略,"生产发展、生活宽裕、乡风文明、村容整洁、管理民主"是新农村建设的要求,也是其总体目标。

近十年来,福建新农村建设取得显著成效,编制和实施《海峡西岸社会主义新农村建设五年规划纲要》,对落实科学发展观,统筹城乡发展,促进农村经济社会持续快速健康发展,加快推进海峡西岸经济区建设,具有重要而深远的意义。福建在新农村建设中,因地制宜建设一批城市人向往、农村人留恋的美丽乡村。连续几年下派干部进驻发展薄弱村担任第一村支书,安排100个省级企业为农村投资100个亿,市县乡三级财政向农村基础设施建设倾斜。从统计表可以看出,近年来农村农户投资虽然占全社会固定资产投资并不太高,但增速明显,农村居民收入更是稳步提升。

表4 主要年份福建全社会固定资产投资

(单位:万元)

年份	全社会固定资产投资额	固定资产投资	农村农户投资	全社会固定资产投资比上年增长(%)
2010	82 734 186	80 673 339	2 060 847	30.0
2011	101 194 678	98 856 652	2 338 026	27.1
2012	127 096 604	124 522 414	2 574 190	25.5
2013	155 268 688	152 452 358	2 816 330	22.2

数据来源:2014年福建统计年鉴。

表5 城乡居民家庭人均收入

年份	城镇居民人均可支配收入(元)	实际比上年增长(%)	农村居民人均可支配收入(元)	实际比上年增长(%)
2010	21 781	8.0	7 427	7.5
2011	24 907	8.7	8 779	12.3
2012	28 055	10.0	9 967	10.8
2013	30 816	7.0	11 184	9.7

数据来源:2014年福建统计年鉴

但随着经济社会发展和人民生活水平提高,农村精神文明建设长期滞后,亟待提高。物质生活的不断丰富与居住环境较差、精神生活相对匮乏之间形成强烈反差,承袭与保护乡村历史文化,是建设个性化的新农村必须考虑的问题。

4. 美丽乡村建设

2013年中共中央一号文件中第一次提出建设美丽乡村的奋斗目标,美丽乡村建设是新农村建设的"升级版"。2013年2月,农业部发布《关于开展美丽乡村创建活动的意见》,正式启动美丽乡村创建工作。同年,福建被确定为美丽乡村标准建设试点省份。

推进美丽乡村建设,福建住房城乡建设厅、农业厅起草《关于推进美丽乡村建设的指导意见》要求各地分类推进美丽乡村建设。2014年10月,福建发布《美丽乡村建设指南》。作为福建美丽乡村建设标准,《指南》根据"百姓富、生态美"有机统一的战略要求,借鉴台湾"富丽新农村"建设经验,在区别于城市建设、尽可能保留现有乡村原貌基础上,规定村庄规划、村庄建设、生态环境、产业发展、公共服务、文体建设、乡风文明、基层建设、长效管理等九个方面内容,提炼了33项量化指标,是对美丽乡村标准化建设模式的创新,意在破解"千村一面",使美丽乡村建设保得住传统、留得住特色、记得住乡愁。

福建美丽乡村创建工作强调"规划先行",让广大村民参与规划,强化村民在美丽乡村建设中的主体作用。坚持不大拆大建、不套用城市建设标准、不拘泥于统一模式的"三不"原则。注重以经营乡村为目标,以产业转型为途径,坚持把生产发展放在美丽乡村建设的首位,不断增加村集体和农民的收入,提高建设美丽乡村的投入能力。注重文化传承,促进美丽乡村建设内涵发展。根据计划,在建设美丽乡村方面,以保护乡村原始风貌、保留村庄原有形态为前提,加强统筹规划,实施串点连线,连线扩面,分片推进的美丽乡村建设,努力形成一村一韵、一村一景、一家一品的建设格局。重点推进重要通道沿线、重要流域沿线、重点区域周边和具有特殊意义的村庄整治建设,加强试点小城镇、风景名胜区等周边的村庄和历史文化名镇名村、中国传统村落、乡村旅游资源丰富的村庄建设。计划2015年树立美丽乡村示范村100个,重点改善提高10个历史文化名镇名村。2016年、2018年前分别建成300个、500个美丽乡村示范村,逐步形成美丽乡村景观带。

5. 乡村公共文化建设

福建作为大陆改革开放的前沿和民间文化保存较为完整的省份之一,乡村公共文化在经济社会发展中始终扮演着关键角色。近年来,随着海峡西岸经济区建设步伐的加快和新农村建设的深入发展,福建农村居民的物质生活水平逐步提高,文化需求、文化消费能力也稳步上升,然而,农村公共文化建设的滞后,公共文化产品的供需矛盾愈发凸显,成为制约福建省农村社会经济均衡发展的重要瓶颈。

表6 近年来福建省城镇居民和农村居民教育文化支出

(单位:元)

项 目	2010	2012	2013
城镇居民教育文化娱乐服务支出	1 786	2 105	2 448
农村居民教育文化娱乐服务支出	462.17	565.83	592.78

数据来源:2014年《中国农村统计年鉴》。

自2007年以来,福建省每年安排资金3 750万元,用于新建和改扩建500个无站址和建筑面积50平方米以下的乡镇文化站。其中,省级资金计划投入1.5亿元。截至目前,已下拨资金约7 500万元,用于263个新建和改扩建项目。

表7 福建省农村文化机构规模

年份	乡镇文化站(个)	群众文化馆办文艺团体(个)	群众业余演出团(队)(个)
2010	947	117	5 343
2012	946	158	6 034
2013	977	165	7 312

数据来源:2014年《中国农村统计年鉴》。

福建省农村文化机构整体上处于规模不断扩大和稳步提高的阶段,还有很大的发展空间,群众文化馆办文艺团体的规模数量远低于乡镇文化站和群众业余演出团(队),大力推动群众文化馆办文艺团体的发展将是未来农村公共文化建设发展的重心。

6.快速发展乡村创意经济

福建四季分明,风光秀丽,海陆兼具,温和舒适,以田园风光、溪谷景观和水域河段等自然乡村旅游资源为特色,"八山一水一分田"的自然环境使得福

建省拥有良好的乡村旅游环境和发展空间,为福建乡村旅游等乡村创意经济发展提供了较好的自然资源条件和优势。

2006年,国家旅游局和福建省旅游局分别将全国及福建省的旅游主题确定为"中国乡村旅游年"和"海峡西岸乡村游",福建省旅游局还提出"海峡西岸新农村、休闲新体验"的推广口号。2007年4月,福建省为了加快发展"海峡西岸乡村游",制定《加快海峡西岸乡村旅游发展的若干意见》明确指出:到2010年,培育和建成50个旅游城镇(乡)、100个旅游村、50个工农业旅游示范点、50个A级旅游区。2011年2月,福建省旅游局联合省住房和城乡建设厅、省农业厅、省林业厅、省海洋与渔业厅等部门,共同签署了《携手发展乡村旅游战略合作协议》,特别提出"发展森林人家、休闲农庄、水乡渔村等特色乡村旅游产品"以满足福建城乡居民休闲度假需求。2014年4月,由福建省旅游局指导出品的《福建乡村旅游地图》,以简要图例形式,全面介绍福建乡村旅游资源和最精华乡村游景点;同时,较为详细地向读者推荐了65个乡村旅游点,涉及古村名镇、休闲农庄、森林人家、民俗风情、水乡渔村、乡村度假等。福建乡村旅游经营方式活,接待设施有所改善、接待能力逐渐提高,逐步向规模化、高档化方向发展。全国休闲农业与乡村旅游示范县、示范点总数均居全国前列。

从乡村的实践中也可略见一斑。2013年永春县接待乡村旅游游客20.8万人次,乡村旅游收入1.89亿元人民币。永春以宜居带宜游、以特色创精品、以示范促集群,紧扣"一村一策、突出特色"的要求,建成一批具有永春田园风光、山水特色的宜居宜游美丽乡村,让农村人留恋,让城市人向往。借助旅游的导入,乡村的价值被重新发现和定义,乡土的文化、乡村的生态、乡村的遗产、乡村的产业得以激活和复兴。

四、重塑与活化——未来乡土文化发展趋势

当经济社会的发展浪潮席卷乡村地区时,没有任何力量可以阻止乡村文化的改变。布迪厄的《文化再生产理论》一书认为,自我创造性是文化最根本

的特点,文化生命有其自我超越、自我生产与自我创造的特征,有强大的自我更新能力。乡土文化亦是如此,乡村原生环境被摧毁以后,乡村文化的传承就变成动态的过程。在三产融合、创意发展的时代,重塑乡土文化,必须进行创新性的活化,活态地进行传承发展。

(一)树立正确的乡土文化观

先要树立正确的乡土文化观,乡土文化是中华传统文化的根基,浓缩了中华传统文化的精华,承载着中华民族的历史记忆与乡愁。要防止任何文化形态的优越感和对乡土文化所采取的俯视姿态;乡土文化不仅是民族文化遗产的有机组成部分,也是我们这个民族中最大生命群体——农民的精神寄托与信仰表达的文化母体。

坚守传统村落的保护发展。保护是发展的基础,发展是保护的途径。保护不是冻结,发展也绝不止于经济。对乡土文化的保护传承必须覆盖物质的、非物质的各个领域,坚持活态保护,对乡土文化最有效的保护既要继承乡土文化传统的东西,也要适应现代生活需求创造新的东西;既要保护好原生态乡土文化,又要创造新生态乡土文化。既要传承乡土文化的"文脉",也要有选择地沿承作为乡土文化载体的"人脉",既要延承乡土文化的物质表象,也要注意延承乡土文化的精神内涵。

(二)形成乡土文化发展的合力

乡土文化发展依然是政府指导地方自上而下利用权力与资本的运作,地方政府应当给予更多的重视,增强乡土文化保护的历史责任感,加大财政投入的力度,拓宽文化继承与宣传的阵地,避免民间传统文化的断层和文化传承人才的无序流失。在还原乡土文化的本位立场和正视乡土文化的弱势状态的同时,最大限度地从保护的原则出发去因势利导,发现其价值体现;政府在资金投放、政策倾斜、社会参与、市场介入等方面,做出有力的指导和推动对乡土文化保护进行长远、科学地规划。

加强全民的乡土文化保护意识,形成乡土文化发展的合力。对乡土文化的保护,仅仅依靠个人力量或政府部门的力量显然远远不够,应当根据乡土文化保护的客观需要,明确乡土文化保护的重点内容,明确组织结构设置中的各项职责。除了从事乡土文化保护的专业部门、专家、规划工作者等,要把普及乡土文化保护与延承的教育作为一项全民素质教育内容,常抓不懈。尊重村民意愿,提高文化认同和文化自觉,形成保护发展合力。

(三)构建立体化的保护机制

乡村空洞化、人口外流是乡土文化建设的难题。乡村既要延承乡土文化的物质表象,也要注意延承乡土文化的精神内涵,由重视物的开发到精神价值的重构,确保各项保护措施的有效贯彻与落实,逐渐建立起立体化的乡土文化保护机制。要在国家《文物保护法》实施的同时,及时研究制定国家或地方《乡土文化保护法》或法规,作为规范此类行为的法律依据。

专门编制乡土文化保护规划。不论是否列入历史文化名村,在编制新农村规划中都应有乡土文化保护专项,其内容可涉及历史沿革、民俗风情、家族族谱、传说故事、古建遗存、名人传记、村规民约、传统技艺等诸多方面。历史文化名村除了要进行传统建筑风貌保护外,还应挖掘其精神文化内涵,进行深层次的非物质文化遗产的保护与延承。

(四)创新乡土文化的发展模式

经济发展的强势语境中,乡村文化的演化也在朝着有利于自身获取更大经济利益的方向趋近,不应以保存乡村文化之名阻止现代化进程,剥夺乡村地区的生存发展权,必须赋予乡土文化新的内涵。乡土文化的继承与保护应顺应时代发展的要求,进行更高层次上的发展与创新,进一步凸显地方特色,增强当地乡土文化的影响力,孕育出既有乡土特色又有时代气息的新文化。

用文化创意改造农业和乡村,可以更好地呈现生产、生活、生态。依照乡村自身资源禀赋特点,立足优势、特色资源发展乡村业态,力图形成本地可持续发展的内生驱力。以优势产业为依托,尽可能延伸产业链,为村民增收和美丽乡村建设提供长期支持。比如,以文化资源禀赋为主的乡村可重点挖掘自身历史文化特色,进行青少年素质教育、民俗体验消费等休闲旅游项目的开发;生态资源禀赋为主的乡村可重点开发养老、养生相关产业;以经济资源禀赋为主的乡村可推动自身商业模式实现升级改造、做大做强;复合资源禀赋型乡村则可多维整合自身优势条件,推动依托不同资源禀赋的产业共孕共生。大力发展农业产业化,把产业链、价值链等现代产业组织方式引入农业,促进一、二、三产业融合互动。三产融合是农业发展的一大趋势,也是未来农业产业发展的新方向,台湾已经探索出比较成熟的发展经验,值得借鉴。

(五)重构乡村公共文化空间

乡村公共文化的衰落是多种因素共同作用、多种力量联合驱动的结果,乡村公共文化的建设是全方位、多角度、立体式的制度设计过程,而非单一的文化资源培育与文化设施的投入,后者难以获得理想的效果。乡村公共文化建设必须摆脱主要依靠政府部门自上而下的资源输入这一途径,大力培育包括农民个体、乡村精英、海外侨胞在内的多元化文化建设主体,构建乡村公共文化建设的多主体格局。多元文化主体格局的构建,有助于突破原以政府部门为建设主体的局面,建立符合多方需求、满足不同品味的公共文化供给空间。

创新乡贤文化,弘扬善行义举,以乡情乡愁为纽带吸引和凝聚各方人士支持家乡建设,传承乡村文明。让传统的礼堂文化重现农村,发挥农村文化礼堂在凝聚人气、激发农民对集体的认同感方面的作用。目前农村的建设和发展中,传统村落时代人与自然、人与社会相和谐的居住理念多有缺失,农村文脉延续遭遇困境;另一方面,现代的艺术观念对绝大多数农村地区影响较小,农村公共空间文化建设尚未找到有效的途径。乡村民宿和社区文化空间可吸引城市消费者的目光,村民的经济收益反过来加强了村民的自我肯定,增强他们的文化自信,促使他们更自觉地保护和传承乡土文化。

（六）坚守乡土文化之魂

在乡村文化产业化发展过程中，要谨防乡土文化浅表性的仪式开发。古老的祭祀成为旅游项目，民俗演绎成为廉价的狂欢。文化事象与产生文化事象的土壤被割裂，文化事象背后强大的意义世界被虚化。以创造经济收益为主要目的的乡村文化产业不可避免地带有媚俗的特征，市场把乡村文化裹挟进其潮流中，但由于不能深入理解乡村文化的深层结构，不能从根本上提供乡村文化旁观者对乡村文化迷恋的强有力的解释模式，是乡村文化产业化发展中的问题。乡土文化开发中，文化精髓的保护要贯穿于保护利用的始终。

对资源禀赋的规划开发，要始终尊重村民的意愿，尊重历史的记忆。修缮传统建筑，不能删去历史记忆；构建新兴业态，不能破坏民俗传承。要在规划开发过程中推进村规民约的形成，构建各方协商机制，增强村民对本地美丽乡村建设的认同感、自信心，提高村民共同建设美丽乡村的凝聚力、配合度。重视人文关怀和业态发展，使年轻群体能够在当地创业兴业。要通过制度性安排，发挥新乡贤在美丽乡村建设中的积极作用，使其成为乡村治理的重要力量，以逐步扭转一些乡村人去地荒、文化淡漠的情形。

今天的乡土文明，已不是前人眼中的乡土文明，文化的迅速变迁和重构，使乡土文化发展更为错综复杂。闽台乡土文化需要两岸人民的共同沟通、交流，才能得以传承。既不能简单把城市文化当作农村文化建设的标杆，把现成的城市文化产品简单投入农村地区，还要认真考虑农村居民的实际需求，认真对待农村居民的消化能力，进而有效促进乡村文化的内生发展。将乡村传统文化活化成为融合传统与现代文化精粹的、更优质的生活样态和文化样态，这是转型时期乡土文化建设的历史责任，也是机遇。台湾乡村的发展建立在产业自身与生活环境依存联动的关系基础之上，强调传统文化的传承和保护，强调地方特色的挖掘和凸显，将传统、创意、个性和生活进行生态性整合，实现商业经营运作与文化创意产业的联动发展，构建文化创意产业永续经营发展模式，是未来闽台乡土文化发展的趋势。

福建探索篇

当前福建省乡村公共文化建设的现状与问题*

程 玥

摘 要: 发展乡村公共文化具有重要的现实和历史意义,近年来福建省乡村公共文化建设已获得了长足发展,公共文化服务消费在农民家庭开支中的比重不断提高,文化机构规模不断扩大。然而,乡村公共文化建设中存在的现实问题也非常明显,主要表现在建设主体过于单一和依赖政府、建设环境差异明显、建设供需偏差和资金分配失衡等不足。应通过改革乡村财政转移支付制度、培育公共文化多元主体、构建农民需求导向的公共文化资源供给机制、改善公共文化发展环境等措施进行改进和调整,以促进乡村公共文化建设的和谐发展。

关键词: 乡村公共文化;建设现状;改进措施

引 言

党的十七届三中全会明确提出,繁荣发展农村文化,满足农民日益增长的精神文化需求,尽快形成完备的农村公共文化服务体系。十八大指出,坚持面

---

* 程玥,博士,厦门理工学院文化产业学院讲师,主要研究文化人类学、文化产业。本文系福建省社科研究基地重大项目"福建新型城镇化与文化产业融合发展研究"(项目批号 2014JDZ039)阶段性成果。

向基层,服务群众,加快推进重点文化惠民工程,加大对农村和欠发达地区文化建设的帮扶力度,继续推动公共文化服务设施向社会免费开放。这些政策举措为进一步加强中国农村文化建设指明方向,带来契机。

公共文化产品主要包括两大类:一是以实物形态存在的产品,如图书馆、文化站、书籍、音像制品、字画等;二是以非实物形态存在的产品,如电影、音乐、舞蹈、戏剧、绘画、传统习俗等①。由于长期以来城乡二元结构和乡村经济欠发达因素的制约,尤其是大批青壮农民的外出务工,老人、妇女和儿童构成村庄常住人口主体,乡村空心化和老龄化问题十分突出,乡村缺乏公共文化可持续发展和创新的主体及环境,我国大部分地区的乡村公共文化发展处于停滞或发展缓慢状态。乡村公共文化发展困境导致的重要问题之一是乡村社会的高度原子化、秩序失范等弱整合状态。可以说,在新中国成立后的相当长时期内,国家对农村的控制是依靠强行政力量来实现的,行政力量虽强化了农村的组织化程度,却也导致农村陷入长期的弱整合状态,即作为社会团结力量和维系村庄治理的自发性和内生性秩序被消除了。这是20世纪80年代国家力量退出后农村秩序混乱、问题频生的重要原因。由于乡村公共文化建设的滞后状态及其导致的农村弱整合问题已成为我国乡村社会发展和新农村建设的重要障碍,农民作为新农村建设和城乡和谐发展的基本主体,农民的创新意识、科学知识、现代化理念在解决弱整合问题过程中具有决定性作用,因此加大乡村公共文化建设,促使农民观念意识更新就具有强烈的现实意义和理论意义。建设什么样的新农村以及如何实现城乡一体化,很大程度上决定于当地农民的观念意识和乡村公共文化建设水平。②目前,有学者针对我国农村公共文化服务体系建设过程中的现实状况进行了总结,主要包括以下观点:

第一,由政府部门输入的公共文化活动与农民的文化需求之间存在很

---

① 谈笑:《中国农村文化的供求矛盾与对策》,http://www.ncxwywh.cn/bencandy.php? fid-45-id-899-page-1.htm,2006-08-03/2015-04-25。
② 疏仁华:《论农村公共文化供给的缺失与对策》,《中国行政管理》2007年1期。

大程度的脱节。在农村文化设施建设方面，政府提供的文化设施排在前5位的分别是有线电视或电视差转台、文化活动室或图书室、农民技术学校、有线广播、老年活动室；农民对政府提供文化设施的需求排在前五位的分别是文化活动站或服务中心、图书馆(室)、农民技术学校或培训班、体育场地和体育器材、青少年活动中心(馆)[1]。其他的调查所揭示的情况与此类似，造成这一错位的原因，不能仅仅理解为农村文化资源贫乏，而是一些文化产品供给过剩而另一些供给不足这一结构性矛盾的结果。现有的农村公共文化供给制度存在缺陷，政府部门在向农村进行公共文化资源输入时，基本未征求群众意见或认真研究，仅从想当然出发去决定文化输入内容，从而导致供需失衡问题。

第二，农村文化发展战略与现时政策尚待调整。在政府部门的推动下，农村文化建设过早市场化，但由于农村文化建设的人力、财力投入等问题始终未得到根本解决。这种发展思路的后果是，大部分农村地区现已是"四无"状况，即无场地、无设备、无活动、无人管[2]。另外，文化供给主体的缺乏与文化供求的不平衡都是乡村公共文化建设中较为突出的问题。当前部分地区在制定农村公共文化发展政策时，盲目追求统一化、形式化和主流化，忽略农村地方性知识和文化传统，强制性将"不接地气"的，以城市公共文化为样本的制度规范移植到农村社会，以致产生文化政策落地时的"水土不服"问题。

第三，农村文化发展的人才制度建设仍需改进。在财政包干体制下，各级文化部门经费紧张，又极力养人，以至出现把国家投入的文化设施租借出去作为娱乐场所来维持职工生存的现象[3]。加之政府部门安排的相关职工多是脱离具体农村文化生活的人员，他们缺乏投身农村文化建设的热情和志向，不了解对农民文化需求和实际状况，这种农村文化体制的用人制度不能为

---

[1] 王碧程：《我国农村公共文化服务体系构建》，长春工业大学硕士学位论文2010年，第5页。

[2] 刘如珍：《当代农村公共文化产品供给新策略研究——以福建省农村为例》，《福建论坛》2009年9期。

[3] 李燕：《构建农村公共文化服务体系》，《科学社会主义》2006年6期。

农民文化生活带来福利,与农村的市场经济越来越不相适应,阻碍了农村文化事业的向前发展,成为阻碍农村文化发展的瓶颈。农村文化发展归根到底还要依赖农民自身,努力培育和挖掘农村文化人才,以自下而上自我培养途径取代原有的政府包干制,才能真正实现农村文化体制上的创新和内在发展。

对于农村公共文化服务体系建设过程中出现的供求矛盾的问题,大部分国内学者都有共识:政府供给与农民需求的部分脱节;文化供给主体缺乏与农民的文化渴求期望度的不平衡;构建农村公共文化服务体系过程中,长远战略与现实实施的不平衡。相比较而言,国外公共文化服务体系发展得相对比较成熟。国外城市和农村的经济发展差别不像中国体现出这样突出二元结构,文化服务上体现出来的差别也不大,因此他们为城镇和农村人口提供的文化服务与公共文化产品几乎是相同的。在西方,当代文化政策的理念是在二战之后被提出来的。20世纪50年代,由于福利国家的出现,文化平等、文化民主概念兴盛,西方政府加大对文化发展的扶植力度。20世纪70年代,文化政策的焦点被转移到文化功能的层面上。20世纪90年代以来,西方各国的文化政策已日臻成熟。文化政策倾向于满足人的发展需求的文化权利的实现、民族文化主权的需要。从政策上看,他们不再追求精英艺术的品质,而强调接触文化的机会与文化活动的参与;推动文化融合论与文化多元性;重视地方性与社区性的文化价值等等。西方在文化发展领域的政策性变化,政府和学者对公共文化管理和服务的影响,公共文化服务运营的有效性原则和公共文化服务部门的市场化配置等方面进行了理论上和实践中的积极探索,也为我国公共文化服务体系建设的理论研究和制度安排提供了可借鉴的经验和思路。

作为我国改革开放的前沿和民间文化保存较为完整的省份,福建省乡村公共文化在福建省经济社会发展中始终扮演着关键角色。尤其近年来随着海峡西岸经济区建设步伐的加快和新农村建设的深入发展,福建农村居民的物质生活水平逐步提高,文化需求、文化消费能力也稳步增强,然而农村公共文化建设滞后,尤其是公共文化产品的供需矛盾愈发凸显,成为制约福建省农村社会经济均衡发展的重要瓶颈。因此,探讨当前福建省乡村公共文化建设中存在的相关问题和未来发展趋势,对福建省城乡一体化格局构建和乡村发展具有重要的现实意义。基于以上问题意识,报告将结合 2013—2014 年在将乐、沙县、武平等地的实地调研,来分析福建省乡村公共文化建设的现状、意义和问题,并在此基础上提出相关建议。

一、福建乡村公共文化建设的重大意义

近年福建省政府不断加大对乡村公共文化建设的投入力度,乡村公共文化建设步伐不断加快,取得明显成效。然而总体看来,当前福建省乡村文化建设力度仍然滞后于经济建设的速度,公共文化产品供给仍无法满足广大人民群众日益增长的文化需求,这是当前农村文化建设中的基本矛盾和出发点。没有乡村公共文化产品需求的有效生产,也就无法实现文化建设和经济建设的统筹、和谐发展,因而难以建设真正意义上的新农村。因此,建设福建乡村公共文化具有重大的意义,具体体现在以下四点。

(一)有利于提高农民的文化素质,加强村庄集体向心力和凝聚力

乡村公共文化是农民价值观念、思想意识的产物,是"软实力"的体现,能发挥经济发展等"硬实力"所不可替代的功能。公共文化在乡村发挥着村庄舆论和道德约束力的作用,能够内化为农民的日常惯习,规范农民的思想行为,促使农民形成共同的理想信念。随着城市化和工业化浪潮的冲击,福建省大量农村人口持续外移,村庄空心化问题不断加深,在这种背景下,大部分农村的传统价值观处于不断地衰落和消亡之中,社会心理危机不断加剧。因此,加强农村公共文化建设,传播先进思想文化,是强化农村精神文明阵地的有效途径,是提高农民思想素养和农民生活质量、满足农民不断扩大的精神文化需求,形成健康和谐的农村社会环境的必然路径。

(二)有利于加快农村城镇化进程,实现城乡一体化

长期以来,包括福建省在内的我国大部分地区在农村公共产品供给中用于基础设施等物质设备方面的支出处于高水平状态,而用于科技、教育、文化等方面的支出却明显处于较低水平,公共产品的供给呈现不均衡和差异化态势。这是因为,基础设施投资是能短期内看得见效益的投资方式,相比之下,科技、教育、文化的投资却难以立刻变现。而且,与城市公共文化建设投入相比,用于农村的投入明显过少。这些公共文化建设投入的不足严重影响农民的价值追求,也影响农民对生产、生活方式现代化的选择,成为农村城镇化进程中的阻碍性因素。因而,加强乡村公共文化建设和文化产品的供给,能够满足农民的文化需求,从根本上改变农村生活方式和精神理念,进一步缩小城乡差距,加快农村城镇化进程,实现城乡一体化建设格局。

(三)有利于提高农村留守人员的生活质量

随着农村青壮年人口的大规模持续外出务工,农村留守人口问题成为当前农村备受关注的主题之一。留守人口问题,归根结底是农村留守老人、妇女和儿童的生活问题,精神生活是其中的重要内容。很多地区的村庄中,留守人口的精神状况令人堪忧。很多留守老人由于老无所为和缺乏交流,精神孤独产生问题,进而患上一系列精神、身体方面的疾病,最后甚至自杀、轻生。与此类似,留守妇女和儿童也多出现相应的精神问题。因此,加强农村公共文化建设,为留守人口提供精神慰藉和情感依靠,为其排解孤独感具有重要的现实意义。

(四)有利于实现和谐海西目标

伴随当前海峡西岸经济区建设的深入推进,福建省新农村建设是和谐海

西建设中的重要内容,文化建设又是新农村建设中的关键组成部分[①]。但是,目前福建省很多农村地区普遍存在公共文化建设滞后,文化产品供给不足和供给效率明显偏低等问题,农村居民的文化权益远低于城市居民,农民文化期待和实际文化受益之间存在严重的落差,甚至引发治安问题,这是制约新农村建设和和谐海西目标实现的重要障碍。因此,关注福建省乡村公共文化建设问题,面对现状及其存在的问题,提出发展农村公共文化建设的有效途径,是实现"和谐海西"目标,保障农民文化权益的重要措施。

二、福建省乡村公共文化建设现状

在分析近年来福建省乡村公共文化建设的成效和问题之前,亟需了解福建省农民家庭基本背景、经济水平和乡村公共文化建设的现状。根据统计部门资料,近年来福建省农民经济水平得到迅速提高,乡村公共文化建设快速发展。自2007年以来,福建省每年安排资金3 750万元,用于新建和改扩建500个无站址和建筑面积50平方米以下的乡镇文化站。其中,省级资金计划投入1.5亿元。截至目前,已下拨资金约7 500万元,用于263个新建和改扩建项目。另外,福建省计划在"十一五"期间建立4 585家"农家书屋",由省财政拨付专项资金资助。2007年9月,首家"农家书屋"在闽侯县尚干镇洋中村挂牌,至2008年10月底,全省已建成约1 400家。"十五"期间,全省农村文化建设投入达4.3亿元,占全省文化事业投入的27.22%,促进全省农村文化建设的健康发展。到2007年,全省乡镇有文化站934个,万余个村文化中心、农民读书社、书吧、文化俱乐部等。此外,乡村公共文化建设的发展还表现在文化生活费用在农民收入和消费水平中的比重逐步提高、人均文化服务收支增长、乡村文化机构规模扩大和文化服务投资发展等方面,具体体现在:

---

① 朱嘉兴:《"和谐海西"视阈下农村公共文化服务体系的构建》,《内蒙古农业大学学报》(社会科学版)2007年9期。

(一)福建省农民家庭基本情况

表1 2003—2013年福建省农民家庭基本情况

年份	平均每户常住人口（人）	平均每户整半劳动力（人）	平均每个劳动力负担人口（人）	平均每人纯收入（元）	平均每人生活消费支出（元）	平均每人生活消费品支出（元）	平均每人文化生活服务支出（元）
2000	4.24	2.7	1.57	3 230.49	2 409.69	1 933.28	476.41
2001	4.17	2.68	1.56	3 380.72	2 503.07	2 007.1	495.97
2002	4.07	2.57	1.58	3 538.74	2 583.16	2 052.39	530.77
2003	4.08	2.83	1.44	3 733.93	2 717.92	2 186.67	531.25
2004	4.02	2.71	1.48	4 089.38	3 015.22	2 422.54	592.68
2005	4.05	2.77	1.47	4 450.36	3 292.63	2 617.7	674.93
2006	4.03	2.77	1.45	4 834.75	3 591.4	2 920.87	670.53
2007	4.00	2.77	1.44	5 467.08	4 053.47	2 913.54	1 139.93
2008	3.98	2.78	1.43	6 196.07	4 661.94	3 417.98	1 243.96
2009	3.98	2.78	1.43	6 680.18	5 015.72	3 577.42	1 438.3
2010	3.94	2.77	1.43	7 426.86	5 498.33	3 887.73	1 610.6
2011	3.84	2.73	1.4	8 778.55	6 540.85	4 852.56	1 688.29
2012	3.84	2.71	1.41	9 967.17	7 401.92	5 433.12	1 968.8
2013	3.97	2.72	1.46	11 184.15	8 151.21	6 052.41	2 098.8

数据来源：2014年福建统计年鉴。

如表1所示，2000—2013年，福建省农民家庭户均人口数量基本为4人，并无明显波动变化，与这一情况相似的是，平均每户整半劳动力和每个劳动力的负担人口数量。同一时期，农民人均纯收入、人均生活消费支出的发展突飞猛进。其中，人均纯收入从2000年的3 230.49元增长到2013年的11 184.15元，增长了近3.5倍；人均生活消费支出从2 409.69元增长到8 151.21元，增长3.4倍。作为生活消费支出的重要组成部分，福建省农民人均文化生活服务支出从2000年的476.41元增长到2 098.8元，增长了4.4倍。近十多年来的数据变化表明，农民人均文化生活服务支出的增幅逐年扩大，增长速度快于人均纯收入和生活消费水平增长速度，福建省乡村文化建设面临快速增长的文化生活服务消费需求和文化供应相对滞后的问题。

(二)福建省城乡居民家庭人均文化娱乐消费支出与文化耐用品拥有量

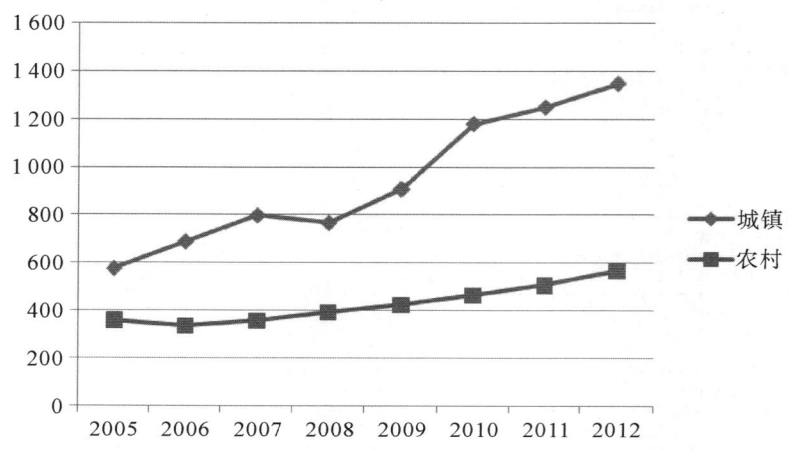

数据来源:2013年中国文化及相关产业统计年鉴。

图1　2005—2012年福建城乡居民家庭人均文化娱乐消费支出(单位:元)

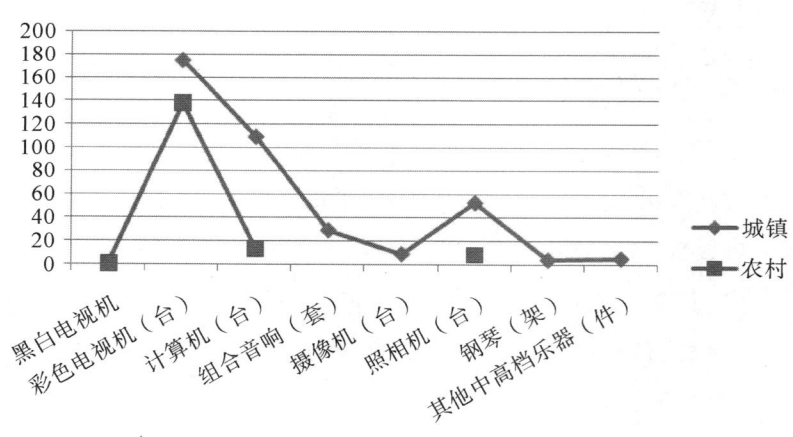

数据来源:2013年中国文化及相关产业统计年鉴。

图2　2012年福建城乡居民家庭平均每百户年末文化耐用消费品拥有量

如图1所示,2005—2012年,福建省居民家庭人均文化娱乐消费支出呈逐年增长的态势,同时可以看出,城镇居民家庭人均文化娱乐消费支出年增长幅度远大于农村居民家庭,这表明城乡居民家庭人均文化娱乐消费方面的差距正逐年扩大。相比较于城镇,农村居民家庭人均文化娱乐消费支出增长较为缓慢,2005—2012年始终处于300~600元/人的水平上,其城镇家庭人均文化娱乐消费支出则从不足600元快速增长至近1 400元。数据表明,当前福建省公共文化建设日益呈现出城乡二元分化格局,公共文化建设的重心和难点在于农村公共文化建设。另一组数据(图2)也表明这一城乡分化问题。

如图2所示,仅以2012年为例,福建省城乡居民家庭平均每百户年末文化耐用品拥有量方面,农村居民家庭拥有的文化耐用品在品种和数量方面都低于城镇居民家庭,前者表现在农民居民家庭的文化耐用品以黑白电视机、彩色电视机、计算机和照相机为主,城镇居民家庭还有组合音响、摄像机、钢琴以及其他中高档乐器等文化耐用品,后者表现在即使以农村居民家庭仅有的数种文化耐用品来看,农村居民家庭的拥有量也远低于城市居民家庭。尤其在计算机这一当前社会的主流文化媒介方面,每百户农村居民家庭的拥有量低于20台,每百户城市居民家庭的拥有量则在110台以上。

(三)福建省农民家庭文化服务收入和支出情况

表2 2000—2013年福建省农民家庭文化生活服务收入和支出情况

年份	农民人均家庭经营纯收入(元)	文教卫生业收入(元)	农民人均家庭生活消费支出(元)	文教娱乐用品及服务支出(元)
2000	1 844.27	21.21	2 409.69	254.30
2005	2 365.02	13.69	3 292.63	356.54
2010	3 558.44	27.58	5 498.33	462.17
2012	4 570.44	56.97	7 401.92	565.83
2013	4 890.49	——	8 151.21	592.78

数据来源:2014年福建统计年鉴。

表2中,2000—2013年,农民人均家庭经营纯收入从1 844.27元增长到4 890.49元,增长了近2.7倍。然而,尽管人均家庭经营纯收入增幅显著,但人均纯收入里来自文教卫生业等方面的收入却寥寥无几,近十三年来始终处于每年不足百元的水准。相应的是,农民人均家庭生活消费支出从2000年的2 409.69元提高到8 151.21元,前后增幅达3.4倍。在消费支出里,来自文教娱乐用品及服务支出的份额从2000年的254.30元提高到2013年592.78元,增幅达到2.3倍,远大于来自文教方面的收入份额。这一数据表明,农民家庭经济收入构成中,公共文化业方面所占比重非常微小,甚至可以忽略不计,而在消费支出方面,来自公共文化业方面所占的比重在近十多年基本为7%～10%。从数据对比来看,当前农村公共文化的产业化程度还较低,尚有巨大的发展空间和潜力。此外,公共文化业在农民家庭消费支出中所占比重要大于在农民家庭经营收入中的份额,这带给我们的启示在于,应逐渐实现乡村公共文化的产业化发展,提高文化产业农民家庭收入中的比重。

(四)福建省农村文化机构规模

表3 福建省农村文化机构规模

年份	乡镇文化站(个)	群众文化馆办文艺团体(个)	群众业余演出团(队)(个)
2000	945	674(集镇文化中心)	3 613(农村文化专业户)
2005	924	874(集镇文化中心)	10 992(农村文化专业户)
2010	947	117	5 343
2012	946	158	6 034
2013	977	165	7 312

数据来源:2014年中国农村统计年鉴。

从表3可知,2000—2013年,福建省农村文化机构主要可分为乡镇文化站、群众文化馆办文艺团体(2005年之前称集镇文化中心)和群众业务演出团(队)(2005年前称农村文化专业户)三类。从数据中可以看出,乡镇文化站的规模近十多年来基本为900~1 000个,无明显浮动;群众文化馆办文艺团体的规模在2005年之前尚是集镇文化中心时期基本为600个以上,而在调查对象改为群众文化馆办文艺团体以后,其规模大幅下降,基本在200个以下。此外,群众业务演出团(队)在2005年之前尚是农村文化专业户时期,其规模处于高速发展时期,从2000年的3 613个增长至2005年的10 992个。然而与群众文化馆所办文艺团体类似的是,此后2010年调查对象改由群众业务演出团(队)以后,总体规模大幅下降,但年均变动频率仍保持稳定增长的态势,从5 343个增长至7 312个。从数据来看,福建省农村文化机构整体上处于规模不断扩大和稳步提高的阶段,尚有很大的可发展空间,群众文化馆办文艺团体的规模数量远低于乡镇文化站和群众业余演出团(队),大力推动群众文化馆办文艺团体的发展,将是未来农村公共文化建设发展的重心。

三、福建乡村公共文化建设主体状况

根据实地调研,福建省样本县市均安排有专项资金用于加强公共文化活动室、电影下乡、书籍下乡等基础建设,全省几乎所有乡镇均设立文化服务站,配备专(兼)职文化干部,建村级文化活动室或阵地。部分乡镇还添置了文化活动用品及体育健身器材,开办图书室、电影院、文化茶园、文化娱乐室,几乎所有行政村实现广播电视"村村通"。在此基础上,乡村文化活动蓬勃开展,基层政府组织专门人员定期前往各乡(镇、场、区)和行政村及自然村放映思想教育、科教、故事等相关主题电影,开展送戏下乡、送书下乡,举办村级文化培训班等活动。在武平等地的调研发现,基层政府的送电影下乡是最受当地村民欢迎的公共文化建设行为。这是因为,电影下乡不仅直接丰富村民的文化娱乐内容,更是为村民提供集体活动、闲聊、互通有无和凝聚村庄向心力的机会,而在平时以"993861部队"(老人、妇女、儿童)为常住人口的村庄则难以拥有类似的全村人集聚的机会。除了政府部门推动的由上而下的文化输入以外,各地自发性的群众组织成为公共文化设施建设和开展的另一主要力量。在将乐县、沙县、武平县等地的调研中发现,不少乡镇和村庄的群众自发组织起来,唱歌跳舞、健身娱乐,不少村民还成立民间乐队、舞龙队、健身队等业务文化活动团体,每逢节庆、假日文艺团体自发组织到全乡、镇、村巡回演出,得到农村群众的好评和首肯。

公共文化活动的开展为农村带来显著变化,为当前农村贫瘠的文化生活增添了色彩,有地方文化工作负责人如此评价:"唱歌跳舞的多了,打架斗殴的少了;看书读报的多了,打牌搓麻的少了;遵规守矩的多了,惹事生非的少了;移风易俗的多了,愚昧迷信的少了,文明新风随处可见。"此外,由于福建省海外侨胞、外出从商人数众多的优势,许多侨胞、外地移居者和经济精英回馈故乡、捐助故乡公共文化建设的行为是乡村公共文化建设的重要组成部分。如福建省顺昌县洋口镇上凤集中重建点海外华侨华人捐资300万元兴建的"侨爱文体中心"项目的建成,极大改善了当地文体设施长期以来的薄弱状况,为400多户少数民族安置户家庭文化生活的丰富和生活质量的提高创造条件。

归纳来看,福建乡村公共文化建设的主体力量主要有政府部门、民间自发性组织和海外侨胞,其文化建设的基本路径也可分为自上而下的文化输入、自发性的文化培育和平行文化资源输入三类。相比较而言,乡村公共文化建设主要依赖政府部门的直接投资,民间内部自发性文化培育和民间个人投资的文化资源输入所占比例相对较少,民间自发性文化培育显得步履维艰,停留在松散、弱组织、低规范的水平上。在政府部门文化输入占据乡村公共文化建设绝对主导力量的情况下,内生性的乡村公共文化普遍处于萎靡状态,如作为民间文化的传统节日、风土人情、民俗传说、祭祀、神灵崇拜等,尽管其中不乏糟粕性的封建迷信内容,但总体上面临的衰落趋势和官方的文化输入构成当前农村公共文化建设中的结构性问题。这也带来关于乡村公共文化的实质性及未来走向性思考,即乡村公共文化该如何界定,根植于乡村内部的自发性公共文化和外来输入的公共文化之间如何实现和谐统一?仅侧重由上而下的公共文化资源输入,而不注重对乡村自发性、内生性公共文化的保护和扶持,是否能够缓解农村高度的原子化和秩序失范困境?随着农民经济收入的增长和生活水平的提高,农民对文化生活的需求意识也不断发展,对公共文化的需求内容和形式也逐渐呈现多元化的发展态势。与此相对的是,以官方为建设主体的公共文化供给存在供给途径单一、内容单一、受众对象单一的缺陷,不仅形成资源的大量浪费,还导致民众并无法真正受益。因此,把握乡村公共文化建设中的资源供给和受众需求之间的统一,是当前福建省乡村公共文化建设中亟待把握的重要问题。

四、福建乡村公共文化建设环境状况

乡村公共文化建设的基础和前提条件是相关的乡村客观环境和主观环境,具体而言,乡村公共文化建设客观环境主要包括村庄物质条件、人口特征、城市化冲击,主观环境主要包括农民村庄认同感、生活面向性。

(一)公共文化环境中的客观环境

第一,村庄物质条件是乡村公共文化建设的基本条件,其中以村庄公共财政状况和经济基础最重要。一般来说,在缺乏相应经济实力的村庄,公共文化建设也多呈现萧条、衰落状况,在部分经济水平较高的村庄,公共文化呈现一片繁荣趋势。以样本村为例,在民营经济高度发达的晋江磁灶镇大埔村、洋宅村,当地村委会将雄厚的财政收入投入村庄祠堂、图书馆、健身室、老人活动中心等公共文化设施建设之中,而在基本无工业经济、村庄财政枯竭和依赖转移支付维持集体组织运转的其他大部分地区农村,村庄公共文化建设多沦为摆设或一纸空文。在将乐、武平、松溪等县的样本村,当地除了来自政府部门的转移支付收入以外,基本无任何收入来源,自然无力承担公共文化建设所需的支出。

第二,公共文化建设客观环境中的人口特征指村庄人口的基本情形。村庄人口是乡村公共文化建设的基本主体,村庄人口特征变化是村庄公共文化发展的主要影响因素,当前村庄的最大特征就是大量青壮年人口持续外出务工和村庄高度空心化,留守老人、妇女和儿童成为常住人口主要构成主体。这是当前包括福建省在内的我国农村人口的基本特征。在青壮年人口外流的情形下,农村不仅缺乏公共文化建设的主导力量,也失去公共文化的消费主体,间接导致以老年农民、妇女和儿童为消费人群的村庄部分公共文化建设的衰落。在部分样本村中,由于缺乏受众,村庄公共文化设施几乎沦为摆设或因年久失修而废弃,一些村庄中,体育器材、科教书籍堆放在村委会或落满灰尘,或受损严重,几乎未派上用场。

第三,城市化冲击使乡村公共文化景观日益萎缩或现代化,失去原有的乡土气息和文化情怀。一方面,在城市化浪潮的冲击下,原有的乡村文化传统不断凋零和消失,如不少村庄的墟市、庙会、戏剧演出、宗祠祭祀等,因常住人口减少、生活面向外部化等因素,正处于逐渐消亡之中。另一方面,在城市化浪潮的冲击下,农民生活方式日益现代化,尤其是,外出农民习惯城市的生活方式和文化消费习惯,对城市流行文化的追求就意味着对乡村传统文化的摒弃。外出的青壮年农民本应是农村传统文化的继承者和发扬者,却在城市流行文化的影响下成为乡村传统文化的离弃者,这一现象也是包括福建省在内的我国农村文化的重要景观。

(二)乡村公共文化环境中的主观环境

第一,农民村庄认同感。在各样本村的调查中发现,与村庄认同感较为强烈的留守老年农民不同,外出青壮年农民对村庄的认同感和归属感正逐渐降低,这主要归因于外出青壮年接受了城市文化的浸染,尤其是新生代农民工,由于他们本身较少受到村庄传统文化的影响,几乎从孩童时期即通过教育、电视媒体等方式接受城市文化理念,对村庄传统文化认知甚少。调查还发现,农村青少年对祭祖、拜年、社戏等村庄传统文化活动缺乏兴致,难以融入其中,他们不仅在衣着、行为方面以城市青少年为标榜,与农村生活方式相疏离,内心希望过上城市的生活。

第二,农民生活面向性。青壮年农民长期在城镇务工,农业收入在收入中仅占很小比例,其生活重心逐渐由乡村转向城市,即生活面向呈现出明显的外部性特征。对于村庄公共文化建设来说,由于公共文化本身是生活环境的体现,当作为人口主体的青壮年农民生活面向性日益向城市转移时,如大量农民在城镇购房、社会关系网络理性化、儿童在城镇就学等,他们对村庄公共文化的需求就降低了。可以说,村集体性组织缺乏承建公共文化建设所需的资金和人力、城市化的冲击是乡村公共文化衰落的外部因素,农民随着日常生活面向性而来的公共文化需求降低则是乡村公共文化衰落的内部根本性因素。调查中,不少农村地区的"文化荒漠化"现象是农民对乡村公共文化需求降低的必然结果,赌博、抽烟喝酒、老无所依、邻里关系恶化等现象在近年来大量涌现,以往对村民行为具有强烈约束力的传统习俗和村庄社会舆论力量几乎失去作用。

五、福建乡村公共文化建设供需状况

乡村公共文化建设中存在的供需矛盾状况是一个引起广泛注意的问题,概括地说,公共文化建设中存在的供需矛盾主要指农民对公共文化的需求与公共文化输入之间存在的偏差。在大多数样本村中,农民需求的公共文化主要植根于乡村社会内部,和乡土社会息息相关,当前主要依赖官方部门进行公共文化建设的现实又决定了资源输入以体现主流意识形态的和反映城市文化的内容为主,这就造成了文化主观需求和文化自上而下输入内容之间的矛盾和偏差。如在以留守老人、妇女和儿童为主的村庄,图书室摆放的多是和常住人口日常生活需求无太多关联的思想教育、小说、言情、励志故事等书籍,他们真正需要的风土人情、农业生产、科普知识、历史文化等书籍则少之又少。归根结底,这一矛盾产生的根本原因在于乡村公共文化的造血能力不足,村庄无力根据村民客观需求来进行文化建设,不得不"仰仗"政府部门的拨款或资源输入,政府部门在"输血"时往往忽略村民的实际情况,而根据自身喜好或习惯来进行乡村文化建设。政府在农村提供公共文化建设用品与农民迫切需求的公共产品之间的供需失衡和结构性矛盾具体可归纳为:涉及农村可持续发展的公共产品供给严重短缺;政府热衷投资新建公共项目,而不愿投资维修存量公共设施;热衷于提供看得见的公共文化建设,而不愿提供农业科技推广、农业发展的综合性信息等。向农民筹资提供的许多公共服务不是农民真正需要的,有些项目收费但未提供相应的服务。由此可见,无论是政府部门无偿提供的,还是农民支付了相应费用的公共文化建设,农民获得的公共文化服务并不令人满意。调查中常看到的一个现象是:不仅农村图书馆,而且村庄健身器材、老人活动室等公共文化设施,也多因与村民实际需求不相符而遭"废弃",形成资源的严重浪费,农民宁肯去从事搓麻、聊天、喝酒等休闲活动,也不愿到"正式"的公共文化场所。这种情形无疑应引起政府部门的反思,尽力实现资源输入和文化需求之间的均衡。

除了政府部门文化资源输入和村民文化需求之间的结构性供需偏差以外,政府部门的输入不力和村民文化需求扩大之间的矛盾同样成为公共文化建设供需偏差的重要表现。由于政府财力限制、文化供给评估体系缺失等因素,福建省不少样本县市文化建设资金短缺导致文化设施陈旧、年久失修,文化服务内容形式单一,办公数字化设备贫乏。事实上,文化发展需要长期投入和积累,是一种相当长时期内只看见花钱而不见收益的投资,这对于以追求政绩指标和习惯以 GDP 成绩挂帅的政府部门来说是"不划算"的行为,因为在不少地方往往只见有基础设施建设等"看得见"的投资,而不见有农民辅导、培训或设备维修、管理等方面的投资。缺乏后继资金的农村公共文化建设往往成为表面工作,以至村中公共文化设施成为空壳摆设,不注重管理,农民也没有从中真正受益,导致农村文化建设的高度边缘化。

另一方面,福建省公共文化建设资金投入还存在日益扩大的城乡差距问题。从各样本县市的资金分配来看,几乎每一县市的 60% 以上的文化事业建设资金都投入于城镇公共文化建设,农村文化事业建设费用尚不足 40%,农村人均文化事业费还不到城市的 20%。农村公共文化建设资金的不足造成公共文化基础设施建设和维护的严重匮乏,不仅导致部分农村地区还存在农民看书难、看戏难、看电影难、收听收看广播电视难的问题,而且连旨在惠及农民群众的"送戏下乡""送书下乡""送电影下乡"等文化下乡活动也存在不同程度的内容粗制滥造、工作人员随意应对等行为,成为制约乡村公共文化发展的重要障碍。在当前城乡发展失衡和居民收入差距日益加剧的环境下,改变公共文化建设投入的失衡格局,实现市民、农民文化享受方面的公平性应是政府部门主导下的文化建设中亟待注重的问题。

六、福建乡村公共文化建设改进措施

乡村公共文化建设过程中存在文化资源供给主体失衡、主客观环境不足、供需矛盾等问题,这些问题的存在对当前福建省乡村公共文化建设形成严重的阻碍效应。因此,在福建乡村公共文化建设中,应针对上述问题进行针对性的改进,这也是未来乡村公共文化建设的发展趋势。简单来说,乡村公共文化建设的发展应从改进乡村财政转移支付制度,培育公共文化多元主体,构建农民需求导向的乡村公共文化资源供给机制,改善公共文化发展环境等方面入手,以形成城乡均衡发展、有利于农村可持续发展的公共文化发展局面。

(一)改革乡村财政转移支付制度

随着当前工业发展和城市化进程的加快,我国已经进入工业反哺农业、城市带动农业发展的城乡一体化发展新阶段。与此相应的是,也应实行城镇向农村财政提供援助和倾斜的政策,以支持县、乡政府发展经济和社会事业,使广大农民分享经济增长的成果,促进社会全面进步。在当前和今后我国应建立规范科学的转移支付制度的目标和方向,应增加省级财政和市级财政对县乡的转移支付力度,以矫正当前的不均等和缓解县乡财政压力。调查中发现,除了晋江、石狮等民营经济发达的样本村之外,其他村庄多存在不同程度的财政困境,这是乡村公共文化建设的根本障碍。

对该问题的具体解决对策是:首先,完善政府之间的纵向财政转移支付制度。在结合县乡机构改革和精简的同时,建议中央和省级政府加大对县乡财政的转移支付力度,以维持县乡两级政府的正常运行;加大中央和省级财政预算内的支农力度。在具体操作上,视情况不同而有所侧重:福建省内闽南地区由于农村相对发达,收支缺口小,可由省级财政自行安排;中西部城市、地级市城区也可由省级财政自行安排;闽北地区农业县和贫困县统一纳入中央转移支付范围,根据实际情况确定转移支付数额。其次,合理设计同级政府间的水平转移支付。目前我省财政转移支付主要是指上下级的转移支付,平级政府间的转移支付极少。事实上,福建经济发展呈现出不均衡状态,沿海发达地区的经济高速发展很大程度上得益于省内中西部地区的支撑。同级政府的转移支付,具体可以这样设计:首先,适当降低中央政府对共享税收入的分享比例,增加地方(特别是落后地区)可支配财力;其次,在中央和省级建立横向转移支付制度。对于人均财力超过平均水平的地区,设计一个标准的、统一的、规范的计算方法,提取均衡发展基金,由中央财政负责运作,专项资助人均财力低于全省平均人均财力地方的发展,同时建立增收节支奖励机制。再次,允许跨级转移支付。从完善转移支付制度看,中央财政可以采用跨级转移支付,绕开省市两级财政;同样在省级建立省到县乡的转移支付,绕过市一级。建立这样的跨及转移支付,既减少了转移支付资金的漏出,又增加了转移支付制度的透明度,可以充分发挥中央和省对县域财力的均衡调节的功能,从而可以更好地有针对性地解决一批县乡财政更困难的状况。

(二)培育公共文化多元主体

乡村公共文化建设必须摆脱主要依靠政府部门自上而下的资源输入这一途径,大力培育包括农民个体、乡村精英、海外侨胞在内的多元化文化建设主体,构建乡村公共文化建设的多主体格局。多元文化主体格局的构建,有助于突破原以政府部门为建设主体的局面,建立符合多方需求、满足不同品味的公共文化供给空间。

结合样本村实际状况,文中提出培育多元文化主体的主要措施如下:首先,发挥农民个体的作用,促进农民参与公共文化建设。当前农村公共文化建设中的突出问题之一是政府主导下的乡村公共文化建设中普通民众的参与程度普遍偏低,该群体几乎成为单纯的文化受众对象,其本该应有的主体性地位和参与者角色没有得到应有尊重,这也是导致普通民众无法真正获得所需公共文化的根本原因。发挥农民个体的作用,促进农民参与公共文化建设,最基本的做法是在政府部门文化下乡过程中实际征询民众意见,了解民众切实需要的文化产品,做到利为民所谋,真正解决民众的文化需求问题。其次,塑造乡村精英和海外侨胞的文化建设主体身份。乡村精英作为村庄中的政治、经济或文化带头人,具有一定的号召力、经济实力和重要的导向作用,通过鼓励和支持乡村精英投身公共文化建设,引导其充分发挥带头作用,对当前乡村公共文化建设具有一定的促进意义。乡村精英作为农村土生土长的一员,较为热心村庄公益性事业,得到村庄成员的认可,由其牵头进行文化设施建设和组织活动,比之政府部门更有助于激发民众的热情和提高参与程度。如在将乐、建阳等地部分样本村发现,当地外出经商致富后的经济精英通过募资方式将全村民众吸引到村庄风雨桥、祠堂的建设或修缮中来,对村庄认可同和村庄向心力的凝聚起到重要推动作用。不仅发动乡村精英,也要注意发挥海外侨胞的引领作用。作为全国海外侨胞规模最大的省份,福建省大多数侨胞具有回馈桑梓、报答乡亲的意愿,政府部门应注重搭建海外侨胞参与故乡文化事业建设的平台和渠道。

(三)构建农民需求导向的公共文化资源供给机制

当前乡村公共文化建设的基本问题之一是文化产品供给—需求之间的矛盾,即由政府部门主导下的公共文化资源输入和农民真实需要的文化产品之间的偏差现象,对此应加以纠正。首先,构建合理的农民公共文化需求表达渠道。农民文化素质偏低,受传统思想束缚较深,在公共文化选择方面往往存在非理性和盲目性的需求,维护表达权和监督权的意识也相对较低,所以要不断提高农民的文化素养,培养农民的公民意识和法律观念,注意引导农民表达自己的文化需求喜好,对政府主导型文化产品供给给予积极反馈。构建合理的农民文化需求表达需求的首要条件是构建农村公民型社会。由于农民长期以来的弱势地位,无法有效地表达自己的利益和声音,在公共文化建设格局中处于边缘化和受众角色,政府部门和学者成为农民的"利益代言人",农民的真正需求和自由意志被埋没在政府和学者的声音中,由此造成农村公共文化资源的输入不能反映农村对公共文化产品的需求现状、农村公共文化资源供给结构的失调和供给的低效率。因此,当前的首要任务是努力构建农村公民社会,培育农民的话语权意识和国家主人翁观念。此外,探索农民需求的表达方式还需要探索出公共文化服务供给的民主表达方式,构建农村公共文化产品供给决策的科学化和民主化局面,这种民主表达方式的可行方案有随机抽样调查、投票选举和发挥村集体"一事一议"的作用。通过民主表达方式的建构,使农民能够自由、全面、顺畅地表达出自己的文化需求,政府部门由此根据相应的反馈信息来制定乡村公共文化建设规划。其次,建立快捷有效的信息收集和传达机制。政务、村务的公开透明化是农民参与公共文化建设的前提条件,保障农民对文化建设的知情权和决定权,是农民参与公共文化建设的先觉醒条件,政务、村务信息的公开程度和获取信息的方式也直接影响农民参与决策的深度和质量。所以,在构建农民需求导向的公共文化资源供给机制时,准确地将基层民众的需求传达给政府部门,使政府部门根据农民需求来安排供给项目和资金,是上级政府进行满足民众需求的公共文化服务供给决策的前提。与此同时,还应完善农村信息化建设,为公共文化信息的发布和收集构建畅通、透明、便捷的平台,让农民通过现代网络技术来快捷的表达需求,公共文化服务的供给部门可以快速地了解农民需求的动向,及时调整供给内容和方式,以对农民的需求做出快速的反应来满足农民需求。

(四)改善公共文化发展环境

如上文提出的,乡村公共文化建设客观环境主要包括村庄物质条件、人口特征、城市化冲击,主观环境主要包括农民村庄认同感、生活面向性等,发展环境是乡村公共文化发展的重要基础,公共文化建设中要注意改善和建构其相关环境。

首先,客观环境方面。村庄物质条件是公共文化建设的首要前提,积极发展乡村经济,改变当前农村普遍缺乏财政收入和过度依赖政府转移支付的困境,是改善公共文化发展环境的关键步骤。在大部分农村,村集体几乎"一穷二白",没有任何其他收入来源,即使有的村庄拥有财政收入,也主要是征地补偿款、拆迁补偿款等土地出让收入,这种财政来源很容易坐吃山空和缺乏持久性、稳定性。因此,促进农村经济发展,改变财政转移支付这一经济收入来源的单一路径,对乡村公共文化发展具有根本性作用。人口特征方面,公共文化发展归根到底是人的发展,当前农村人口的大量外流无疑使公共文化发展面临着创造主体缺失和受众匮乏的问题,造成公共文化发展的空壳化和后继无人的困境。没有人的村庄,公共文化发展合理性和必要性,转变青壮年人口外流和农村空心化的问题,同样必须通过大力发展当地经济,推动外出农民的回流来实现。此外,来自城市化和市场化的冲击是导致乡村原有公共文化衰弱或向城市文化蜕变的重要原因,建设乡村公共文化过程中,要注意保护农村地方性知识,保留传统的村落传统和本土性特色,树立不是越城市化的文化就越适合农村社会的意识。在很多地区的公共文化建设中,盲目移植城市公共文化方式不仅破坏或压制了传统的文化,还形成巨大资源浪费,作为村庄主体的普通民众无法从中受益,这是当前乡村公共文化建设要尽量避免城市化和市场化取向的主要原因。要做到这一点,政府部门等相关文化主体就必须在进行文化资源输入时积极听取民众意见、建立民主畅通的利益需求表达渠道,以使公共文化建设能准确体现出农民的心声。

其次,主观环境方面。当前随"打工潮"而来的是农民日益衰微的村庄认同感和共同体意识,越来越向往城市生活理念和文化环境,甚至包括外出农民在内的很多人把乡村文化视为落后的、愚昧的和守旧的,自觉在心理上与其疏远。这一问题带来的警惕在于,广大的受众逐渐失去村庄认同感时,乡村公共文化建设应有的合理性逐渐消失,造成民众参与的积极性和认可度偏低。在和城市文化的博弈过程中,乡村文化因不可避免的城市化浪潮而陷入弱势地位,保护乡村地方性知识和传统文化,亟待政府部门的有所作为,这应上升到乡村文化保护的国家战略层面高度。尽管近年来国家在保护农村乡村文化方面付出很大努力,但仍显得力度和深度不够,在乡村传统公共文化的传承和发扬方面还存在很多不足,很多公共文化保护实际停留在官方行动上,真正作为主体的普通民众的保护意识和参与力度还很偏弱。强化或重塑民众的村庄认同感,必须从完善制度立法层面改变城乡二元对立的文化格局,培育民众的文化自信力和自豪感,促使其自觉认同乡村传统文化。在生活面向性方面,当前农民生活面向外部性问题的主要成因是长久的外出务工。当农民本身已脱离生长于斯的村庄而长期生活在城市时,日常生活的重心也必然随之转移到城市,这就造成了农村的空心化和价值荒芜化,解决这一问题的关键是推动乡村经济发展以实现外出农民的回流就业和就地市民化,以扭转生活面向外部化问题。农民村庄认同感和生活面向性问题解决的意义在于促使农民从心理层面改变对村庄文化的疏离感,只有如此才能有效树立乡村公共文化建设的合法化和合理化话语,避免出现外部文化资源输入和内部文化需求出现偏差的结果。

结论与思考

在当前不断加大对农村公共文化建设投入力度的现实背景下,调查福建省农村文化建设的基本情况,了解其存在的相关问题,对此提出针对性建议具有重要的现实意义。文化建设始终是我国精神文明建设的重要组成部分,而农村公共文化建设又是我国文化建设的重要组成部分。因此,建设好农村公共文化事关我国特色社会主义文化建设的成败,事关我国小康社会建设。我国政府提出城乡一体化发展和建设社会主义新农村的伟大构想,在这一制度设计中,农村公共文化建设作为新农村建设中的主要构成部分显得尤为必要和紧迫。

公共文化是实现农村社会整合和村庄治理的重要纽带,缺乏公共文化的农村社会容易产生农民价值荒漠化问题,目前部分农村地区普遍出现的赌博、邪教滋生、打架、偷盗、吸毒、自杀等乱象均多与公共文化缺失或衰落存在重要关联。当然,乡村公共文化的衰落是多种因素共同作用、多种力量联合驱动的结果,对乡村公共文化的建设也必是全方位、多角度、立体式的制度设计过程,而非单一的文化资源培育,否则将难以起到理想的效果。其中尤须注意的是,乡村经济发展是公共文化繁荣的基础和客观前提条件,"仓廪实而知礼节,衣食足而知荣辱",缺乏经济基础的公共文化建设无疑是治标不治本,难以取得根本性成效。只有村庄具备了一定的财力和经济条件,才能内生性地创造出适合自身的公共文化,而非一味依赖来自官方部门的资源输入。正如上文已提出的,来自政府的文化资源输入基本上与农民真实需求存在程度不同的偏差,并未起到公共文化建设所应有的作用,而成为政府部门的政绩或形象工程,这一点是当前乡村公共文化建设中亟待引起高度关注的问题。也因此,引导和发展农村经济,创造农村的造血功能和吸引外出农民回流,这一"授人以渔"而非"授人以鱼"的方式才是解决乡村公共文化建设的根本性路径。

不可否认,在我国长期以来城乡二元结构日益加固和农村区域差异性极大的情况下,发展农村经济是一项漫长而艰巨的任务,短期内很难实现,乡村公共文化建设在相当长时期内并不能摆脱主要依赖政府部门资源输入来维持的局面。对此,各级文化行政部门必须清楚认识到农村文化建设的重要性,把活跃和繁荣农民文化生活纳入小康文化建设的总体规划,加强引导和管理,切实满足农民文化生活的迫切需要。在农村经济尚未能具备"造血"能力的今天,乡村公共文化建设过程中需要谨慎注意的是:既然目前各地区乡村公共文化建设仍然以政府部门为主体,过于依赖政府投资等自上而下的资源输入,为了避免由此导致的公共文化供不应求和供求失衡两种负面性后果,应积极培育以普通民众和乡村精英为主要组成的乡村公共文化建设主体,并在向乡村输入文化资源进程中切实体现民众的心声和客观需求,以避免供需失衡困境。与此同时,要注意鼓励、支持乡村精英和海外侨胞投资乡村公共文化建设事业,充分发挥不同群体的优势,群策群力,构建公共文化建设的主体多元化格局。另外,在乡村公共文化建设中保持乡土传统和乡土本色同样是亟需关注的问题,乡村传统文化在城市化和工业化浪潮的冲击下不断衰落,促使我们思考:乡村公共文化建设是要以现代话语主导下的、大一统的城市公共文化模式来取代乡土性、本土性的文化模式?还是保护、支持乡土性、本土性的文化模式?这是国家整体性的文化制度改革应该考虑的问题。文中认为,不可避免的城市化浪潮更显示出保留区域文化差异性和多元化格局的紧迫性,乡村原有其自成一体的、特征各异的内生性公共文化,我们在进行文化建设中,尤其是以政府部门为主导的文化建设中,应更多地给予保护、传承,而非改造和取代。

福建古村落民宿业发展研究报告[*]

林江珠

摘　要： 具有文化遗产资源保护价值的福建古村落数量众多，按村落布局和民居建筑风格大致分为三种类型，每个古村落就是一个文化空间，成为福建乡村旅游的吸引物或目的地。福建古村落民宿经营成为经济文化发展新业态。

关键词： 古村落；古村落民宿业

福建现有居民多为移民后裔，遍布各地、具有区域与姓氏聚落特点的古村落，基本上保留自唐宋时期陆续迁徙入闽中原人带入的华夏农耕文明生活形态，是珍贵的移民文化遗产资源[②]。福建传统古村落，承载各历史阶段人口迁移方式、源头信息和姓氏宗族繁衍生息的文化内容，为我国宝贵的物质与非物质文化遗产资源的重要形式。一个古村落就是一个文化空间，传承着移民族群姓氏渊源、方言、饮食习惯、节庆习俗、服饰传统、人生礼仪等生产生活民俗信息，每个古村落经历了漫长历史推演而形成差异性文化特质。随着乡村旅游的迅速发展，近几年围绕乡村旅游提出很多原创概念和理论，本质上凭借传统乡村生产生活作为旅游吸引物来发展旅游业，以在古村落吃、住、娱、购等田野体验

---

[*] 林江珠，学士，厦门理工学院观光与酒店管理学院副教授，主要研究旅游经济管理。本文系国家社科基金重点课题"闽台民俗文化资源保护与产业化问题研究"（项目批号14AGL025）阶段性成果。

② 林江珠、徐辉等：《闽台民间信仰文化遗产资源调查》，厦门大学出版社2013年版，第3页。

为特色的户外旅游形式,对古村落农业资源进行再开发。本文通过田野调查发现,福建古村落民宿产业正在成为福建农村社会、经济和文化发展的新业态。

一、福建古村落现存基本情况

2012年,国家住房城乡建设部、文化部、财政部公布[2012]189号文件,内有第一批中国传统村落名录村落名单,有646个中国传统村落进入名录。福建省共48个古村落在名录中,其中宁德市15个,南平3个,三明市12个,龙岩市11个村落,漳泉7个。2013年,关于新农村建设建项目[2013]124号公布,内有第二批中国传统村落建设名录,全国共有915个村上榜,福建再有25个村落上榜,其中宁德市6个,南平3个,三明4个,龙岩5个。2014年,政府加强对历史文化村落的保护,现存文物特别丰富,具有重大历史认识价值或纪念意义,能较完整地反映一些历史时期传统风貌和地方民族特色的古村落、现存清代以前的传统民居建筑,总建筑面积达到5 000平方米以上的村落,即认定为中国传统文化保护对象,由国家进行古村落保护。2014年,全国共评审6批276个中国历史文化名村,当年福建省文化名村数目在原有基础上再增加28个,已占全国文化名村总数10.14%①。福建被列入全国传统村落保护名单的古村落主要分布在闽中、闽西和闽北部。如尤溪县洋中镇桂峰村,从唐末宋初,就有人在此居住,因村落空间形态像一个"飞凤"形状,以神龟溪贯穿全村,形成一条带状空间。该村明末清初时期古建筑保留数量可观,被国家建设部文物局确立为第三批中国历史文化名村。课题组历时三年,对福建省300多个村落进行田野调查,发现,目前福建古村落按村落布局和传统建筑风格大体分为三类。第一类是聚落格局较好的古村落,村落有百年以上历史,传统建筑占全村建筑的50%左右,传统民俗民风尚有遗存,此类村落约占接受调查的

---

① 住房城乡建设部、文化部、财政部:《关于公布第一批列入中国传统村落名录村落名单的通知》,http://www.mohurd.gov.cn/zcfg/jsbwj_0/jsbwjczghyjs/201212/t20121219_212340.html,2012-12-19。

福建古村落总数的 15%。第二类是传统民居建筑与现代建筑叠加的古村落，村落约在清末至民国时期形成，传统建筑占整个民居建筑 30% 左右，占接受调查古村落总数的 25% 左右。第三类是村民住房建筑以钢筋水泥为主，但有零星散落在各处的古厝、祖屋、祠堂、家庙或宫庙，借此尚可辨认村落人口迁徙年代，且民间传统习俗一部分被保存，此类古村落约占接受调查总数的 60%，为福建古村落的绝大部分形态[1]。

二、福建古村落民宿发展文化资源环境分析

（一）福建古村落民宿业概念阐述

概念界定是学术研究的基础。"民宿"是住宿业的经营形式，在闽台地区是新兴的、热门的旅游词汇。国内学者根据各地区发展状况和住宿经特色，从经营主体、服务对象、功能、特点和形式等方面进行定义，对民宿概念的侧重点有所不同，有高低之分[2]。较低层面定义，指利用自家多余房间，向游客提供食宿服务，获得一定经营收入并使游客感受到家庭氛围和当地文化的小型旅馆或家庭旅馆。侧重满足基本要求。随着我国住宿业态的发展变化，学者在较高层面给出定义，突出家庭氛围和对当地文化体验特征，龙肖毅提出，民居客栈是以具有当地文化风格特点的民居院落为经营场所，集宿、食、游、娱为一体，让游客体会当地民俗民风、建筑风格、居住方式以及家居人情味等人文现象的一种旅游方式[3]。李跃认为乡村家庭旅馆依托于乡村旅游，改造民居，为游客提供住宿和餐饮获得营业收入，主客之间有较多沟通和交流，等等。然而，对房屋产权非经营者所有，经营者是否居住于房屋内，仍存在争议。本文中的古村落民宿概念，指利用古村落的传统民居建筑内空间，除为旅游者提供

---

[1] 刘芝凤：《闽台古村落保护与开发过程中的问题与比较研究》，《广西师范大学学报》2016 年第 2 期。

[2] 苏雅婷等：《中国家庭旅馆研究进展及展望》，《云南地理环境研究》2013 年第 2 期。

[3] 龙肖毅：《民居客栈概念评述》，《今日科苑》2009 年第 14 期。

住宿服务以外,主要运用民宿主人的兴趣或专长领域,专门结合福建古村落的农耕资源,提供独具特色餐饮或休闲服务,使旅游者对当地文化、生态、产业深入了解后,自愿参与主人的生活,获得令人难忘的、深刻的旅游体验或经历。这不同于民俗博物馆参观,旅游者既是消费者、体验者,还是帮助者、生产者,经营以关注遗产保护为目的。福建古村落民宿业指在市场经济条件下,以村落传统民居院落为经营场所,集宿、食、游、娱为一体,让游客深度体会古村落传统风俗习惯、建筑风格、居住方式以及家居人情味,以实现效益为目标。通过家庭式服务和品质管理,形成系列化或品牌化的民宿经营方式和组织形式。

(二)福建古村落民宿发展之文化资源环境分析

福建古村落民宿产业发展良好,对福建农村社会经济发展起重要的推动作用。根据2015年福建省农村经济自身的发展定位和中长期目标,福建古村落民宿发展的核心资源是传统移民文化资源,为此从以下几点来考察福建文化资源环境的条件:

1.福建古村落是活的文化遗产,是不可再生资源,为福建古村落民宿经营的文化资本

传统村落承载当地的传统文化、建筑艺术和村镇空间格局,反映村落与周边自然环境的和谐关系。每一座蕴含传统文化的村落,都是活的文化遗产,体现人与自然和谐相处的文化精髓和空间记忆。福建古村落坐落在山环水抱、茂林修竹之中,与自然巧妙融合,是人类理想的聚居地,这些村落在空间布局以及与自然环境的融合上构思巧妙,经历很长时期的传承,包含人类与自然和谐相处的生存智慧。传统建筑借自然山水,融中国文房四宝于一体,既有利于农业生产生活,又寄托天人合一、耕读传家等美好愿望。这些传统村落,无疑是民族的宝贵遗产,也是不可再生的和潜在的旅游资源。

2.福建古村落是维持传统农业循环经济的关键,是福建古村落民宿经营的战略选择

中国是世界上农耕文明传承历史最悠久的国家。传统农业一切来自土地,又全部回到土地,对大自然干扰最小。当下中国提倡循环经济,在某种程度上表达向传统的农耕文明学习之诉求,从原始的生态文明中汲取经验和智慧。传统村落使农民能够就近就地进行耕作,能够适应当地的气候,能够把当地的土壤、地质和耕种技艺有机结合起来,培育出许多独特的具有地方风味的传统产品。比如福建省的知名农产品,涂坊槟榔芋、度尾文旦柚、建阳桔柚、坦洋红茶、安溪铁观音等众多有地理标志福建名品,以传统村落为载体,利用当地独特的地域环境、气候条件来耕种生产。国际上通行农产品采用地域商标使用权的做法值得借鉴,如法国,其自然村落数量始终保持在较高水平,与村庄有关的农副产品都成为享誉世界的知名品牌。法国香槟酒,在香槟主产区各个村里生产,村里家家户户都有生产发泡果子酒的习惯;众多不同品牌的法国奶酪也与各类传统奶酪生产村联系在一起,有些奶酪用直接用村落的名字注册商标。由此可见,要建立循环绿色经济模式,必须重视保护传统村落,这是古村落民宿经营的战略选择。

3.福建传统农耕文明是村民社会资本的有效载体,构成古村落民宿经营的社会伦理和责任

所谓社会资本,是除经济资本和自然资本以外,人们对周边环境、自然和人际关系等的熟悉和了解,是已经具有的传统技巧和知识的总和。丧失社会资本,在某种程度上比丧失经济资本和自然资本的后果更加严重。农村传统的农耕生产和日常生活方式,离不开互帮互助互学借鉴融合过程,福建传统村落不仅是村民心理认同的地理环境,也是其社会资本的有效载体,尤其是方言、风俗、民间学识与智慧、生活用品制作技艺、传统节庆等非物质文化的有效载体,构成古村落民宿经营的社会伦理和责任。

4.福建古村落民宿经营是开发乡村旅游资源实现农业资源资本化基础

从发达国家经验看,乡村旅游是旅游产业构成的重要内容,发展乡村旅游亟需保护好传统村落。台湾马祖古村落因为未经侵略性商业开发而得以保留,其原野、原乡的自然生态与闽东文化人文现象——福州话、印章式建筑、压瓦石、庙宇、古聚落、澳口等成为马祖文化标志性符号。2012年7月,台湾观光部门将其纳入风景区经营管理项目,推动马祖国际观光度假区计划,马祖选择摈弃大众旅游发展方向,以原乡、原野、小众、精致生态旅游为目标,确定以关照当地人口就业保障为发展前提的经验值得思考。再如韩国曾在20世纪七八十年代积极开展新农村建设运动,政府发放大量水泥、钢筋给村民开展乡村旅游建设,传统村落被改变。到了20世纪90年代,韩国政府意识到对传统村落的大拆大建使其丧失了许多宝贵的旅游资源,经过认真反思,韩国人认真纠正错误,想方设法恢复村落的原有格局、建筑风格、文化传统、农副产品、地方民俗节庆活动等,使其与田园自然风光组合在一起,由此吸引大批观光客人到韩国农村旅游,使当地农民收入持续增长。根据国内休闲旅游发展较好的四川和浙江的经验,坚持保护与利用发展农家乐(乡村民宿)经营项目,村民进行绿色农副产品的栽培和生产,实现第一产业和第三产业辅助发展模式,走绿色的、可持续的农村农业发展新道路的传统村落,农民的收入增长都快于其他村落。显然,如果没有传统村落的保护和再利用,农业资源资本化无从谈起。

三、2014—2015年度,福建古村落民宿产业经营特点分析

基于对福建各类古村落田野调查和地方文献资料研究,分析福建古村落民宿产业经营特点如下:

(一)福建古村落民宿规模小、个人经营、缺乏区域特色,未形成民宿行业规范

福建古村落数量多,明、清时期或民国初年所建,建筑风格和形制统一。但尚未进行全面勘察核实,对这份闽台先祖留下的家底心中无数。如福建屏南县漈头村古石牌坊群,闽北邵武和平镇城堡式古村落,漳州龙海棣尾的四合院古村落,龙岩长汀县四都镇汤屋古村落的封火墙、吊脚楼和土木结构青砖小瓦马头墙的古建筑,连城县培田的明清客家古民居建筑群,永定土楼民居建筑群,厦门沙坡尾避风坞聚落建筑群,武夷山吴屯乡后源村黛瓦泥墙,三明尤溪县洋中镇桂峰村青瓦白墙骆驼背似的防火山墙和古印道、古桂树和古官道等等古建筑形态等等,不胜枚举。福建古村落数量虽多但尚未进行全面勘察核

实，民宿经营者多为古村落利益相关者，如村委成员、返乡经营村民和外来者，民宿规模小，由个人经营，零散而未形成民宿行业规范。

（二）福建古村落主要分布于闽中、西、北部山区，多成为"空壳村""老人村"，无法开展民宿家庭式服务的经营方式

福建山区的年轻劳动力倾向于外出求学和务工，老人、妇女和幼童是古村落留存人口的主体，古村落逐渐演变成"空壳村""老人村"。由于古民居建筑人去楼空，融入在古村落、古民居中的非物质文化遗产，随之加速衰落和凋敝。此外，山区易发生各种地质灾害、洪灾、火灾，对福建传统村落建筑造成毁灭性破坏，福建传统村落正面临着历史性老化，导致老建筑破败不堪无法修复；年轻劳动力外移，导致无朝气的空心村。人力生产资源缺乏的"空壳村""老人村"，是任何产业发展的瓶颈，旅游业是劳动密集型行业，其中民宿业需要家庭式服务，需要情感和智力的投入，民宿经营人力资源匮乏限制民宿产业规模性发展。

（三）福建古民居盲目拆"真"建"假"，古村落失去旅游吸引力

村民拆旧房屋建新楼现象较普遍，外出打工的村民见识了城市宽敞明亮的高楼大厦和方便快捷的现代生活，急切要改变居住条件，盖新房，住楼房，将其视为提高生活质量的重要内容和炫耀指标，但缺乏统一规划，一栋栋新楼凸现于传统古村落古民居建筑群中，极不协调。古村落内无序地新建与翻建住房，新建筑与历史建筑、乡土风貌极不协调，破坏了传统村落的古风古貌，福建民宿经营失去对客源的吸引能力。

（四）福建古建筑房主（产权所有者）缺乏遗产保护动力，古村落民宿产权分散，影响民宿经营效果

福建农村地区现行旧房宅基不拆，新房地基不批的土地使用与房屋产权归属政策。福建古村落现存历史民居建筑多为多世代族人生活居所，由于家族代际关系复杂，涉及源生家庭和衍生家庭的权属关系，城镇化的生活方式推

进与普及，家族内部各成员之间的生活观念转变程度参差不齐，成员组建小家庭后，多采取分家再建新住房的方式，形成各自独立经济体，因此，原家族凝聚力被逐级分化，房屋产权结构因生活方式改变后代人口分散，变得相当复杂，造成家族老房子安全和维护无人承担。加之福建农村地区传统民间建筑营造的维修工艺与技术人才已难觅，现存房屋土地政策和房屋产权所有人缺乏保护古建筑的动力，村民普遍采取在老房子的原址上拆旧建新做法，致使福建古村落民宿经营者面临产权分散，租赁或购买房产困难，影响民宿经营效果。

（五）城镇化建设公路、铁路项目对福建古村落"开膛破肚"，破坏传统村落的结构布局，福建古村落民宿经营环境资源价值被低估

作为城镇建设配套的高速公路、铁路和新机场等众多新兴基础建设项目，大多选择经济欠发达的闽中西和北部山区，这里也是福建古村落相对集中分布的地区。2014年7月，调查组在三明尤溪县洋中镇东北向桂峰村调研，桂峰村是顺应等高线布局的自由式山地聚落，全村以明末清初和民国初年的古民居建筑居多，已被确定的200年以上的民居建筑有67座。包括2个观谷碉楼、莲花观潭、青瓦白墙骆驼背似的防火山墙、玉泉书斋、蔡氏宗祠、蔡氏祖庙、石印桥、廊桥、古印道、古桂树和古官道，是国家建设部公布的第三批历史文化名村。从2003年起，沿山体建设的高等级村镇公路断断续续修建，至今未完工，沿路山体开挖持续10余年，严重破坏了桂峰蔡氏先祖"以山为骨架、水为血脉"的居住环境构想[①]。古村落整体布局被任意改变的做法，破坏传统村落结构的完整性，福建古村落民宿经营环境资源价值被低估。

---

① 刘芝凤、练紫嫣：《在福建省尤溪县洋中镇桂峰对村民村采访笔录》（未刊用），2014年7月31日。

四、福建古村落民宿产业经营发展趋势

福建古村落活态农耕文化遗产和福建移民遗产资源丰富,为将活态遗产资源转化为农业经济资源优势,可用资源资本化经营理论分析和探索福建古村落民宿产业经营发展趋势。

(一)福建古村落民宿产业农耕文化资源转化迫在眉睫

资源是由人类发现的有用途和有价值的物质,它是经济发展的基本要素,为人类发展提供物质基础。联合国环境规划署界定所谓资源,特别是自然资源,是指在一定时间和地点的条件下能够产生经济价值的,以提高人类当前和将来福利的自然环境因素和条件。资源狭义上仅指自然资源。广义的资源,指一个国家或地区可利用的所有资源,大致有以下几类:自然资源、人力资源、技术资源、企业资源和制度资源。在社会主义经济条件下的资本是一种生产要素作为生命体的运动、本性上实现资源价值增殖,资源转化所关注的资源一般是指广义的资源[①],把社会中政府拥有的各种有形和无形的资源及存量资产转化为可以增值的活化资本,在政府和市场作用下,通过出租、转让、组合、裂变、流动等多种方式进行优化配置和有效运作,最大限度地实现增值、盈利,从而实现经济效益、环境效益和社会效益的最大化。在福建尤溪县联合乡云山村田野调查中了解到,云山村书记于2012年与部分村民签订15年的水田租赁合同,起初有30位村民出让水田,以每亩干谷300斤或折价450元为租赁价格,养田成本每亩租赁价约1 500元,采取一年一付的方式。其共租耕地310亩,当期个人投入总成本465 000元。被租赁的全部耕地,被重新规划和修整,建成云山村农业梯田风景摄影项目,引进全国专业摄影机构进行采风活动,向福建省摄影爱好者组织推介摄影内容,以摄影作品带动云山村梯田风光对外宣传。2013年,该项目被旅游爱好者评为福建省最美梯田,云山村的云

---

① 李增来:《对资源转化为资本问题的研究》,《铜凌学报》2007年第5期。

山梯田成为被追捧的观光旅游点。2013年6月29日,村书记个人再投资30万元,召集13个村民创办尤溪县联合梯田种养农民专业合作社,下设老人与牛农耕模特队、妇女小组、抢收小组等专门满足摄影师拍摄取景和作物收成农忙时节提供劳动帮手的需求,社员按工时计算薪酬。合作社社员从最初13人发展到现在的49人①。此种作法可见资源资本转化的端倪。福建古村落是活的文化遗产,是不可再生资源,开发乡村旅游资源是实现农业资源资本化基础。

(二)确立农业资源保护经营理念,民宿经营能盘活农业资源优势,牵引福建古村落整体发展

从保护方面讲,古村落民宿的经营以盈利组织形态存在,不同于政府举办的乡村民俗馆或博物馆,古村落民宿只服务于有限的客人,鼓励客人体验消费。古村落民宿的目标群体是乐于体验感受他人原真性生活方式的旅游者,这要求民宿经营者自身必须是传承祖先的传说与艺术文化的自觉者,想方设法让旅游者了解古村落全部信息。除提供住宿外,设计整套的旅游行程,使游客好奇当地人生活习惯,激发旅游者对乡土的自然情感,使之自觉自愿地融入古村落民俗生活之中。古村落民宿旅游行程应精准、精致和惊喜,能让人感受家居人情味。民宿经营者最大的收获就是能在自己喜欢的地方,打造自己喜欢的空间,招待自己喜欢的朋友。只有坚持保护型经营理念,才能突出古村落民宿特色,以民宿的经营带动地方发展。2014年8月,在福建尤溪县联合乡云山村调研发现,书记本人就是摄影极端爱好者,个人作品多次获得国家级奖项,从2008年起,他用自住房子接待全国各个地方来的摄影师,设计拍摄线路、安排取景地点、推荐拍摄时间等。被村民选为村书记后,将乡土自然情感和禀赋融入云山村建设上,成立尤溪县联合梯田种养农民专业合作社之农耕模特队,模特是年纪较长,脸、手部因劳作而沧桑特征明显的村民,按出工记工

---

① 刘芝凤、林江珠:《对尤溪县联合乡云山村包世生书记采访笔录》(未刊用),2014年7月30日。

时,模特需要自带道具,即耕牛或农具,按工时计薪。此举让丧失劳作能力的农村老人获得工作机会。

(三)依托社会资本,福建古村落民宿产业发展需要明晰的民宿产权制度

生长在福建古村落的村民是农耕文化的实践者和所有者,古村落空间承载的土地、民居建筑方言、风俗、民间学识与智慧、生活用品制作技艺、传统节庆等,是发展古村落民宿的资本,只有通过流动,即出让、抵押、出租等方式,激活静态的资产,由资源转化为资本,经营者和所有者才能目标一致。古村落民宿经营者本质上是企业家,古村落民宿经营者必须以企业家要素为股权,投入民宿运营与管理,理应得到企业家要素股权收益。当古村落民宿营者享有利润索取权时,经营者的目标和资源所有者的目标才可能一致,也激励民宿经营者在经营期间发挥企业家创新和冒险精神。通过市场竞争的约束,民宿经营者(企业家)逐渐成为古村落遗产资源转化的操作者,在遗产资源转化的项目策划、方案设计、资金运作和实际经营过程中成为主角。从三明尤溪县联合乡云山村的例子来看,产权界定是资源转化的动力,能够有效地克服村民行为的外部性,能够有效地将外部性内在化。福建古村落民宿的发展主要依托村民拥有的社会资本,资源资本的所有者、新的投资者、经营者和管理者四者是民宿发展关联人物,投资者可能是经营者,但投资者不一定都是经营者,如出让土地的村民并不经营。对投资者而言,目的是获取最大利润。在投资古村落民宿过程中,民宿经营者与投资者实际付出的资本和资源必须结合,要按照市场规律来选择投资方向和投资规模,将资源转化为资本的收益最大以及使投资者的预期收益最大。在古村落民宿资本经营过程中,要求民宿经营者是文化自觉者同时必须具有企业家的战略眼光和才能。

(四)福建古村落民宿经营者要成为文化资源转化的灵魂和核心

福建古村落民宿经营者在资源转化过程中地位很特殊,管理者既负责对活化农耕文化遗产和福建移民遗产资源运营管理,又对资源收益增值负责。

福建古村落民宿经营者是企业家是稀缺的生产要素。尤溪县联合乡云村书记原本在厦门、贵州从事房地产行业,家产20亿,因对父母孝顺,对家乡怀有深厚情感,听取父亲的意见于2012年9月经过全村人推选为云山村第一书记,自己投资30万与13个村民合股,共50万元,成立尤溪县联合梯田种养农民专业合作社,当年取得政府30万元支持资金。农民专业合作采用社员理事会制,由5人组成,1人负责宣传,1人负责打理田间事务,1人负责处理纠纷问题,1人负责与合作社有关的业务,1人负责监督协调,下设4个分队——模特队(脸部特征明显沧桑)、妇女队(间苗、除草)、老人队(除草等)、突击队(年龄55以下青壮劳力)。村里留守老人将近65%加入模特队。实施将田租租金转变成股份的项目,这样有文化自觉的企业家,福建古村落保护实践中十分缺乏。显然企业家要素在福建古村落农业资源转换需求上发挥着重要的作用。

五、对福建古村落民宿产业经营发展建议

(一)对古村落民宿经营者的建议

作为潜在古村落民宿经营者,要摸清古村落的资源资本类型、资源转换程度;还要考虑培养哪些优势农业资源,如云山梯田。台湾地区学者分析观光休闲产业中民宿业经营所需核心资源[①],认为,民宿业经营之关键在于拥有优势资源的资产类型,如民宿建筑物、地理位置、自然环境、活动安排与设计能力、历史人文资源、餐饮的独特性,农产品的品牌、经营者风格。事实上,古村落民宿资源优势在民宿业者选择经营战略和长时间实践中产生,并非短期所能完成。因此民宿经营要充分了解福建古村落本身的资源类型和资源资本化的可能性,以文化遗产保护与开发为切入点,切忌冲动与盲目。

古村落民宿经营者应确立以遗产资源为核心管理模式,民宿经营者除需

---

① 张朝钦:《以核心资源理论探讨民宿业者经营策略与竞争优势——以雾台地区为例》,台湾高雄应用科技大学学位论文2013年,第233页。

了解民宿所在村落拥有的资产资源外,还应在遗产资源转化的项目策划、方案设计、资金运作和实际经营过程中勇敢担当主角。

(二)对政府的建议

传统观光型旅游正逐步向深度休闲型旅游转型,越来越多的旅游者,尤其是年轻游客,选择有个性化的、可自行安排的体验式旅行,以了解当地历史文化、民俗风情为目的。在旅游业转型中,民宿(家庭旅馆、客栈)产业因其特色鲜明更贴近社会民情,广受游客喜爱。要为满足旅游者对特色住宿的需求,政府应尽快出台有关福建省乡村民宿产业发展的资源保护与转化政策指导性意见,特别要明确农村农耕遗产资源资本转化机制、资源保护性、经营者股权认定、农业资源资本交易平台搭建和税收政策,推进福建古村落民宿产业整体发展。

民宿产业的资源资本转化依赖民宿经营者(企业家)群体的专业能力,但在我国,企业家是稀缺的生产要素。民宿经营,不能通过模仿轻易进行,需要选择经营理念,积累长时间实地运作经验,不断增强经营能力。发展乡村旅游时,建议政府对古村落民宿业经营者的评价指标重点应放在财务管理能力,领导风格,民俗文化认知能力,创业精神,民俗解说能力,民俗活动的安排与设计等方面。

福建新型城镇化与传统村落保护研究报告[*]

丁智才

摘　要： 新型城镇化与传统村落保护是当下中国正着力推行的两大战略。作为一对矛盾共同体，城镇化推进过程很容易对传统村落造成损害。由于地处东部沿海发达地区，福建的城镇化发展迅速；而传统村落数量众多、形态多样、人文荟萃、景观优美，传统村落保护任重道远，福建在推进新型城镇化和传统村落保护发展方面具有典型意义。要在保护村落文化生态的基础上，合理发展文化产业，建设特色城镇，推进就地城镇化与人的城镇化，实现新型城镇化与传统村落保护的共赢。

关键词： 福建；新型城镇化；传统村落保护；互动共赢

作为当前经济社会发展中的两个热点问题，新型城镇化与传统村落保护是一对矛盾共同体，在推进城镇化过程中，不可避免对传统村落造成损害，保护传统村落正成为快速工业化、城镇化的中国面临的紧迫话题。新型城镇化给传统村落保护带来困境的同时带来新的机遇，"望得见山，看得见水，记得住乡愁"成为当下城镇化和乡村发展的共同目标。福建历史悠久，文化积淀深厚，是古代海上丝绸之路的重要起点和发祥地，海洋文明与农业文明在此交融繁衍，依山傍海的地理环境孕育出闽南文化、客家文化、闽北文化、朱子文化等

---

[*] 本文系福建省社科研究基地重大项目"福建新型城镇化与文化产业融合发展研究"（项目批号 2014JDZ039）阶段性成果。

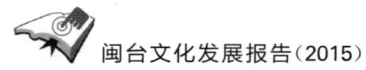

多样的地域文化,传统村落数量众多、形态多样、人文荟萃、景观优美,集中体现了福建各地特色风情和传统文化。作为东部沿海的富裕省份,福建在推进新型城镇化和传统村落保护发展方面具有典型意义。

一、新型城镇化的发展

(一)发展环境

随着生产力的发展、科学技术的进步,产业结构逐步从农业向工业和服务业等非农产业调整,传统乡村型社会也逐渐向现代城市型社会转变,这就是城镇化过程。作为伴随工业化发展的自然历史过程,城镇化也是国家经济社会发展的重要标志。改革开放以来,中国城镇化快速推进。据统计,从1978年到2013年,中国城镇常住人口从1.7亿人增加到7.3亿人,城镇化率从17.9%提高到53.7%,年均提高1.02个百分点。2011年,中国城市人口首次超过农村人口,城镇化率首次突破50%。2013年12月,中央专门召开城镇化会议,在总结过去城镇化的基础上,站在一个新的历史起点上部署新时期城镇化工作,提出城镇化要从追求数量速度向提高发展质量转变,大力推进以人为核心的城镇化,新型城镇化实践开始在全国启动。2014年3月,《国家新型城镇化规划(2014—2020)》颁布,对于新型城镇化道路,提出要坚持走以人为本、四化同步、生态文明、文化传承的指导思想,成为引导未来几年中国城镇化的纲领性文件。2014年9月,国务院召开推进新型城镇化建设试点工作座谈会,会议确定新型城镇化建设从省、市、县、镇不同层级、东中西不同区域开展试点,以中小城市和小城镇为重点。2014年12月,国家新型城镇化64个综合试点名单正式公布,新型城镇化进入探索实施阶段。

截至2014年,中国人口城镇化率53.73%,达到世界平均水平,据预测,2020年将达到60.34%,虽然有些局部城镇化水平还较低,但中国从整体上已进入初级城市型社会。在全国31个省级行政区的城镇化率排名中,有18个省的城镇化率超过50%,12个省的城镇化率在35%~50%。其中上海的城

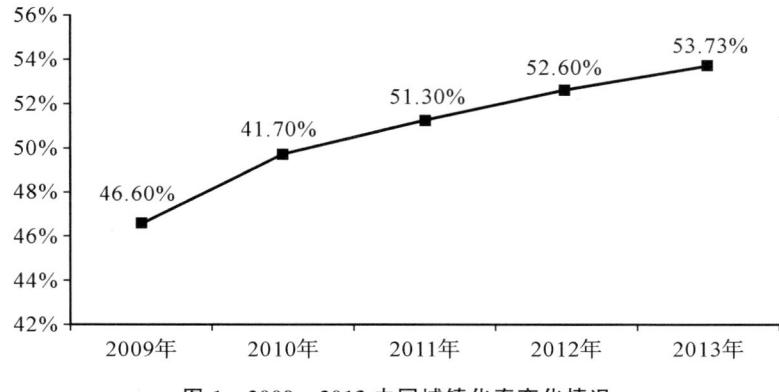

图 1 2009—2013 中国城镇化率变化情况

镇化率达到 88.02%,排名第一;北京以 86.30% 紧随其后;天津以 78.28% 排名第三。东部地区各省份基本排在前列,这说明经济社会发展程度高,城镇化程度也相对较高。

表 1 省级行政区城镇化率排名

排名	省级行政区	户籍人口(万人)	常住人口(万人)	城镇人口(万人)	城镇化率(%)
1	上海	1 426.93	2 415.15	2 125.72	88.02
2	北京	1 297.5	2 114.8	1 825.1	86.3
3	天津	993.2	1 472.21	1 152.42	78.28
4	广东	8 635.89	10 644	7 212.37	67.76
5	辽宁	4 374.63	4 390	2 917.2	66.45
6	浙江	4 799.34	5 498	3 461.46	62.96
7	江苏	7 553.48	7 939.49	4 989.59	62.85
8	福建	3 689.42	3 774	2 293	60.76
9	内蒙古	2 470.63	2 497.61	1 466.35	58.71
10	重庆	3 343.44	2 970	1 732.76	58.34
11	黑龙江	3 831.22	3 834	2 181.55	56.9
12	湖北	6 165.4	5 799	3 161.03	54.51

续表

排名	省级行政区	户籍人口（万人）	常住人口（万人）	城镇人口（万人）	城镇化率（%）
13	吉林	2 701.5	2 751.28	1 491.19	54.2
14	山西	3 571.21	3 630	1 908	52.56
15	山东	9 580	9 733.39	5 077.83	52.17
16	宁夏	630.14	654.19	340.28	52.02
17	陕西	3 926.22	3 763.7	1 931.15	51.31
18	海南	901.93	895.28	457.46	51.1
19	江西	4 503.93	4 522.2	2 210	48.87
20	青海	565.55	577.79	280.3	48.51
21	湖南	7 179.87	6 690.6	3 280.8	47.96
22	安徽	6 902	6 029.8	2 885.9	47.86
23	河北	7 185.42	7 332.21	3 410.55	46.51
24	四川	9 097.35	8 107	3 640	44.9
25	广西	5 240	4 719	2 115	44.82
26	新疆	2 232.78	2 264.3	1 006.93	44.47
27	河南	10 543	9 413	3 990.97	42.4
28	甘肃	2 712.99	2 582.18	1 036.23	40.13
29	云南	4 596.62	4 659	1 831.45	39.31
30	贵州	4 249.48	3 502.22	1 324.89	37.83
31	西藏	300.21	307.62	69.98	22.75

数据来源：中国统计年鉴 2014 年。

城镇化的快速发展对以农耕文明为主体的传统村落造成损害，城市文明不可避免与乡村传统文化碰撞，城镇化过程也是传统村落快速消失的过程。在推进新型城镇化的今天，迫切需要向传统村落文化寻根。站在新的时代路口，重新审视城镇化，特别是新型城镇化与传统村落的关系必要而紧迫。

(二)福建新型城镇化现状

福建处于东南沿海,东隔台湾海峡与台湾省相望,全省土地总面积12.4万平方千米,海域面积13.6万平方千米,山地、丘陵占全省总面积的80%以上,素有"八山一水一分田"之称。作为著名侨乡和台湾汉族同胞祖籍地,旅居世界各地的闽籍华人、华侨达1 088万人,在港澳的闽籍同胞123万人,台湾汉族同胞中80%以上祖籍福建。截至2014年,福建省常住人口为3 806万人,其中城镇常住人口2 352万人,占总人口比重为61.8%。2014年,福建省实现地区生产总值24 055.76亿元,其中,第一产业增加值2 014.91亿元;第二产业增加值12 515.36亿元;第三产业增加值9 525.49亿元;人均地区生产总值63 472元,突破一万美元大关,达到10 376美元。按照世界银行不同阶段的收入标准,人均GDP达到一万美元后,标志着一国或地区的经济社会发展开始进入"发达状态"。但福建居民人均可支配收入23 331元,农村居民人均可支配收入12 650元,城镇居民人均可支配收入30 722元,居民人均可支配收入占人均GDP的比重仅为37%左右,距离发达国家55%左右的平均水平仍有不小的距离。

改革开放以来,福建城镇化经历了一个起点低、速度快的发展历程。1978—2013年,城市从6个增加到23个,建制镇数量由62个增加到612个,城镇常住人口从336万人增加到2 293万人,城镇化率从13.7%提高到60.8%,高于全国平均水平7个百分点,年均提高1.35个百分点。城镇经济的繁荣发展吸纳了大量的农村转移劳动力,沿海城镇带以全省44.4%的国土面积集聚了79.4%的人口,成为拉动经济快速增长和集聚人口的主要区域。新型城镇化的重要标尺,就是使包括农业转移人口在内的建设者都能享受城市文明的成果,不断提高生活质量和水平。但至2013年,福建户籍人口城镇化率只有35.2%,低于全国平均水平,有超过1 000万的外来人口在城镇常住,很大一部分是农业转移人口,处于"半市民化"状态,还不是真正的城镇居民。

表 2　福建省近年来人口变化情况

年份	常住人口数量（万）	城镇人口数量（万）	城镇人口比重（％）	农村人口数量（万）	农村人口比重（％）
2010	3 693	2 109	57.11	1 584	42.89
2011	3 720	2 161	58.09	1 559	41.91
2012	3 748	2 234	59.61	1 514	40.39
2013	3 774	2 293	60.76	1 481	39.24
2014	3 806	2 352	61.80	1 454	38.20

数据来源：2014 年福建统计年鉴。

2014 年 6 月，福建出台《福建省新型城镇化规划（2014—2020 年）》（简称《规划》），提出走具有福建特色的以人为本、优化布局、生态文明、文化传承的新型城镇化道路，实现"百姓富、生态美"有机统一。将福建新型城镇化的目标定为：到 2020 年，城镇化水平和质量稳步提升，常住人口城镇化率 67％，户籍人口城镇化率达到 48％左右。该规划提出常住人口、户籍人口两个城镇化率指标，目的是促进各方面把更多注意力放在人的城镇化上，逐步缩小两者差距。

在具体路径探索方面，福建探索多样化的城镇化道路。莆田市、晋江市被列为国家新型城镇化综合试点地区，到 2017 年试点任务要取得阶段性成果，形成可复制、可推广的经验，2018—2020 年，逐步在全国范围内推广试点地区的成功经验。莆田、石狮、德化、光泽、邵武、晋江六县市被确定为福建不同主题新型城镇化试点，着重围绕有序推进农业转移人口市民化、优化城镇化空间布局、强化城镇化产业支撑、提高城镇宜居水平、推进城乡一体化发展、创新城镇化体制机制等城镇化的重点任务，从户籍、土地、投融资、住房、行政管理、生态保护等方面深化改革，大胆探索，先行先试，积累经验。其中，作为福建县域经济的"排头兵"，近年来，晋江市探索出一条独具特色的新型城镇化之路：在产业和城市融合、市民和农民融合、历史和文化融合等方面积累了经验，对各地的城镇化实践具有借鉴意义。

福建新型城镇化注重文化传承、彰显特色、提高城镇发展品质。《规划》要求充分发挥福建生态、历史、人文优势，发展有历史记忆、文化脉络、地域风貌的美丽城镇,形成符合实际、各具特色的城镇化发展模式。注重人文城镇建设,发掘城镇文化资源,强化文化传承创新,展现地域文化差异,打造历史底蕴厚重、时代特色鲜明的人文魅力城镇空间。加强历史文化名城名镇名村、历史文化街区、传统村落、历史建筑、特色建筑和优秀近现代建筑保护,复兴特色历史文化街区和历史风貌区。鼓励城市文化多样化发展,促进传统文化与现代文化、本土文化与外来文化交融,形成多元、开放、包容的现代城市文化。

二、传统村落的困境与机遇

(一)传统村落的困境

传统村落拥有众多物质形态和非物质形态文化遗产,具有较高的历史、文化、科学、艺术、社会、经济价值。城镇的快速发展致使村落大量拆迁,或整体拆迁,或历史景观与乡土建筑被改变,直接导致村落消失。据统计,2000年中国自然村总数为363万个,经过十年的发展,到了2010年村落总量锐减为271万个,10年内中国城镇化率由36.2%提高到41.7%,而村落却减少90万个,平均每天消失80~100个。现存传统村落的数量仅占全国全国行政村总数的1.9%。专家估计,有较高保护价值的传统村落现存不到5 000个。在这些消失的村落中,就有很多是具有文化保护价值的传统村落。如果不采取有效措施,这种消失的趋势还会随着城镇化进程而加快。从国家公布的三批中国传统村落保护名录中可以看出,东、中、西部传统村落数量呈阶梯分布,正好与经济社会发展程度和城镇化率相反。东部省份城镇化率高,传统村落名录一般较少;而处于后发展地区的贵州、云南入选的传统村落超过全国总数的三分之一,说明"老少边穷"地区,城镇化率比较低,往往是传统村落保护较好的地区。2014年,中国GDP达636 463亿元,其中第一产业占9.16%,第二产业占42.64%,第三产业占48.19%,全国总人口为136 782万,其中城镇人口74 916万,增加1 805万,城市化率为54.77%,农村人口61 866万,减少1 095万,中国正从农业国家向现代化工业国家转变,传统村落更面临着前所未有的

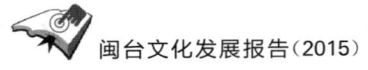

挑战。

传统村落载体的消失,使其原来所具有的代代相继、传承至今的文化形态发生急剧裂变,传统文化的内在结构变得支离破碎。即使在城镇化、工业化进程中,一些传统村落得以幸存,但城镇吸引大批村民离开村落入城务工,瓦解了村落的生产生活,导致传统村落的空心化。在中国52.6%的城镇人口的城镇化率中,只实现35%的户籍人口城镇化率,这些未取得城镇户籍的就是大量从村落中逃离的村民。更重要的是,城镇化工业化对传统村落进行掠夺式开发,并不保护传统村落文化,村民的逃离不但解构村落的社会结构和文化根基,现代市场观念也扭曲与扼杀村落文化内涵和价值体系。传统村落有着不同于城市的的文明发展史,现代普世价值的事项,需要适合村落的方法和过程;传统村落保留着乡土的古老习俗和生活方式,但这些村落文化的拥有者,在城镇化进程中处于弱势地位。市场经济的进入,消费主义的蔓延,导致村落公共道德乏力,集体舆论失语,村落价值失落。虽然近年来开始注重传统村落保护和农村文化建设,但村落保护观念出现错位,过分注重村落景观建筑等物质层面,忽略村落非物质文化的精神层面,村落文化的传承越来越功利化,文化开发活动成为单纯追逐物欲的行为,拆古建新、拆真建假、盲目建设、过度外迁居民等重商趋利式的过度开发对村落文化构成再冲击。

(二)传统村落的机遇

早在2003年,建设部和国家文物局启动中国历史文化名镇评选时,一并评选中国历史文化名村。将一些"文物丰富、具有重大历史价值或纪念意义的,能较完整地反映一些历史时期传统风貌和地方民族特色的村落"认定为中国历史文化名村。2003年10月公布第一批历史文化名村12个;截至2014年3月,一共评选6批共276个中国历史文化名村。这些历史文化名村都是各地重要的传统村落,但相对于大量散落民间、面临困境的传统村落,中国历史文化名村涵盖范围较少,保护资助力度不大,城镇化进程中大量传统村落亟需纳入保护体系。

2012年4月,住建部、文化部、国家文物局、财政部联合启动第一次全国范围的传统村落摸底调查,结果表明中国现存的具有传统性质的村落近12 000个,为传统村落保护摸清了家底。2012年9月,为了落实温家宝总理做出的关于"古村落的保护就是工业化、城镇化过程中对于物质遗产、非物质遗产以及传统文化的保护"的指示精神,由国内从事传统村落保护和发展的建筑学、民俗学、艺术学、美学、经济学、社会学等相关领域的著名专家组成传统村落保护和发展专家委员会;2012年12月,在调查摸底的基础上,经各地推荐,由专家委员会评审,住建部、文化部、国家文物局、财政部联合公布首批646个中国传统村落名录;2013年8月公布第二批名录,915个传统村落入选;2013年中央城镇化工作会议将"人"而不是"土地"确立为新型城镇化的核心,指出:城镇建设要注重保留村庄原始风貌,"让居民望得见山,看得见水,记得住乡愁",明确提出城镇建设要协调传统村落的保护发展,而不是一拆了之。2014年12月,在四部局基础上联合国土部、农业部、国家旅游局公布第三批中国传统村落名录,共949个村落入选。截止目前,三批合计2 555个村落入选中国传统村落名录。从区域分布来看,东部地区省份较少,一共才607个,浙江最多达176个,这既与浙江人文底蕴深厚有关,也与其在经济发展与城镇化过程中注重传统村落保护密不可分;中部六省共644个,各省分布比较均匀;西部省份1 304个,超过总数一半,其中云南、贵州两省就占了全国总数三分之一。传统村落名录既是对村落历史文化价值的认定,也是实施村落保护的名单。2014年4月,住建部、文化部、国家文物局和财政部出台《关于切实加强中国传统村落保护的指导意见》指出,对进入名录的传统村落,中央财政统筹多项专项资金,用三年时间集中投入超过100亿元,分年度支持这些村落的保护发展。在随后公布的支持名单中,327个村落列入2014年第一批中央财政支持范围,支持经费16.8亿元,每个传统村落保护经费300万,中央另外投入7亿元用于村落文物文化遗产的保护。

表3 中国传统村落名录分布情况

省市区	第一批 2012年12月20日公布	第二批 2013年8月28日公布	第三批 2014年12月3日公布	合计
北京	9	4	3	16
天津	1			1
河北	32	7	18	57
山西	48	22	59	129
内蒙古	3	5	16	24
辽宁			8	8
黑龙江	2	1	2	5
吉林		2	4	6
上海	5			5
江苏	3	13	10	26
浙江	43	47	86	176
安徽	25	40	46	111
福建	48	25	52	125
江西	33	56	36	125
山东	10	6	21	37
河南	16	46	37	99
湖北	28	15	46	89
湖南	30	42	19	91
广东	40	51	35	126
广西	39	30	20	89
海南	7		12	19
重庆	14	2	47	63
四川	20	42	22	84
贵州	90	202	134	426
云南	62	232	208	502
西藏	5	1	5	11

续表

省市区	第一批 2012年 12月20日公布	第二批 2013年 8月28日公布	第三批 2014年 12月3日公布	合计
陕西	5	8	17	30
甘肃	7	6	2	15
青海	13	7	21	41
宁夏	4			4
新疆	4	3	8	15
合计	646	915	994	2555

数据来源：根据历次中国传统村落名录整理。

（三）福建传统村落保护情况

历史上，中原居民多次大规模迁徙福建，带来不同时期的中原文化，多元文化造就福建传统村落和乡土建筑的多样性。福建境内的传统村落，最早的可追溯到两晋时期，历经兴衰嬗变，绝大部分传统村落的现有格局是在明清时期完成的。闽东北地区，受儒家文化影响，村落布局规整，建筑庄重有序；闽南地区，受海洋文化影响，村落布局精巧典雅，红砖建筑造型精美别致；闽西北地区，受程朱理学影响，且与皖赣多有交流，村落依山就势，建筑多具徽派风格；闽西南地区，以客家文化为主，村落特色突显宗族聚合布局，以土楼、九厅十八井为代表的建筑强调家族聚居与防御的功能。经过普查，福建共登记各种类型的传统村落703个。第一批646个中国传统村落名录村落名单中，福建省共有48个村落列入，数量与山西省并列全国第三，次于贵州省和云南省，在东中部排第一；第二批列入中国传统村落名录，福建有25个村落上榜；第三批福建有52个村落上榜。至此，福建共有125个中国传统村落，总数在全国排第六，东部沿海地区排第三。就各地市看，宁德、龙岩、三明三市占总数一半以上。

表4 中国传统村落名录分布情况

市区	第一批 2012年12月20日公布	第二批 2013年8月28日公布	第三批 2014年12月3日公布	合计
福州	2		5	7
平潭			5	5
泉州	2	4	4	10
漳州	3	3	9	9
龙岩	11	5	4	20
三明	12	4	4	20
南平	3	3	10	16
宁德	15	6	10	31
莆田			1	1
合计	48	25	52	125

数据来源:根据历次中国传统村落名录整理。

2014年4月,住房城乡建设部、文化部、国家文物局、财政部出台《关于切实加强中国传统村落保护的指导意见》,通过中央、地方、村民和社会的共同努力,用三年时间,使列入中国传统村落名录的村落文化遗产得到基本保护,具备基本的生产生活条件、基本的防灾安全保障、基本的保护管理机制,逐步增强传统村落保护发展的综合能力。保护并合理利用文化遗产是其主要任务。要求保持传统村落的完整性、真实性、延续性的前提下,挖掘社会、情感价值,延续和拓展使用功能,挖掘经济价值,发展传统特色产业和旅游。2014年7月,公布第一批列入中央财政支持范围的中国传统村落名单,包括龙岩市连城县宣和乡培田村在内福建共16个村庄入选。2014年12月第二批列入中央财政支持范围的中国传统村落名单中,漳州市南靖县书洋镇田螺坑村等16个入选,至此,福建共32个传统村落被列入中央补助资金名单,共争取中央补助资金9 600万元。

2014年5月,国家文物局正式启动首批50个传统村落整体保护利用工作,福建有18个传统村落列入国保省保集中成片整体保护利用工作项目。

2014年已经启动永安市燕西街道吉山村、青水畲族乡沧海畲族村及连城县宣和乡培田村等三个项目,2015年也将陆续启动漳州寮等七个项目。对于入选保护利用项目的传统村落,中央财政将在文物维修、三防、保护展示等方面给予重点倾斜。该项目福建共争取中央财政资金7 697万元,大大高于全国平均水平,已到位3 789万元。

2014年6月,由中宣部、住房和城乡建设部、国家新闻出版广电总局、国家文物局组织实施,中央电视台组织拍摄的百集大型纪录片《记住乡愁》启动,列入国家历史文化传承工程和历史文化纪录片工程重点项目,于2015年1月1日正式推出。项目以"关注古老村落状态,讲述中国乡土故事,重温世代相传祖训,寻找传统文化基因"为宗旨,将展现传统村落优美和谐的自然环境、布局合理的人文景观、丰富多彩的民风民俗、独具特色的乡土之物、深沉丰厚的文化积淀,梳理传统村落的历史发展脉络,通过传承千百年的村规民约、家风祖训,找寻、探索民族文化的精髓,深入挖掘和阐述中华优秀传统文化的时代价值。通过记录传统村落村民的发展状况和生活状况,展现优秀传统文化在民间的延续和发扬,探寻古老文明以怎样的形式"活"在当下。被誉为福建民居第一村的培田村以"敬畏之心不可无"成为开播第一集。

福建出台多项政策、法规促进传统村落的保护发展。2014年,省住房和城乡建设厅、文化厅、财政厅制定《福建省传统村落评审认定办法》,从村落传统历史建筑和特色建筑、村落选址和格局和村落承载的非物质文化遗产等三部分,评价认定省级传统村落的。其中,村落传统历史建筑和特色建筑评价指标从久远度、稀缺度、规模、比例、丰富度、完整性、工艺美术价值、传统营造工艺传承等方面,村落选址和格局评价指标体系从久远度、丰富度、格局完整性、科学文化价值、协调性等方面,村落承载的非物质文化遗产评价指标体系从稀缺度、丰富度、连续性、规模、传承人、活态性、依存性等方面分别进行评估。积极开展宜居环境建设行动计划,每年推动一批重点村镇的整体保护、环境整治和景观提升,省级财政安排专项资金给予支持。同时指导督促各地编制历史文化名镇名村和传统村落保护发展规划,推进古村镇整体保护利用的法制化、规范化。除此之外,福建还出台《关于重点扶持历史文化名镇名村保护和整治的指导意见》;编制《福建省历史文化名镇名村保护与发展规划》,从分类与价值评价、保护发展战略、保护利用规划、政策保障措施等方面提出省域范围内名镇名村和传统村落保护与发展的宏观规划;制定《福建省历史文化名镇名村保护和整治导则》,明确了名镇名村和传统村落的传统格局保护、文物建筑和历史建筑保护、基础设施建设、安全与防灾、环境整治、非物质文物遗产保护、保障机制等方面的技术要求。强化省级层面的组织协调和统筹规划工作,有效整合各职能部门的优势资源,将传统村落整体保护利用工作与全省宜居环境建设、美丽乡村建设及 A 级景区建设结合起来。

三、促进新型城镇化与传统村落保护的互动共赢

新型城镇化是城乡统筹、城乡一体的城镇化,是城市、城镇、乡村协调发展、互促互进的城镇化。新型城镇化和传统村落保护不是矛盾的对立,而是可以互动共赢。新型城镇化离不开广袤乡村的产业振兴、协同发展,乡村产业的发展是新型城镇化下产业集群发展的基础平台与支撑。福建应通过新型城镇化的产业集聚与产业群的调整、协同、错位发展的重构机遇,从社会、产业经济与文化等方面带动以乡村聚落点社区为中心的传统村落的保护与发展。

以村落资源建设特色城镇。以文化来引导城镇发展,突出城镇特色是新型城镇化的重要目标。要摒弃单纯改变传统村落面貌的做法,在城镇化与村落文化保护之间寻求契合点,将传统村落作为资源优势,根据"传承文化,保留风貌,改善环境"的原则,在保留传统村落景观基础上,将传统村落文化元素和文化符号运用到城镇发展和改造中去,突出"一村、一文化、一特色"。快建设新型村庄按照建设社会主义新农村要求,坚持遵循自然规律和城乡空间差异化发展原则,科学规划县域村镇体系,统筹安排农村基础设施建设和社会事业发展,实施串点成线、连线扩面,推进美丽乡村建设,努力形成一村一韵、一村一景、一家一品的建设格局。村落历史沿革、名胜古迹、民俗节庆、民俗文物等都是城镇特色形成的宝贵资源,运用现代创意思维建设特色城镇,促进村落资源城市特色有机融合,建设既接续村落传统文脉、又富有时代风貌的特色城

镇,提高城镇文化品位。

以文化产业推进就地城镇化。传统村落的保护表现出保护与利用、传承与发展的复杂关系,体现了人文与自然、生存与生活、家庭与社会的广泛联系,也反应了群众改善生活、追求富裕的刚性需求。因此,注重把保护利用与当地特色产业发展相结合,与群众生活水平提高相结合,着力在文物保护和让村民满意上寻找契合点。充分发挥当地村民的主人作用,灵活运用行政、经济等手段协调各方利益关系。村落的空心化是传统村落保护的难点,空心化的原因是村落业态的凋敝。作为生产和生活的基地,传统村落是社会构成最基层的单位,其原真性、完整性、活态性的特点,要求保护必须与发展相结合,脱离发展谈保护没有意义,国家禁止将传统村落建设成博物馆的静止保护的做法。传统村落村文化遗产丰富,在城镇化建设中,可充分发挥自身资源的禀赋条件,将村落文化活态化为文化产业项目和行为,发展特色文化产业,推动传统经济向文化经济转型,支撑城镇持续发展。村落特色文化产业既可以维持村落的生态环境和人文传统,又避免传统城镇化工业化带来的资源环境破坏问题。文化产业业态的繁荣还可以实现村民社会地位和职业的转换,实现就地城镇化,从而解决城镇空壳化问题。

以文化自觉推进人的城镇化。传统村落"自助式"保护至关重要,理解和了解村落居民的切身利益与合理需求,发现与激发他们的自主能动性,依靠村落居民"自下而上"地主动开展小规模、渐进式的保护、修缮与再生工作。传统村落保护的重点与关键是村民自身的文化自觉,作为村落特色文化资源的守护者传承者,他们应该成为城镇化建设的参与者、受益者。过去城镇化最大的问题是忽略人的城镇化,村落保护如果没有人,也就失去了意义,传统村落无法传承发展下去,"让村里的人真正认识到,村子里祖辈流传的民间故事与神话,老人们哼唱的小曲、小戏,能工巧匠们制作的木雕、石雕以及灰塑、嵌瓷,是多么宝贵的记忆和技艺。我们在极力寻找、呼唤的,是村民的文化自信,是村民保护故园的自觉"[①]。以村落居民为主体,以文化自觉凝聚村落共识,以文

---

① 刘未:《抢救民间文化记忆守望活态传统村落》,《中国艺术报》2013年12月20日。

化自信建构村落生命共同体。传统村落保护既要注重提高生活质量,更要关注精神世界。一方面通过新型城镇化提高生活品质;另一方面,通过村落传统文化的参与方式,重新审视生活环境及文化资产,提高对村落的文化认同。

以整体性保护恢复文化生态。海德格尔说:在乡愁所有的言说中,它始终呵护本真的东西,呵护作为居者的人所熟稔的东西。"文化的真实性是人类文化——特别是那些比现代的西方消费文化更为传统且意味深长的文化——所具有的纯真和本原的品质"①,这种"纯真和本原的品质"是传统村落文化在现代社会产生吸引力的关键。新型城镇化不是单纯盖高楼、修广场,而是要把城镇建设成为文化厚重、特色鲜明的人文魅力空间;传统村落保护很容易重视物质上的传统建筑、村落选址、自然景观的恢复,而忽视非物质的村落文化和精神。以前城镇化过程中虽然建造了大量的文化景观,因为没有文化的真实性而产生不了吸引力,也破坏了村落的原始风貌。"文化保存最重要的在于保持文化遗产的真实性与完整性,这是确保文化遗产具有永久生命力和永续利用的关键……"②传统村落保护的难点是非物质文化遗产的保护与传承,要通过整体、活态、本真的方式,适度进行生产性保护,形成持续发展的良好生态。比如三明市青水乡沧海畲族村重点保护具有鲜明畲族特色的古建筑,传承黑狮舞、九层粿、清明糖、米糠熏鸭等畲乡文化,通过建立生态农家体验场所方式,推广沧海畲乡特色旅游。通过保持传统村落的原有生态,活态地传承传统的生产生活方式,使传统村落有人气、有活力,成为真正"活"着的传统村落。

以社区营造恢复村落文化空间。乡村建设不能用城市规划的思维的方法,而应该用乡村营造的理念。传统村落保护的难点是文化空间营造,因其非常脆弱,比有形的建筑遗存更容易被忽视而遭损毁而消失,特别是社会转型与城镇化进程的提速,支撑村落存续的物质与文化生态的加速改变与失衡,失忆中的村落文化空间只是空有其壳,当赖以构成的有形建筑不具有文物价值时,

---

① MacCannell,D.,1999,:*The Tourist:A New Theory of the Leisure Class*,Berkeley:University of California Press.

② 张胜冰:《文化产业与城市发展》,北京大学出版社2012年版,第38页。

便加速消亡。在村落整治与修复中,应优先考虑村落公共空间的保护与维护,完善物质空间构成,复建缺失或损毁的建筑及构筑物,恢复和保持文化空间的完整,延续原有的文化空间功能和氛围,丰富、充实、升华传统村落公共空间的功能,将现代文明社会的社区文化中心的功能注入传统村落等。坚持古早村落气息、重视空间节点情趣、拒绝复古和纯现代,用文化创意来激活古村落的山、水、田、人、文、宅资源,赋予其特点,提高趣味性,增强文化内涵。

两岸田园经济：
从前工业时代向后工业时代的跃进

林朝霞*

摘　要： 　田园经济是后工业化时代的重要经济形态，对传统文化复兴、现代城市问题治理、生态环境保护、经济可持续增长具有深远意义。它能满足现代人文化溯源、心灵休憩的迫切需求，因而具有可观的经济价值，对农村经济转型和发展影响重大。目前，两岸田园经济发展存在差异，台湾田园经济形成一定规模，而大陆田园经济仍处于起步阶段，存在品牌效应不高、地方特色不强、业态创新不够等诸多问题，应从发展思维、策略和具体方法等方面加以改进。

关键词： 　田园经济；后工业化

据官方公布的数据，"过去十年，中国总共消失了 90 万个自然村"，"比较妥当的说法是每一天消失 80～100 个村落"[②]。

台湾休闲农业近 20 年来迅速发展，全台现有上规模的休闲农场 1 000 余

---

* 林朝霞，博士，厦门理工学院文化产业学院副教授，主要研究文化产业、文艺学。
② 宋养琰：《城市化与"田园经济学"》，http://www.cet.com.cn/ycpd/sdyd/929289.shtml，2013-08-02/2015-04-01。

家,居民年平均上休闲农场 2.13 次。①

上述两组数据显示,20 世纪 90 年代以来中国大陆出现城市化狂潮,城市极速向乡村延伸和渗透,城市人口爆炸、拥堵和乡村经济衰弱、空巢、留守问题并存。西方花费近百年时间重力治理城市病,而今这一问题成为中国经济崛起之后面对的首要问题。与之相比,台湾 60 年代因发展出口加工业而崛起,成为亚洲四小龙,80 年代以后随着世界工厂的地区性转移,台湾一度经历经济衰退的阵痛,加速从劳动力密集型向知识技术密集型、从工业向后工业的经济转型,带动创意产业、休闲产业、数位产业等快速发展。其中,田园休闲是休闲产业的重要构成,田园文化重新崛起,返回乡里和重建田园成为社会新时尚,已取得一定经济效益,显示了后工业时代经济发展新规律。田园经济为解决大陆诸多城市"千城一面"、污染拥堵等问题,提供了一条很好的解决路径。

一、田园经济的产生背景

田园经济是 20 世纪西方反思"城市病"背景下兴起的新型经济,又叫田园资本主义,是后工业经济的重要构成。19 世纪是全球急速工业化和城市化的世纪,工业、制造业在城市的急剧发展导致乡村人口向城市的大迁徙、社会资源按地区和人群的差异化配置、宗主国和殖民地的国际分野以及人类生存方式、价值观念、思维习惯、情感需求的跨时代变迁。"自 1800—1900 年的 100 年之间,巴黎的人口从 60 万增长到 300 万;伦敦由 80 万增至 700 万;柏林由 18 万增至 350 万;纽约由 6 万增至 450 万"②,人类出现前所未有的精神危机,酗酒、犯罪、精神疾病数量大幅增长,城市经济因拥堵、低效、环境破坏而出现下滑趋势,人文和经济的双重危机引发 20 世纪西方学者的普遍关注和反思。

---

① 连锦添:《如何发展休闲产业?台湾专家为大陆同行传诀窍》,《人民日报》(海外版)2007 年 11 月 13 日,http://business.sohu.com/20071113/n253218269.shtml,2007-11-13/2015-04-20。

② [法]勒·柯布西耶著,李浩译:《明日之城市》,中国建筑工业出版社 2009 年版,第 86 页。

莫顿认为,城市是人种堕落的地方,城市生活是堕落的根源。① 沃思认为,城市化导致自我防御反应机制,对周边的事抱怀疑、冷漠的态度……与其周围的人日益疏远。② 埃比尼泽·霍华德认为,壮丽的大厦和凄惨的贫民窟是现代城市相辅相成的怪现象。③ 勒·柯布西耶认为,大城市缺乏严谨的交通规划,"驴行之道变成了习惯,变成了城市中的主要交通干道","城市中心处于一种极度的病体情形,其四周犹如被寄生虫盘踞着一般"④。与此同时,西方的生态意识、创新科技、创意思维同步发展,推动了工业时代向后工业时代的过渡。丹尼尔·贝尔将后工业经济的特征归纳为五大方面:服务经济的产生、卓越的专业和技术阶层的涌现、理论知识居于中心地位、技术的自主成长和转换、聚焦于信息及信息处理的智能技术出现。田园经济正是融通前工业文明和后工业经济的新兴业态,具有服务经济、高科技渗入、观念先导等特征。

埃比尼泽·霍华德是田园经济的首倡者。他于 1898 年 10 月出版《明日:一条通向真正改革的和平道路》,1902 年改名为《明日的田园城市》,在一个多世纪里再版 6 次,成为城市社会学和经济学的经典读物,而他终其一生主要从事速记工作。霍华德的《明日的田园城市》一书打破城乡二元对立的思维方式,创造性地提出吸引人口的三大磁铁:城市、乡村和城市—乡村,力图消除城乡对立,建构城乡一体的田园城市发展模型,即促使城市田园化,转变成"没有城市的城市"。他认为依托田园的小规模城市既拥有乡村的和谐自然和城市的便利快捷,又摒弃了乡村的落后闭塞和城市的拥堵低效,能够化解城市化引力,有效解决城市病、千城一面、乡村空巢等问题,是社会结构形态改革的必由之路。霍华德的田园城市思想在西方城市发展史上具有开创意义。首先,它蕴含生态经济理念,如变废为宝,让污水返回和滋养土地;如业态创新,打破工

---

① [美]布赖恩·贝利著,顾朝林译:《比较城市化》,商务印书馆 2010 年版,第 8 页。
② [美]布赖恩·贝利著,顾朝林译:《比较城市化》,商务印书馆 2010 年版,第 36 页。
③ [英]埃比尼泽·霍华德著,金经元译:《明日的田园城市》,商务印书馆 2010 年版,第 8 页。
④ [法]勒·柯布西耶著,李浩译:《明日之城市》,中国建筑工业出版社 2009 年版,第 82、84 页。

业和农业截然分开的产业形态,促进两者的共融;又如低碳经济,建构布局整饬、结构严谨的田园城市模型,改善交通拥堵,减少城乡交通费用,促进城市朝高效便捷方面发展。其次,它从现实层面化解现代性危机,用合乎道德和和平的方式解决资本主义发展过程中的经济衰退、人性异化等问题,试图弥合经济发展和社会和谐之间的矛盾,这样的尝试具有开创意义。最后,它提出"人民城市"的概念。马克思认为,劳资矛盾在资本主义体系内无法解决,霍华德却希冀在现有社会体系内协调劳资和城乡矛盾,通过城市地租形式进行市政建设和绿地维护。这一思想在很多人看来带有乌托邦色彩,尤其是"田园城市"的推行难以得到既得利益者的体认。但是霍华德为过度城市化敲响的警钟,激发了后来学者的继续探行。

帕特里克·艾伯克隆比、彼得·霍尔、科林·沃德、雷·托马斯等城市规划大师或城市环境作家均受霍华德思想的有益影响。近一个世纪以来,西方花费重力治理城市病,大量兴建"卫星城"和新城,大多基于霍华德的田园城市理念。同时,乡村情调、村落文化、生态美居重新受到专注,乡村升级、改造和经济转型研究也成为经济学研究新方向。罗斯托认为,从农业向工业再向服务业的重点转移是社会经济跃进的重要指标,田园经济则是实现上述转型的有效途径。

二、田园经济的文化内涵

田园经济是建立在田园及其文化元素之上的经济形态,田园文化是田园经济的价值原点,田园经济依托"田园"提供实体产品、文化产品、服务以及符号消费。

田园文化在中西语境中具有不同的演变历程和文化价值。西方拥有漫长和强势的游牧文明和海洋文明,这影响了西方人的原始聚落形态,逐水草而居的游牧生活和以船为家的商贸生涯一定程度上抑制了乡村社会的定型与完善,也使得"田园"这一农耕文明的产物在西方文化语境中变得可有可无。对于西方初民而言,田园的价值远不如岩洞和墓穴重要,墓穴是祖先的居所,是永恒的死亡之城,是凭吊祖先和寻求精神休憩的地方;岩洞则是祭拜共同神灵或参与公共礼俗活动的地方,具有社会性、宗教性等多重功能。后来,墓穴演化为公共墓地,岩洞则演化为神殿、教堂、广场、圣祠、神迹等,古希腊、古罗马城市的标志是陵墓或墓碑,中世纪欧洲城市的中心一般是教堂或城堡。"一个旅行者,当他来到一座古希腊或古罗马城市时,他首先见到的便是一排排的陵墓,和通往城市的大道两旁的许多墓碑"①。在漫长的历史时间里,西方人在游牧文明的主导下更倾向于四海为家、冒险开拓,自然田园并未跻身西方人的精神世界,成为他们的精神居所。希腊文化看重的是人超拔于自然之上的自由意志和人格尊严,希伯来文化看重的是上帝之城的神圣召唤和灵魂救赎,西方古典精神中充满灵与肉、人与自然的二元对立。

  直到18世纪浪漫主义兴起之时,自然田园才成为西方人艺术审美和哲学思考的对象,才被赋予批判工业文明和城市化的时代意义,文学中的湖畔诗、绘画中的印象画、哲学中的重返自然观等构成浪漫主义的自然派。存在主义哲学将自然、田园维度引入人的存在之思,海德格尔从东方哲学中汲取给养,重新思考人与自然的关系,把"存在"而非"存在者"作为哲学之思的原点,彻底变认识论哲学为本体论哲学,认为此在是在世界中的存在,应摒弃日常生活对生存本相的遗忘,反本溯源,回归与天地人神的共在,实现本真的诗意的栖居。海德格尔的存在论哲学晦涩难懂,但充满阳光、清泉和泥土的芬芳,以梵高"农夫的鞋"巧妙地譬喻人与大地的关系,开启了西方回归田园的情感诉求。生态哲学、美学和伦理学的兴起进一步推动西方人重返田园的行动,罗德曼的"生态对抗"理论、米克的"新的自然哲学"、泰勒·米勒的"绿色哲学"、奈斯的"生态智慧"、罗尔斯顿的"生态伦理学"或"环境哲学"从不同角度诠释了生态回归的重要性。在西方世界,"随着收入的增加和休闲时间的增多,城市白人居民的郊区化趋势日益明显,这绝非偶然。拥有较多财富和闲暇时间的人们趋向

---

① [美]刘易斯·芒福德著,宋俊岭译:《城市发展史》,中国建筑工业出版社2005年版,第5页。

两岸田园经济:从前工业时代向后工业时代的跃进

于在有山、有水、有森林的偏远环境中居住和工作"①。现代交通和通信技术的发展,一定程度上消除了空间距离感,"在时间和空间上溶解了向心性的城市,产生了所谓的'没有城市的城市文明'"②。

总之,西方近现代以来田园被赋予灵性、自然、健康、原生态的文化符号,卢梭"回归自然"的呼声得到越来越多人的呼应。田园成为有吸引力的所在,成为可消费的稀缺资源,在吸引力经济盛行的时代其蕴含的商业价值日益凸显出来。

与之相比,田园文化在中国根深蒂固、源远流长。中国的农耕文明发达得早,原始村落文化很快为封建乡村文化所取代,于商周时期形成完备的户籍制、井田制和重农抑商制度。早熟的农耕文明塑造了中国人勤勉刻苦、乐天知命、持重守成、服从权威、安土重迁的民族个性,以治水、祈雨和修筑防墙为大事,治水以抵御灾害,祈雨以期盼丰收,修筑长城以守护疆土。中国人具有超强的家园和乡土意识,甘心被缚在土地上,敬天礼地,温饱为乐,注重节气,相时而动,悠然地享受着四季的变化和大地的馈赠,"开轩面南埔,把酒话桑麻。待到重阳节,还来就菊花"。班固在《汉书·元帝纪》写道"安土重迁,黎民之性;骨肉相附,人情所愿",又在《汉书·货殖传序》写道"各安其居而乐其业,甘其食而美其服"。因此,儒家把"五亩之宅,树之以桑,五十者可以衣帛矣"作为社会理想和施政目标。

田园在中国文化中被赋予许多崇高的意蕴。首先,田园是道家隐逸文化的重要载体。田园故不如山林丘壑那么空灵飘逸、远离世嚣,但隐逸其间亦可亲近自然,丰衣足食,从心所欲,悠然闲适,不知有汉,无论魏晋。"性本爱丘山"的陶渊明、"把酒话桑麻"的孟浩然、"怅然吟式微"的王维均以田园为栖身之所,悠然其间,不知老之将至。其次,田园融入儒家进退意识、穷达观念以及求圣情怀。田园是儒家知识分子的人生起点和情感归宿,"朝为田舍郎,暮登

---

① [美]布赖恩·贝利著,顾朝林译:《比较城市化》,商务印书馆2010年版,第62～63页。

② [美]布赖恩·贝利著,顾朝林译:《比较城市化》,商务印书馆2010年版,第61页。

天子堂",从寒窗苦读到出将入相再到告老还乡,儒生们既把田园作为修身养性、颐养天年之所,又把它作为实践孝悌伦理的重要场域。田园又是儒家实现精神退守和抚平心灵创伤的一剂良药,"天下有道则见,无道则隐""达则兼济天下,穷则独善其身""大隐住朝市,小隐入丘樊",在这一点上似乎儒道二家殊途同归了,只不过道家把它作为人生第一要义,而儒家把它作为退而求其次的选择。田园还体现儒家的求圣意志,历朝历代不满时政的儒生们往往清高绝尘、桀骜不驯,以山林、田园为道德据点,隐乡野,居南山,咏离骚,痛饮酒,实现自我求圣和道德批判的目的。最后,田园是禅宗思想的重要依托。禅宗将佛教思想和世俗生活连为一体,不求苦行,但行养心,直指本心,见性成佛,以悟为本,不落言筌,形成农禅、生活禅等多种修行途径,垦土诛茅、砍柴运浆、耕田种菜、听松观云、煮雪烹茶,"此间有真意,欲辨已忘言"。

由于田园在中国语境中有如此之重的文化分量,因此乡愁、乡恋、乡情、乡颂、乡怨是中国文学艺术的永恒母题。老庄自然哲学崛起于春秋战国,田园山水诗源起于魏晋南北朝,青绿山水、水墨山水兴盛于唐宋,此后浅绛山水、米氏云山、写意山水、泼墨山水、南北宗合流等风起云涌,各领风骚数百年。李煜梦回江南之恨、柳永羁旅行役之愁、秦观宦游天涯之苦、张九龄望月怀远之思、宋之问近乡情怯之忧、辛弃疾驰骋故国之梦、陆游收复中原之念……汇成望不到边的乡愁主题。有斜阳墟落、田夫牧童的渭川田家,有玉人吹箫的扬州二十四桥,有玉树琼枝作烟萝的金陵故都,有绿窗朱户、舞榭歌台的岳阳楼,有社戏有外婆有乌篷船的鲁镇老家,有山有水有翠翠的凤凰古城,有花有草有年少回忆的呼兰河畔,古今文学用不同的意象传达了诗人们对梦中乡土的永远怀恋。即使是乡怨主题的文学作品,如五四以后的"鲁迅风"小说,在乡土批判和文化反思中也渗入了迷失家园的惆怅心理以及爱之深恨之切的文化深情。中华文化的根在田园。

三、田园经济的主要形态

田园经济以田园自然和文化为依托,通过文化创意、科技融合、产业融合等方式促进传统产业的升级、文化资源的转化以及商业盈利模式的转变,具有绿色低碳、多元融合、高附加值、经济提振力强等特征。田园经济的文化诉求与前工业时代一脉相承,但其经济形态却是后工业化的,区别于传统农业。其主要经济形态包含如下:

首先,传统农业和现代科技、规模经济以及商业运作模式相融合,变小农经济为规模化的生态农业,走绿色化、集约化、智能化的发展道路。同时,运用传播学和营销学进行农产品形象设计、包装和推广,树立有机、生态理念,提高它的文化附加值,走品牌化发展道路。台湾农业经历了从数量增长到质量提高再到产业经营的转变过程,形成大量很有影响力的农产品品牌,如台湾好米、神户牛肉、华盛顿苹果、吉尔罗伊大蒜、IDAHO 土豆、ZESPRI 奇异果等。

其次,农业和加工业相融合,延伸产业链。农业靠天吃饭,对时令气候依赖性强,且处于产业链末端,受供求关系影响,价格波动大。农产品加工能有效解决农村收益率低、产品过剩、产业单一的问题。厦门银鹭集团于 20 世纪 90 年代引入国际先进生产线发展农产品加工业,使原先一穷二白的马塘村迅速脱贫,成为远近闻名的智能乡村。

最后,农林渔牧和旅游观光、休闲和创意产业相融合。与城市相比,农村较为落后闭塞,但生态环境和自然景观好,且蕴藏丰富的传统文化资源,是现代人放松身心、休闲养生的好去处,适宜于开发旅游观光、休闲娱乐和创意产业。台湾休闲农业依托田园景观、自然生态和环境资源,如山林、田园、果园、菜园、茶园、山溪、鱼塘、牧场、渔场等天然景观,借助农林渔牧生产、农家生活、田园文化等发展休闲农业,提供农耕、游猎、采茶、垂钓、酿酒、森林旅游、渔业风情等品类丰富的体验项目,形成文创农村遍地开花的局面。以台湾南投县梅子梦工厂为例,该工厂依托天然梅子林,衍生出与梅子相关的制造业,分别设立梅子蜜饯、梅子酒、梅子醋等加工工厂,通过品牌塑造、创意设计、情景安排、故事传达等手段将生产加工流程可视化、艺术化和可体验化。厂区分设忘记回家梅子酒庄、梅子跳舞工坊、梅子醋工坊、山猪迷路游憩区、半路店等,提供吃住娱行购一条龙服务,发展文创产业和观光旅游业,延伸田园经济产业链。台湾另一农业品牌"掌声谷粒"充分挖掘中国农耕时代饮食文化加以创意设计和包装,通过文字和影像记录谷物从稻农到田野再到碗底的旅程,传达农耕时代人与土地的亲密关系、以农利国的农业伦理以及天然生态的生产理念,每一份谷物都有一个出生履历,记录它的产地、特点,如台梗2号的软嫩香甜、高雄139的弹牙饱满,带给消费者浓郁的古早文化和食品安全体验。同时,该品牌将产品销售和地域行销连为一体,通过产品传播地域文化,2009年5月,《天下杂志》为它量身订做了一期节目《掌声谷粒——来自土地的呼唤》,为开拓"深度田园体验游"夯实基础。

四、田园经济的价值评价

目前,我国产业评估体系主要有竞争力评价、影响力评价、品牌评价、发展潜力评价等,其主要依据都是各类经济指标,如总量规模、发展水平、经济效益、市场化程度、对GDP贡献等,较多受到迈克尔·波特的竞争战略理论、W.钱·金的蓝海战略理论、杰恩·巴尼的VRIO理论等的影响,对其社会、文化、自然影响缺乏关注,评价内容和指标较为单一。20世纪后半叶西方经济学已然关注社会成本、自然成本等问题,罗纳尔德·H.科斯1960年发表《社会成本问题》,戴尔斯1968年发表《污染、产权、价格》,赫尔曼·戴利和科布提出可持续发展的评价标准"可持续经济福利指数"(ISEW,1990),将生产抵御性支付、自然资本损耗、政府资本、社会公平等纳入评价体系,其中社会成本损耗包括财富分配不公、失业率、犯罪率等。从田园经济涉及的要素而言,其评价同样应该包含经济、社会、文化、自然诸方面的内容。

首先,从经济效益而言,田园经济是融入高新科技、创意理念、时尚文化的新型经济形态,产业效益、增值能力及经济辐射力远甚于传统农业,是传统农业转型发展的目标。台湾大力发展田园经济,促进传统农庄向休闲农场转型,一般农业产值、GDP贡献率和从业人员逐年减少,但依托于此的休闲农业却呈大幅增长趋势,实践证明,兼营休闲农场的收入是一般农业收入的 4～5 倍。①

其次,从社会效益而言,田园经济有助于缓解城乡差异,促进农村现代转型,提高农村就业环境和吸附人口能力,激励青年才俊回乡创业,改变农村经济衰退、落后闭塞、空巢无人、留守孤老等现实问题。同时,休闲农业是社会经济富足和文明发展的副产物,有利于社会和谐和人民幸福。尤其对都市人群来说,职业化、单一化的生存体验远远不能满足心灵需求,开放农村休憩空间和休闲娱乐项目,有助于健康体魄、调节心境、增强幸福感。马克思曾构思了共产主义社会里人自由全面发展的幸福图景,"我能今天做一件事而明天做另外一件事,能上午打猎,下午钓鱼,傍晚喂牛,晚饭后进行批判,想做什么就做什么,而又无须成为猎人、渔民、牧民或批判者",阿马蒂亚·森把这种自由作为后资本主义生活水准(the standard of living)的重要指标。休闲农业作为一个提供自由体验的产业,前景不可限量。

再次,从文化传承而言,田园经济有助于盘活地方文化资源,以适度开发带动文化遗产的活态保护。尤其在乡村经济衰退、人口流失严重的区域,传统节庆活动、民间习俗、生产技艺、表演艺术等缺乏依存空间,知音寥落、日渐衰微,睦友亲邻的乡村伦理、天人合一的生命意识也随之渐去渐远。田园文化的复活不能仅靠政府的财政扶持,而要建立保护与开发相协调的长效机制,促进文化的延续和再生。

最后,从生态保护而言,田园经济取代急功近利的粗放型经济,本身就是对环境的一种救赎。同时,田园经济融合自然环境和人文生态加以创意开发,自然环境是它实现经济价值的生命线,故而它在发展中应考虑自然成本和最大承受力,将自然成本纳入成本预算中,最终作为环境投入和维护资金改善自然条件,在中国倡导并推广绿色 GDP。

---

① 《台湾休闲农业产值今年拼 110 亿》,http://news.sina.com.cn/c/2014-02-09/083029419379.shtml,2014-02-09/2015-04-30。

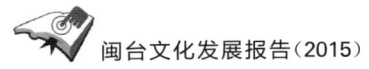

五、两岸田园经济的发展现状

目前,田园经济在台湾发展较好,形成一定的产业规模。台湾农委会主席陈保基于 2014 年年初表示,休闲农场游客有明显增加趋势,总游客数从 2008 年 959 万人次到 2013 年逾 2 000 万人次,海外游客也由 2008 年 63 700 人到 2013 年的 260 897 人,2014 年台湾旅游人数达 2 250 万人次,海外游客 32 万人次,可创造 110 亿元新台币的产值。[①] 台湾田园经济的复兴带动了都市向农村的人口回流,尤其是年轻人返乡创业热潮,2010 年左右全台农业从业人数约为 54 万,其中休闲农业可提供近 20 万个就业岗位。台湾农、林、牧、渔等农业一级产业年产值约 4 000 亿新台币,仅占全台 GDP 的 1.5%,但加上农业加工、休闲等二三级产业,农业总产值占全台 GDP 的 11%。[②]

与之相比,大陆田园经济起步晚,发展快,深受国家重视。2014 年国务院出台《国务院关于促进旅游业改革发展的若干意见》,将休闲度假旅游、乡村旅游、文化旅游作为发展重点,提出"依托当地区位条件、资源特色和市场需求,挖掘文化内涵,发挥生态优势,突出乡村特点,开发一批形式多样、特色鲜明的乡村旅游产品"的发展目标。同年,农业部颁发《关于进一步促进休闲农业持续健康发展的通知》,从金融政策、贷款贴息、公共服务平台建设等方面对休闲农业提供扶持。此后农业部和国家旅游局公布了全国 37 个全国休闲农业与乡村旅游示范县和 100 个休闲农业与乡村旅游示范点,推动休闲产业发展和农村经济转型。

但是,大陆田园经济仍处于产业飞速增长期,呈现出遍地开花、兴兴向荣的发展态势,以北京为例,"截至 2014 年 9 月底,北京市有休闲农园 1 299 家,接待游客 1 309.5 万人次,营业收入 16.9 亿元;市级民俗旅游村 227 个,接待

[①] 《台湾休闲农业产值今年拼 110 亿》,http://news.sina.com.cn/c/2014-02-09/083029419379.shtml,2014-02-09/2015-04-30。

[②] 湖南省现代休闲农业研究院:《对话台湾休闲农业》,《休闲农业周刊》2014 年,第 19 期,第 3 帧。

游客 1 400.9 万人次,营业收入 8.3 亿元,同比增长 10.4%。"①由于大陆田园经济发展时间短,存在产业积累不足、挖掘深度不够、品牌效应不高、地域特色不强等诸多问题。

首先,产业基础不好。大陆的农村大多分布在远离尘嚣、相对僻远的农村,天然环境好,生态资源多,传统文化丰厚,但环境交通、居住、卫生等基础设施都不够完善,再加上农村人口以务农为主,视野较为闭塞,文化程度和创新意识不够高,农村空巢、老龄化、留守妇女儿童、文化断层等问题亦常见,对发展田园经济十分不利。

其次,挖掘深度不足。大陆田园经济的常见做法是与旅游产业结合,借助在地资源举办各类节庆活动,如柿子节、桃花节,开发以田园休闲和农耕体验为主体的农家乐项目,带动当地旅游、民宿和餐饮业等的发展,但文化产品相对单调和低端,创意加盟力度不足,文化附加值不高,更缺乏完善的产业链架构,与田园经济的应有所为相差甚远。

又次,品牌效应不高。近几年中国农产品品牌化发展快速,大多标上"有机""生态""绿色""无公害"等标志,据统计,2008 年我国农产品注册商标总数为 60 万件,2013 年达到了 125 万件,四年时间翻了一番②。但是,很多农产品品牌、休闲农场、农家乐项目等处于草创期,社会知名度不高,品牌建设或维护力度不足,尚未真正形成业内品牌关注度,难以在众多竞争者中脱颖而出,产业效益受到抑制。

再次,地域特色不强。虽然很多地方政府制定田园经济发展规划时提出"一村一品"的设想,但在实施过程中常因急于求成、人才匮乏等原因相互模拟、效仿创意,存在项目单一、同质化严重的问题,难以吸引回头客,发展活动受到抑制。

---

① 农产品加工局:《北京市多措并举推动休闲农业产业提档升级》,http://www.crr.gov.cn/articleContent? parentId = 35&sonParentId = 35&articleId = 1593,2015-02-27/2015-05-01。
② 《我国农产品注册商标总数达 125 万件》,http://www.sipo.gov.cn/mtjj/2014/201409/t20140910_1007634.html,2014-09-12/2015-05-01。

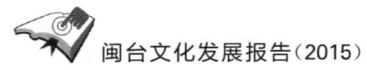

最后,业态创新不够。田园经济是片待开垦的处女地,农业和加工业、旅游业、创意产业、休闲产业、教育产业、影视产业等的融合都能产生新的业态形式,但事实上大陆在业态创新上尚未有深入思考和作为,发展空间依旧很大。

六、田园经济的发展路径

(一)古今融合,建构后现代生活理念

田园经济是实现前工业向后工业时代跨越发展的重要途径。同时,前工业时代的自然氛围、生产方式以及文化形态也是实现田园经济的重要依托。以传统隐逸、闲适、养身、天人合一等文化为载体,结合现代人的渴望自由、追求幸福、疏导压力、回归自然、回溯传统等现实需求,倡导"乐活""慢生活""宁静""和睦亲情""新田园主义"等后现代生活观,引导社会价值转型和培育新的消费理念。同时,在产品开发上,注重消费者的"沉浸式体验",变外在的参观游览为身体力行、身心合一的体验活动,如在田园游览的同时加入荷锄归隐、男耕女织、煮酒论茶、人约黄昏、月下抚琴、曲水流觞等古代情境体验活动,能够把传统生活之美、情韵之美真正带入人心。

(二)创意提炼,促进农村业态创新

田园经济是个似旧如新的产业,通过传统农业与生态科技、科普教育、休闲娱乐、影视拍摄等相结合,培育出一些新兴业态,如将传统农业与传统四时节气、五谷杂粮、春根秋收等教育体验相结合,创造田园教育这一新业态,对五谷不分、四体不勤、四时不清的都市人应有一定的吸引力。

(三)数字加盟,提高田园科技含量

农业和科技的结合是田园经济的必由之路,尤其是大数据时代新媒体和数字技术的运用能够提高田园经济的产品质量、传播效力、服务水平及文化附加值。如,对农产品进行数字化追踪、物联网呈现以及新媒体营销,能够有效

植入"生态""有机"概念,提高农产品的文化附加值,突破原有的传播和销售瓶颈,达到很好的经济效益。又如,农产品加工创意园区可运用声光、数字等技术营造真实的可感的艺术氛围,增强游览者的沉浸式体验。

(四)多元组合,延伸田园产业链

田园经济的价值链特点是越到后面价值越高,从原始农产品到副产品加工再到生产流程体验、旅游观光、休闲娱乐等,产业链的长短决定了经济效益的高低。田园经济应深入挖掘自然、文化、社会等各类资源,将民俗表演、生产习俗、传统节庆、民间信仰等作为开发源泉,促进文化和创意、古代和现代、产品生产和服务等的有机融合,延伸产业链和价值链。

(五)经济转型,提倡城乡一体化

田园经济有助于推进实体经济向文化销售、资源消耗向可持续增长、城乡分化向城乡一体化的转型。20世纪以来西方工业城市纷纷向田园、金融、创意或艺术城市转型,带动城市人口的外溢,表明了后工业化发展方向,以大型项目刺激经济发展的策略并不能解决工业城市没落的颓势,底特律的衰退便是一例,乡村也在后工业化进程中再度崛起,成为人们逃离都市喧嚣的心灵居所。同样,在中国,一味追求超大城市的发展目标并非良好的经济导向,以田园经济契机促进经济形态转型,逐渐弥合城乡差异,有利于拉动经济的下一轮增长。

(六)生态思维,维护增长持久度

田园经济的价值原点是生态思维,维护自然和文化生态的多样性是发展田园经济的基础。倘若无视自然负荷和文化本真性一味追求经济产出,田园经济就失去了持久发展动力。因此,田园经济用做事业的心做产业,引入自然成本、社会成本及文化成本核算,将部分收入所得用于自然保护、社会再分配及文化扶持等方面,形成经济发展的长效机制。

(七)品牌打造,增强核心竞争力

田园经济的品牌化发展是势在必行的,品牌打造和发展的重点在于凝聚自身的核心优势,即有别于他人的核心竞争力,如形成独特的产品形象、内涵、质量、服务或营销策略等,提高文化附加值,在这一点上台湾已有先行之效。

福建省"森林人家"乡村旅游模式发展研究报告

刘枭[*]

摘　要：　分析福建省"森林人家"乡村旅游发展模式的优势及呈现的主要特点，指出福建省"森林人家"在地区发展、交通出行、宣传推广、投入资金及专业人才等方面存在的问题，提出相应对策建议，以推动福建省乡村旅游的可持续发展。

关键词：　森林人家；乡村旅游；发展

一、"森林人家"乡村旅游模式概述

作为现代旅游业与传统农业有机融合发展而成的新产业，乡村旅游以农业为基础，以乡村区域为活动范围，以城市居民为服务对象，以旅游休闲为目的，通过开发和利用乡村特有的自然风光和人文景观，为城市游客提供观光、休闲、体验、度假、娱乐、购物等多重服务，有助于丰富和拓展我国旅游业的特色和优势，增加农业综合效益，加快城乡一体化发展进程等[②]。根据经营内容，乡村旅游可划分为农业观光游、乡村民俗游、乡村聚落游、"农家乐"游和乡野趣味游五类[③]。其中，"农家乐"是以农村居民为经营主体，以城市居民为目

---

[*] 刘枭，博士，厦门理工学院文化产业学院讲师，主要研究方向为会展区域管理、乡村旅游。本文系福建省社会科学研究基地重大项目"福建新型城镇化与文化产业融合发展研究"（项目批号 2014JDZ039）及福建省中青年教师教育科研项目"从文化传承到文化创新——福建省特色节庆旅游活动发展路径研究"（项目批号 JAS150410）阶段性成果。

② 郭焕成、韩非：《中国乡村旅游发展综述》，《地理科学进展》2010 年 12 期。

③ 房士林：《当代乡村旅游事业的现状与展望》，江苏大学出版社 2013 年版，第 77 页。

标市场,由农民提供自家庭院为基本活动场所,辅以周边优美田园风光和自然景点,借助自身资源及环境优势,旨在突出原汁原味的农家特色以满足其娱乐休闲、回归自然等需求。"农家乐"为农民提供了多渠道的收入来源,增加了就业机会,有效降低农村人口流失和人口外迁,带动乡村经济的多元化发展。

"森林人家"源于"农家乐",是乡村旅游发展到一定阶段、与当地特色和资源优势相结合的产物。森林人家在当地的森林生态资源和景观环境基础上产生,以具有较高游憩价值的自然景观为依托,为观光者提供吃、住、娱、游、购为一体的综合性健康休闲服务和产品[①]。"森林人家"是具有地方特色的乡村旅游模式,坚持以森林文化为指导,突出强调林农的主体经营地位,倡导健康休闲的旅游理念,把森林文化与当地民俗风情相结合,打造出生态休闲型健康旅游产品,现已发展成为乡村旅游因地制宜的特色品牌。林区内,古朴民居与青山绿水的和谐统一,描绘出"森林深处有人家"的美丽景象。

图 1　森林人家品牌图示

---

① 卢素兰:《福建乡村旅游的新模式——森林人家》,《台湾农业探索》2007 年第 2 期;陈登丰:《"森林人家"对乡村旅游影响研究》,福建农林大学硕士学位论文 2008 年;耿鑫:《福建省森林人家乡村旅游景观规划设计探讨》,福建农林大学硕士学位论文 2009 年。

二、福建省"森林人家"的发展优势分析

(一)自然环境优越

作为我国南部沿海省份之一,福建省与广东、浙江、江西等省份交界,与台湾隔海相望,属亚热带季风性气候,气候条件优越,雨量充沛,四季分明,年平均气温17~21℃,年平均降雨量1 400~2 000毫米,风光秀丽,海陆兼具,温和舒适,以田园风光、溪谷景观和水域河段等自然乡村旅游资源为特色。全省生态环境质量和空气质量评比连续多年位居全国前列。福建省野生动植物资源丰富,木本植物1 943种,陆生野生动物828种①,拥有众多名贵品种和特色产品,如茶叶(如大红袍、铁观音、武夷岩茶、白毫银针)、水果(如龙眼、蜜柚、荔枝、橄榄)、金线莲、红菇等②。"八山一水一分田"的自然环境使得福建省拥有良好的乡村旅游环境和发展空间,为福建省"森林人家"乡村旅游模式的发展提供了较好的资源条件和优势。

(二)森林资源丰富

福建省是全国南方重点集体林区,也是我国南方地区重要的生态屏障,有"东南山国"之美誉。地形起伏大,地势西北高、东南低,以山地和丘陵为主,山地和丘陵面积占土地总面积90%以上③。其中,闽西北的三明、龙岩、南平是福建省主要林区。全省现有省级以上生态公益林286.1万公顷(4 292万亩),自然保护区86处(其中国家级13处、省级20处、市县级53处),森林公园178个(其中国家级30个、省级127个)。根据全国第八次森林资源清查结果:福

---

① 福建省林业厅,《福建林业概况》,http://www.fjforestry.gov.cn/Index.aspx?NodeID=13,2015-08-03。

② 黄昌明:《福建乡村旅游发展现状与对策研究》,福建农林大学硕士学位论文2010年,第15页。

③ 《福建省概况》,http://jky.qzedu.cn/zhsj/bei=jing/fjkk.htm,2015-08-03。

建省现有森林面积 801.27 万公顷（1.2 亿亩），森林覆盖率高达 65.95％，居全国首位；竹林面积 106.75 万公顷（1 601 万亩），其中毛竹 100.3 万公顷（1 504 万亩）；森林蓄积 60 796.15 万立方米，天然林蓄积 35 942.92 万立方米，人工林蓄积 24 853.23 万立方米，尤其拥有世界同纬度面积最大、保存最完整的亚热带原生性森林生态系统——武夷山[①]。

（三）林改全国先行

福建省委省政府高度重视林业改革发展，在武平县率先探索集体林权制度改革。2002 年，时任省长的习近平同志做出"武平林改方向是对的，要脚踏实的向前推进，让老百姓真正受益"的重要指示，2003 年福建林改工作正式拉开序幕。十几年来，福建省逐步推进林权制度改革，建立起"山有其主、主有其权、权有其责、责有其利"的集体林经营新机制，在实现资源增长、强林富民、良好生态和社会和谐方面取得丰硕成果：全省森林覆盖率连续 37 年保持全国首位。2013 年福建省林业总产值高达 2 938 亿元，同比增长 5.5％，林产品产值达到 1 225 亿元，同比增长 6.5％[②]。福建省森林生态效益评估价值（不包括沿海防护林）超过 7 000 亿元，每年吸收二氧化碳量相当于全省排放总量的 57.8％[③]。

（四）政策扶持有力

2006 年，国家旅游局将全国旅游主题确定为"中国乡村旅游年"，在此基础上，福建省旅游局将福建省的旅游主题确定为"海峡西岸乡村游"，提出"海峡西岸新农村、休闲新体验"的推广口号。2007 年 4 月，为了加快发展"海峡

---

① 福建省林业厅，《福建林业概况》，http://www.fjforestry.gov.cn/Index.aspx?NodeID=13,2015-08-03。

② 福建省统计局：《福建统计年鉴 2014》，http://www.stats-fj.gov.cn/tongjinianjian/dz2014/index-cn.htm,2014-08-26/2015-08-03。

③ 《2014 年福建将全面深化林业改革》，http://www.chinairn.com/news/20140414/134144799.shtml,2014-04-14/2015-08-03。

西岸乡村游",福建省人民政府制定《加快海峡西岸乡村旅游发展的若干意见》,明确指出:到2010年,培育和建成50个旅游城镇(乡)、100个旅游村、50个工农业旅游示范点、50个A级旅游区。2011年2月,福建省旅游局联合省住房和城乡建设厅、省农业厅、省林业厅、省海洋与渔业厅等部门,共同签署《携手发展乡村旅游战略合作协议》,特别提出"发展森林人家、休闲农庄、水乡渔村等特色乡村旅游产品"以满足福建城乡居民休闲度假需求。各项战略政策为加快和推动福建省"森林人家"乡村旅游发展带来千载难逢的历史机遇。

三、福建省"森林人家"的发展特点分析

2006年,福建省"森林人家"建设正式启动,各地相继兴起由农户或林业转岗职工依托森林资源景观而创立的"森林人家"的乡村旅游经营模式[①]。其中,福州、莆田、龙岩三地起步较早,发展粗具规模,泉州、漳州发展紧随其后[②]。从整体来看,福建省"森林人家"在保护自然资源,促进农民创收,加快新农村建设,带动区域经济发展等方面发挥至关重要的作用,呈现出良好的发展态势。

福建省"森林人家"大体上可分为城市郊区型、森林景观型、特色村寨型和景区边缘型四类,其中以城市郊区型"森林人家"最为常见。城市郊区型"森林人家"利用市郊与市区"1~2小时车程"和"1小时都市圈"的便利交通条件,满足了现代都市人群回归自然、远离喧嚣、享受慢节奏和慢生活的需求。截至2015年2月,福建省三星级以上"森林人家"共有九处,其中五星级"森林人家"分别是邵武云灵山景区的云灵山森林人家和大武夷旅游圈的瀑布林森林人家,四星级"森林人家"包括顺昌县华阳山风景区的华阳山森林人家及漳平市南洋乡天台山国家森林公园九鹏溪景区的九鹏溪森林人家,三星级"森林人家"包括福安市桃源山庄森林人家、龙岩国家森林公园云顶景区的云顶茶园森

---

① 方炜杭:《"森林人家"标志向全国推广》,《福建日报》2012年5月23日。
② 卢素兰:《福建乡村旅游的新模式——森林人家》,《台湾农业探索》2007年2期。

林人家、福安荡岐山庄森林人家、建阳市红旗国有林场的红旗森林人家、莆田涵江大洋乡灯炉寨瀑布群的笛韵森林人家五处[①]。

福建省"森林人家"农家乐呈现出以下特点：

(一)开发条件日趋完善成熟

一方面，自改革开放以来，福建省经济发展不断提速，综合实力显著增强，城乡居民生活水平不断提高。根据福建统计年鉴(2014)的数据显示，地区生产总值从1978年的66.37亿元增加到2013年的21 759.64亿元，人均GDP从1978年的273元增至2013年的57 586元(具体数据见表1)[②]。另一方面，借助福建省丰富的森林风景资源和区位优势，福州旗山国家森林公园、漳平九鹏溪景区、莆田九龙谷森林公园、闽侯兔耳山景区、武夷山国家森林公园等国家级和省级森林公园和景区已经逐步对其森林资源进行开发包装，在森林人家乡村旅游运营管理上取得不俗的成绩。

表1 福建省城乡居民家庭收入支出情况对比

年份	城镇居民家庭人均收入	农民人均纯收入		城镇居民人均消费支出	农民人均家庭经营纯收入
	数值(元)	数值(元)	年增长(%)	年增长(%)	数值(元)	数值(元)
2000	7 432	2 049	29.8	8.3	5 639	1 844.7
2005	12 321	4 450	8.8	10.3	8 794	2 365.02
2010	21 781	7 427	11.2	11.3	14 750	3 558.44
2012	28 055	9 967	13.5	12.6	18 593	4 570.44
2013	30 816	11 184	12.2	9.8	20 093	4 890.49

资料来源：福建统计年鉴2014。

---

① http://www.fjftour.com/titlist.asp?menu_id=C02&menu_name=森林人家，2014-09-10/2015-08-03。

② 福建省统计局：《福建统计年鉴2014》，http://www.stats-fj.gov.cn/tongjinianjian/dz2014/index-cn.htm，2014-08-26/2015-08-03。

(二)促进关联产业互动发展

"森林人家"(农家乐)乡村旅游不仅丰富了市民休闲娱乐方式,在增加农民收入、扩大农民就业机会及加快农村产业结构调整等方面也产生积极的推动和影响作用。以龙岩市武平县城厢镇云礤村为例,该村依托梁野山云礤瀑布和原始生态天然阔叶林等自然生态景观以及木耳、香菇、金线莲等原生态产品,在全县旅游规划的指导下,已逐步发展成为集餐饮娱乐、休闲度假、农业生态为一体的森林人家生态健康旅游。该地区的金线莲种植基地,通过设定最低收购保护价等收购保障制度,每年可实现产值 6 700 万元以上,农民收入大幅增加①。再如,武夷山国家森林公园现有八处"森林人家",各具特色,现已成为闽北山区示范旅游线路的重要内容。武夷山"森林人家"不但解决了茶山违规开垦、森林生态安全受到严重威胁的难题,还帮助采育场职工实现转岗和再就业,大幅提高林农收入,带动周边农村经济的发展和转型。又如,闽侯兔耳山旅游区不仅为游客提供登山、垂钓、农产品采摘等休闲娱乐项目,还成为福州市中小学德育教育基地。

四、福建省"森林人家"的发展问题诊断

在取得不俗成绩的同时,福建省"森林人家"(农家乐)乡村旅游在运营过程中也遇到发展瓶颈,如地区发展不均衡、交通出行不便利、宣传推广力度小、投入资金有缺口以及专业人才难到位等问题。

(一)地区发展不均衡

福建省森林资源地区分布不均,内山区多,沿海少。内山区的南平、三明、龙岩三个地区(市)人均林业用地 0.7 公顷,有林地 0.45 公顷,蓄积量 41.83 立

---

① 黄洁如:《"清新福建"生态行采访团探访"森林人家"》,http://news.cnhubei.com/xw/gn/201406/t2958064.shtml 2014-06-16/2015-08-03。

方米,沿海6个地区(市)人均林业用地仅0.17公顷,有林地0.08公顷,蓄积量则仅为3.26立方米[1]。福建省各主要城市在经济发展水平上也呈现出较大差异,福州、泉州、厦门稳居前三名(具体如表2所示)。由于各地区森林资源、经济发展水平等存在较为明显的差距,导致福建省"森林人家"建设发展也处于非均衡的状态,具体表现为:拥有丰富森林资源的内山区地市对森林人家的需求较高,当地林农参与积极;沿海地区以企业法人投资为主[2]。

表2 福建省各主要城市经济发展水平(2013年)

福建省主要城市	地区生产总值(亿元)	人均GDP(元)
福州市	4 678.49	64 045
厦门市	3 018.16	81 572
漳州市	2 236.02	45 494
泉州市	5 218.00	62 679
三明市	1 477.59	58 986
莆田市	1 342.86	47 619
南平市	1 105.82	42 127
龙岩市	1 479.90	57 472
宁德市	1 238.72	43 617

资料来源:福建统计年鉴2014。

(二)交通出行不便利

福建省"森林人家"多分布在远离城市和交通主干道的偏远区域,公共旅游交通工具严重缺少,所依托的自然保护区或森林公园内部交通条件较差,山路崎岖、地形恶劣、迂回曲折,存在一定安全隐患。从游客群体来看,"森林人家"的游客多为有车一族,以双休日和节假日的自驾游为主,其他普通散客则

---

[1] 《福建省林木面积、蓄积量》,http://jky.qzedu.cn/zhsj/bei=jing/nmmz.htm,2015-08-03。

[2] 耿鑫:《福建省森林人家乡村旅游景观规划设计探讨》,福建农林大学硕士学位论文2009年,第17页。

借助旅游景点公交车或车站设置在乡镇的公交车,专为森林人家开设的公交线路少之又少且存在很多不便,导致部分游客选择打的或中途换乘才能到达偏僻而分散的"森林人家"景点。从发展趋势来看,未来"森林人家"消费市场的主力军是福建省内的普通市民。因此,交通出行的便利与否势必影响游客游玩的心情,对游客群体和人数产生至关重要的影响。

(三)宣传推广力度小

福建省"森林人家"多围绕吃、住、游、购等方面开展旅游活动项目,产品雷同且同质化竞争严重。尽管有部分地区的"森林人家"尝试依托网络渠道(如建立自己的门户网站、开设微博微信)的方式实现宣传和推广的目的,但从总体看,福建省"森林人家"的发展普遍缺乏宣传推广的策划意识,宣传推广的深度和广度较小,宣传手段单一,未形成如其他传统景区一样的铺天盖地的宣传攻势,品牌效应未能得到明显发挥,资源整合营销有待进一步加强。此外,福建省大部分"森林人家"还在延续独家经营、散客经营的传统模式,缺乏与旅行社的深度合作,未能有效挖掘团体游的游客市场,"森林人家"旅游产品设计和线路布局开发有待完善,很大程度上制约了自身的长远发展。

(四)投入资金有缺口

资本市场的资金进入旅游市场已有20多年的历史,但多局限于城市旅游市场、旅游房地产市场、主题公园旅游市场和风景名胜区旅游市场,并未大规模进入乡村旅游市场,尤其是"森林人家"旅游市场[①]。"森林人家"乡村旅游经营模式的建设与发展是一项浩大的工程,需要在景区景点、交通规划、配套服务设施等方面投入大量资金。福建省"森林人家"以个体经营、自主创业为主,投资主体较为单一,经济负担较重,农民个人投资有限,也不愿投入过多,

---

① 姜蕾:《中国休闲农业和乡村旅游进入新的发展阶段》,《中国青年报》2010年10月24日。http://zqb.cyol.com/html/2014-10/24/nw.D110000zgqnb_20141024_1-11.htm,2010-10-24/2015-08-02。

面临资金缺乏的发展瓶颈,导致交通、餐饮、住宿、娱乐等设施无法得到改善,严重制约了"森林人家"的进一步发展。此外,经营主体存在"依靠政府财政资金才能发展森林人家"的认识误区,各级政府和部门的政策倾斜和财政专项资金扶持力度相对不足。

(五)专业人才难到位

由于福建省"森林人家"发展时间较短,属于乡村旅游经营模式的探索和创新,研究和开发均处于起步阶段。与任何一个具有较快增长率的新兴行业相似,"森林人家"专业人才的短缺问题迫在眉睫。现有专业人才总量不足、高技能人才匮乏的问题较为突出,尤其缺乏同时具备农家乐经营管理以及林业知识的复合型人才。现有"森林人家"旅游管理操作过程中,多由村干部兼任或当地农民担任"森林人家"的管理人员,缺乏系统培训,服务意识不足,服务流程不规范。此外,工作地点的偏远进一步加大"森林人家"专业人才的招聘难度。

五、福建省"森林人家"的发展对策及建议

(一)完善基础设施建设,切高提升服务水平

"森林人家"未来发展应从"硬实力"和"软实力"两方面入手,硬实力表现为基础设施的完善程度,软实力则体现在服务水平的高低。在基础设施建设方面,应建立通畅便捷的道路交通体系,使景区与城镇主干道相连接,建立完整、统一的供电、供水、通信网络,兴建安全防护、医疗急救、危险警告等安全基础设施,区分好公共娱乐区、停车场、购物区等功能区。尤其要做好交通导引工作,开通从景区景点到市区的直达班车线路,缩短游客抵返时间,内部路面采用木材、石材等符合乡村特点的材质进行铺设,设计环行游览线路以达到移步换景的目的,辅以总体平面图、行游标识等引导标识。在服务水平方面,"森林人家"不仅要为游客提供"吃住行游购娱"等基本服务,还应提供健康养生、

健身休闲、陶冶情操等附加服务。具体包括,积极推动房车营地、游步道、自行车道的发展,建立"森林人家"信息化服务平台并定期对外发布旅游信息。在服务品质方面,通过聘请专业人员开展培训学习,系统提高"森林人家"技术人员和管理人员的整体业务素质,以进一步提高服务质量和服务水平。

(二)扩大宣传推介力度,不断提升品牌效应

福建省旅游局、旅游协会在"森林人家"对外整体宣传和推广的工作中应发挥桥梁纽带作用,为农户和媒体搭建沟通渠道,统筹和整合社会资源,加大对外宣传推介力度,努力打造"森林人家"农家乐品牌,提高福建旅游知名度。首先,依托主流媒体宣传,如利用厦视二套的《旅游天下》栏目及厦视三套的《健康生活》栏目,进行视频宣传;在《厦门日报》《厦门晚报》等主流媒体上进行软文和图片宣传;在厦门旅游广播(FM94.0)栏目上宣传"森林人家"旅游活动及特色等。其次,加强网络宣传力度,参考其他省份及地区"森林人家"网站的先进经验,增强网站旅游服务功能,新增细化旅游栏目,及时更新旅游动态,与携程网、驴妈妈、去哪儿网等大型旅游网站合作开通网络售票,开通微博微信实以时在线解答游客问询。此外,深化与旅行社的合作,积极开拓周边旅游消费市场,与大型旅行社和旅游集团建立长期稳定的旅游合作关系,创新互助合作模式,发挥旅行社在开辟旅游市场和挖掘旅游景点方面的中介作用,通过旅行社对现有"森林人家"进行整合、包装和推荐,加强地域文化元素与旅游要素的渗透和融合,打造具有文化积淀、创意品味、精神生命的新型品牌化"森林人家"。

(三)增加资金扶持力度,拓宽投资融资渠道

发展"森林人家"不能仅仅依靠政府财政投入,需构建政府专项资金引导、地方银行贷款支持、民间社会资本介入等多方位投资融资渠道,创新投融资方式,鼓励多元化投资。个人资金、集体资金和资本市场资金都应成为"森林人家"的投资主体。各级政府和相关部门应积极推动"森林人家"经营农户与金融机构、风险投资公司的对接合作,搭建农户与行业资金支持机构之间的信息

沟通平台;提供小额免息贷款、贴息贷款、管理费用减免等优惠政策以减轻"森林人家"经营农户的财务负担,尤其加大对各省市区县"森林人家"示范点的资金投入和扶持力度;设立专项发展基金来引导资金合理配置,制定"森林人家"景区交通规划、景观设计、公共服务平台等内容的专项基金扶持政策;通过资源整合推动各区域"森林人家"的兼并、收购和重组,鼓励有实力的"森林人家"品牌通过上市融资及其他资本运作模式来筹措资金。

(四)加大人才引进力度,招贤纳士广纳贤才

"森林人家"应在用好现有人才的同时广纳贤才,迅速扩大人才增量。首先,搭建供需平台,通过实施"森林人家"人才工程,建设创新创业新载体等,搭建"森林人家"专业人才引进、聚集、培养的区域性平台;其次,突出引才重点,有稀缺性、创新性特征的高层次人才很难在短期时间内培养起来,将人才引进与"森林人家"发展经营定位相结合,提高"森林人家"专业技能型和管理人才与乡村旅游业发展的适配度,加强专业人才培训和专业技能培训,形成产业集聚人才、人才引领企业的良性循环发展态势;最后,拓宽引才渠道,坚持"走出去"和"请进来"相结合的引才思路,组团赴省内外各高校和科研机构(如福建农林大学、福建农业科学院等)挖掘人才,尝试人才引进的柔性聘用和刚性聘用相结合,在引进人才的同时,引入技术和管理经验,实现人才引进和招商引资的共赢发展。

台湾经验篇

台湾农村节庆活动推展

陈惠美　涂宏明*

摘　要：　文化意识提高后，加之政府相关政策及观光需求推动之下，除了早期既有的传统民俗、宗教祭祀与"原住民"庆典活动外，台湾农村地区出现越来越多新型节庆，以吸引观光旅客。台湾已累积许多举办活动之经验，各界努力功不可没，但其衍生之问题是农村节庆永续发展的重要课题。本文回顾台湾社会变迁与农村节庆发展，归纳台湾近年农村节庆之推展模式，藉此剖析农村发展节庆活动成功典范之操作；进一步探讨农村发展节庆活动之效益与冲击，及其对地方意象经营之助益。本文将节庆活动分为三大模式进行讨论，包含民间主办节庆、政府与民间合办节庆、政府主办节庆。结果显示，政府是近年农村节庆繁盛的主要推手；政府与民间角色定位清楚、分工明确是活动成功的关键。节庆确实对台湾农村发展带来社会文化、实体环境、旅游及经济等多元活动效益，可强化农村文化景观意象；但不同类型的节庆，因其属性差异，也分别导致环境、社会，甚至是生态，各式观光冲击。主办单位在进行节庆活动企划时，必须审慎规划，方能确保活动质量。

关键词：　农村节庆；景观意象；活动效益；观光冲击

---

* 陈惠美，博士，台湾大学园艺暨景观学系副教授，主要研究乡村景观规划、乡村旅游、农村节庆；涂宏明，台湾大学园艺暨景观学系博士生。

一、前　言

　　节庆是人们为了当地传统或庆祝某种特殊目的，定期性举办之活动。在农业时代、科学尚未畅达以前，人们对于季节变化、降雨、海象等现象不解。在没有充足知识之下，面对自然力量往往显得束手无策，仅能寄托宗教信仰，期盼神祇保佑农作丰收、消灾解厄、国泰民安，因而发展出许多在特定季节岁令举办敬天谢神之民俗节庆。随着科技发展，人类对自然变化的了解和应变能力增强，农村节庆气氛逐渐转淡。

　　现代约七成人口集居都市，繁忙高压的都市生活让人们向往田园生活，乡村旅游逐因而兴盛。许多农村节庆除了延续传统感恩天地之文化，也逐渐转变为当地发展观光、带动地方经济成长之引擎。因此，配合在地文化及产业举办节庆活动，成为政府与当地联手进行地方营销并建立地方意象的重要策略；希望透过媒体介绍，吸引观光客前来游玩，转变为观光形态，带动地方产业与经济繁荣。

　　近年台湾致力推展节庆活动，导致现今农村一年举办超过数百个节庆活动，几乎是每周都有节庆的状况。也因此出现检讨声浪，议题包括：失去原本节庆的内在意涵、节庆名称类似、内容大量复制、缺乏特色且缺乏长远妥善的规划、政府干预过度。台湾已累积许多举办活动之经验，各界努力功不可没，但其衍生之问题更是农村节庆永续发展的重要课题。因此，本文回顾台湾社会变迁与农村节庆发展，归纳台湾近年农村节庆之推展模式，借此剖析农村发展节庆活动成功典范之操作；进一步探讨农村发展节庆活动之效益与冲击，探讨其对地方意象经营之助益。

二、台湾社会变迁与农村节庆发展

　　节庆的出现与当地的人文风俗民情与自然环境往往具有关联，通常是随着季节、时间与物候转移产生特定主题的风俗或具有纪念意义的社会活动，也是民族因应环境长久累积下来的生活智慧与情趣①。早期台湾农业时代依循生活环境与文化民俗产生的农历节日过节,然而台湾从农业时代进入工商社会时代已过了五十年,多数传统农历节日的过节气氛已逐渐转淡②。再加上农村人口流逝、景观风貌转变,社区意识不若农业时代来得强烈,这些问题并无法借由早期农业时代下基础民生建设去解决③。

  1980年代,台湾逐渐在艺文展演与传统庙会外发展出一种展演内容较多、时间较长、空间较大的艺术季、文化节、国际双年展之类的活动,或政府部门的文化推广活动如音乐季、戏剧季、文艺季等④。自1991年政府倡导富丽农村政策,提出一县市一特色、一乡镇一特产,希望借此改善民生,塑造乡镇县市的整体意象。当时鉴于地方意识薄弱难以凝聚恐影响政策推动,1993年文化建设委员会提出地方文化自治化的构想,并于1994年推动社区总体营造、实施文化资产保存法、倡导艺术文化多元,冀能透过文化建设凝聚社区意识,从生活环境、美学品位、社区秩序和产业形态上塑造不同以往的风貌。发掘人力、文史、产业、土地、景观等地方资源,从产业内部寻找能和本土结合的文化意涵,塑造成代表当地之文化特色⑤。因此,在1990年代,政府透过各种农村发展策略,打好农村文化发展之基石,也成为后续农村节庆发展之养分。2000年实施周休二日制,人民休闲时间增长,更加拓增国民旅游市场。2002年观光局推动观光客倍增计划与发展观光策略,将发展民俗节庆作为施政重点因而推动"台湾十二大节庆";客家委员会也随之推行"客庄十二大节庆"。各地

---

  ① 陈柏州、简如邠:《台湾的地方新节庆》,远足文化事业股份有限公司2004年版,第1~11页。
  ② 陈柏州、简如邠:《台湾的地方新节庆》,远足文化事业股份有限公司2004年版,第12页。
  ③ 陈柏州、简如邠:《台湾的地方新节庆》,远足文化事业股份有限公司2004年版,第13~33页。
  ④ 邱坤良:《红尘闹热白云冷——台湾现代艺术节庆的本末与虚实》,《戏剧学刊》2012年第15期。
  ⑤ 陈柏州、简如邠:《台湾的地方新节庆》,远足文化事业股份有限公司2004年版,第13~33页;邱坤良:《红尘闹热白云冷——台湾现代艺术节庆的本末与虚实》,《戏剧学刊》2012年第6期。

纷纷出现以季、节、展、祭或嘉年华为名的节庆活动,再借由观光旅游业的配合。2000年代起,节庆遂在全台农村各处蓬勃发展起来。

三、台湾农村节庆推展模式

台湾农村节庆早期多以民间团体操办宗教祭祀或传统民俗节庆居多。自2000年开始,地方政府为推销当地丰盛的农产或农业景观,开始举办节庆促销农产,如"官田菱角节""苗栗铜锣杭菊芋头节"等。另外,政府也介入发扬原有传统民间宗教节庆,像是原本在台中大甲镇的地方妈祖绕境活动,在台中县政府辅导下转变成"大甲妈祖国际观光文化节"。另一方面,地方政府为了发展观光将传统节庆结合艺术表演,扩大吸引观光旅客,如"台湾灯会""宜兰国际童玩节""石门国际风筝节"等。

节庆活动本身通常由政府、企业或民间团体所发起,发起的主办者不论是谁,对于节庆活动是否成功都扮演极重要的角色。因此,本文将台湾农村节庆活动推展模式分为三大类:民间主办节庆活动、政府与民间团体合办节庆活动、政府单位主办节庆活动。

(一)民间主办节庆

1.民间主办既有节庆

民间主办节庆活动之模式,可概分为两种类型:民间主办既有节庆与民间主办新型节庆。这些节庆即使是由民间团体主办,多数仍会申请政府单位的经费补助。其中,民间主办既有节庆,系指过去已举办多年的节庆活动,至今仍由民间团体所操办,包含庙会组织、协会、基金会等团体。这类型多以早期传统民俗、宗教信仰、"原住民"庆典的节庆活动居多,以维持传统文化、精神与信仰。

2.民间主办新型节庆

民间主办新型节庆,多由当地农会(农民的社团法人组织)为促销地方特产所创新之地方节庆,例如"官田菱角节""苗栗铜锣杭菊芋头节""云林斗六丝瓜节"等;或是推广当地特殊农业景观所产生的节庆活动,如"台东池上油菜花节"等等。这类新节庆通常希望吸引人潮、带来商机,因此多规划许多有趣的配套活动或多元化游程,以增加观光收入。

表1 民间主办农村节庆之模式

模式	节庆类型	节庆名称	民间主办/承办单位	单位负责项目	政府补助单位	补助事项
民间主办既有节庆	传统民俗	宜兰头城抢孤民俗文化活动	宜兰县头城镇中元祭典协会	架设孤棚、恭迎神尊、放水灯、抢孤活动等	观光局国民旅游组	经费补助
		嘉义秋千赛会	北极武当山玄天上帝庙	在象征船帆竹架进行盛大的荡秋千大赛	嘉义市政府	经费补助
	宗教信仰	白沙屯妈祖文化暨地方农特美食嘉年华	社团法人台湾妈祖文化发展总会	妈祖绕境活动	观光局国民旅游组	经费补助
	"原住民"庆典	赛夏人矮灵祭	苗栗县赛夏人巴斯达隘文化协会	举行祭祀达隘灵魂仪式	"教育部"	经费补助
		东山吉贝耍夜祭	东山吉贝耍大公廨管理委员会	举办夜祭活动	"原住民"委员会	获"平埔人群聚落活力计划"补助
民间主办新型节庆	地方特产	官田菱角节	官田区农会	采菱体验、菱角农特产品展售、美食品尝等	台南市政府	经费补助
		云林斗六丝瓜节	斗六市农会	斗六丝瓜美食品尝、相关文艺表演等	农粮署云林县政府	经费补助
	特殊景观	台东池上油菜花节	池上乡农会	举办油菜花海季赏花嘉年华活动	台东县政府	补助经费种植油菜花

资料来源:根据笔者田野调查资料整理。

(二)政府与民间合办节庆

1.政府与民间合办既有节庆

近年政府积极辅导民间举办多年的传统民俗、宗教信仰、"原住民"庆典等节庆,透过政府的资源介入,将原有地方节庆扩大,发展地方观光旅游。例如:"新竹县义民文化祭"过去已是经常举办的民间活动,客家委员会近年进一步将义民文化变成"客庄十二大节庆"并进行辅导。又如台南市南鲲鯓代天府之寺庙宗教节庆,在政府观光局辅导介入后,将当地产盐文化融入,重塑出新型态之台南市"鲲鯓王平安盐祭"之大型节庆。

最典型范例应属"大甲妈祖国际观光文化节",为目前台湾动员人数最多的传统宗教文化活动,也是成功举办多年后具有观光商机,由政府主动介入辅导的案例。台中市大甲镇澜宫是台湾妈祖信仰的重镇,每年农历三月天上圣母绕境进香是大甲镇澜宫一年当中最重大的活动。该活动始于大甲镇澜宫清朝创建之时的湄洲进香活动,后借由经常往返于大甲与北港牛墟牛贩的买卖牛只经济活动,造成民间祈神还愿,形成了大甲组团前往北港朝天宫进香的滥觞,并于1988年改往新港奉天宫迄今,目前整个绕境活动为九天八夜,并依循传统举行献敬礼仪①。

大甲妈祖绕境活动,最早为镇澜宫与义工达成共识慢慢酝酿出来的活动②,之后各村里主动支援宫庙共同出资举办活动。1999年开始,台中市政府介入辅导改名为"台中县妈祖观光文化节";翌年2000年被"交通部"选为十二大节庆后,更名为"台湾妈祖文化节",政府开始资助经费并参与活动规划③;2003年再度改名为"大甲妈祖国际观光文化节"。现今,大甲妈祖国际观光文化节,系由台中市政府与大甲镇澜宫部分缔结合作关系,且由市政府文化局统筹规划,整合市府各局处,包含观光局、警察局、卫生局、消防局、环保局、新闻处、信息室、教育处等部门,与民间团体整合营销包装活动④。

大甲妈祖绕境活动从宗教性仪式,逐渐加入庙会节庆,直至后来政府介入辅导后开始出现一系列外围的观光文化活动,遂成为全台的宗教盛事⑤。经

---

① 《大甲镇澜宫》,http://www.dajiamazu.org.tw/,2015-3-23。
② 陈琳淳:《大甲镇地方民俗与文化市镇治理之研究》,《思与言》2006年第44期。
③ 张淑玲:《地方政府办理民俗节庆艺文活动研究——以2003年至2010年"台中县大甲妈祖国际观光文化节"》为例,静宜大学硕士论文2010年,第75页。
④ 张淑玲:《地方政府办理民俗节庆艺文活动研究——以2003年至2010年"台中县大甲妈祖国际观光文化节"》为例,静宜大学硕士论文2010年,第96页。
⑤ 郑婉玉:《大甲妈祖国际观光文化节之体验价值》,台湾大学硕士论文2011年,第10~15页。

过观光文化的推展,2010年妈祖文化被联合国教科文组织列入人类非物质文化遗产代表作名录,原有民间信仰绕境活动蜕变为名列全世界三大宗教活动之一,成为全世界妈祖信仰的重镇,提高其国际知名度[①]。除吸引大量游客带来庞大观光效益之外,也结合当地文化和特产,延续传统,使文化扎根[②]。

造就节庆活动成功之因素,当可归功于以下三点。其一,大甲镇澜宫民间组织力量坚实。大甲镇澜宫建于清朝,于1946年订立镇澜宫管理章程与办事细则推选管理员,于1978年改为财团法人成立董事会;历任董事及管理人员具有经商与当地政治生态背景,管理宫庙事务不同于传统庙宇,方能使大甲镇澜宫拥有全台影响力,其知名度甚至挤下其他妈祖宫庙。其二,大甲镇澜宫媒体整合营销能力强。过去早期即利用知名主播下乡采访或纪录妈祖绕境、董事长职位、两岸直航等议题在全台有线电视台播送,以提高全国知名度;与大甲有关之文化产业,也积极透过广播、报纸、新闻报道、电视旅游及美食节目推广。其三,大甲镇澜宫积极经营地方网络。宫庙除了组织全省妈祖联谊会之外,更积极推行敦亲睦邻策略,经常举办各种活动,甚至是老人团康会互相合作与照顾,借此增加全国信徒,至举办妈祖绕境时才有人手支援活动[③]。

2.政府与民间合办新型节庆

政府与民间团体共同举办新型节庆以文化艺术、地方特产、特殊景观之类型活动居多。其中,以"客家桐花季"为最被推崇之成功案例。桐花系指油桐所开的白花,早年油桐为客家重要的经济作物,可炼油制成油漆,并用在家具、木屐、牙签、火柴棒上。随着时代变迁,油桐产业没落,但是客家人对于油桐的

---

① 《大甲镇澜宫》,http://www.dajiamazu.org.tw/,2015-3-23。
② 郑婉玉:《大甲妈祖国际观光文化节之体验价值》,台湾大学硕士论文2011年,第13页;陈清龙:《台中县大甲妈祖国际观光文化节政策执行之研究》,静宜大学硕士论文2007年,第36页。
③ 陈琳淳:《大甲镇地方民俗与文化市镇治理之研究》,《思与言》2006年第44期。

感恩之情并未随之消失①。2002年"行政院"客家委员会在苗栗县公馆乡北河村桐花林下的百年伯公石龛设坛祭拜,感念山林提供居民生计的油桐、香茅油、樟脑、木炭、番薯、玉米、生姜与茶叶等,衍生出"客家桐花祭"活动,邀民众赏花体验客家人文风情②。虽然,桐花并非客家所独有,但客家利用桐花这一历史文化元素成功塑造新的节庆与文化意象。

2002年的"客家桐花祭"属试办性质,举办模式为由上而下,由客家委员会策划节庆活动内容,直接交办给地方县市政府和乡镇市公所执行。但从2003年开始,客委会改邀请县市政府、乡镇市公所、地方社团一起依活动计划准则,请民间团体提案并执行活动。后来更直接由客委会邀请民间团体提案并经评选后委办活动,地方县市政府、乡镇市公所退居就地辅导角色③。客家委员会主办与筹划节庆,掌控与统筹整个活动方向、主题、地方社团补助经费审查、监督管理与追踪考核社团活动举办、人才培训、整体文宣营销广告发包与监督等工作④。2006年起改以"上级筹划、企业加盟、地方执行、社区营造"之合作模式举办,指导单位为客家委员会,执行单位为县市政府、乡镇市区公所及在地立案之民间社团等⑤。

"客家桐花祭"迄今已举办十余载,成功带来活动知名度提高,促进当地商业活动,增加投资意愿,带动经济发展,重视客家文化等效益⑥。归纳该节庆成功之因素有三。其一,政府与民间合作无间。"上级政府"、县市政府、地方团体角色定位清楚、相互配合且关系良好。"上级"统筹主要活动方向,县市政

---

①② 客家委员会:《年头 Happy 到年尾:客庄12大节庆特辑》,客家委员会2011年印行,第1~247页。

③ 蔡孟尚:《客家桐花祭政策执行之研究——以新竹县为例》,"中华大学"硕士论文2007年,第27页。

④ 俞龙通:《点石成金:30个文化创意产业X档案》,师大书苑2009年版,第1~244页。

⑤ 客家委员会:《"2014客家桐花祭"活动计划书》,http://www.hakka.gov.tw/dl.asp?fileName=3102414424571.doc,2015-3-23。

⑥ 颜建贤、曾宇良:《结合地方休闲产业共创节庆活动价值之研究——以三义乡客家桐花祭为例》,《乡村旅游研究》2012年第52期。

府整合地方资源、活动内容与时间,地方团体协助、配合与实施,避免分工重叠资源浪费以及重复营销,也才能大规模且长时间的持续举办下去①。此活动最大特色在于地方执行,由跨县市、跨乡镇的客家地区公部门、乡镇公所、非营利协会和少数营利性社团组成,县市政府协调各单位活动内容、日期、时间、地点等规划,乡镇市区公所整合辖内社团共同提出该乡镇市区之活动。举办前一年,各单位必须派员参加客委会的人才培训,了解活动方针并须于年底提出活动补助计划,审查通过后才准许举办,社区也借由活动的举办更加活化,达到社区营造的目的②。其二,节庆阶段性活动目的明确。2002—2005 年,活动目的以打造传统客家文化意象为主,带动活动参与者认识并深入客家文化;2006 年以后,以文化创意产业及推动观光旅游为重,将客家文化包装成文化商品,推出多种桐花意象商品,规划多项休闲旅游活动③。其三,振兴产业策略成功。振兴产业系为该节庆举办目标之一,活动企划透过企业加盟方式让地方特色产业借由桐花商品之甄选与辅导,成为供应桐花特色伴手礼的厂商④。节庆商机庞大,至 2014 年产值已达 300 亿元新台币,每年仍持续增加中⑤。为促进经济发展,更使"客家桐花祭"成为少数不受政治因素干扰而能持续举办的成功节庆⑥。

---

① 俞龙通:《点石成金:30 个文化创意产业 X 档案》,师大书苑 2009 年版,第 1～244 页;黄蓓馨:《地方节庆活动营销之策略研究——以苗栗桐花祭为例》,铭传大学硕士论文 2011 年,第 62 页。

② 客家委员会:《"2014 客家桐花祭"活动计划书》,http://www.hakka.gov.tw/dl.asp?fileName=3102414424571.doc,2015-3-23;俞龙通:《点石成金:30 个文化创意产业 X 档案》,师大书苑 2009 年版,第 1～244 页。

③ 吕易晋:《"客家桐花祭"政策分析——"文化""节庆"串起客家情》,台湾师范大学硕士论文 2010 年,第 1～111 页。

④ 俞龙通:《点石成金:30 个文化创意产业 X 档案》,师大书苑 2009 年版,第 1～244 页。

⑤ 谢世忠、刘瑞超:《客家地方典庆和文化观光产业:中心与边陲的形质建构》,客家委员会 2012 年印行,第 1～256 页;何秀玲:《文化创意／一场四月雪……飘来 300 亿产值》,http://mag.udn.com/mag/reading/printpage.jsp?f_ART_ID=515710,2015-3-23。

⑥ 谢世忠、刘瑞超:《客家地方典庆和文化观光产业:中心与边陲的形质建构》,客家委员会 2012 年印行,第 1～256 页。

表2　政府与民间合办农村节庆之模式

模式	节庆类型	节庆名称	政府单位		民间单位	
			单位名称	负责项目	单位名称	负责项目
政府辅导民间既有节庆	传统民俗	东势新丁板节	台中市政府客家事务委员会	规划及办理民俗活动表演	东势国际青商会	民俗活动表演
	宗教信仰	大甲妈祖国际观光文化节	台中市政府	统筹规划、整合营销包装活动	大甲镇澜宫	妈祖绕境活动本身
		关庙山西宫烧王船	台南市文化局	教育推广工作：文化研习营、田野调查工作坊	安定区苏厝长兴宫	办理传统祭典、阵头组织、艺文活动
	"原住民"庆典	阿里山邹人战祭	嘉义县政府"原住民"行政科	辅导社区产业发展	社团法人社区永续发展协会	游学参访教育活动
政府与民间合办新型节庆	地方特产	新埔柿饼节	新竹县政府	举办宣传活动、代言	新埔镇农会	柿饼相关活动
	特殊景观	客家桐花祭	客家委员会（指导单位）、县市政府、乡镇市区公所	"上级"筹划，县市政府协调各单位活动，乡镇市区公所整合辖内社团共同提出该乡镇市区之活动	在地立案之民间社团	企业加盟、地方执行
		观音莲花节	观音乡公所	莲花节相关活动	观音乡农会	同观音乡公所

资料来源：根据笔者田野调查资料整理。

（三）政府主办节庆

1."上级"指导地方政府举办节庆

"上级"政府指导地方政府举办节庆，最典型、较具规模之案例当属"台湾灯会"，它也是传统民俗节庆结合观光的成功案例。台湾灯会创办起因有三：一为忙碌社会中逐渐将元宵节遗忘，须重拾元宵的欢乐；二为台湾各地元宵节时主要庙宇都有花灯展示活动，然而赏灯民众需到各处庙宇奔波造成不便，遂有集中花灯展示的构想；三为当时台湾缺乏大型观光活动，借此推展民俗活动塑造国际级特色活动，吸引国际观光客来台。1990年，观光局将各处花灯集中展示于中正纪念堂,除了该处具备大型户外空间适合花灯展示之外,也借此活动舒缓中正纪念堂的政治气息①。2000年以前,由于灯会都在台北举办,因而称为"台北灯会"。

自2001年起,开始开放各县市角逐主办权,改名为"台湾灯会"并扩大举办,也被美国Discovery频道推荐为全球最佳节庆之一②。2014年吸引百万人潮及3万名国际旅客,总参观人次超过700万,300名国际媒体人参访③;2015参观人次更是高达1375万,突破过去以往的参观人次④,且至少有6万名外国旅客来台赏灯⑤。台湾灯会主办权需事先由各县市政府向"交通部"观光局提出申请企划书,并由观光局进行现地勘查后,邀集相关专家学者召开评选会议针对:审核活动内容、活动场地、交通运输计划、观光推广计划、安全及环境维护计划、经费筹编计划、回收典藏计划,共七个面向进行评估后,决选出主办的地方政府。

其中,活动内容评估:办理单位的组织架构及分工、活动创意及特色以及各项前期准备工作期程。

活动场地考量:场所面积规模、土地权属、地形地貌、场地配置、动线规划及周边景观及游憩资源。

交通运输计划包含:联外交通系统、周边停车空间、交通疏运及接驳计划。

观光推广计划包括:外围服务设施、住宿设施及餐饮设施等观光服务接待能力、国际化观光发展潜力、旅游套装产品规划、营销宣传计划。

回收典藏计划则指:花灯典藏处所及维护经费筹措规划,活动过后展后场

---

① 观光局:《台湾灯会20周年回顾专辑》,观光局2009年印行,第1～144页。
② 联合报:《Discovery推荐全球最佳节庆台湾灯会最后倒数》,http://udn.com/news/story/7769/761917-Discovery,2015-03-13。
③ 南投县政府:《2014台湾灯会马耀南投成果辑》,南投县政府2014年印行,第1～85页。
④ 刘朱松:《2015台湾灯会突破1375万人次》,http://www.chinatimes.com/newspapers/20150316000137-260204,2015-3-23。
⑤ 观光局:《2015台湾灯会外媒赞:没有云霄飞车的迪斯尼乐园!》,http://taiwan.net.tw/m1.aspx?sNo=0020659,2015-3-23。

地如何再利用的规划①。

2015获得"台湾灯会"主办权之台中市政府于前一年即开始着手规划活动,将市政府工作团队细分成18组,包含花灯竞赛组、宣传营销组、节目表演组、场地设施组、产业招商组、绿美化组、环境维护组、安全维护组、卫生医疗组、礼宾接待组、人力培训组、机动支援组、志工服务组、交通运输组、财务管理组、云端信息组,借此以达成"上级政府"要求之七大面向活动规划。由于举办灯会事务繁杂,因此特别设置整体筹备组与行政协调组②。主灯主场区设在交通便捷之台中乌日高铁特定区,总面积约21.8公顷,该处地形地貌及气候风势较佳,且每年均有大型活动在此举办,场地较具优势。另外设置丰原灯区与台中公园灯区两处分场,除扩大参与,也可分散人潮及车潮,避免交通阻塞,同时带动台中市各景区之观光发展。而且,展示环保主灯,让灯会结合传统文化与环保意识,创造节庆多元价值。

每年灯会吸引大量人潮,交通规划一直是活动规划的重点。为疏散大量人潮,2015"台湾灯会"之交通计划包含高铁、火车、接驳车等大众运输动线与班次调配;会场外围停车规划,划分行人徒步管制区、汽车管制区、汽车弹性管制区三层管制车辆进出;事前还透过座谈会方式向当地里长及居民倡导,当地居民须事先申请车证方能于活动期间停放车辆。然而,该年灯会周末人潮创下历史新高,因此台中市政府交通局也推出新的疏运计划,增加接驳公交车、火车、高铁班次,提供游览车接送至台中火车站以疏运人潮;为避免人潮拥挤,也管制游客的进出③。

此外,台中市政府期望借由举办2015"台湾灯会"刺激中台湾周边经济效益,带动中台湾地方外围建设、展现台湾传统艺术文化与多元族群文化,

---

① 观光局:《"2010年台湾灯会"举办县市评选须知》,http://ppt.cc/xOqK,2015-3-23。

② 台中市政府:《"2015台湾灯会"整体执行规划项目报告》,http://ppt.cc/BCcM,2015-3-23。

③ 陈睿中:《百万人潮塞爆台中乌日!"台湾灯会"紧急提疏运新计划》,http://travel.ettoday.net/article/475585.htm,2015-3-23。

提高台中国际形象及知名度,因此极力塑造节庆文化观光吸引力。其策略与做法包含五个方面:(1)结合市民、游客与学校师生共同参与,进行文化创意体验活动;(2)以文创体验为观光核心产品,增加活动附加价值,推出全新灯会文创系列商品;(3)以观光为思维,提高及整合接驳服务与营销推展之能力,增加观光服务质量;(4)活动与产业密切合以推展台湾产业成果;(5)主动向旅行业宣传台湾灯会以利旅行社进行游程包装设计[①]。在宣传上,加强彰化以南及都会区之营销,鼓励文宣产品放置旅游中心或饭店之展示点,为了帮助游客认识台中,以大众运输系统将外围景点串连规划出八大主题乌日赏灯半日旅游及乌日观光深度旅游,希望借此达到白天游台中、晚上赏灯会的效益[②]。另外,为吸引更多国际旅客来台湾玩赏灯会及体验中部在地文化及文创特色,主办单位提出赠予多项伴手礼与花灯等优惠措施,并于半年前即透过驻外使馆及办事处宣传,也在国际旅展中与日本等旅行社合作包装台湾灯会优惠程[③]。

2."上级"与地方政府合办节庆

近年来在台湾爆红的"武陵农场樱花季"即是"上级政府"与地方政府合办之节庆。武陵农场的"上级政府"为退除役官兵辅导委员会所,从1994年即开始有新闻媒体报道武陵农场梅花及樱花盛开景象,怡人的自然景观加上解说导览、住宿及露营服务,每年过年及春假期间开始吸引大量游客前往[④]。直至2011年开始冠以樱花季的名称,当年适逢樱花盛开以及连假假期,农场游客暴增,景区内过度拥挤,也导致联外道路严重拥塞[⑤]。2012年,情况更加严重,因此"上级"与地方政府介入协助解决游客过量与交通拥塞之问题。

---

①② 台中市政府:《"2015 台湾灯会"整体执行规划项目报告》,http://ppt.cc/BCcM,2015-3-23。

③ 观光局:《"2015 台湾灯会"外媒赞:没有云霄飞车的迪斯尼乐园!》,http://taiwan.net.tw/m1.aspx? sNo=0020659,2015-3-23。

④ 《元旦假期赏花正是时候武陵梅花樱花盛开铁砧山樱花亦含苞待放》,http://140.112.113.17:8089/cgi-bin2/LiboCgi.exe,2015-3-23。

⑤ 《国道塞塞塞各大风景区挤挤挤》,http://news.ltn.com.tw/news/life/paper/472069,2015-3-23;游振升:《武陵塞爆"43年首见"》,http://udndata.com/,2015-3-23。

2015年"武陵农场樱花季"为武陵农场与退辅会暨森林保育事业处、"交通部"观光局参山国家风景区管理处、雪霸国家公园、台中市政府及宜兰县政府等相关"上级"与地方政府合作,共同规划实行"场内总量管制、道路交通管制、团客预约入场、公共运输接驳"的策略[①]。场内采取总量管制,控管樱花季期间武陵农场每日进场人数。住宿游客凭车辆通行证始得进场;一日游游客则分为团体票及搭乘公共运输散客,团体游客需要透过宜兰县政府预约平台登记,搭乘公共运输散客则于国光客运及丰原客运提供售票管道购买车票进场[②]。此外,由"交通部"公路局第二、四区养护工程处、宜兰县警察局及台中市警察局共同合作于现场指挥并倡导相关管制措施,无通行证之车辆一律禁止进入武陵农场,禁止临时路边停车并严加取缔。大型节庆活动游客总量管制与交通管制系为活动规划的关键,"武陵农场樱花季"游客爆量由政府与单位间相互合作控管游客和交通,是促使节庆成功的重要因素。

3.地方政府主办节庆

地方政府,大至县市政府,小至乡镇市区公所,纷纷将举办各种节庆视为吸引观光人潮、提高地方知名度、促进经济收益的重要策略。因此,过去由民间自发举办之传统民俗、宗教信仰、"原住民"庆典,至今多由地方政府操办;地方政府也积极创新举办文化艺术、地方特产与特殊农村景观等类型之新形态节庆。

"平溪天灯节"属于民间传统节庆由地方政府承接举办并加以发扬光大的案例。平溪区位在台北盆地外围偏远山区,清道光年间,经过辛勤开垦,当地成为富足村落。当时,山区交通不发达,官府无法管辖,遂成为山贼觊觎之地。村民为保性命,在冬至过后农作收成,即收拾家当遁入山区,直到元宵才派人回村察看,确定安全后,释放天灯以报平安,此举遂演变成今日的平溪天灯节。具有百年历史的十分寮天灯,早期由当地乡民成立天灯协会进行推广,逐渐受到大众注意。随后在政府的"一乡镇、一特色、一特产"之农村发展政策中,被

---

①② 公路局:《交通疏运年历——2015年武陵农场樱花季疏运计划》,http://www.thb.gov.tw/buscms/ets/view/267,2015-3-23。

认定为新北市平溪乡的特色。由于天灯活动规模越来越大，1992年天灯协会首次向新北市政府申请活动补助。1996年以后，天灯协会组织薄弱，无法独力承接此等大型节庆，平溪乡公所接手整个活动执行，负责整个天灯祈福活动场地管理、活动策划与执行及文宣等工作，天灯协会仅负责活动灯制作及施放，此时地方政府与民间团体合作模式开始形成。1999年，由于新北市长及当地平溪乡长对此活动相当重视，遂由新北市政府成立专门活动小组，出面邀请各国使节参与，平溪乡公所负责协调场地事宜。此后，"平溪天灯节"逐年于活动中加入不同民俗、地方特色、套装旅游活动等，活动期间也由一天延长至数天，规模越来越大，营销策略也从国民旅游发展到国际观光[①]。

宜兰国际童玩艺术节（简称"童玩节"）则为地方政府成功创新举办之新型节庆，且是联合国教科文组织A级团体——国际民俗艺术节协会在亚洲唯一邀请认证的艺术节活动。1996年，为纪念宜兰两百周年，宜兰县政府以儿童是宜兰未来希望为概念，同时环顾当时全球的艺术节并未出现以童玩为主题的艺术节活动，因而萌生以童玩及民俗舞蹈为主轴的童玩节[②]。童玩节的成功应归功于活动的特殊组织架构，它是由地方政府结合非营利组织共同举办的模式。整个活动由宜兰县政府主办，由宜兰县文化局与政府出资的非营利组织财团法人兰阳文教基金会共同承办组成童玩小组负责筹备与实际执行，但县政府仍掌握最高决策权[③]。童玩小组可分为上、中、下三层结构：上层是决策机构，由宜兰县县长、文化局长与童玩小组总承办作为决策核心；中层为任务编组，分设媒体中心、指挥中心、票务组等执行组别，各由文化局或基金会分派员工执行业务；下层为现场接待人员，由工读生、县政府员工与志工团体担任服务及接待，县政府在活动举办时则是外围配合的角色[④]。此种地方政府与官方资助之非营利组织的合作关系，对工作执行具有高度弹性，而对门票

---

① 张玉云：《地方节庆活动营销策略——台北县平溪天灯节个案研究》，台北大学硕士论文2008年，第1~257页。

②③④ 康景翔：《观光节庆中地方政府与GONGO之间的合作关系——以宜兰国际童玩艺术节为例》，台湾大学硕士论文2006年，第1~155页；王俊豪、康景翔：《观光节庆组织营运模式之比较——以宜兰国际童玩艺术节为例》，《农业推广文汇》2006年第51期。

贩售、场地承租、器材承揽等环节时,均以兰阳文教基金会的名义处理;而面对政府补助及政府机关协调等公法关系时,则是以宜兰县文化局名义处理①。此种模式具有几种优点:不受政府法规限制,自由选择合作厂商或对象,执行效率较高,并且可集中决策,降低沟通成本;执行活动经验也能累积,利于未来再次举办活动;缺点则是缺乏监督与难以防弊②。

表3 政府举办农村节庆之模式

模式	节庆类型	节庆名称	政府主办或承办单位	负责项目
"上级"指导地方政府举办节庆	传统民俗	台湾灯会	观光局(指导单位)	指导及评选每年举办之县市政府
			获选之县市政府	规划县市政府下各部会之工作分派
"上级"与地方政府合办节庆	特殊景观	武陵农场樱花季	退辅会武陵农场	农场管理、樱花季规划等
			"交通部"公路局、退辅会暨森林保育事业处、"交通部"观光局暨参山国家风景区管理处、雪霸国家公园、台中市政府及宜兰县政府	公路局协调其他单位以办理总量管制与交通管制
地方政府主办既有节庆	传统民俗	平溪天灯节	新北市政府	成立专门活动小组规划国际事务与营销等,平溪乡公所负责场地。
		澎湖元宵乞龟	澎湖县政府民政局	办理观光营销活动等
	"原住民"庆典	布农人打耳祭	台东县政府、台东县政府"原住民"行政处	活动规划等
		高雄县"原住民"联合丰年祭	高雄市政府"原住民"事务委员会	南岛文化博览会系列活动规划等

---

① 康景翔:《观光节庆中地方政府与GONGO之间的合作关系——以宜兰国际童玩艺术节为例》,台湾大学硕士论文2006年,第1~155页;王俊豪、康景翔:《观光节庆组织营运模式之比较——以宜兰国际童玩艺术节为例》,《农业推广文汇》2006年第51期。
② 康景翔:《观光节庆中地方政府与GONGO之间的合作关系——以宜兰国际童玩艺术节为例》,台湾大学硕士论文2006年,第1~155页。

续表

模式	节庆类型	节庆名称	政府主办或承办单位	负责项目
地方政府主办新型节庆	文化艺术	宜兰国际童玩节	宜兰县政府	处理活动中对政府之相关事务等
			宜兰县政府成立之兰阳文教基金会	门票贩售、场地承租、器材承揽等
	地方特产	东港黑鲔鱼观光文化祭	屏东县政府观光传播处	活动、交通及周边行程规划等
		云林西瓜节	云林县政府	活动规划等
	特殊景观	白河莲花季	白河区公所	活动规划、观光宣传等

资料来源：根据笔者田野调查资料整理。

四、节庆活动之效益与冲击

节庆活动给台湾农村发展带来不少效益，涉及社会文化、实体环境、旅游及经济等方面；但也带来负面的观光冲击。就"大甲妈祖国际观光文化节"而言，原本的妈祖绕境活动因政府介入辅导，拉抬成为多县市与多乡镇共同举办的节庆，对社会文化的影响扩大①。除了吸引大量游客，带来庞大观光效益之外；也结合当地文化和特产，延续传统使文化扎根②；从活动当中，更多参与者也确实获得心灵上的需求，具有抚慰民心之作用③；而且，经过观光文化的推展，原有民间信仰绕境活动蜕变为名列全世界三大宗教活动之一，当地成为全世界妈祖信仰的重镇，提高了国际知名度④。然而，在活动扩大举办的状况下，负面评价也开始出现，包含：传统节庆过于商品化，政府过于介入活动内容

---

①② 王明元、杨淑美：《节庆活动对社会文化的冲击——以大甲妈祖国际观光文化节为例》，《商业现代化学刊》2007年第4期。

③ 郑婉玉：《大甲妈祖国际观光文化节之体验价值》，台湾大学硕士论文2011年，第55页。

④ 大甲镇澜宫：《大甲镇澜宫》，http://www.dajiamazu.org.tw/，2015-3-23。

与流程,引入其他相似的观光行程浪费资源,过度迷信以及绕境活动信徒安全等疑虑[①]。另外,以"客家桐花祭"来说,经济效益让人惊艳,2014年产值为300亿元新台币且逐年增加[②];还促进客家文化传递、客家凝聚力与认同度,且让非客家族群认识客家文化并提供休闲娱乐,以及动员与引导政商发展等多元社会效益[③]。但是,负面冲击也开始浮现,像是民众开始担忧桐花为外来物种,生长快速,桐花风气日盛,可能助长桐花造成生态冲击[④]。

农村节庆发展,也能强化农村景观意象。依据文化资产保存法第三条第三款指出,文化景观系指神话、传说、事迹、历史事件、社群生活或仪式行为所定着之空间及相关联之环境。举办传统民俗、宗教信仰、"原住民"庆典、文化艺术、地方特产、特殊农村景观等类型节庆活动,即是在形塑这些与民众生活相关的农村文化景观意象。像是"平溪天灯节"与"台南盐水蜂炮",因发扬传统习俗而知名全台,甚至扬名国际,而有"南蜂炮与北天灯"的称号。另外,"客家桐花祭"则让客家给人以勤俭、刻苦耐劳、节俭、纯朴等印象[⑤],增添农村美学意象。客家委员会以桐花为主题开办"客家桐花祭"以来,桐花已逐渐变成台湾客家主要代表的文化意象。研究指出客家报道中出现最频繁的名词为客家话,其次则为桐花,显见桐花祭成功形塑客家意象[⑥]。值得注意的是,桐花

---

① 王明元、杨淑美:《节庆活动对社会文化的冲击——以大甲妈祖国际观光文化节为例》,《商业现代化学刊》2007年第4期。

② 何秀玲:《文化创意一场四月雪……飘来300亿产值》,http://mag.udn.com/mag/reading/printpage.jsp?f_ART_ID=515710,2015-3-23。

③ 客家委员会:《2010客家桐花祭总体效益与影响评估》,http://ppt.cc/7Eyo,2015-3-23;连卜慧:《2002—2010年台湾主要报纸对客家桐花报导之研究》,"中央大学"硕士论文2011年,第1~265页。

④ 林瑞珠:《桐花祭?砍了改种木耳吧!》,http://e-info.org.tw/node/77118,2015-3-23;蔡惠玲:《桐花处处开恐冲击台湾原生植物》,http://ppt.cc/m1yG,2015-3-23。

⑤ 王雯君:《客家边界——客家意象的诠释与重建》,《东吴社会学报》2005年第18期;彭文正:《台湾主要报纸客家意象多样化研究》,张维安、徐正光、罗烈师主编:《多元族群与客家:台湾客家运动20年》,台湾客家研究学会2008年印行,第274~295页。

⑥ 彭文正:《台湾主要报纸客家意象多样化研究》,张维安、徐正光、罗烈师主编:《多元族群与客家:台湾客家运动20年》,台湾客家研究学会2008年,第274~295页。

本非台湾客家意象,是客家人早期经济作物,但透过桐花开花如五月雪的优美景观,成为举办节庆活动的主要元素,这种浪漫的景观元素,快速吸引非客家民众目光,从无到有形塑客家之文化意象,是台湾客家文化的特殊现象。再以"大甲妈祖国际观光文化节"为例,从台中县大甲镇地方妈祖绕境活动蜕变为国际观光文化节,初衷仍是希望延续传统外,使文化扎根,结合当地文化和特产,促进地方的国际观光市场。从单纯的地方宗教活动演变成兼具宗教本质和观光复杂性的大型节庆活动,参与者随着活动的多元化,从核心社区居民甚至到后来全台民众共同参与[1],不论活动形式变得如何复杂,宗教信仰仍是活动的核心,整体而言此节庆成功传达了信仰、文化和虔诚的节庆形象。此外,妈祖绕境活动在广播、新闻媒体及报章杂志的整体营销下,也逐渐形塑出大甲镇为妈祖信仰宗教圣地,名声甚至盖过北港朝天宫[2]。

结　语

近年来,台湾农村节庆发展蓬勃,政府努力功不可没。"上级政府"如"交通部"观光局、客家委员会等单位主要致力于活动指导;地方县市政府与乡镇市区公所则多为活动实际执行单位。成功的节庆能一连举办数年,主要倚赖强有力的活动组织分工运作,累积经验,灵活调整。

传统既有之民俗、宗教或"原住民"庆典等节庆,政府除了补助经费之外,有些也与民间团体合办,分担活动规划、观光营销等工作;少数原来民间节庆因当地无力推动,地方政府也承接主办,让活动延续下去。例如:施放天灯为平溪当地百年之传统习俗,近年方由当地民间社团开始举办"平溪天灯节",初期政府只补助经费,随后因该组织力量式微无力举办,由新北市政府接手主导,活动也因此更加盛大。另外,妈祖绕境之农村信仰,在台中市政府极力辅

---

[1] 郑婉玉:《大甲妈祖国际观光文化节之体验价值》,台湾大学硕士论文2011年,第3页。

[2] 陈琳淳:《大甲镇地方民俗与文化市镇治理之研究》,《思与言》2006年第44期。

导下,扩大举办成"大甲妈祖国际观光文化节",即以台中市文化局统筹规划,整合市政府各单位与大甲镇澜宫缔结合作关系,在各界协力分工下,让该节庆晋升为国际知名的宗教节庆;但也引发政府过度介入活动内容与执行流程的负面批评[①]。由此可知,政府是传统节庆发展的助力,但角色拿捏必须审慎,避免助力反成阻力。

另一方面,政府也积极发掘各种具发展潜力之农村资源,创新举办文化艺术、地方特产、特殊农村景观等各式新形态节庆,与民间团体合作共同创造地方特色,营销农村文化。如"宜兰国际童玩艺术节"将农村童玩发扬创新,其节庆成功归因于地方政府与非营利组织合作无间,其共同组成之活动小组组织坚强、分工明确;且此种特殊之合作关系,活动执行灵活弹性。另外,"客家桐花祭"即以过去客家农村之经济作物油桐树为主要资源,由客家委员赞叹桐花之美宛如五月雪因而推出"客家桐花祭"后,成为台湾知名节庆。初始几届系由客家委员会主(筹试办)节庆成功后,才转交给地方县市政府、乡镇市区公所与民间团体共同举办,客委会则退居幕后指导,逐步改成现今以"上级筹划、企业加盟、地方执行、社区营造"的模式进行。因此,"上级政府"、县市政府、地方团体角色定位清楚、相互配合且关系良好,是举办新形态节庆活动的基石。

整体而言,节庆对台湾农村发展确实带来社会文化、实体环境、旅游及经济等多元效益,强化农村文化景观意象;但不同类型的节庆,因其属性差异,也分别衍生环境、社会、甚至是生态等各式冲击。主办单位在进行节庆活动企划时,必须审慎规划,方能确保活动质量。

---

① 王明元、杨淑美:《节庆活动对社会文化的冲击——以大甲妈祖国际观光文化节为例》,《商业现代化学刊》2007年第4期。

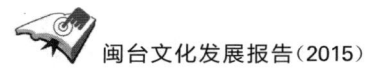

台湾农村再生自主营造推动经验

柯勇全*

摘　要： "农村再生条例"之立法目的强调在地居民的参与，透过由下而上（button-up）的规划执行方式，改善基础生产条件，维护农村生态及文化，提高生活质量，建设富丽新农村。这个宣称将社区总体营造精神具体落实于条文的法律，在立法过程却受到许多农业及社造界人士的正反争议，最后在妥协之中删除了争议的土地活化章节。

目前"农村再生条例"通过已经四年，全台已有超过2 000个社区加入农村再生的行列，也有近300个农村社区加入通过农村再生计划。本文借由观察2009年首批投入农村再生试办之14个农村社区，分析该14个社区在试办阶段、培根计划阶段、提出农村再生阶段及计划执行阶段等过程中遇见的问题，探讨农村社区在投入农村再生过程中所发生之变化及成果。

关键词： 农村再生条例；农村再生；培根计划；农村发展；自主营造

绪　论

2009年，政府为了推动农村再生政策，在"农村再生条例"立法之前，针对台湾地区14个农村社区进行试办，2010年8月，台湾第一部农村的法律"农

---

* 柯勇全，屏东科技大学水土保持系兼任助理教授，主要研究农村发展、培力及水土保持。

村再生条例"在各界瞩目之下公告实施,"农村再生条例"的通过,在台湾一百年的农村发展历史上具有非常重要的历史地位,除了设立了1 500亿元的农村再生基金专款用于农村发展之外,最重要的是将"由下而上(bottom-up)"的规划提案精神纳入法律,该法的立法精神也继承了1994年以来的社区总体营造精神,更进一步将整个农村发展脉络落实于具有法律效果之农村再生计划上。

本文希望透过观察当初第一批进入农村再生之社区目前之推动及发展现况,以了解社区透过农村再生计划改善农村之过程与内容,提出可行之修正建议,以作为施政之参考。

一、推动背景及现况

(一)农村再生示范计划

为了推动农村再生政策,农业委员会水土保持局于2008年挑选14个农村社区,试办推动农村再生计划,透过征选之团队辅导社区由下而上的方式,找出社区的发展愿景,协助撰写农村再生计划、建设申请等书面资料,期望从试办中找寻农村再生的办理轨道。该14个试办农村社区,社区的发展程度及条件不一,详表1。

表1 农村再生计划试办地区之环境背景汇整表

试办地区	社区人口（人）	面积（公顷）	社区形态及特色
苗栗县头屋乡象山社区	1 950	423.5	都市边缘集居聚落。
宜兰县冬山乡大进社区	1 039	491	社区地形为河川冲积平原,有蚊仔坑、小坤及淋漓坑三处散居聚落。
新竹县北埔乡南埔社区	515	308	山区客家聚落,全海拔高度介于90～344米,属台地地形,有北埔乡谷仓之美誉。
苗栗县头屋乡外狮潭社区	2 212	251	社区沿着后龙溪北岸、老田寮溪溪岸,区内旧聚落,保存原始客家风貌。

续表

试办地区	社区人口（人）	面积（公顷）	社区形态及特色
台中县新社乡马力埔社区	2 548	395	食水嵙溪流经本区域范围内之中心处，该区也属马力埔休闲农业区。
苗栗县三义乡双潭社区	1 819	391.58	三义木雕产业之原乡，紧邻关刀山及西湖溪，保留客家聚落纹理。
彰化县大村乡平和社区	2 538	137	位于都市边缘，具有丰富的自然与鸟类环境生态，除农作生产外，也拥有砖窑产业之地方特色。
嘉义县义竹乡光荣社区	1 590	112	优良农业生产区域，区域内盛产稻米杂粮，拥有极佳的农业发展环境。
台南县白河镇汴头林子内社区	897	95	位于丘陵地，邻近白河水库，盛产水稻与果园。
台南县后壁乡菁寮社区	2 017	100	传统生产型乡村与稻米文化代表，拥有许多人文空间，并保有不少传统产业技艺及民俗及宗教活动。
花莲县光复乡大全社区	959	386	社区有马太鞍湿地、环山步道、涌泉形成的芙登溪等自然资源。
花莲县光复乡大和社区	1 011	386	社区为平原地形，原有种植稻米及甘蔗之产业形态。
台东县鹿野乡永安社区	1 815	282	位于花东纵谷南侧，区内多由丘陵地与冲积平原构成。
台东县池上乡万安社区	1 278	281	社区位于冲积平原上，为"池上米"主要产地，其拥有稻米与蚕桑产业相关观光资源。

资料来源：笔者根据调查资料整理。

（二）培根计划

"培根计划"之所以名为"培根"，是取源自"农村培力，社区扎根"的意涵，培训农村居民依当地之资源，共同制定社区营造整体发展蓝图，规划发展具特色之农村社区，是目前台湾各部会中，最大规模、最有计划与系统性，也是最具企图心的社区培训计划[①]。

最早于2004年起以试办方式进行，截至2009年，培根计划课程也扩大为

---

① 柯勇全、陈荣俊、巫仲明：《农村再生培根计划之推动与成效探讨》，(台中市)第六届农村规划学术研讨会论文2009年。

"关怀班"、"进阶班"、"核心班"、"再生班"等4个阶段92小时,加强农村再生的观念及促进农村规划的过程与实质内容,增强农村社区居民拟定农村再生计划之能力,培养在地居民水土保持正确观念及农村规划的知识与技术。

2010年8月4日"农村再生条例"公告实施之后,规定申请农村再生计划之社区,必须先经过培根计划之训练,因此,主管机关针对过去已经参加过各阶段培根计划的社区,则准用已完成该阶段之训练,然而,对于"农村再生条例"通过前已经完成四阶段课程的社区,要求其必须再参加一次"再生班"之训练,方能视为完成四阶段之课程。"农村再生条例"通过后当年度培训1 212个社区,累计至2014年8月已有2 198个社区参与了培训。

(三)农村再生计划

农村社区完成培根训练后,即可提出本社区的农村再生计划,依据农村再生条例的第9条规定,农村再生计划系为农村社区内之在地组织及团体,依据社区居民需求"由下而上"所自行撰拟提出的计划,农村再生计划的整体构想应包括农村社区整体环境改善、公共设施建设、个别宅院整建、产业活化、文化保存、生态保育、土地分区规划及配置公共设施构想、后续管理维护及财务计划,并得提出具发展特色之推动项目等内容。

农村社区的社区在地组织及团体,依据社区居民需求,以农村社区为计划范围,经由各种形式共同讨论,整合当地居民的意见后,可对农村社区建设提出构想与实施标的,拟订农村再生计划草案[①]。

农村再生计划草案必须经过社区居民会议的通过,举办社区居民会议应有农村再生培根计划所定该社区应受训练最低人数1/2以上结训人员参与,且其出席成年居民人数应达农村再生培根计划所定该社区应受训练最低人数二倍以上。会议决议以出席成年居民过半数之同意行之,社区居民会议通过后,再由社区组织代表报直辖市或县(市)主管机关申请审查核定。

---

① 农业委员会水土保持局:《推动农村再生手册》,水土保持局2011年出版,第1~7页。

截至 2014 年 6 月,累计共有 436 个社区提出农村再生计划,通过核定通过 354 个,从全岛约莫 4 200 个农村社区的比例来看,已超过一成的社区提出了属于社区自主层级的农村再生计划。

农村再生计划经核定后,农村社区组织代表得依其内容,检具相关申请文件,向直辖市或县(市)主管机关提报年度农村再生执行需求。直辖市或县(市)主管机关应将年度农村再生执行需求全数纳入,汇整申请文件订定年度农村再生执行计划,包含年度农村再生执行计划提报执行项目明细表,送中央主管机关审查、核定后实施。

二、问题分析与讨论

根据 14 个试办社区所提出之农村再生计划草案,本研究整理如表 2。可以发现,这些挑选出来的农村社区,社区面积多在 100～400 公顷,参与运作的组织有社区发展协会、产业促进会,甚至有农会等立案的民间团体,也可以看到农村再生促进会这类未立案的组织。

对于试办期间来说,各社区所提出的农村再生计划草案,从整体规划构想来看可谓包罗万象,虽然是在试办期间所提出的方案,观察各社区提案内容,似未考虑实际可行性,例如道路沿线景观改善、全区窳陋屋整建等,这类提案并未考虑改善或整修所有权问题及适法性,此外,所提案之经费大多都高达 5 000 万以上,甚至达亿元。

表 2　农村再生试办区提案一览表

试办地区	面积（公顷）	参与的社区组织	社区愿景	提案经费（千元）
苗栗县头屋乡象山社区	423.5	1.象山社区发展协会 2.玉衡宫管理委员会 3.苗栗县志愿服务协会*	诗书飘香锦绣农村	135 250
宜兰县冬山乡大进社区	491	1.大进社区发展委员会* 2.大进休闲农业区推动管理委员会	绿色大进,有机有情有质量	142 777

续表

试办地区	面积(公顷)	参与的社区组织	社区愿景	提案经费(千元)
新竹县北埔乡南埔社区	308	1.南埔社区农村再生促进会 2.南埔社区发展协会* 3.南埔产业协会	黄金水乡风云再起	226 340
苗栗县头屋乡外狮潭社区	251	外狮潭社区发展协会*	首部曲—适居农村(生活环境) 二部曲—活力农村(生产环境) 三部曲—乐活农村(生态环境)	106 760
台中县新社乡马力埔社区	395	1.台中县新社乡马力埔社区发展协会* 2.永源社区发展协会 3.台中县新社乡休闲农业导览发展协会 4.马力埔社区守望相助队 5.家政班	无	93 700
苗栗县三义乡双潭社区	391.58	1.双潭社区发展协会* 2.苗栗县脸谱文化推广协会 3.苗栗县三义乡农会	一户一景之景观廊道	85 750
彰化县大村乡平和社区	137	1.大村乡平和社区发展协会* 2.圣瑶宫寺庙管理委员会	有机农园区 生态景观田园区 乐活农村聚落区	54 350
嘉义县义竹乡光荣社区(东光里、东荣里)	112	1.东光社区发展协会* 2.东荣社区发展协会	环保打造美乐地, 光荣重现生命力	25 000
台南县白河镇汴头林子内社区	95	1.台南县信望爱社区关怀协会* 2.汴头社区发展协会	心灵的故乡, 平安福气满街巷(台湾闽南语)	53 300
台南县后壁乡无米乐社区(墨林村、菁寮村、后厂村)	100	1.台南县后壁乡墨林社区发展协会* 2.菁寮社区发展协会 3.后厂社区发展协会 4.无米乐提升稻米质量促进会 5.无米乐农村再生促进会	无米乐动态农村博物馆	65 400

续表

试办地区	面积（公顷）	参与的社区组织	社区愿景	提案经费（千元）
花莲县光复乡马太鞍社区（大全村、大华村、大进村）	386	1.花莲县光复乡大马太鞍社区发展协会 2.马太鞍文史工作室 3.花莲县光复乡马太鞍部落生态文化产业发展协会 4.花莲县马太鞍湿地教育协会 5.光丰地区农会	无	54 350
花莲县光复乡大和社区（大丰村、大富村）	386	1.大和农村再生促进会 2.花莲县光复乡大丰社区发展协会 3.花莲县光复乡大富社区发展协会 4.花莲县栖地保育学会 5.光丰地区农会*	无	328 500
台东县鹿野乡永安社区	282	永安社区发展协会*	富有希望且快乐的社区，全面改善社区居民生活环境，打造鹿寮新故乡	65 803
台东县池上乡万安社区	281	万安社区发展协会*	无	53 950

资料来源：笔者根据14个社区之试办农村再生计划草案整理。

注：*为提案代表组织。

《农村再生条例通》过后，所有的试办社区也必须依规定参加培根计划的训练，对这些农村社区来说，大部分的农村社区是在很早期的时候就已经完成前面几个阶段的课程，例如象山社区、大进社区、南埔社区、外狮潭社区、双潭社区、平和社区、光荣社区、永安社区及万安社区，并在《农村再生条例通》过后，依照规定再一次参加再生班的课程，并且取得一定结业人数。唯有苗栗县头屋乡象山社区，在最后一个阶段（再生班阶段）未能结业（详表3）。根据访查主管机关，则发现该社区由于内部不同组织之间无法达成共识，彼此牵制参加课程的人员，导致一直未能结业。

其他，也有少数社区是在参加试办计划之后，2009年后开始参加培根计划的训练，这样的社区最少需花上三年左右的时间，方能完成培根计划的课程，并取得一定的结业人数。

表3 农村再生试办区培根计划进程表

试办地区	关怀班	进阶班	核心班	再生班
苗栗县头屋乡象山社区	2006	2006	2006.9	未结业
宜兰县冬山乡大进社区	2007.9	2007.11	2007.12	2009.2 2011.11
新竹县北埔乡南埔社区	2006	2006	2007.11	2009.5 2010.12
苗栗县头屋乡外狮潭社区	2005	2005	2007.11	2008.8 2009.10 2011.8
台中县新社乡马力埔社区	2009.2	2009.2	2010.4	2011.7
苗栗县三义乡双潭社区	2006	2006	2006	2008.8 2009.10 2011.8
彰化县大村乡平和社区	2006	2006	2007.12	2008.11.25 2010.2.22 2011.9.13
嘉义县义竹乡光荣社区	2006	2006	2006.9	2011.5
台南县白河镇汴头林子内社区	2009.3	2009.3	2010.4	2011.7
台南县后壁乡菁寮社区	2009.8	2011.10	2011.11	2011.12
花莲县光复乡大全社区	2008.9	2009.9	2011.4	2011.8
花莲县光复乡大和社区	2009.1	2010.1	2011.9	2011.12
台东县鹿野乡永安社区	2005	2005	2007.10	2011.1
台东县池上乡万安社区	2005	2006.8	2006.9	2011.1

资料来源:笔者根据调查资料整理。

除了未完成培根计划训练的象山社区之外,其余的社区在完成培根计划后均提出自己的农村再生计划,由表4可以看出,提案构想大多着重于社区整体环境改善及公共设施建设部分,对产业活化、文化保存与活化、生态保育的着墨较少,也较难以提出明确的区位或作法。

表 4 试办社区提出农村再生计划一览表

提案农村	面积(公顷)	参与的社区组织	社区愿景	整体规划构想
苗栗县头屋乡象山社区	无提出。			
兰县冬山乡大进社区[①]	1 150	大进社区发展协会*	大进缘活乡村	(一)社区整体环境改善 　　1.污水净化生态池; 　　2.垃圾清理与资源回收设施。 (二)公共设施建设 　　1.农路与桥梁改善; 　　2.自行车道系统; 　　3.防汛道路; 　　4.停车空间; 　　5.小坤主要道路排水系统规划; 　　6.小坤地区灌溉用水修复建设; 　　7.蚊子坑道路排水系统; 　　8.淋漓坑十寮溪灌溉用水管线修复建设。 (三)个别宅院整建 　　1.居民个别宅院整建; 　　2.大进路市集; 　　3.小坤聚落; 　　4.淋漓坑聚落; 　　5.蚊仔坑聚落。 (四)产业活化 　　1.蚊仔坑茶园产业活化; 　　2.大进路商店街活化及人车分道; 　　3.淋漓坑入口公园假日农村市集。 (五)文化保存与活用 　　1.石头厝; 　　2.蚊仔坑土地公庙周边空间强化; 　　3.淋漓坑百年茄苳周边空间强化; 　　4.石片水沟; 　　5.野烧陶文化。 (六)生态保育 　　1.小坤湖生态保护区复育计划; 　　2.小坤湖复育计划。 (七)土地分区规划及配置公共设施构想 　　1.小坤社区活动中心农村市集; 　　2.小坤慈惠宫文化广场; 　　3.淋漓坑社区广场(绿竹笋产销班广场); 　　4.蚊仔坑社区广场(长寿俱乐部广场)

---

① 社团法人宜兰县冬山乡大进社区发展协会:《宜兰县冬山乡大进社区农村再生计划》,《台湾宜兰县政府核定农村再生计划》,大进社区发展协会 2011 年印行。

续表

提案农村	面积(公顷)	参与的社区组织	社区愿景	整体规划构想
新竹县北埔乡南埔社区①	519.08	1.新竹县北埔乡南埔社区发展协会* 2.南埔产业协会 3.南昌宫管理委员会 4.南埔村办公处 5.社区妈妈教室 6.长寿俱乐部 7.南埔黄金水乡社区工作室 8.南埔社区再生计划执行委员会**	黄金水乡风云再起	(一)社区整体环境改善 　　低碳社区建置、金色南埔再造、口袋公园、节点及空间美化、社区排水及生态净化池。 (二)公共设施建设 　　农村漫游路径、旧圳路更新、道路水土保持、大坪溪整治、停车空间。 (三)个别宅院整建 　　特色农宅整建、农村绿建筑。 (四)产业活化 　　有机无毒农业、成立产销班、农夫市集、农村生活体验。 (五)文化保存与活用 　　石爷与伯公文化、伙房与古厝保存、百年水圳、水车文化。 (六)生态保育 　　创造绿活农村、打造多样性生态池、再生能源推展。 (七)土地分区规划及配置公共设施构想 　　待定。 (八)其他具特色发展 　　社区照顾、饮水设备。

---

① 新竹县北埔乡南埔社区发展协会:《新竹县北埔乡南埔社区农村再生计划》,《台湾新竹县政府核定农村再生计划》,2011年印行。

续表

提案农村		面积(公顷)	参与的社区组织	社区愿景	整体规划构想
苗栗县头屋乡狮潭社区①		251.8	1.苗栗县头屋乡狮潭社区发展协会* 2.狮潭社区农村再生促进会**	1.生活面——从田野中再起,共创幸福家园 2.生产面——让破败农业再生,再创社区的农村荣景 3.生态面——节能减碳活化再生,让自然界动植物共生共荣	(一)社区整体环境的改善 　以既有聚落为核心实施各项整体环境的改善。 (二)公共设施建设 　亿兴庄、中兴庄(社区多元活动中心建置、停车场、公厕、绿地休闲公园、防灾提案驳坎整建、老田寮溪畔蓝带绿廊营造、农特产品展示及配销中心、入口意象建置、社区基础环境改(排水沟、道路铺面、宅院整建、环境绿美化)、坤仔寮聚落(河堤内之槌球场、生态观赏区、狮潭翠堤休憩区、社区茶坊、小型文物馆、社区基础环境改善(排水沟、道路铺面)、龙颈潭天然观景台之绿美化)、上陈屋聚落(社区聚落公园、生态净化池、后山步道系统、化胎周围环境改善、文物展示馆、社区茶坊、社区基础环境改善(排水沟、道路铺面)、下陈屋聚落(五圣宫立面及铺面改善、下陈屋老人长青公园、百年门楼整修、猪舍变茶坊、社区基础环境改善(排水沟、道路铺面)、马家庄聚落(伯公庙周边环境改善、百年水井整修、马家宅院整修、马家聚落茶坊、左凤竹客家文物馆、社区基础环境改善(排水沟、道路铺面)。 (三)个别宅院整健 　整体采用具有历史文化背景之建筑语汇,从示范整建经验中,作为未来建筑改善方向。 (五)产业活化 　推动全社区无毒有机多元化农园(土质改良、水质改善——农田灌溉渠道、专业技术培训与指导、污染源处理)、社区特色产业提升(萝卜节)、快乐农村体验活动发展、活化在地特色文化增加观光收入、有关产业活化产销软硬件制作与建立。 (六)文化保存与活用 　三合院空间活化(上陈屋百年客家文化祠堂古建筑)、历史建筑修复、伯公庙埕空间整建、坤塘整治。 (七)生态保育 　自然生态环境改善(塘仔窝湿地营造、三湟坑生态健康步道整治、道路与水圳绿廊设置、农田防风林绿篱重建、蓝带区生态复育)、社区居家环境生态构想(简易污水生态净化池处理)。 (八)土地分区规划及配置公共设施 　将社区土地做功能性的分区,配合社区居民的需求及社区农村再生的整体规划来配置公共设施。

---

① 苗栗县头屋乡狮潭社区发展协会:《苗栗县头屋乡狮潭社区农村再生计划》、《台湾苗栗县政府核定农村再生计划》,狮潭社区发展协会2011年印行。

续表

提案农村	面积(公顷)	参与的社区组织	社区愿景	整体规划构想
台中县新社乡马力埔社区①	394.441	1.马力埔社区发展协会*（爱心志工队、社区家政班、果树产销班、花卉产销班、永源里守望相助队、社区环保义工队、社区妈妈教室） 2.台中县新社乡休闲农业导览发展协会 3.马力埔农村再生促进会**	老有所用、壮有所承、幼有所望	（一）社区整体环境改善 　1.土地利用与产业发展； 　2.水土保持与防灾设施； 　3.交通运输； 　4.排水设施； 　5.自然生态及社区环境景观； 　6.休闲与观光游憩； 　7.饮水设施； 　8.社区环境与家户卫生； 　9.社区组织发展与社区照顾； 　10.文化古迹维护与管理； 　11.社区网络及信息设施； 　12.农村住宅整建。 （二）公共设施建设 　1.食水嵙溪堤岸绿化； 　2.涌泉区工程建置； 　3.泡脚区工程建置； 　4.社区点改善加强； 　5.马力埔产业信息站建置。 （三）个别宅院整建 　1.个别宅院整修； 　2.入口意象之建置； 　3.社区整体样貌之规划； 　4.社区特色整建； 　5.社区点改善加强及绿美化； 　6.五将军庙整修及美化。 （四）产业活化 　1.农村体验； 　2.产业活化或多元活动； 　3.举办假日农村市集； 　4.产业营销； 　5.有机农园之推广。 （五）文化保存与活用 　1.举办地方文化活动； 　2.保留社区文化资产； 　3.老人关怀配合人文探访。 （六）生态保育 　1.雨水资源储再利用； 　2.利用食水嵙溪复育鱼类； 　3.整治浦窟变成多元性生态体验区，种植水生植物； 　4.复育蜻蜓，种植相关植物，减少小黑蚊滋生蔓延； 　5.有机农业推广。

---

① 台中县新社乡马力埔社区发展协会：《台中市新社区马力埔社区农村再生计划》，《台湾台中县政府核定农村再生计划》，马力埔社区发展协会2011年印行。

续表

提案农村	面积(公顷)	参与的社区组织	社区愿景	整体规划构想
苗栗县三义乡双潭社区①	1 275	1.三义乡双潭社区发展协会* 2.三义乡双潭休闲农业区推动管理委员会 3.苗栗县脸谱文化推广协会 4.双潭社区农村再生推动管理委员会**	农艺创景·木艺原乡打造幸福双潭	(一)社区整体环境改善 　　1.窳漏空间改善、社区登山健行入口(三角山)改善。 (二)公共设施建设 　　活动中心改装活化。 (三)个别宅院整建 　　1.社区柑仔店风华再现; 　　2.老师傅一条街示范点。 (四)产业活化 　　1.老师傅一条街入口意象营造计划(雕刻原街意象); 　　2.假日市集。 (五)文化保存与活用 　　云火龙特色装置。 (六)生态保育 　　关刀山生态保育区、西湖溪溪流生态复育区。 (七)其他具发展特色之推动项目 　　1.家户景观创景"一户一景"; 　　2.双潭休闲农业区年终感恩祈福活动; 　　3.老农宅三合院农村谷仓利用——乡村美食、民宿体验工坊、农产品展售、农村家具展示; 　　4.生物资源利用; 　　5.气象资源利用; 　　6.农场—农场体验; 　　7.本土植物导入; 　　8.主题式农业旅游之推展。
彰化县大村乡平和社区②	106.6	彰化县大村乡平和社区发展协会*	一邻一景点家家户户是花园	(一)社区整体环境改善 　　1.一邻一景点环境改善; 　　2.家家户户是花园环境改善; 　　3.社区入口网站信息平台; 　　4.红砖绿廊乐活单车道; 　　5.活动中心周边及运动设施; 　　6.有机农园; 　　7.出坑溪生态环境改善; 　　8.绿色迷宫; 　　9.赖厝排水及周边环境改善; 　　10.出水坑溪周边环境绿化。 (二)产业活化 　　产业工作坊、假日市民农园、绿色迷宫、无毒农业及自然农法。 (三)文化保存与活用 　　砖厂窑烧见学计划、水稻产业活动。 (四)生态保育 　　划定鸟类保育区、萤火虫复育区、鱼类保育区、生态池营造。

---

　　① 苗栗县三义乡双潭社区发展协会:《苗栗县三义乡双潭社区农村再生计划》,《台湾苗栗县政府核定农村再生计划》,双潭社区发展协会2011年印行。

　　② 彰化县大村乡平和社区发展协会:《彰化县大村乡平和社区农村再生计划》,《台湾彰化县政府核定农村再生计划》,平和社区发展协会2011年印行。

续表

提案农村	面积(公顷)	参与的社区组织	社区愿景	整体规划构想
嘉义县义竹乡光荣社区①	145	1.东荣社区发展协会* 2.义竹乡文史工作室 3.光荣社区工作小组**	逐步进行社区空间改造,营造良好生活环境,创造归乡游子的理想故乡	(一)社区整体环境改善 　　1.聚落发展区; 　　2.聚落休闲服务区。 (二)公共设施建设 　　1.社区防灾; 　　2.主要活动区域/休憩区域空间连结; 　　3.安全不行。 (三)个别宅院整建 　　1.老旧房舍更新修缮; 　　2.古厝保存活化。 (四)产业活化 　　1.配合农业政策,持续提升农业产值; 　　2.结合社区特产,发展社区手工艺产业; 　　3.促进数位学习,扩大产品营销网络; 　　4.发展社农业体验活动,培育社区导览解说人才。 (五)文化保存与活用 　　1.提升农村空间美质,营造地方魅力; 　　2.糖铁周边农村生活轴带风貌营造; 　　3.庙埕空间之整体景观再造; 　　4.社区人才培育计划。 (六)生态保育 　　1.人工湿地; 　　2.优良农作生产区; 　　3.减少杀草剂喷洒; 　　4.避免稻草与树枝叶燃烧。 (七)其他具开发特色之推动项目 　　台湾创意玉米节。
台南县白河镇汴头里林子内社区②	107.1	1.台南市信望爱社区关怀协会* 2.汴头社区发展协会 3.农村再生推动委员会**	心意故乡	(一)社区整体环境改善 　　1.社区环境清理; 　　2.社区周边绿美化; 　　3.社区窳陋区域的更新。 (二)社区公共设施建设 　　1.三十年以上既有巷道整修与美化; 　　2.一般步道; 　　3.强化教会数位设备以作为社区数位中心; 　　4.其他交通服务设施。 (三)社区生态保育 　　太平坤生态湿地公园。

① 嘉义县义竹乡东荣社区发展协会:《嘉义县义竹乡光荣社区农村再生计划》,《台湾嘉义县县政府核定农村再生计划》,东荣社区发展协会2010年印行。

② 台南市信望爱社区关怀协会:《台南市白河区汴头里林子内社区农村再生计划》,《台湾台南县政府核定农村再生计划》,信望爱社区关怀协会2012年印行。

续表

提案农村	面积(公顷)	参与的社区组织	社区愿景	整体规划构想
台南县后壁区无米乐社区①	390	台南市后壁区后厂社区发展协会*	有机、生态、乐活的农里生活文化	(一)社区整体环境改善 　1.社区道路及生活巷道改善； 　2.公园绿地设施改善计划； 　3.巷弄街角环境景观改善计划； 　4.社区关怀中心设置计划； 　5.社区网络信息设施营造计划。 (二)公共设施建设 　1.无米乐慢庄旅游公共设施改善计划； 　2.社区排水改善。 (三)产业活化 　1.自然农法转型辅导计划； 　2.农里学习与社区培力——无米乐学校建置计划。 (四)文化保存与活用 　1.北势老街风貌维护再生计划； 　2.农里生活博物馆群暨主题馆建置计划； 　3.古井空间景观维护计划； 　4.特色农里建筑整建修缮计划。 (五)生态保育 　1.生态廊道与绿地系统串联计划； 　2.老树景观维护工程； 　3.水资源回收再利用计划； 　4.资源回收再生中心建置奖励计划； 　5.再生能源设施设置计划； 　6.奖励造林计划。

---

① 台南市后壁区后廊社区发展协会:《台南市后壁区无米乐社区农村再生计划》《台湾台南县政府核定农村再生计划》,后廊社区发展协会2013年印行。

续表

提案农村	面积(公顷)	参与的社区组织	社区愿景	整体规划构想
花莲县光复乡大全社区[①]	385	1.花莲县光复乡大全社区发展协会* 2.拉索埃文史工作室 3.马太鞍湿地保育协会 4.马太鞍再生促进会	大全社区美丽新境界	(一)社区整体环境改善 　1.大全社区入口意象及安全指示系统建置； 　2.芙登溪多孔隙护岸改善； 　3.社区街道绿美化； 　4.闲置空间绿美化； 　5.污水处理系统改善。 (二)公共设施建设 　1.社区活动中心修缮及绿美化； 　2.社区信仰中心周边绿美化； 　3.路网系统景观塑造与结点营造改善； 　4.马锡山环山步道延伸； 　5.社区停车空间与公厕建置。 (三)个别宅院整建 　1.大全社区住宅整体风貌营造改造； 　2.建立花莲中区工艺及社区农村文化交流中心。 (四)产业活化 　1.农地活化与运用管理； 　2.无毒美食区建置与产业活化运用； 　3.特色产业创意研发； 　4.老人关怀照护所的建置； 　5.社区环境教育解说人员培训； 　6.产业网络营销与品牌建立； 　7.社区艺文活动研习与推广。 (五)文化保存与活用 　1.牛车寮周边环境绿美化； 　2."原住民"传统技艺研习与研发； 　3.巴拉告生态捕鱼区建置。 (六)生态保育 　1.栖地生态环境调查、监测及保育； 　2.强势外来种抑制； 　3.社区生态栖地营造； 　4.营造生态馆为自然教育中心。 (七)其他具发展特色之推动项目 　1.农村多元研习及体验活动； 　2.花海长廊景观营造与运用。

---

① 花莲县光复乡大全社区发展协会：《花莲县光复乡大全社区农村再生计划》，《台湾花莲县政府核定农村再生计划》，大全社区发展协会2012年印行。

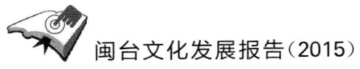

续表

提案农村	面积(公顷)	参与的社区组织	社区愿景	整体规划构想
花莲县光复乡大和社区①	384.64	1.大丰社区发展协会 2.大富社区发展协会 3.丰禾社区产业促进会*	有机无毒生态村	(一)农村整体环境改善： 　1.社区闲置空间及脏乱环境改善； 　2.整合路口意象、社区空间改造、街道景观型塑与环境营造。 (二)社区公共设施建设 　1.环山自行车道暨萤火虫生态观察区； 　2.锺家古厝周边公共设施强化； 　3.圳路周边环境绿美化和亲水环境营造。 (三)产业活化 　1.纵谷木艺环境景观营造工程； 　2.生态教育园区改善工程。 (四)文化保存与活用 　1.大和历史文物中心建置； 　2.客家文化传承教育； 　3.村点大和伴手礼创新研发； 　4.导览解说人员培训； 　5.农村再生活化及体验活动。 (五)生态保育 　1.嘉农溪上游水源地整理及取水工程； 　2.大和地区污水管线统整及净化池建置； 　3.社区引水管线布设； 　4.涌泉圳生态工法重塑； 　5.软件活动的配合。 (六)其他具发展特色之推动项目 　产业E化发展及产业信息化人才培训。

① 花莲县光复乡丰禾社区产业促进会:《花莲县光复乡大和社区农村再生计划》,《台湾花莲县政府核定农村再生计划》,丰禾社区产业促进会2011年印行。

续表

提案农村	面积(公顷)	参与的社区组织	社区愿景	整体规划构想
台东县鹿野乡永安社区①	500	1.台东县鹿野乡永安社区发展协会* 2.永安农村再生委员会**	找到回家的鹿—永安圆梦计划	(一)社区整体环境改善 　　永安路、永乐路、中华路、高台路、永岭路等主要道路外围环境改善。 (二)公共设施建设 　　永安社区活动中心、永昌社区活动中心、高台游客服务中心、永隆天主堂、永安老人活动中心、圣安宫、永安农场游客中心、永安小学、山川公路休息站、永安入口意象两处等整修活化。 (三)个别宅院整建 　　分区完成70个个别宅院整建。 (四)产业活化 　　福鹿茶相关产业、福鹿米产业文化、鹿寮咖啡活化与推广、有机农业的推动与体验,成立鹿寮企业社推动社区各项产业之活化。 (五)文化保存与活用 　　传统民俗活动之活化。 (六)生态保育 　　玉龙泉生态公园的规划与设置、永安自然生态园区的整修与活化、社区家户水朴满设置、武陵及永昌绿色隧道的绿美化与活化、鹿野梅花鹿复育园区的活化等。 (七)其他去发展特色之推动项目 　　休闲农业。

---

① 台东县鹿野乡永安社区发展协会:《台东县鹿野乡永安社区农村再生计划》《台湾台东县政府核定农村再生计划》,永安社区发展协会2011年印行。

续表

提案农村	面积(公顷)	参与的社区组织	社区愿景	整体规划构想

台东县池上乡万安社区①	211	1.台东县池上乡万安社区发展协会*；2.万安小学；3.锦安派出所；4.社区工班；5.万安农村再生促进会；6.妈妈教室；7.有机米产销班；8.槌球队；9.巡守队	自然人文生态农村	(一)社区整体环境改善
				  1.家户太阳能光电系统；
				  2.禾鸭生态池至魏家庄脚踏车步道；
				  3.万安溪调查整治评估；
				  4.家户宅院绿美化。
				(二)公共设施建设
				  1.养生运动公园；
				  2.养生蔬果育苗场；
				  3.有机堆肥场；
				  4.地下污水设施；
				  5.家户电缆地下化；
				  6.社区无线网络；
				  7.村庄道路文化铺面；
				  8.社区排水；
				  9.自然生态及社区环境景观。
				(三)个别宅院整建
				  以"陶"为社区整体基调，未来社区内之砖窑厂如能成功启动营运至一定规模，砖窑厂定能提供产品于社区内作为材质使用，另一方面如能引进高质量之制作技术，定能再提升社区整体之文化质感。
				(四)产业活化
				  1.农村社区整体发展规划；
				  2.农村生活体验中心；
				  3.社区组织发展与社区照顾(老人与孩童照护机制)；
				  4.社区环境与家户卫生。
				(五)文化保存与活用
				  1.魏家庄文史馆；
				  2.社区历史建物保存；
				  3.砖窑活化；
				  4.魏家庄拓荒史；
				  5.文史调查纪录；
				  6.文物古迹维护与管理(万安砖窑、清河堂、断层教育设施)。
				(六)生态保育
				  1.生态步道；
				  2.生态观赏台；
				  3.闲置空间利用。
				(七)其他具发展特色之推动项目
				  1.稻壳碳化养生砖；
				  2.养生砖制作设备；
				  3.稻壳炭及稻壳醋液。

注：* 为提案代表组织；** 为社区运作农村再生之非立案组织。
资料来源：笔者根据13个社区所提出之农村再生计划整理。

---

① 台东县池上乡万安社区发展协会：《台东县池上乡万安社区农村再生计划》，《台湾台东县政府核定农村再生计划》，万安社区发展协会2011年印行。

农村再生计划通过后,将逐年实施农村再生计划之构想,扣除掉个别宅院整建类别没有任何提案之外,绝大部分的提案集中在整体环境改善及公共设施及建设,占60%;最少的则是生态保育类型,约占4%。这也和当初提出计划时,对于立即可见效的改善案件之偏好有关,本研究将各类型执行案件依照提案之分类,整理如表5。

表5 农村再生计划执行案件一览表

农村再生社区	整体环境改善及公共设施及建设（政府执行）	整体环境改善及公共设施及建设（雇工购料）	产业活化	文化保存与活用	生态保育
宜兰县冬山乡大进社区	4	5	4	2	0
新竹县北埔乡南埔社区	6	5	4	6	1
苗栗县头屋乡狮潭社区	5	2	4	0	2
台中县新社乡马力埔社区	4	5	4	2	0
苗栗县三义乡双潭社区	8	5	4	8	0
彰化县大村乡平和社区	3	3	5	0	0
嘉义县义竹乡光荣社区	9	4	6	0	0
台南县白河镇汴头林子内社区	6	4	1	3	0
台南县后壁乡无米乐社区	3	2	1	1	1
花莲县光复乡大全社区	2	3	0	1	2
花莲县光复乡大和社区	4	5	1	1	0
台东县鹿野乡永安社区	6	3	3	3	1
台东县池上乡万安社区	1	4	2	1	0
合计	61(33%)	50(27%)	39(21%)	28(15%)	7(4%)

资料来源:笔者根据田野调查资料整理。

三、未来展望

(一)地方组织的变化

传统农村社会网络是透过农会、产销班、四健会及农田水利会等农业组织运作,但随着国家经济发展的进步,基层农村社会中以农业生产为导向的组织,在功能上逐渐成为政府政策之和资源的桥梁。

《农村再生条例通》过之后,因为条例规定由农村在地组织为提案单位,因此,其他功能性组织,在农村社区里蓬勃兴起,包含在地社区发展协会、产业促进会、文史工作室及各种不同辅导单位,这些组织在农村再生条例通过之后重新建构了农村社会网络。

积极参与农村再生的地方组织大多为地方的社区发展协会,这些社区发展协会在经营、财务及制度上并不具备经营的企业精神(entrepreneurship),因此,协会大多限于申请雇工购料计划或社区活动之补助及核销。

倘若要创造更积极的农村发展策略,则必须在兼顾社区共同利益的基础上,具备创造利润之管理知能,透过农业及非农活动之联结,系统性开发农业以外之非农产业的可能性。较可行之方式乃采用策略合作方式,以引进外部之资源及专业,特别是这类有不同公私部门之间的合作,合作的基础在于共同的利益,已跳脱单纯为社区居民生活而提出的农村计划,必须更积极地去创造参与的诱因,不管是名声、利润、质量或是社会责任。

另一可行的方式乃采用私人公司(Private company)代理方式,当前的都会地区大厦公寓,经常让物业管理公司来协助管理集体事务,虽然这在公寓大厦中非常普遍,但引入农村社区的难度很大,其所需知能更超过单纯的公寓管理,反而更接近当前已经在农村社区蓬勃发展的外围辅导组织或组织,这一股经过20年淬炼的社区营造人才和组织,更担任这个角色。

(二)投资或是补助

社区所提出的农村再生计划,大部分的经费来源是主管机关编列预算,透过补助机制进入社区,补助机制则依不同的形态和项目有不同的配合款负担标准,配合款负担比例为10%～25%;另外,有属于公部门直接施作之整体环境改善及公共设施及建设,则毋须配合款。

因此,农村再生计划的经费来源,八成以上来自主管机关,不仅地方政府无须负担任何经费,社区部分仅需负担最高25%的支出,这部分大多由社区居民进行雇工购料时之工资或自筹补足。然而,观察目前农村社区所提出农村再生计划的财务规划,并不直接指出农村再生实施之后财务可以逐年获得反馈自偿,这将造成农村再生基金一旦用罄,相对的农村发展即告停止。

农村社区组织最开始都是完全(至少部分)依靠政府补款来运作,特别是在计划创始阶段及整合起步阶段,完全没有任何资源的状况,政府补助款可用于帮助渡过这段困难的时间。过了这个阶段,社区组织应该找到更多的资金来源,以避免整个发展过程停滞或无法运作,社区发展工作不能因为没有补助款就停止运作,所以要确保推动架构,能够在没有政府补助款后持续运作,至于如何导入长期经营的理念,让农村社区从非特定的集合体凝聚转变为可经营的组织运作或合作社运作,甚至于导入社会企业的概念,都是未来的方向。

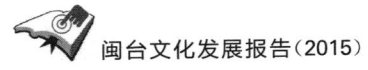

让乡土美好的重塑被体会：
台湾乡村发展的新转向

赖守诚*

摘　要：　自1990年代以来，伴随各式社会文化力量的勃兴，台湾的乡村发展经历明显的重构与转化，此过程中扮演重要推手的是近二十年来持续活跃的休闲农业与节庆活动。然而，休闲农业与节庆活动的生产、中介与消费是动态的场域——各方力量涉入且可挪用诸种技术。本研究显示，在内生性发展、文化经济与消费者文化等新兴社会文化力量的驱动下，休闲农业与节庆活动的行动者，如何通过以地方为基础之自然、人文、社会资源的挖掘转化与组合挪用，逐步在台湾乡村地区带动发展转向，进而重新塑造特定的乡村意涵与景致。在地方休闲农业与节庆活动广被观光客及参与者所接受体会的同时，人们也会重新赋予乡村各种意义，新的乡村景致也会以竞逐挪用的方式被吸收进入人们的生活形态中。

关键词：　乡村发展；休闲农业；节庆活动；内生性发展；文化经济

---

* 赖守诚，"中央大学"客家语文暨社会科学学系。主要研究客家饮食文化、农乡地方发展、消费者文化与文化创作产业。

让乡土美好的重塑被体会：台湾乡村发展的新转向

导　论

自 1990 年代以来，伴随各式社会文化力量的勃兴，台湾的乡村发展经历明显的重构与转化，此过程中扮演重要推手的是近二十年来持续活跃的休闲农业与节庆活动。然而，休闲农业与节庆活动的生产、中介与消费是动态的场域——各方力量涉入且可使用诸种技术。本研究展示，在内生性发展、文化经济与消费者文化（consumer culture）等新兴社会文化力量的驱动下，休闲农业与节庆活动的行动者，如何通过以地方为基础之自然、人文、社会资源的挖掘转化与组合挪用，逐步在台湾乡村地区带动一种新的发展转向，进而重新塑造特定的乡村意涵与景致。在地方休闲农业与节庆活动广被观光客与参与者所接受体会的同时，人们也会重新赋予乡村各种意义，新的乡村景致也会以竞逐挪用的方式被吸收进入人们的生活形态中。

一、乡村内生性发展、文化经济与新兴消费者文化

包括台湾社会在内的全球各个不同社会，近三十年来所显现的对地方社区运作的日益关注，与日益强化的全球化过程所结构的世界中越来越强势的地方政治的趋势一致。地方社会运动学者柯司特指出，这基本上是因为主动性运动及政治在对抗经济剥削、文化支配、政治压迫上遭遇失败，"使得人们别无选择；若不想放弃，就得以构成自我肯定与自治组织最直接的来源——地域性，作为基础进行反抗。这也就是为什么在日益强化的全球化过程所结构的世界中，有着越来越强的地方政治"[1]。地方社区的抬头是资本主义系统全面深化的抵御，也是现代化趋力的强劲逼迫的反弹，在此背景基础上，出现了"内生性地方发展"的新典范。

---

[1] Castells, Manuel. *The Power of Identity*. 2nd ed. Oxford, UK: Blackwell. 2010. pp. 64－5.

乡村地区面对外部力量抑制地方经济活络，造成农业困顿、收入偏低、青壮外移和人口老化等问题，早期大多采用外生性地方发展模式加以回应。此发展模式着重移植外部政策，发展所得利益由非地方行动者掌控与转移，因此地方居民的自主性往往备受忽视。自1980年代后，以当地固有资源为基础的内生性乡村或地方发展模式逐渐受到重视。内生性乡村发展是有关适切发展、地方更新以及多功能、后生产乡村地区的新典范、新哲学与新世界观。内生性地方发展也是一个多面向的概念、强调"多重层次、多重行动者、多重侧面的过程"[1]。

内生性地方发展也被称为"内生的""由下而上的""参与式"或"社区的"发展，可以应用于任何次国家的、地理的尺度。这个典范有三重成分的构成假设。首先，它主张由聚焦于需求的地域意谓，而非聚焦于地方经济的某些部门所激发的发展。第二，经济性与其他活动被重新导向以增值与开拓地方资源——包括实体的与人文的——因此能够在地域内留存生成结果的效益。第三，借由聚焦在地方人民的需求、能力、与观点，发展方式；借由再行动的设计与实施强调地方参与的原则与过程，而且也透过在发展介入过程中文化性、环境性与"社区"价值的采纳，这个发展模式承担一个伦理的面向。

内生性地方发展标志着全球在地化历程的确切展开，也带动各个地方强化自身的"观光反思性"的逐步浮现。这种反思性，主要是替某个特定地域，从全球的地理、历史以及文化的全貌之中找到适切的定位，特别是指出该地点所实际拥有及潜在的物质性与符号性资源[2]。内生性地方发展"主要地（虽然不是仅有地）是建立在地方可用的资源，例如地方生态、劳动力、知识以及联系生

---

[1] Vanclay, Frank. *Endogenous Rural Development from a Sociological Perspective*, in Robert Stimson, Roger R. Stough and Peter Nijkamp (eds), *Endogenous Regional Development: Perspectives, Measurement and Empirical Investigation*. Cheltenham: Edward Elgar, 2011, pp.59—72.

[2] Urry, John. *The Tourist Gaze*. 2nd ed. London: Sage. 2002.

产与消费的地方模式等诸种潜力"①,因为它在增值地方文化、旧有传统、艺匠生产及地域特产的同时,纳入了加值产品的利基市场及弹性专殊化。强调的是在了解使一个地方特别且/或特出(不同于其他地域)的特质(自然的、人文的与文化的),以及这些特质可以永续发展。内生性地方发展也强调,借由聚焦在地方人民的需求、能力、与观点,发展方式。当吾人将内生性发展的集体资源概念化为"文化资本"②,新内生发展意味着培育人们的内在能力(与自信),引入额外的技能,将诸种要素聚集在一起创造一个新的地方动态或是"综效"③。

企图超越传统简单极化的内生型与外生型发展形态对立的新兴的文化经济取径(或新内生取径),一方面致力地方化经济掌控权,关注地方生产与行动者网络,追求地方利益深化扩化,将地方外部的消费者概念化成为在地方发展中具有权力的能动者,推陈出示在地化与全球化思维并存的混合型乡村发展策略。Christopher Ray 的研究进一步表示,地方发展的文化经济可概念化为四种操作模式④。第一种模式也可被称为地方性或区域性文化的商品化,指活化具有地方认同的资源,以能促进地域之推广营销,并使地方获得更大的经济利益以及掌控更深的经济活动。第二种模式和新的地域发展倡议有关,操作的方式是借由文化标志来创造新的地域认同,以能向"地方外部"来推展。第三种模式也是地域认同的建构策略,但更强调借此凝聚"地方内部",增强地方居民的信心并重新定位地方资源。以上三个模式最后可能皆走向第四种模式,即是回头寻求内生型的文化,诉诸道德规范原则,以"扎根认同",也就是将

---

① Ray,Christopher.*Culture*,*Intellectual Property and Territorial Rural Development*,*SociologiaRuralis*.38(1),1998,pp.3—20.

② Bourdieu,Pierre.*Distinction*:*A Social Critique of the Judgement of Taste*.Cambridge,Massachusetts:Harvard University Press.1984.

③ Ray,Christopher.*Culture Economies*:*A Perspective on Local Rural Development in Europe*.Newcastle upon Tyne,UK:Centre for Rural Economy,University of New Castle upon Tyne,2001.

④ Ray,Christopher.*Culture*,*Intellectual Property and Territorial Rural Development*,*SociologiaRuralis*.38(1),1998,pp.3—20.

对地方的热爱作为政策与行动的准则。地方文化因此不只是在全球经济工具性的燃料，而是被重新挖掘作为地方智慧的来源。

文化经济概念的重要根源之一是后现代社会及消费者资本主义的发展，乡村体验观光的崛起也一定程度反映出后现代消费者社会的需求。此外，当代消费者大幅增加的反身性是诸多学者的一致共同指认的关键趋势[1][2]。他们是自我形象的塑造者与现实样貌的创造者，能够摆脱现代主义后设论述强加的期望，并根据自身的想望做出判断与行动。这样的美学反身性显现，现今的消费者不只购买产品本身的组成、包装、功能等具体的特质，同时也在消费他们所认同的生产者名声、文化内涵、生活风格等抽象的象征价值[3]。

借此我们可以看到，对象或物品的价值不仅是"眼见为凭"，更是整体感官的投入享受以及象征价值的追求，显示出后现代消费社会的特殊态样。反应在观光发展上，有别于英国社会学家John Urry所提出的"观光客凝视"的经典概念——主张视觉凌驾于其他感官之上——新近的观光社会文化研究提供了批判性的补充论点，认为当代观光客对于观光活动的需求范围已经更加扩大，这不单只瓦解所凝视之各种文化形式的界线，他们更期望获得多元丰富的感官体验[4][5]。他们不仅要"处在"乡村、"看到"乡村，还要"尝到""闻到"乡村，即"非再现的"新观光形态。然而，观光客凝视这一概念不宜加以全面否定，其仍是促动当代观光讨论发展的有用概念，特别是那些聚焦在再现、实体符号学

---

[1] Lash, Scott and Urry. John. *Economies of Signs and Space*. London: Sage. 1994.

[2] Murdoch, Jonathan and Miele, Mara. *A New Aesthetic of Food? Relational Reflexivity in the 'Alternative' Food Movement*, in Mark Harvey, Andrew McMeekin, and Alan Warde(eds), Qualities of Food. Manchester: Manchester University Press, 2004, pp. 156—175.

[3] Brunori, Gianluca. *Local Food and Alternative Food Networks: A Communication Perspective*. Anthropology of Food.(S2), 2007, http://aof.revues.org/430.

[4] Franklin, Adrian and Crang, Mike. *The Trouble with Tourism and Travel Theory*, Tourist Studies.1(1), 2001, pp.5—22.

[5] Everett, Sally. *Beyond the Visual Gaze? The Pursuit of an Embodied Experience through Food Tourism*, Tourist Studies.8(3), 2008, pp.337—358.

及景致消费的视觉中心取径,但这样的概念框架却限制了理解身体化活动囊括更复杂面向的能力。

在当代观光旅游的现实发生转向,游客真正想要的是亲身参与的"文化交往",而不是简单地卷入景点注视。最近文化展示形式的发生重要变化,旅游者沉浸于多感官互动的三维环境——真实、人造或虚拟的。因此,当代旅游业的魅力主要集中在体验,游客目的地可以借以体验不同的社会文化现实。旅游业提供"进入其他文化和场所的特色游览",游客寻求人们以及他们的多彩习俗所代表的"活"文化。因此,文化成为旅游业的核心,旅游业也成为文化的核心①。例如,在旅游活动中,饮餐具有象征意涵,除或隐或显地作为社会差异的标记外,也是遭遇并体验其他文化的重要方式。此外,除是旅游行程中"必要性"的活动外,饮食也是旅游活动的独特形式,它能满足所有主要感官——视觉、触觉、听觉、味觉、嗅觉等——提供"感官的欢愉"并能够满足观光经验中体验的部分。

对美学的重视也反映在观光活动怀旧的风气。以往奢华、设备齐全且现代化的休闲度假村,在后观光时代中,面临来自新型风格潮流的挑战,被追求自然与历史的潮流取代而逐渐失色。部分消费者利用观光彰显经济资本的方式,转变为透过诸如乡村旅游、深度休闲等另类观光形态累积个人的文化资本来达到②。然而,怀旧的场景无法仅透过视觉来重建,整个身体必须感官性地浸淫。此外,观光休闲能够与地方产生抽象且非计量的联结,获得非照片影像所能捕捉的经验。这种非再现式的知识是主观性的体验,虽然身体和情绪的反应是具体的,但却无法在实证主义调查的惯习结构中被测量及理解。

---

① Dicks,Bella. *Culture on Display:The Production of Contemporary Visitability*. Maidenhead,Berks:Open University Press.2004.
② 谢宜秦:《饮食观光与食物品质建构:以乌来"原住民"料理为例》,台湾大学硕士学位论文2012年,第25页。

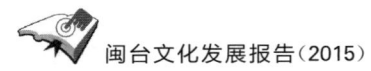

二、台湾休闲农业的勃兴

自1970年代末期农业开始式微以来,农政单位即积极致力于改善台湾的农业结构,寻求新的农业经营方式,过去倡导的多角化经营以及目前因应WTO而积极辅导的农业转型,均冀以突破农业发展瓶颈,提高农民所得及繁荣农村社会。农政单位主张农业转型有几个途径:一是精致化,转向有机农业;二是科技化,开发生技业;三是休闲化,开辟休闲农业。更深刻与乡村地域文化的发展相联结的就是第三条选项,农村休闲化,投入休闲农业的发展。

休闲农业系指"利用田园景观、自然生态及环境资源,结合农林渔牧生产、农业经营活动、农村文化及农家生活,提供国民休闲,增进国民对农业及农村之体验为目的之农业经营"①。休闲农业因此是结合农业生产、农家生活与自然生态为一体的三生产业,更是提供社会公众亲近自然、体验自然的新式农业经营形态。休闲农业区的实体是经由划定而产生,在休闲农业辅导管理办法中指出:具有下列条件之地区,得规划为休闲农业区:(1)具地区农业特色;(2)具丰富景观资源;(3)具丰富生态及保存价值之文化资产。此外,经中央主管机关划定之休闲农业区内依法核准经营民宿者,得提供农特产品零售及餐饮服务。

国内休闲农业开创之初,多处于"点"的经营,以个别的茶园、农场为主,1980年台北市政府创设"木栅观光茶园",开启观光农园之先河;此后有相关农业单位陆续加入经营休闲旅游行列,例如包括彰化县农会东势林场、台南县农会走马濑农场等带动国人体验农业与休闲度假生活,也带动台湾休闲农业之发展。1989年,农委会为重新定位台湾休闲农业与未来发展方向,积极辅导推动休闲农业,于1992年年底订定《休闲农业区设置管理办法》作为设立管理依据;2000年再修正名称为《休闲农业辅导管理办法》,以区别休闲农场与休闲农业区的概念并给予更明确的辅导管理。

---

① 农业委员会:《休闲农业相关法规汇编》,农业委员会2008年印行。

让乡土美好的重塑被体会：台湾乡村发展的新转向

自1990年代起，配合观光旅游消费迅速增长的趋势，农政单位积极推动休闲农业计划，期望透过此项农业转型的策略来促进乡村经济发展和乡村再造的机会。休闲农业的加强推动与其实务经验的快速发展，在政府资源和民间业界全力配合执行的主导趋势下，除在全台各乡村地区普设休闲农场，且休闲农业区之划定亦年年增加外，其他与休闲农业相关的乡间民宿和农业体验场所也分布各处。台湾休闲农业的发展逐渐以休闲农场、休闲农业区、乡村旅游等三项主要表征来展现乡村休闲农业的实际形貌，整体产业调查显示，休闲农业在二十几年的发展过程中，不仅产生实质的经济价值[1]，更逐步开启台湾乡村发展在环境、经济与社会层面质性转换的新动能。

萧昆杉与陈玠廷针对台湾休闲农业与乡村发展的研究指出，1990年代前的台湾，农业的乡村未能发展出文化休闲农业，是受限于农地利用的政治和都市主义意识形态的影响，"土地使用的规范管制了台湾农业和农业乡村的转化，而在2000年之农地自由买卖开放以前，农业乡村则陷于小农商品难以维持生计的困境。此外，农业乡村在工商业的穿透下，难以发现转化自然资源的动力，而政策上也未清楚运作改善农村的乡村区发展行动"[2]。不过，自然资源和景观所内含的观赏和体验学习本质，使部分农场尝试提供观光采果和美味体验等活动，其效果良好。所以，不涉及土地变更和设施建置的观光果园逐渐普遍，如田尾花卉公路的赏花和大湖草莓采果乐等是较具知名度之活动。另一方面，超越农地使用规范的观光游憩农场亦成为农民企求获得额外收入的另类转型选择。

近年来台湾休闲农业发展迅速，依《2005年休闲农业经营产值调查》结果显示，2005年年底整体休闲农业经营家数已达5 829家，全年创造营收近203亿元。受九二一大地震重创台湾本岛中心地带，为振兴重建灾区农业，恢复地方经济活力，政府特别推动《整合农业资源，发展重建区休闲农业》计划，协助

---

[1] 陈昭郎、段兆麟：《休闲农业场家全面性调查报告》，台湾休闲农业学会2004年印行。

[2] 萧昆杉、陈玠廷：《乡村性与休闲农业发展之论述》，《农业推广文汇》2009年第54辑。

台湾中区的苗栗、台中、南投、云林及嘉义地区农业转型,因此,属于九二一地震重建区之中部休闲农业近年发展最为迅速,2005年年底各种经营形态家数计2 551家,占总家数44%。①

表1 2005年台湾休闲农业经营家数与营业收入

(单位:家数/百万元)

地区	市民农园	教育农园	观光农园	休闲农场	休闲渔业	森林游乐	展示中心	农村民宿	其他*	合计
北区	42	318	418	251	274	11	25	98	1	1 259
中区	16	136	921	499	171	19	55	733	1	2 551
南区	4	24	117	130	208	8	5	271	—	767
东区	4	19	221	218	75	7	16	604	2	1 166
离岛	—	—	—	—	37	—	—	49	—	86
总计	66	318	1 677	1 098	765	45	101	1 755	4	5 829
营业收入	+	+	2 724	4 060	3 728	1 626	3 441	1 996	2 680	20 255

资料来源:"行政院"农业委员会办理之《2005年休闲农业经营产值调查》。
1."其他"包括"农业公园"与"大型农业节庆与展览活动"。
2."市民农园"与"教育农园"营业收入纳入"其他"营业收入计算。
3.地区别完整县市:北区:台北市、台北县、基隆市、桃园县、新竹市、新竹县;中区:苗栗县、台中市、台中县、彰化县、南投县、云林县;南区:嘉义市、嘉义县、台南市、台南县、高雄市、高雄县、屏东县;东区:宜兰县、台东县、花莲县;离岛:澎湖县、金门县、连江县。

目前台湾休闲农业主要经营形态大致可分为市民农园、教育农园、休闲农场、休闲渔业、展示中心、观光农园、农村民宿及森林游乐等八类,以观光果园及农村民宿的家数最多。2005年全年营业收入超过200亿元,平均每家休闲农业经营单位的年营业收入约是347万元。各经营形态中,以提供农业生产与生活体验,提供休憩设施与服务之"休闲农场"收入41亿元最高,休闲渔业及提供农业发展与农村文物展示与解说服务之"展示中心"亦分别有37亿元与34亿元,次之,其他如开放农产品采捕与观光之"观光农园",搭配一些农村活动并提供自家房间作为旅客住宿处所之"农村民宿"及森林游乐营收亦有

---

① 廖春梅、刘玉文:《发展休闲农业,营造魅力农村》,《主计月刊》2007年623期。

16~27亿元,显示台湾整体休闲农业的经营形态相当多元,结合当地自然环境与资源,提供经济、社会、教育、生态环境、休闲游憩、文化传承等不同的服务功能,以满足不同的休闲需求(表1)。

休闲农业区具有公共性,它是政府与民众共同管理的地方园区,此地方园区的功能乃在促进整体乡村社区发展,其应由地区居民为参与主体,以地方产业文化来凸显其休闲特色[1]。因此,休闲农业区是由政府规划和民间行动实践的乡村休闲生活园区,其内含永续乡村发展中所强调的共有资源和协同经营之特质。它需要由地区各类组织共同来推动,管理委员会、共同经营班、合作社或产业组织皆能设立以促进园区整体的发展。休闲农业区的决策是由下而上的合议过程,是合作型的休闲社区发展行动。政府代表社会的协助,提供资金来促成乡村休闲生活区的经济活络,园区内则整合社区资源以产生地区内在力量,维持地区永续经营与发展,辅导农民扩张经营休闲农业[2]。

休闲农业是当代台湾重要的乡村文化创意经济形态之一。然而,休闲农业区在社区营造和旅游营销双重工作取向的要求下,其休闲农业的文化创意发展和休闲设施设计建置面临内生发展或外引优势的权重取舍。就在地培力的理念而言,休闲农业区的文化产业应由地区民众从生活中萃取再加以精致化,可是外地专家亦常透过规划,引进都市或国外的支配优质文化。因此,在地知识与外引知识之间常处于文化权力的角力关系。此外,休闲设施应先满足于地区民众休闲生活水平的提高,还是完全为了配合旅游消费者的嗜好和需求,这两种不同的考虑也使休闲农业区呈现文化论述的权力角逐[3]。

---

[1] 陈昭郎:《休闲农业概论》,全华图书公司2005年版,第15页。
[2] 萧昆杉、陈玠廷:《台湾乡村地区休闲农业发展的论述》,《农业推广学报》2009年第26期。
[3] 萧昆杉、陈玠廷:《乡村性与休闲农业发展之论述》,《农业推广文汇》2009年第54辑。

三、台湾节庆活动的活络

台湾农业发展进程中对产业文化的关注与强调,自1990年开始办理农渔村文化发展计划,已经至少有25年的历史。这一系列农业政策的调整,多少矫正了长久以来台湾农业发展以经济成长为中心轴线,以技术发展为核心策略的总体思维。农业产业文化指农业产业展现的自然转化、实作特质、组织形态和社会价值的综合表征。历年来执行产业文化发展有诸多做法,包含农渔产业文化研习、产业文化系列活动、设置产业文化馆、休闲观光体验活动等等。进入21世纪,全球在地化的文化经济运作更具有全面的主导性时,农业产业文化发展的核心宗旨更应逐步转向对地方农业文化资产的辨认、建构与延续。

农业产业文化活动发展初期,文建会社区营造活动和政府推动观光休闲促进方案。农业产业文化活动的实施以在地农业和农村生活文化为要素来展示其地方特色,它反映当前文化转向的地域认同潮流。作为台湾乡村地区最主要的农业行动者(组织),农会所运作的农业产业文化工作具有代表性[①]。来自都会的社经资源与传媒力量,近年来愈加取得对地方农业活动及农作产品的意义赋予与价值设定的主导权,其中最关键的中介渠道是最近二十年蓬勃发展的地方观光节庆。作为展演农业产业文化的观光节庆,在筹划办理的过程中相当仰赖有都会色彩公关公司的参与与协助,因为"传播"资源在今日新形节庆运作中发挥举足轻重的作用,在筹划办理节庆的节目设计与信息传布方面取得合乎当今节庆参与者期待的表现,在填补地方在筹划办理节庆上对于营销策略与传播技巧的不足的同时,也植入来自都会对地方农村的观点与想像。

就一般的趋势而言,2001年观光局首推"台湾十二大节庆活动";行政主管部门于2002年提出《挑战2008——国家发展计划》,其中第五项子计划为"观光客倍增计划"。为加速达成"观光客倍增计划"之目标,此计划提前于

---

① 萧昆杉:《乡村生活产业与休闲农业》,《休闲农业产业评论》2013年第11期。

2004年举办,欲将台湾打造为"观光之岛";在观光局的《2004台湾观光年计划》书中,列出五大分项来办理。其中的第二项为节庆赛会计划,筛选并辅导具国际观光魅力之节庆赛会活动国际化。在此计划书中,列出144项节庆赛会,包括44项民俗艺文活动、76项国际艺文及博览会、24项国际赛会,并按照季节将节庆赛会定名,以台湾庆元宵、端阳龙舟赛、台湾美食节及温泉嘉年华为四季之主题活动,加强国际宣传及促销①。

为能确切且深入地了解年台湾地区节庆活动办理的总量与形态,我们需要对资料来源所呈现节庆的内容与类型做出更为明确的界定区分,本研究运用2009年报纸媒体对台湾节庆的报道来进行分析。报纸媒体的节庆报道内容主要分成两部分:第一,节庆举办时间,以该节庆开幕第一天的时间点进行排序与月份的分类,若开幕时间相同,再依照闭幕时间先后为基准;第二,节庆举办类型,依照该节庆所强调之焦点的差异进行分类。经考察活动主轴,斟酌活动内容后,共分为六类:饮食产品、花卉产品、艺术与人文、自然与休闲、民俗与宗教及其他,详细的类目定义与范例请见表2。

表2 2009年台湾节庆类型定义与范例

类型名称	定义	范例
饮食产品	以蔬菜水果、海鲜、肉品、米饭、面食……一级农作或加工食品及茶、咖啡、酒精等饮料的品尝、贩售、料理、展示为节庆的主要活动内容。	三星葱柳节、南寮鲳鱼节、冈山羊肉节、新竹米粉贡丸节、鹿寮咖啡节、坪林包种茶节
花卉产品	以观赏地方特产花卉为主轴,搭配风味餐品尝、民众自采、购买花卉……周边活动。	客家桐花祭、田尾太阳花祭、草岭古道芒花季、白河莲花节
艺术与人文	包括大型、历时性长的国际艺术节,以及各县市地方以音乐、电影、建筑、戏剧……艺术部门为主题的节庆。人文的部分则强调特定族群的文化节/季。	国际爵士音乐节、花莲石雕艺术季、各地客家及"原住民"文化节

---

① 林明:《新埔柿饼节的"打手":节庆与关键行动者》,台湾大学硕士学位论文2009年,第25页。

续表

类型名称	定义	范例
自然与休闲	除花卉外，其他以自然生态或运动休闲为主轴的节庆活动。	梅岭赏萤季、纵谷单车嘉年华、各地温泉节/季
民俗与宗教	与传统祭典仪式（包括"原住民"）及各类宗教活动相关。	台东卑南除草季、北港妈祖观光季、印度尼西亚穆斯林开斋节
其他	综合型观光旅游节、以刺激民生消费并搭配各项限时折扣的购物节以及其他产业之节庆活动。	太平洋国际观光节、台北购物节、大稻埕烟火节

资料：根据笔者田野调理资料整理。

总的来说，2009年台湾节庆活动办理的总数达450个，全台平均每天有1.23个节庆。以全部节庆活动的月份分布趋势来看（表3），节庆总数在国庆期间的十月达到最高点，其次为学生暑假的七八月期间，二月逢春节过年则达到最低点。其中十月与二月的百分比差距超过两倍，且自十月后稳定下降至二月；整体节庆类型分布则显示，"艺术与人文"及"饮食产品"相关节庆所占比率最高，大约各占三分之一，两者合计已占全部节庆总数的77.6%。其次为"民俗与宗教"，与其他各类节庆合计不到总数的三分之一；另外，在活动名称的部分确切指出为"客家"相关节庆的有：全台客家桐花祭、宜兰冬山乡三山国王客家文化节、台南客家美食节、屏东客家节、台北县客家文化节、桃园县客家文化节、台北客家义民祭、苗栗县泰安乡清安客家美食文化节及台南县客家文化节（依举办日期排序）共九个，占全部节庆数量2%。

表3 2009年台湾节庆活动类型与月份分布

月份	饮食产品	花卉产品	艺术与人文	自然与休闲	民俗与宗教	其他	总计	N=450
1月	1	5	6	2	7	4	25	6%
2月	2	5	4	2	7	1	21	5%
3月	6	4	10	3	3	0	26	6%
4月	9	3	8	3	7	0	30	7%
5月	17	1	7	3	7	0	35	8%

续表

月份	饮食产品	花卉产品	艺术与人文	自然与休闲	民俗与宗教	其他	总计	N=450
6月	18	2	6	0	3	0	28	6%
7月	8	1	22	11	2	4	48	11%
8月	11	1	23	1	10	2	48	11%
9月	16	0	14	1	7	2	40	9%
10月	25	1	28	3	7	1	65	13%
11月	24	4	13	3	0	1	46	10%
12月	14	4	12	1	4	3	38	8%
总计	151	31	153	25	64	18	450	100%
N=450	33.6%	6.9%	34%	6%	14%	4%	100%	

资料：根据台湾"联合数据库"整理统计。

就各节庆类型在2009年中的各月份呈现出的趋势来观察，"艺术与人文"类的趋势大致与总数量分布一致，同样是在十月达到最高点，其次为七八月，二月达最低点，数量差距7倍（28∶4）。"饮食产品"类，虽然最高点同样在十月，且同样可看到两次明显波动，但次高点集中在五六月，也就是说，第一次的波动较"艺术与人文"类来得提前。此外，最高点（十月）与最低点（一月）的数量差距更高达25倍（25∶1）。再来，"民俗与宗教"呈现出与整体趋势完全不同的分布形态，七月急升至八月达最高点，十一月则完全无相关节庆。

伴随着大量展示、多样事件与巨型景观，文化节庆日益成为当代社会的活力指标。节庆作为社会文化生活的关键标记与政治经济活动的强化触媒，其重要性不仅日渐增长，其扮演角色也愈见广泛。节庆可以是，维系团体稳固的来源、促进地方认同的方式、生产地方声望的机制、提高生活品质的策略、增加收入的策略、创造能见度的方法，更是吸引观光客的工具。节庆作为人群聚集与仪式展演的时空汇聚点，经常是高度的地方化，并且往往成为具有地方界线的活动。此特殊倾向吸引了越来越多政策制定者与区域规划者的关注，成为寻求地方发展与克服地方经济问题之的新解决出路。

近期节庆数量快速增加的原因相当复杂,但部分和社区由于快速结构变迁、社会流动和全球化过程面临文化错置而试图重建认同感有关。除此之外,就越来越多的流散社群而言,节庆、嘉年华和宗教庆典提供了超越他们"主办"社区局限之重要可见时刻与认同的集聚庆祝时机。同时,节庆数量的增加也反映出被认可的象征持续系统受到新的社会、经济和政治环境的现实所挑战的危机感。在这样的脉络下,社会关系的新网络试图透过采纳或重构意义叙事的诸种形式来增加其可见性。作为全球化趋力与结果的观光旅游,为有助于在节庆脉络内所实作的交换过程,已经且持续在社会关系的重塑、提供新经济体系、阅听大众、沟通网络与结构等方面,扮演着重要的角色[1]。但节庆无论是作为社会庆祝的"传统"时刻或建构、策划的活动,似乎已逐步被观光客需求的高速增长且扩大的多样观光"产品"所吸收。也就是说,节庆已经成为现代观光的重点元素。

当代台湾新形态节庆的普及与运作,仍倾向于将节庆活动视为地方贩售,是观光客想要获得的"产品",透过搭配各样的活动,可以吸引观光客前来参与或体验。这些与观光旅游结合的各式节庆活动已日渐成为当代消费者的显著"休闲选项",作为消费者的观光客能够依照自己的喜好或需求决定参与哪些节庆。举办时间相近的节庆,或是性质相似的节庆,似乎成了彼此的竞争。现代社区节庆是当代社会的新兴比喻,在社区节庆里,农业元素被包封、吸纳且奇观化,强调活动的消费性与娱乐性,在嘉年华会式娱兴与主题竞技中则突出游戏与竞争。节庆持续办理是对主办地方的集体认同的比喻,且是社区节庆主办地方的集体认同的构连表达,这种认同是意象形塑者与节庆筹办者希望在居民之间能获得肯定,对游客而言,这种认同能确实与地方取得联结。围绕着节庆所形成利益的分化与整合,是深化节庆了解的关键议题。节庆成为维持群体与地方之间物质与象征利益分合的重要文化经济机制,在合法公共的象征权力支撑下,具声望的节庆不但拥有创造价值的潜力,还得以设定美学与

---

[1] Picard, David and Robinson, Mike. *Remarking Worlds: Festivals, Tourism and Change*. in David Picard and Mike Robinson(eds), *Festivals, Tourism and Social Change: Remarking Worlds*. Toronto: University of Toronto Press, 2006, pp.1-31.

道德的标准,提高主办地方与当地居民的荣耀与认同。

结 论

　　过往的乡村发展与农业活动是相互依存的紧密关系,因此传统乡村社会的生活形式经常贴合着农业运作进行的时空节奏。随着整体台湾社会在近20年来进入以文化经济为主轴典范的发展新阶段,台湾的农业与乡村的发展也逐步迈入整合地方发展、经济活化与文化创造的新兴趋势中。逐步增长的休闲农业、地方旅游、节庆活动等新兴消费社会实践的主要发生场域依然是在广大的乡村地区,也实质带动新一波台湾新形态的乡村发展。在此新兴文化经济运作体制的影响下,休闲农业与节庆活动已成为当代台湾乡村发展极为关键的部分。在此过程中,不同的地方基层组织,透过相关重点计划,亦渐次将地方产业文化活动(其中最主要的就是地方节庆)、休闲农业及社区营造等活化地方的工作以统整的方式整合运作,除办理地区文化产业研习及研发创造地方文化产品外,更积极建构地方文化节庆,转化或创生新型地方农业文化资源,以在乡村地域内导入文化经济之结合内部资源活化与外部消费动态的新式运作,其影响广泛且意涵深刻。

　　发展农业产业文化即要促使农业显现其丰富的资源禀赋,使乡村地区对内与对外都是高品质的生产、生活、生态空间。乡村地区面对外部力量掏空地方经济社会活力,早期大多采用外生性地方发展模式加以回应。此发展模式仰赖外部政策的移植,发展所得利益与可用在地资源多由非地方行动者掌控与转移,因此乡村地方居民的深潜力与自主性往往备受忽视。正如同农业产业文化特色的建构是多面向、多层次的竞争动态过程,乡村地方亦是流动的、多样貌与动态的地区实体。近二十年来,以当地固有资源为基础的内生性地方发展模式逐渐受到重视,它主要借重地方可用的资源及联系生产与消费的地方模式之诸种潜力,着重在了解使地方特出的特质,促动这些特质永续发展。内生性地方发展也强调,借由聚焦地方人民的需求、能力与观点,将乡村发展在经济、社会、文化与环境等主要面向重新脉络化与地方化。

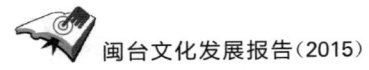

台湾农村再生培根计划发展历程与未来展望

陈荣俊*

摘　要：　为促进整体农村地区发展，台湾于2010年颁布"农村再生条例"，以促进农村永续发展及农村活化再生，改善基础生产条件，维护农村生态及文化，提高生活质量，建设富丽新农村。创新提出由下而上的居民参与制度，透过"农村再生培根计划"以办理人力培育之方式引导农村居民共同参与讨论，凝聚社区共识后，拟具属于自己家乡的农村再生计划，使农村规划建设符合在地民众之期待和需要，透过计划性有秩序地发展，打造家园新风貌。本文借由收集历年资料及数据，解析农村再生培根计划发展历程，从其推动期间所遭遇之问题与困难切入，分析解决对策与产生实际效益之过程，了解培根计划如何顺应农村社区成长需求不断精进转变，针对未来面临的挑战提出具体建议。

关键词：　农村发展；农村再生；培根计划；人力培育

---

* 陈荣俊，虎尾科技大学休闲游憩系兼职助理教授。主要研究农村规划、休闲农业。

台湾农村再生培根计划发展历程与未来展望

一、计划缘起

农村是孕育农业与农民的摇篮,在20世纪初都市化风潮及工商蓬勃发展的趋势下,台湾人口大量往都市移动,造成农村人口严重外流,居住在农村的以高龄者相对居多,且农村建设及公共设施不足,亦造成农村发展相对落后,又因过去政府较少投入农村人文营造等软件建设,以致农村生活及文化特色逐渐丧失。

有鉴于此,政府提出"爱台十二建设",将"农村再生"列为重要推动政策项目,乃自2008年起拟订"农村再生条例草案",该法案于2010年7月14日于立法部门三读通过,于同年8月4日公布施行,农村发展开始有法源基础,继而全面推动农村活化再生。

拟订"农村再生条例"时,为了让农村社区可透过学习迈向自立自主,于是引入"培根计划"条例第30条即明确规定"农村社区在拟订农村再生计划前,应先接受农村再生培根计划之训练",而在条例通过后更以"农村再生、先做培根、培根做好、根留农村"为操作策略,借以落实农村再生"由下而上、计划导向、社区自治、软硬兼施"的政策精神[①]。

培根计划为因应台湾农村特色的差异,为农村社区量身打造符合其特色之课程。课程采循序渐进的方式,依序由"关怀班(识宝)""进阶班(抓宝)""核心班(展宝)"至"再生班(享宝)",四阶段共92小时课程。课程利用农村社区农余时间安排专业讲师至社区说明农村再生概念及社区实作技巧,训练社区在地人力,研提属于社区自己的农村再生计划,逐步实现社区未来发展的愿景,呈现出社区自己的特色[②]。

---

① 农业委员会:《农村再生整体发展计划暨第一期(2012—2015)实施计划》,农业委员会2012年印行,第20~30页。
② 水土保持局:《推动农村再生手册》,水土保持局2011年印行,第4—1、4—4页。

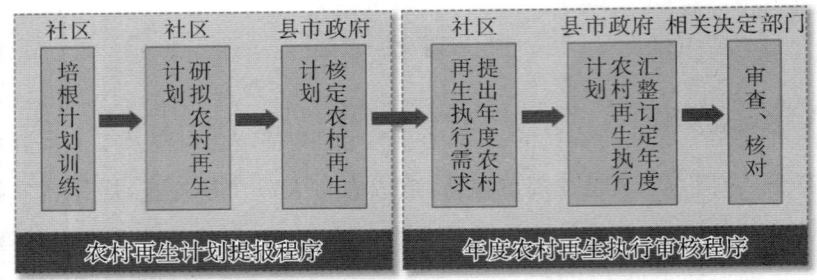

资料来源：水土保持局。

图 1　农村再生计划执行作业流程

二、发展历程

在台湾，其实早在 1960 年代便有"社区发展"的概念，只是当时将社区服务工作视为"社会福利"的一环，直到 1994 年，"社区总体营造"政策发轫，透过民众参与，以"社区"为主体，自主经营与发展的理念才逐渐拓展开来。

1999 年 9 月 21 日大地震后，在协助灾区的农村社区重建过程中，遭逢灾变的农村居民展现强韧的生命力与凝聚力，携手同心互相协助，积极参与政府重建规划与讨论，也启发了后续以社区为核心，由住民们共同设定愿景目标、参与规划的方式，这成为酝酿发展培根计划的楔子。

2004 年，培根计划开始试办，希望透过人力培育引动农村社区居民了解公共政策，进而参与共同事务。这个做法得到各界热烈回应，进一步引动许多长期投身社区发展的专家加入参与，以其长久累积的经验弥补草创初期"培根计划"实务层面的不足，带来客制化课程及讲师到府服务等概念，成功带动农村社区参与培根，也为后续农村再生的推动打下基础。

至今，培训小组走进台湾各个角度的农村社区办理培训，协助社区居民深入了解社区资源，挖掘社区的特质，构想行动方案，互相讨论社区愿景，借着这样的方式来扩大社区的参与，建立居民的共识，形塑农村发展的核心价值。至 2014 年，全台湾已经有超过半数的农村社区参与培根计划，累计受训人数超过14万人,开启了农村自主擘画未来、勇敢逐梦的新页,培根计划也从成就农村实践梦想的途程中累积出自我的价值①。

(一)试办示范阶段(2004—2007年)

培根计划自2004年以"结合民众参与山坡地管理及乡村营造之人力培训计划"为名开始推行,最初以"实验示范"为目标,从培训4个点开始试办推动,首次尝试针对民众参与山坡地管理及农村营造办理人才培训,结业人数共110人。

2005年以"深根萌芽"为口号,分为关怀、进阶、成长与领导等四个班别,培训增加至30个点,共开设87个班级,结业人数为753人。于开设培训课程期间聆听培训学员对人力培训计划之意见,如"课程可办理户外教学""每年办理一次培训课程,并以社区作为培训单位""完整认识社区之优劣势,并充分整合社区特色"及"增加实际操作课程"等建议,皆造就现今培根计划之规定与方向。

进入2006年,强调制度的"成熟普及",累计培训139个点,分级开设216班,结业人数共6 767人。首度开设"农村营造专员班",以培训社区内的专业及领导人才,以行动实际参与社区发展,协助社区专员领导全体社区居民共同推动社区。初次于核心班课程中安排实作工作坊,开启"培根计划"实作课程之先。当年共执行57件实作项目,由社区居民自己动手共同完成社区入口意象、导览地图、环境绿美化、生态池营造及闲置空间整理等项目。

2007年进入"成果推广"阶段,为深化地方特色,开始于台湾各地分6个区域展开培训,培训社区成长至218个,结业人数5 705人,还延续至2006年,于各区核心班课程中安排实作工作坊。另针对农村营造专员举办6场回训课程,让社区内的领导人才得以学习发挥。

(二)结合农村再生阶段(2008—2011年)

在"培根计划"既有的基础上,2008年起农村社区人力培育开始结合农村

---

① 水土保持局:《培根计划简介》,http://empower.swcb.gov.tw/introduction.aspx,2013-07-31。

再生政策,以"扩大参与"为目标,扩大对农村社区的培训,累计591个社区,24 261人参与。当年配合"农村再生条例草案"的拟订将"再生班"导入课程中,更开设"农村再生专员班",以透过再生专员班的回训,来提供新旧专员的讨论交流空间,除可培训出具沟通管理、农村规划、建设、经营、计算机文书能力之"农村再生专员"之人才外,也期望能激荡出各社区间的新思维、新启发,促成社区发展共识与社区间的良性竞争。

2009年起加强农村再生观念及促进农村规划实质内容,提高农村社区居民拟定农村再生计划之能力,帮助在地居民培养水土保持的正确观念及农村规划的知识与技术。此时,累计参与社区快速成长至860个社区,培训人数达35 507人。

至2010年"农村再生条例"公布实施后,培根计划得以法制化,更让许多农村社区受惠,且更有保障,当年度的培训社区数累计突破1 000个,有1 212社区参与,共培训63 622人。也为因应当年度条例实施,扩大举办农村再生培根计划说明会,于全台各地共办理35场次,借以倡导"农村再生条例"及相关课程内容、培训时数及结训要求等,以确保各重点讯息的正确传达及提高社区参与信心。

2011年出现第一个完成农村再生计划的农村社区,象征农村再生正式开始启动,"培根计划"也持续深入农村社区,强化及培养在地居民对农村再生之知识与技能,当时参与培训之农村社区大幅增加,累计已有1 929个社区参与,87 431人曾接受"培根计划"人力培训,让农村社区的居民能有丰富正确的信息与技能,来改进农村社区的各个面向,让台湾的农村能够富丽繁荣。

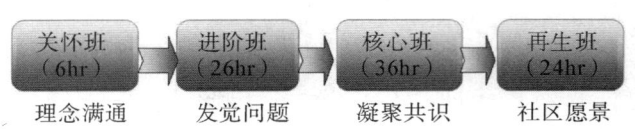

资料来源:农业委员会水土保持局

图2 农村再生培根计划四阶段课程流程

(三)质量转型阶段(2012年—迄今)

进入2012年度,累计培训已超过2 000个农村社区,台湾有近一半的农村参与培训课程。为了强化培训质量,引导社区主动学习、自我规划,维持参与热情,因此启动"农村再生社区行动工作坊"机制,让尚未完成四阶段课程的农村社区,得以在进入农村再生计划前,即可获得相关经费补助,引导农村自主讨论社区内产业、文化、环境等议题,养成解决问题的能力;为鼓励并吸引青年人回乡参与农村社区发展,同时启动"青年回乡筑梦示范计划",期望农村社区得以生生不息、永续经营。

至2013年培根计划累计参与人数突破10万人,且完成培根四阶段培训社区数达474个。为了辅导完训社区持续学习成长与精进,当年度试办"农村再生区域学习平台",希望能为后续的永续陪伴建立基础。

2014年开启"农村再生关怀与陪伴"机制,针对已核定农村再生计划之社区,依参与社区的广度及讨论议题的深度,提供社区发展地方特色所需的培训资源,因此培训小组设立随时可供社区咨询的服务窗口,以关怀农村社区并协助社区踏实逐梦,期能落实农村再生计划,以实践社区发展之愿景。

三、课题分析与对策

(一)课题描述

至2011年,"培根计划"已累计培训1 920个社区,其中关怀班835个社区、进阶班526个社区、核心班258个社区、再生班168个社区,完成四阶段结训133个社区,共计有87 431人参与培训。面对庞大的参训量体及培训需求,兼顾培训质量,协助社区居民深入了解社区资源,发现社区特质,拟定行动方案,讨论社区愿景,扩大参与,建立共识,形塑农村发展之核心价值,成为培根计划进入质量转型阶段后必须面对之课题①。

1. 社区热情无法延续

农村再生条例实施后,"培根计划"开班需求急升,2009—2010年成长83%,2010—2011年开班量皆超过1 200个,即全台湾将近三成农村都正在参与培训。

条例实施带动"培根计划"报名数增加,2011年度培根报名数超过2 000笔,即全台湾有将近一半的农村都愿意报名参与"培根计划",唯考虑培训质量及社区组织健全度、动员力及参与意愿等因素,开班数量未能完全满足社区需求。以2011年为例,即有近四成的农村报名培根但未能顺利接受培训,须等待次年再做评估,开课等待期延长,导致部分社区逐渐失去信心,热情无法延续。

2. 参与培训年龄层偏高

农村人口高龄化情形严重,青年多数在外工作,纵使留在农村也未必有意愿参与社区公共事务。以2009年为例,全台接受"培根计划"培训的社区中,平均每个社区只有2.5位青年人(45岁以下)参与,虽在2010年"农村再生条例"实施后迅速提高到平均每个社区7.7位青年人参与,但比例仅占累计接受培训人数的14.6%,参与"培根计划"培训的人员年龄明显偏高。

另从2011年参与"培根计划"的学员年龄层进行分析,当年度参训的农村居民中,将近30%的学员在45岁以下,但每个社区累计平均青年参与人数却仍然只有7.4人,占历年累计受训总人数的16.3%。可见个别年度青年参与程度虽有提高,但整体参与程度仍有不足,要提高青年参与社区公共事务之质量,仍需要有长期且具体的操作策略,以追求农村未来永续发展。

3. 后续学习成长无以为继

从"农村再生条例"公布实施起,经积极推动"培根计划"训练,至2011年底总共有133个社区完成四阶段培训,有97个社区自主研提农村再生计划的社区,其中有51个社区的农村再生计划经审查核定,据以提出年度执行需求。

---

① 水土保持局:《同心·圆农村的梦》,水土保持局2015年印行,第28~40页。

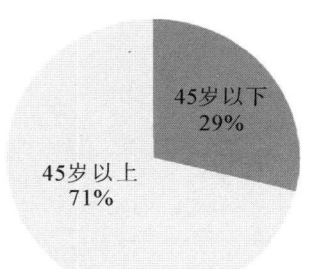

资料来源:(台湾)"行政院"农业委员会水土保持局

图3 2011年度培根计划学员年龄组成比例

从首年社区依据农村再生计划提出年度执行需求的情形观察,社区共提案257件,其中环境改善类占63.8%,其次为产业活化类21.8%,文化保存类10.9%,生态保育类3.5%。虽然各社区农村再生计划内容皆包括生产、生活、生态及文化面向,但遇到要实际执行时,大多仍优先办理社区较为熟悉、易操作且立即可看见成效的环境改善类。可见社区经过"培根计划"训练后,已具备规划、提案等基础能力,但在多元发展上信心仍有不足。

另前述257件提案中,因经费编列不合理、执行可行性低、不具执行效益等因素,共有82件未核定。显然,社区预算编列、执行设计及目标效益管理上普遍还有可以加强辅导的空间。

如果社区无法持续提高成员素质、实时更新接受新的讯息及概念,只按照自己熟悉易执行的项目类别来提案,不愿意多方尝试深化社区各种面向,将成为落实农村再生计划愿景的重大隐忧。

因此在社区完成培根课程后,落实农村再计划过程中,仍需要有适当的辅导机制从旁协助,满足社区持续学习成长之需求,方有可能协助社区逐步达成自立自主之目标。

(二)课题研究与分析

1.维持热情

针对"开课等待期延长,社区热情减退"课题,为维系社区热情,增加居民

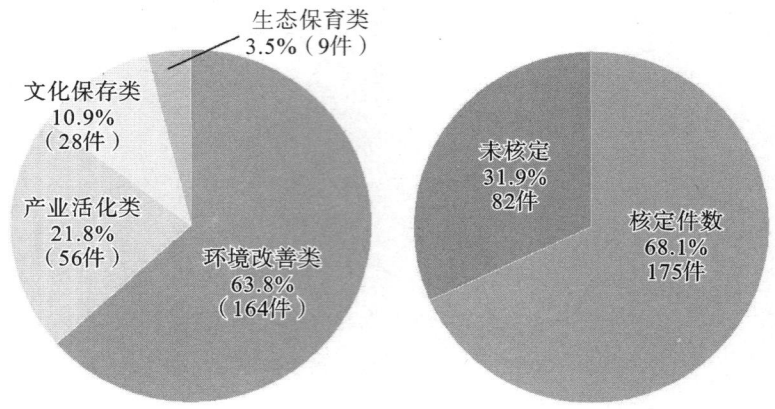

资料来源:(台湾)"行政院"农业委员会水土保持局

图4 2011年度农村再生年度执行需求提案(左)及核定(右)比例

的参与程度,应从降低参与门槛着手,了解社区在操作过程中有什么困难,简化、减少不要的程序、表单及规定,增加社区参与信心。

其次,针对培训力量不足的这一问题,可扩大邀请在地大专院校参与培训团队,增派培根计划师资库讲师,加大培训的力度,满足社区需求。

已冷却或暂时仍无动力参与的社区,则可派遣培训农村再生专员、农村再生顾问师等较了解农村再生精神或学有专长人员进行在地陪伴,逐步引动社区投入。另外亦可办理竞赛加大培根计划的曝光度,增进一般民众对农村再生的了解,也借以提高参与培根计划的社区的荣誉感,增加参与热度。

导入社区自学机制以补培根计划的不足,除可有效引导社区自行讨论并解决问题,培养社区逐步自立自主的人才与能力外,也可弥补培根开课空档,维系社区居民参与意愿及热度。

农村再生培根计划不仅重视社区的学习过程,更重视社区能不能真正实践社区的愿景,空有学习,人人都具备规划、建设、经营、领导的能力,但未提供资源落实规划,也无法维持参与培训的热情。因此,最后,依社区能力给予不同金额,不同类型的补助,提供资源帮助实现社区理想。

2.青年参与

参与培训者年龄偏大,永续经营有隐忧",应以吸引青年参与为最重要的目标。既以青年人为对象,就必须投其所好,从网络媒体互动开始,吸引年轻人关注农村议题,提供活动体验来加强倡导,透过亲身参与来增进彼此的认识。

持续办理大专生竞赛活动,引导与培根计划资源结合,使青年创意有效投注在已参与培根计划的社区,与参与培训的居民共同脑力激荡,一方面增强发青年朋友对农村的感情,提高毕业后进入农村服务意愿,另一方面也为农村社区发展寻求与众不同的创新思考及推动方式。

另外,空有有志进入农村的青年人而无就业市场,是无法达到吸引青年参与之目标的,应先分析农村就业市场情形,开发青年投入农村长期生活可能的就业机会。

投入青年就业及创业的机关很多视青年需求引入或转介相关资源协助也非常重要,透过跨域合作结合彼此的辅导资源,经由培训提高青年人农村就业必要之技能,或提供实质补助创造就业机会,都是具体鼓励青年参与农村事务的措施。

3.社区自主

培训重点在于辅导社区自立自主,应从培根课程检讨开始,针对社区未来多元发展需求,增加特色选修课程,促进社区多元学习。

在课程质量方面,应落实开课甄选审查作业,让认真准备的社区优先接受培训,也应加强课程后的检核工作,居民参与率低、无法顺利完成检核点作业的社区都应该留在原阶段,稍作沉淀并给予额外的辅导。

为避免社区所提年度执行需求,因培根实作课程有过确实的演练,比较熟悉也懂得如何操作,而将申请项目集中在"雇工购料"及"活化活动"上,应增加实作课程的项目,让社区可自由选择操作,为未来打好基础。

除鼓励所有社区居民一起参与的培根课程外,应针对以培养干部为主的农村再生专员班,要有更明确的规划,配合社区成长的步调,逐步厚植社区领导者相关知能,以应付未来执行农村再生计划各方面的挑战。

自学机制在引导社区自主上亦不可少,可以有效弥补培根计划固定时数的不足,培养累计社区居民共同讨论、学习新知、解决问题的能力与经验,提前预习在执行农村再生计划时可能发生的各种情况。

(三)解决对策与方法

依据前述课题分析,培根计划于2012年起逐步进行改善与精进,首先从简化开课程序,删除整并开课流程,缩减实作课程各式申请、汇整、核销表单做起,以加快社区开课及办理实作课程核销速度,减缓社区对于行政作业不熟悉因而却步之疑虑,鼓励社区广泛参与。

另外针对培训能量不足之县市,广邀在地大专院校参与培训团队,增加培训时数、提高培训质量,透过结合产、官、学界及艺术美学,提供专业团队下乡辅导,课程安排客制化,让社区倍感贴心。

为因应庞大培训需求,落实为农村社区量身打造课程设计理念,增加农村再生培根师资至686位,强化各领域师资阵容,落实由在地师资教导在地社区,改善参与学员学习效果。

为维系农村居民的热情,厚植社区自主能力并引入青年参与,推出三项农村再生培根计划精进措施①。

1.农村再生社区行动工作坊

农村再生基本精神即是由农村居民做主,由下而上,一起考虑自己社区的未来方向。培根计划透过实作课程引动社区民众成立社区工作坊共同讨论,参与社区资源调查、活化活动及雇工购料等,以实际操作来体验学习,以"在地人做在地事"辅导社区就地取"才"主动参与实务操作,地方需求自主营造。

为强化此点,提高培训质量,协助社区建立内部常态性讨论及自主学习模式,于2012年启动"农村再生社区行动工作坊"机制,针对尚未执行农村再生计划的农村社区,利用参与培根训练之空档,扩大鼓励农村针对社区在地议题组成"社区行动工作坊",经由居民间互相讨论凝聚共识,进而拟订操作策略

---

① 水土保持局:《农村再生幸福启航成果回顾》,水土保持局2015年印行,第16~31页。

并共同执行各项软硬件补助,培养社区解决问题之能力,累积实务操作经验,以维持居民热情,提高对社区之认同感及凝聚力,促进社区迈向自主永续发展。

2.农村再生青年回乡筑梦

为协助农村社区永续发展及农村活化再生,鼓励青年人回乡服务及从事农村再生及农事工作,为农村注入新活力,达到农村人才与人力之充分有效运用,从2012年起针对已通过农村再生计划之农村社区,办理"农村再生青年回乡筑梦试办计划",除提供年轻人回乡发展的机会,更透过青年人协助农村社区改善农村社区之生产、生活及生态空间,改善农村社区生活机能与活力,辅导其参与农事及农业教育,引发从农留农意愿,发展农村产业。

3.农村再生社区关怀与陪伴

完成"培根计划"四阶段训练,政府的陪伴也不会就此终止。农村再生计划审查核定后,社区如有特色发展议题需要继续深化讨论,或在经营上遭遇困难、疑惑需要关怀或咨询,还可透过关怀与陪伴机制获得必要的协助,陪伴社区逐步实践愿景,迈向自立自主实践之路。

为促进农村社区永续发展,延续"培根计划"在地深耕的陪伴精神,满足农村社区成长发展之学习需求,厚植社区在地人才,建立社区资源整合能力,于2014年订定"农村再生社区关怀与陪伴"机制,针对已核定农村再生计划之社区,依参与社区的广度及讨论议题的深度,分别以"区域陪伴""深化及干部陪伴"及"社区陪伴"等三种不同陪伴形态,提供社区发展地方特色所需的培训资源,建立供社区咨询的服务窗口,关怀农村社区协助其踏实逐梦,落实农村再生计划,实践社区发展愿景。

"农村再生社区关怀与陪伴机制"亦将社区所聘请之回乡青年纳入培育对象,提供相关教育训练机会,使回乡青年深入了解社区特色及资源,以结合在外所学,发挥长才协助农村社区推动农村整体再生及活化。

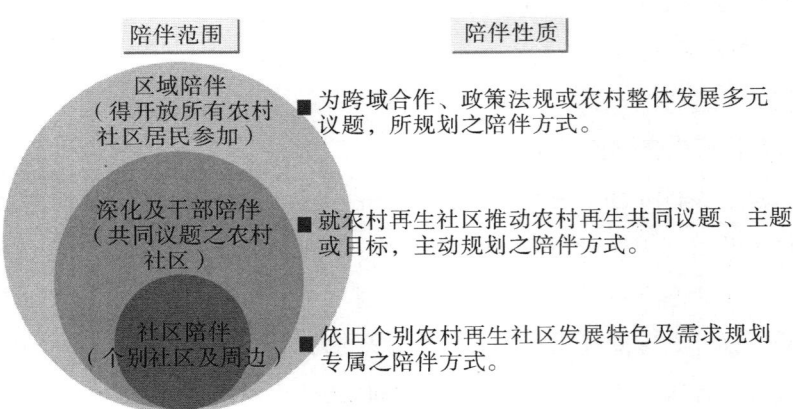

资料来源:(台湾)"行政院"农业委员会水土保持局。

图5 农村再生社区关怀与陪伴机制之陪伴形态

四、实际效益

农村再生的推动,先由认识农村再生培根计划开始,逐步进行四个阶段课程循序渐进的学习,提出农村再生计划,核定过后,再借由关怀与陪伴机制接手,针对社区需求,由团队以量身订制的规划持续协助辅导社区。截至2014年,累积参与"培根计划"的社区已有2 206个,已超过全台湾农村社区总数的一半以上,其中已完成四阶段结训的社区共有755个,近500个社区提出农村再生计划,已核定则有450个社区[1]。

(一)厚植农村发展知能

为了解农村社区对于培根计划所带来的帮助、效益及实质感受,汲取改进意见。2014年度针对于2010年8月"农村再生条例"实施后才参与"培根计

---

[1] 水土保持局:《2014年度农村再生培根暨永续陪伴管理计划成果报告书》,水土保持局2015年印行,第37~63页。

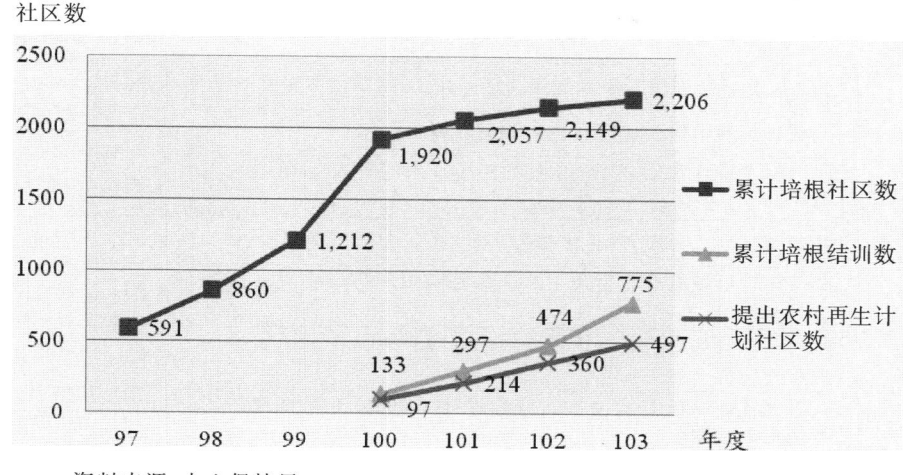

图6 农村再生培根计划历年累积培训社区数

资料来源：水土保持局。

划"，并于2013年年底完成四阶段培训的农村社区，从中抽样20个并针对其完成培训的20位学员进行"农村再生培根计划政策满意度调查"。

其中，"农村居民对于社区参与培根四阶段课程后的转变"的调查结果显示，20项问项平均结果皆在4分以上（采5等级量表，1为非常不满意，2为不满意，3为无意见，4为满意，5为非常满意），都在满意水平之上，仅于"我认为目前培根四阶段92小时培训，已足以辅导社区稳定推动农村再生"项上落于无意见与满意边缘，相较之下，突显出培根计划四阶段92小时训练，虽然可在各面向带动社区正向发展，且让社区居民有明显感受，但当受访者开始思考长远稳定来推动各项事务时，就会变得比较缺乏信心，期待在他们未来面临困难时，仍然可以有相关辅导措施给予协助。

此项调查结果证明，2012年起启动培根计划精进措施中订定引导社区自学的"农村再生行动工作坊"以及社区核定农村再生计划后永续陪伴的"农村再生社区关怀与陪伴机制"之重要性与必要性，确实延续并填补培根计划四阶段92小时课程的不足，以满足农村社区平时讨论或后续农村再生计划落实上持续学习成长的需求。

表 1　社区参与培根四阶段课程后的转变问卷统计表

序号	问项	平均数	标准差
1	我感受到社区居民对家乡的认同感提高了,凝聚力也变得更强	4.38	0.614
2	我与社区其他居民经常讨论有关社区发展的事情	4.21	0.658
3	我的社区举办活动,社区内街坊邻居及亲朋好友都会主动积极参与	4.28	0.679
4	我的社区令人称羡,当社区需要协助时,我会乐于贡献心力	4.37	0.665
5	我的社区已经具备自行规划及执行各类型农村再生年度执行计划的能力	4.21	0.710
6	我与社区其他居民都有能妥善运用并维护社区内公共设施的概念及能力	4.24	0.645
7	我感受社区居民对于美学的概念提高了,也会主动整理社区内的孤陋空间	4.19	0.699
8	当我的社区要导入新的硬件设施时,我与其他社区居民会以友善环境为优先考量	4.33	0.579
9	我认为培根训练所学对社区自主营造地方特色及农村风貌是有帮助的	4.40	0.607
10	当我的社区参与环境改善时,我与其他社区居民会优先采用亲自然材料及生态工法	4.27	0.639
11	我的社区经过培根训练,已逐渐具备开发及营销在地农特产品的能力了	4.13	0.757
12	我认为经过培根训练,居民更愿意投注心力传承家乡的历史文化及传统技艺	4.21	0.634
13	我感觉培根训练所学有助于促进社区在各面向(如生产、生活、生态及历史文化)的发展上更有创新能力	4.26	0.624
14	我感觉培根训练所学有助于形塑社区发展核心价值并具备筹措社区发展基金能力	4.18	0.693
15	我的社区中参与培根训练的老人家活得更有成就感,更愿意为社区贡献自己的智慧	4.21	0.671
16	我认为经过培根训练,有更多社区青年人愿意参与社区公共事务,增进社区活力	4.13	0.703
17	我认为经过培根训练,社区对于取得政府信息管道、速度及正确性都提升了	4.17	0.708
18	农村再生概念已在社区扎根,纵使社区组织人事更迭也不会造成影响	4.03	0.795
19	我认为目前培根四阶段92小时培训,已足以辅导社区稳定推动农村再生	4.00	0.892
20	整体而言,我对社区在参与农村再生培根计划后的发展及转变是满意的	4.32	0.662

资料来源:水土保持局。

(二)促进农村多元参与

1.鼓励青年参与培根

社区共同参与为农村再生推动基本理念之一,因此,培根计划不限参与条件,无年龄、性别、种族等限制,从百岁人瑞到三岁孩童,"原住民"、新住民,只要是农村居民都能参与培根训练。

在2009年"农村再生条例"通过前,台湾共有860个社区参与"培根计划",当时每个社区平均仅有2.4个学员在45岁以下。条例通过后,引发社区参与潮,2009年社区累计至1 212个,每个社区平均青年参与数增加到7.7个。

2012年进入培根计划的质量转型期,在相关精进配套措施助长下,参与社区总数突破2 000个,每个社区平均青年数增加到8个,2013年更一举进入到9.1个,整体而言,青年参与培根计划是呈现持续成长的趋势。

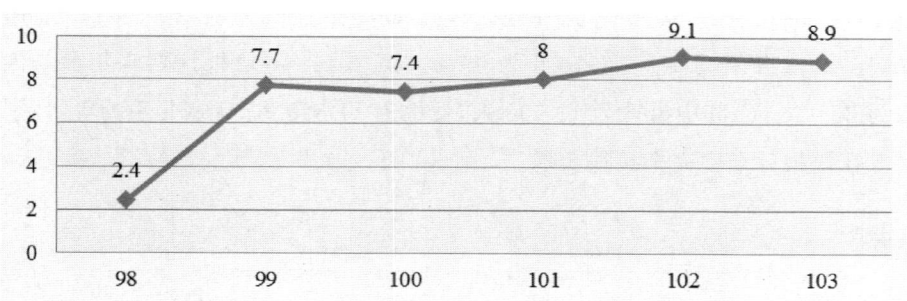

资料来源:水土保持局。

图7　培根计划历年社区平均青年参与人数

"农村再生青年回乡筑梦试办计划"作为培根计划精进配套措施之一,在2014年度培根计划政策满意度调查中,抽样的20个完成四阶段课程社区,请参与培训社区居民填答问卷,结果显示多数学员认为计划有助于增强高青年回乡意愿,且问卷调查显示,农村居民明显感受到青年回乡能推动公共事务、提高传统产业传承的希望。

表 2 社区参与青年回乡筑梦示办计划后感受问卷统计表

项次	问项	平均数	标准差
1	我的社区参与青年回乡筑梦计划后,所聘请的青年人有助于增进社区创意及活力	4.16	0.699
2	我的社区参与青年回乡筑梦计划后,所聘请的青年人对社区推动公共事务是有帮助	4.15	0.696
3	我的社区参与青年回乡筑梦计划后,有助提升在地青年从农或留农意愿	4.00	0.711
4	我的社区参与青年回乡筑梦计划后,让我的社区居民拥有传统产业世代传承的希望	4.03	0.701
5	整体而言,青年回乡筑梦计划对我的社区所产生发展及转变是满意的	4.09	0.709

资料来源:水土保持局。

2.性别参与

在性别参与比例方面,培根计划鼓励各阶层、各职业、各族群参与讨论,为自己发声的气氛下,女性参与一路成长,从 2009 年占 45% 到 2010 年占 44%,2011—2012 年皆为 48%,2013 年为 49%。至 2014 年,培根计划全年参与人数为 22 428 人,其中男性为 11 108 人,女性为 11 320 人,比例几乎均等,性别平等在培根计划中完全获得实现。

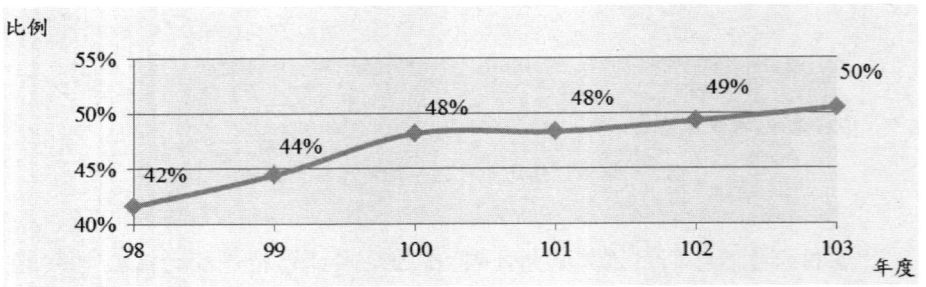

资料来源:水土保持局。

图 8　培根计划历年女性参与人数比例

(三)维系社区发展动能

农村再生的推动采用由下而上,设计了培根四阶段课程协助社区凝聚共识,自主提出农村再生计划来加落实。如社区本身动能不足或缺乏共识时,即可能暂时停顿下来,参与培根计划四阶段课程中的社区中就有不少社区可能在操作过程中因多元意见分歧而难以整合,或居民参与能量不够无法形成社区共识,因而无法完成当阶段设定课程目标,停滞下来。

为了协助社区在各阶段课程间,或在无法完成课程阶段时,能透过自主学习,延续或补强社区在推动上的热情及动能,2012年建立"农村再生社区行动工作坊"机制,希望社区透过自行组成工作坊讨论地方议题,由居民通力合作方式完成设定之目标,借此过程将社区居民聚集起来凝聚共识,培养社区解决问题之能力,让有意愿推动、营造故乡愿景的农村社区,早日迈向自立自主,实践农村再生。

2012—2014年,全台各农村累计组成881个工作坊,针对社区内资源调查、环境改善、产业活化、文化保存及生态保育等议题召开会议共同讨论,以具体行动完成预设目标。

2014年亦针对"农村再生社区行动工作坊"进行政策满意度调查,抽样20个完成四阶段课程社区,对其参与培训社区居民进行问卷访问,结果显示多数学员认为农村社区透过行动工作坊可以帮助社区推广农村再生,使更多居民关心公共事务,居民间开始慢慢建立自主学习模式,解决问题的能力也随之提高。

表3 社区参与农村再生社区行动工作坊后感受问卷统计表

序号	问项	平均数	标准差
1	我的社区参与农村再生行动工作坊后,有助于社区在培根课程间动能延续或社区能量扩大发展	4.14	0.646
2	我的社区参与农村再生行动工作坊后,有更多社区居民开始关心社区公共事务	4.12	0.653
3	我的社区参与农村再生行动工作坊后,逐步建立常态性讨论及自主学习的模式	4.08	0.662

续表

序号	问项	平均数	标准差
4	我的社区参与农村再生行动工作坊后,提高了对各种公共议题解决或处理能力	4.04	0.650
5	整体而言,农村再生行动工作坊对我的社区所产生发展及转变是满意的	4.19	0.677

资料来源:水土保持局。

(四)辅助社区永续发展

"农村再生社区关怀与陪伴机制"一般简称为"永续陪伴",系依据"农村再生条例"第三十条,加强农村社区之规划、建设、领导、永续经营等人力培育及农村活化再生之倡导所办理。

目的是为促进农村社区永续发展,延续培根计划在地深耕的陪伴精神,持续关怀与陪伴农村社区,满足农村社区成长发展之学习需求,厚植社区在地人才,建立社区资源整合能力,提高居民对于公共建设、文化资源、产业文化及景观生态等专业素养,以透过为农村社区人力加值,落实农村再生计划发展愿景,逐步发展出具地方特色、自立自主的农村社区。

为了解第一线陪伴团队及人员服务社区的满意程度,2014年从已核定农村再生计划社区中抽样200个社区,针对社区干部及曾参与陪伴辅导的民众(5人)进行访问,摒除无意愿受访及问卷填答有误者,一共取得到839份有效问卷。结果发现,就社区反应而言,陪伴人员服务成效上大致获得不错的评价,亦可看出关永续陪伴对于社区的关怀、协助及辅导具有正面效益。

另外就政策层面,同样抽样的20个完成四阶段课程社区,请参与培训社区居民填答问卷,结果与永续陪伴团队社区满意度调查相符,其中,在"助于年度执行计划的推展"的问项上,得到最高的分数,显示出永续陪伴计划确实可协助社区执行年度执行计划,引导社区达到社区未来愿景,迈向永续发展。

表 4　社区参与农村再生社区关怀与陪伴后感受问卷统计表

序号	问项	平均数	标准差
1	因农村再生关怀与陪伴计划帮助,我的社区遭遇问题时随时都能找到咨询的管道	4.08	0.738
2	因农村再生关怀与陪伴计划帮助,我的社区可以很简单快速的取得政府各项信息	4.12	0.710
3	因农村再生关怀与陪伴计划帮助,我的社区年度农村再生执行计划可以顺利推展,逐步落实社区发展愿景	4.20	0.711
4	因农村再生关怀与陪伴计划帮助,我的社区能够持续深化自己的特色,提升自主能力,迈向永续发展	4.21	0.661
5	整体而言,农村再生关怀与陪伴机制帮助下对我的社区所产生发展及转变是满意	4.24	0.695

资料来源:(台湾)"行政院"农业委员会水土保持局。

五、未来展望

在农村再生培根计划的辅导培训下,2014 年全台湾已将近有 500 个社区完成研提农村再生计划,农村再生计划是一个农村完整发展的愿景计划,包括农村的生产、文化的保存、生态的保育、生活环境的改善,在农村社区居民的共同努力之下,逐年完成农村再生计划的每一项工作。

然而,要让农村真正的再生,发展产业提高农村的就业机会及所得,让青年人愿意回到农村生活,是其中极为关键的因素。培根计划如何透过农村社区人力培育,引领农村社区在推动农村再生过程中,更着力在农村产业发展之上,透过就业及所得提供让青年人愿意回到农村来,借以带动农村文化的传承及保育概念的深化,帮助社区的年长者得到晚辈的关怀与照料,是未来最重要的课题。

另外,农村再生培根计划推动至今,正面临着质(社区素质)与量(培训数量)的调整及转型。一方面期待借由系统性培训,深化社区自主能力,使居民的构想化为行动力,一边学习一边落实,逐步建立组织体制健全的农村社区,朝向永续发展;另一方面,亦希望能引动更多缺乏共识及动能的农村加入参与,辅导更多社区推动农村再生活化工作,以达成2030年全台湾4 200处农村活化再生之目标。衡量两者权重,有效运用培训能量,亦是未来需要衡量的。

目前看似执行已进入稳定发展阶段的农村再生培根计划,在此又见更高一层的挑战,而且农村社区的发展及创新本来就不会停止,永远需要更多元、更精致的人力培育工作来满足农村长远发展,乃至于永续经营的需要。

下个阶段的培根计划,应透过与县市政府的合作持续扩大培训能量,鼓励多元参与,持续以"零距离的贴心服务",协助社区培育、发掘在地人才;强化"客制化辅导教学"的内涵,让农村社区透过人力培育,得以发展自我特色成就地方产业;培根计划除了课程训练,更是长期的陪伴,作为农村社区长期的伙伴,应"整合跨域辅导资源",视社区需要协助引入各界多元专业与资源;最后再透过"延伸性服务策略",主动关怀弱势,结合网络行动服务扩大参与,以满足农村社区发展上各种层面的需求,让农村得以实践自己的核心价值,实现自我。

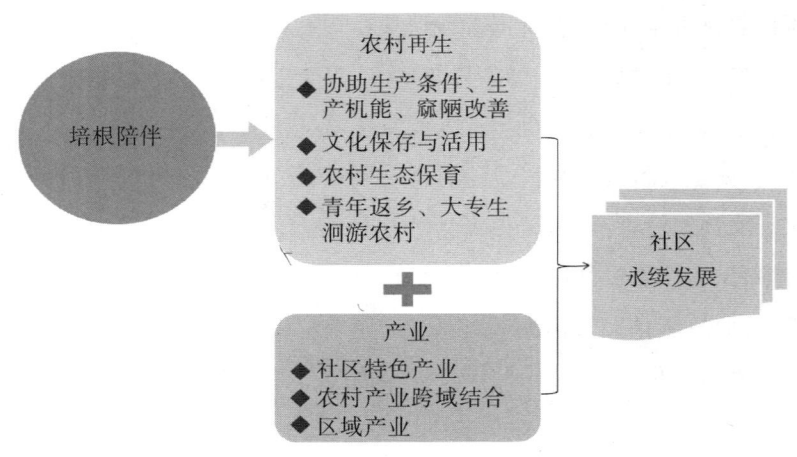

资料来源:水土保持局。

图9 农村再生培根计划推动农村永续发展架构

大家可以试着想像，20 年后的台湾农村除了有美丽的景象随着四季展现多样的动静风貌外，还有蓬勃发展的农产业，完整保存的农村文化与多样性生态，老人、年轻人、小孩得以在农村悠游生活，具体实现"活力、健康、幸福"的希望农村，是农村再生政策最大的目标及愿景。

农村社区产业发展与辅导实务

陈明贤[*]

摘　要： 农村再生除了人心的改变、环境的改造、文化的传承外，最重要的是能让社区永续发展，社区产业在此一环节上扮演着重要角色，产业唯有稳健地发展，才能提高农民所得，有了稳定的生活来源，才能创造更多的在地就业机会，以吸引年轻人回流，进而提高农村社区人才素质及引领社区产业创新发展，达成农村社区永续发展的目标。

社区居民在推动农村社区产业时对于发展产业所需之观念及作法非常匮乏，期能透过浅显易懂之文字，使社区居民自我检视与操作，引导社区产业逐步发展，也唯有将机制建立并使概念流通，才能真正落实与推动，使农村社区产业顺利发展。

本文主要于农村社区产业发展历程中，引导执行者从自我评估、分析社区内部资源丰富度、推动社区产业发展的必要性、确认核心产业、未来销售对象、经营主体、产品开发、营运计划、营销通路等，了解可能遇到的阻碍与困境，从中寻求解决之道，以避免资源无效投入，造成资金及时间之浪费，提高成功之机会。整体切入主要从导入期之参与阶段，主要吸引社区居民参与并凝聚共识，找出热忱的志工人力，建立社区居民之信心及个人存在价值感。接下来进入成长期阶段，透过农村社区资源盘点与整合，将农村社区资源进行转换与呈现的过程，找出核心产业及产品发展定位，强调将产品商品化并成功营销。第三阶段为成熟期，主要系将产业附

---

[*] 陈明贤，屏东科技大学水土保持系兼任助理教授。

加价值或创新,并要以"永续"作为最大目标,学习自立自主,不再依赖政府的补助,强化社区产业建立反馈机制,如同企业社会责任概念,透过经济销售行为,挹注社区达成公共事务服务之目的,逐步朝向社会企业之发展。

关键词: 农村再生;农村社区产业;社区反馈

一、绪　论

"农村再生条例"于 2010 年 7 月 14 日于立法部门三读通过并于同年 8 月 4 日公布施行,从此农村发展有法源基础,亦是一部为农村量身打造的法令,农村再生除了人心的改变、环境的改善、文化的传承外,最重要的是让社区永续发展,提高农民所得,吸引年轻人回乡留乡,产业发展着实扮演关键的角色。也因此,近年来推动农村再生的过程中"行政院"农业委员会水土保持局一直把产业发展列为重中之重。然而农村社区多专注于农业生产,社区产业发展非其专长,常不知如何着手,实有必要对产业发展从无到有之概念建立清楚的操作方式,参考其他社区成功的模式,引导社区有依循的方向。因此,该局积极邀请专家学者及具实务经验的执行者,共同召开座谈会,针对发展产业各阶段所面临的困境,不断分享及讨论,研订出相关执行机制,带动社区产业的发展,引导社区落实反馈制度,促使社区永续自主的发展,减少政府资源的补助,共创农村、农民、农业之三农福祉。

农村社区产业开创与推动必须同时考量诸多面向。在产业起步到发展的生命周期,可分为"导入期""成长期"及"成熟期",导入期主要使社区居民知晓自身处于农村社区拥有之资源与特性,评估是否发展农村社区产业;成长期代表社区推动产业具有潜力且方向正确,核心产业清楚、农村社区能量足够、资源产出稳定等,因此,必须着重资源及产品的质量及稳定性、资金运用及拓展哪些市场等;成熟期农村社区操作产业的手法应该炉火纯青,不仅可稳定质量、增加产量,也善用政府资源使推动产业过程顺利,更能透过营销手法打造农村社区自身的品牌及价值,此外,必须要以"永续"作为最大目标,学习自立自主,不再依靠政府补助,透过推动产业获取的利益永续经营,透过反馈机制的建立,将成果扩及层面更深更广,造福更多的人,包括硬件设施设备、人文关怀、社会福利等,以下针对农村社区产业发展各阶段应具备之观念及辅导方式深入浅出的探讨。

二、现况说明与问题分析

(一)如何引动农村社区

推动农村社区产业发展,最重要的是吸引社区居民参与,找到对的人,产业发展就成功了一半。所以农村社区发展产业的前提是了解社区内居民属性与特质、在地文化特色及现有产业特性等因素,让社区居民学着参与,了解社区内产业资源,透过讨论或实际参与而建立共识,进而再找出适合社区产业发展的方向。

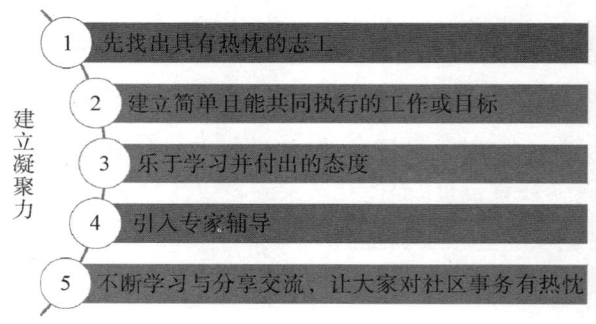

图1 农村社区推动产业踏出第一步就是要建立社区凝聚力

1.先找出有热忱的志工,建立社区凝聚力

让农村社区动起来,可以从社区之中找出有热忱的志工。在农村社区或群体中发起活动或从事某件事,往往"人"为关键因素,且多为义务性或无给职制,在此情形下,社区组织领导干部一定要先找出有热忱且愿意默默付出的"志愿服务者"来推动,让这些人先站出来,愿意发声,试着踏出第一步,社区发展产业才有启动的机会。

2. 建立简单且能共同执行的工作或目标

发掘并组织热诚的志工人力资源后,接下来必须吸引其他居民加入参与,从社区小众拓展为大众,让农村社区多数人都可以参与表达意见或加入行列中共同执行工作,所以此刻目标或执行工作,初步一定是浅显易懂且能让大家共同操作的事务,因此要凝聚共识,从社区多数人可以投入的事务或产业开始,让多数的社区居民感兴趣、愿意一起动手做,在付出后能获得或感受到实质的成效与成果,才有机会让大家有信心再做下去。

3. 乐于学习并付出的态度

社区居民从简易事务操作而建立自信后,社区居民比较有意愿持续学习及参与,甚而愿意挑战其他较具难度的任务。当人的心态与心境上是快乐的,表现出来的行为模式也会偏向乐于学习,愿意主动付出及适时发挥所长。社区居民或志工投入公共事务,心境愉悦时,执行相对比较顺遂,在此美善循环下,居民也会乐于参与社区事务,在付出中获取快乐与成就感。

图2　彰化县埔盐乡大有社区居民为社区产业发展而讨论

4. 引入专业辅导

在社区产业推动初期,仍需要有跟产业推动与发展相关实务经验的专家或学者,直接进入农村社区场域,协助进行社区发展产业的诊断与各项产业发展工作的辅导。在辅导过程中,最值得重视的价值,即是社区居民心态的转变,透过专业辅导让社区有自力自立的能力。推动农村社区发展产业时,必须教导社区居民具有主导性以及对于发展产业的具象想法能力,因此透过辅导团队或专家学者进驻社区辅导与协助,能够降低产业初步发展的失败率,非让社区产业能立即有丰硕成果或能大量获利。

5.不断学习与分享交流,让大家对社区事务有热忱

社区产业发展绝非一成不变,透过不断学习以转变思维,在精益求精、求新求变的精神下,社区产业才足以因应外界事务转化,可透过社区内部设立读书会或工作坊,让社区居民分享所学新知,或分享从事社区事务经验与甘苦谈,其他居民则有机会从中获取新知,认同他人投入社区推动工作之付出与成果,让社区每个人都有机会担任主角,依据专长或投入,拥有发展舞台与存在价值感,持续对推动社区产业产生信心。

图3 彰化县埔盐乡大有社区不只是环境的改变,更是"心"的转变

(二)我们的社区需不需要发展农村产业

社区的生活形态、空间配置、组织发展、产业特色不同,对于社区而言,是否必须推动产业?推动产业的主要目的是为增加经济收益,对社区组织而言,应该有完整的必要性评估,外部需求与内部供给搭配时,才能评估社区是否具有推动产业之必要。

1.农村社区产业的定义

农村是人口与经济活动聚集的地方,推动产业才能让农村经济永续发展,农村社区产业主要是以农村社区范围内之生活、生产、生态或文化为基础,结合在地文化之故事性及情感性,联结产业价值链相关资源建构产业,经营主体包括社区居民、社区组织或企业,运用在地生产、传统技艺、资源再利用或自然食材,强调主原料或技术皆来自在地,强调健康,更强调社区居民的参与及价值反馈,以促进在地就业机会及社区福利、生态保育及文化保存等。

2.农村社区产业经营模式

农村社区产业,主要以"商业运作"方式来实现"组织社会"的目的,进而达到财务的"自主营运",将盈余再投入产业及社区发展。然而,社区产业发展强调"自助"的精神,运作过程中要与地方政府、商业部门等组织保持良好合作关系,才能有效推进。社区本身就是社区产业发展的最佳代言人,社区产业能为社区创造财富,社区才能永续发展。

3.社区产业发展的基本认知:要有成本、支出、收入的概念

若从政府协助推动产业的角度,则产业内的事业体必须已经存在,透过政府的力量,创造共同生产平台,以降低成本,提高销售量,或是透过事件营销提高地方品牌知名度。但对个别事业体而言,每个农民(或居民)转变为事业体的经营者时,不再依赖政府编列计划"预算"来补助,应该建立个别事业体经营时的"成本支出""营业收入"概念。

4.社区产业的整合发展

农村中的产业形式可以是多元的,从传统原料端生产一级产业、制造加工二级产业,提供服务三级产业,到第四级的美学、体验经济,均有各项推动的可行性。第一级产业之产物大多进行加工制作为第二级产业,而因其有时效性、保鲜期的特性,不论是第一级产业或第二级产业的产品,过期后即无法运用至产业上。可以透过产业的转型,将第一级产业之采摘转换包装为第四级产业的体验模式,游客亲自采集除了获得第一级产业产品之外,也享受第四级产业的体验活动。

图4　南投县信义乡梅子产业带动社区发展

 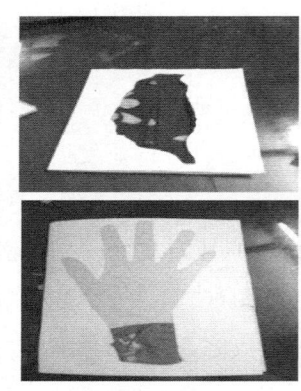 

图5　苗栗县三义乡双潭社区卓也小屋休闲园区多元产业联结

5.应先自我评估是否需要发展农村社区产业

在社区推动产业之际,往往忽略与市场脉动的联结,包括下列各点:

(1)为什么要卖。社区发展协会缺乏经费?社区内的居民经济遇到困境?社区内的产业已经没落?社区有很多人来参观,却没东西可买?

好的社区产品或服务,必须有正当的发展理由,不然消费者可在市场上选择其他无数的相似产品或服务。

(2)要卖给谁。卖给本地人,卖给观光客,卖给网络客？是否具有在地意象加值？抑或纯功能导向？卖给儿童、年轻人、中年人、老年人？不同背景的人,对于产品或服务的要求不一样,哪些人最容易让社区接触与销售？

创业之前,须先确认好目标市场,锁定销售对象,在产品或服务设计上才能符合其需求。

(3)设计是否吸引人。除非有强烈的在地意象与故事,不然一个好的设计不一定有好的卖相。由谁来设计,设计内容应该为何？内容应该由在地居民共同讨论,可委托专业公司依照讨论结果进行设计,从商品角度而言,初步可发展商品包括食品类、服装类、器具类、文具类、农产类、包装、网站、解说摺页、影音类。

(4)是否符合国家安全规定。社区产业销售的任何产品与服务,都应该是"玩真的",不能让消费者因为对社区的"情感"而接受违反完全规定的产品或服务！

社区产品或服务涉及相关规定粗略包括食品安全规定、建筑安全规定、消防安全规定、CNS相关产品规定、交通安全规定、工厂安全规定。

(5)价格(功能价格、期望价格、期望价值)是否合理。定价考虑过市场行情？价格符合消费者之预期？有无让消费者超乎想象的惊奇在里面,可增加价格？

消费者购买任何产品或服务必须接触的信息即为价格,合理的价格必须考虑功能、制程、原料成分、故事性,太高价格没人要买,太低价格做来辛酸！

(6)是否具有在地意象或故事性。现在是故事营销的世代,社区要吸引消费者进入购买,必须具有强烈之在地意象,或有人物、文化、地理、产业的故事,人物、文化、地理、产业可转变为产品符号,让消费者够带着在地意象符号离开。因此好的在地意象与故事性,能够为产品增加价格空间,是好的营销媒介。

(7)生产制作是否具有效率。社区产品是否为手工艺制作？当需求增加时,制作能量是否能够满足?社区产品是否能委托工厂代工?此产品内容是否因此丧失在地意象或联结性?

社区产业仍须考虑到"规模经济"的向度,唯有生产制作到某一个"数量"规模,此产业才能具有经济性。

(8)成本结构(包括材料费、工钱、设备摊提费、管销费、场地费、水电费、税金、利润)。唯有经过明确的成本结构计算,才能确认开发产品是否具有利润,避免长期投入却发现是一场梦。

(9)谁来生产制造。由社区的居民来制作,具有在地增加就业之意涵,但是效率、质量、成本恐皆要进行评估?若委托专业厂商制作,可能受到"未创造在地就业"批评。

稳定的制造量、质量、合理的价格,方为消费者在消费时所考量的重点。

(10)是否涉及版权或专利。由社区自行创作,必须申请专利或版权;若由他人创作?则必须有同意授权使用,当中包括权利金的多寡?

只要涉及商业行为,一切都站在法律基础上,一张相片也需要原作者授权。产品研发时,应仔细考量是否涉及版权或专利,若被模仿了,是否有办法举证?若模仿别人了,则须面临法律上被告求偿的课题。

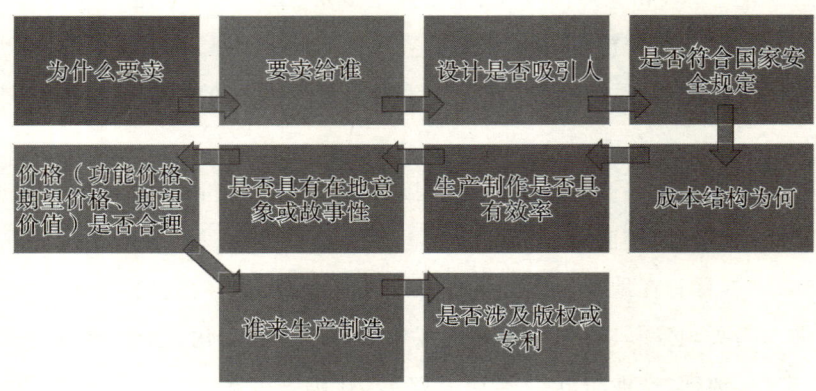

图6 透过10项流程步骤的评估,农村社区是否需要发展农村产业

三、实施策略

(一)我们的农村社区能做什么产业

社区营造资源面向丰富,发展产业,则考虑到经济效益的评估,对社区而言,必须重新盘点社区推动产业可用之资源,包括内部资源、外部资源,评估各项资源的特性、特色、可运用性、可整合性,以利了解社区短期内推动产业是否可行。

1.以产业的角度进行社区资源盘点及评估

社区在思考要发展何种型态产业及发展定位之后,继而规划产业未来发展的各项执行工作,以产业的角度来盘点及评估社区资源。盘点时可先将社区资源分为两种——外部资源及内部资源,以下对两种资源性质做说明。

外部资源指社区外影响社区推动产业之资源,例如县市政府部会对社区的补助计划(与社区有所联结之县市政府、农会、文化部、林务局、环保署、农粮署、水保局、公所等),透过社区所提之需求向相关公部门部会申请,与社区有相关之计划包含休闲农业旅游、稻作产销、农村营造、地方产业发展、减少废弃物及资源利用、稻米质量鉴定、农业残留检验、农产品产业推广等。

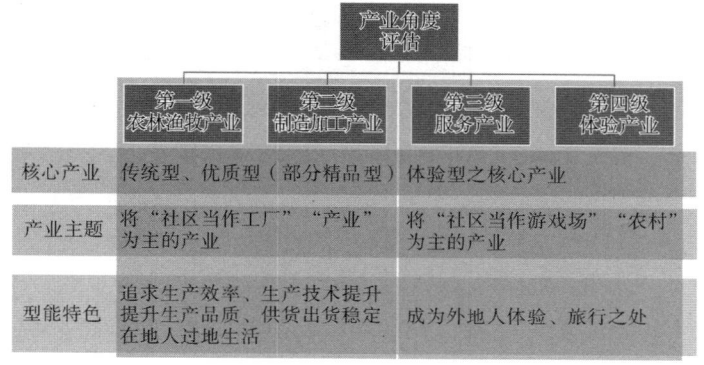

图7 以产业角度进行社区资源盘点及评估

2.检视社区基本元素的资源

除了透过产业角度盘点第一级产业至第四级产业,盘点社区基本元素之资源也是社区成功推动产业的重要因素。社区推动产业必须要有社区的独特性及故事性,才能打造社区独有的市场吸引力,盘点社区基本元素,不仅能集结社区居民的共识,更能在推动产业后的大市场中突显社区独特性及特色。

社区基本元素的资源可分为自然资源、人文空间、人的资源、文化资源、文献资源等五类,以下逐一说明:

(1)地(自然资源)——地理环境、动物、植物、矿物等。

(2)景(人文空间)——聚落景观、公共空间、家户空间、生产空间、水利空间、军事空间、交通景观、历史纪念物、考古遗址等。

图 8　彰化县埤头乡仑脚社区黄牛耕田

(3)人(人的资源)——人口特征、历史人物、社区领袖、军公教人员、艺术工作者、专业人员等。

(4)文(文化资源)——社区起源与变迁、语言、族群互动、家族变迁、社会团体、信仰节俗、口传文学、战乱记忆、重大灾难、艺术特色、餐饮食物、传统服饰、传统住屋、教育、休闲娱乐等。

图9　台南市盐水区竹埔社区三合院建筑

图10　农委会绿生活表演趣—餐饮食物

（5）文献（文献资源）——文字、影像、声音、视讯等。

图11　茶乡老照片展

3. 社区产业主要发展的产业内涵，找出核心产业

每个社区均需要评估目前对于发展各项产业的成熟度以及持续运作的机制是否存在，着重于核心产业，持续深耕，才有机会创造社区产业品牌。思考农村社区能做什么产业之前，思考想要发展何种形态的产业。

产业的形态可分为传统型、优质型、体验型及精品型，可再细分两种面向，一种是将"社区当作工厂"，主要为着重于追求生产效率、技术提高、生产质量等，是以"农业"为主产业，涵盖现有一级农林渔牧及二级制造业产业；另一种则为把"社区当游戏场"，成为外地游客进入社区体验、参观、旅行、观光休闲之处，是以"农村"为主产业，涵盖第三级服务产业及第四级体验产业，找出合适销售或服务对象（主要消费族群、目标客群），继而规划产业未来发展之各项执行工作，利用社区现有各项盘点与汇整资源，透过借力使力概念，创造加乘效果，达到社区产业发展的阶段目标。

4. 提出并整合社区内的问题

除了上述盘点资源及产业核心定位之外，找出目前社区内所面临的问题并整合亦是社区推动产业重要之环节。透过分析将社区内之优势及劣势进行资源转换，可透过以下七大面项进行社区问题之呈现。

（1）公共设施建设。联外道路系统是否完善、历史建筑与景观景点丰富度、居民提供土地或空间予公共使用之意愿程度、有无专人专责维护管理、景点区是否设置大型停车场等。

（2）产业活化。农林渔牧及生态环境景观资源丰富多元程度、产业多元化发展（休闲农业、农村生活体验等）、在地产业特色与邻近乡镇社区同质性及差异性程度、精致化与在地品。

（3）异业联盟。食品厂商或专业餐饮料理店家配合程度、资金来源与程度、技术程度等。

（4）社区整体环境改善。社区闲置空间活化程度、美化环境程度、绿美化特色营造程度、社区特色与风貌是否一致、社区建筑建材是否影响视觉美感等。

（5）人才培育与交流。社区组织成员是否健全、社区居民动员能力程度、居民在地意识程度、社区参与学习动机程度等。

(6)生态保育。自主广植林木程度、是否结合生态导览以强化保育观念、社区的生态保育相关专业知能程度等。

(7)文化保存与活化。民俗风情与宗教信仰之文化存能量、聚落过去产业的文物保存程度、是否建立农村文物与文化资产活化保存机制等。

完成以上将社区内的优势及劣势进行分析后,即可知道社区内所有的优势及劣势,将其进行整合并扩大优势、减少劣势。

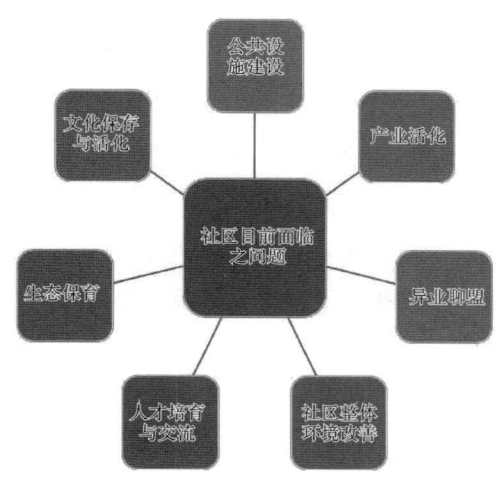

图 12 农村社区所面临之问题

(二)谁是我们的销售对象

社区核心产业可以是具有实体通路的商品,或是透过网际网络建构的虚拟商店,也可以是提供游客在社区内体验的服务产品。对社区而言,先进行基本的市场分析,针对产品的特色以及社区服务的能力,找出合适的市场区位,针对该市场区位内潜在消费者进行目标营销。受限于社区产业发展非工业化、大量制造化,因此唯有目标式营销找出利基市场消费群,才有办法创造经济效益。

1.核心产品要清楚

农村社区常见的奇特状况为"什么都有、什么都没有",因为农村产业可能因受到外界(市场)影响,不断转换产业类型或发展方向,除非稳定市场需求或掌握住商机方向,显著之产业才可能稳定下来;但亦有可能一个农村内产业类型样态多元,却找不到具代表性的产业,足以让社区居民愿意共同去栽培或贩售。因此推动农村社区产业初期不宜如无头苍蝇,没有具体或一致性方向,将有限资源投入在许多不熟悉的产业上,将很难看见成效,因此在产业发展初期,建议透过社区共同讨论,选定一项核心产业,共同投入有限资源,致力推动。

2.销售对象要明确

在社区产业发展历程里面,产品定位是很重要的环节。产品定位,首要步骤是注意目标客群的对象,先决定产品到底要卖给什么族群(如年轻族、老年族、家庭族、单身族……),对象定义好后,再了解目标对象的需求,针对需求部分,再来规划商品包装、市场价格、营销策略、贩售通路等细节,如此,社区产业在贩售推广的过程中,就能提高消费者买单的机会,进而增加经济收入。

然而,产品在锁定好目标客群后,再来要思考这些人为什么要来买这个产品(本身需要、包装讨喜、内容实在……),要突显产品的优势之处,就要突显产品差异化,透过差异化分析,进一步市场区隔。

图13 彰化县芳苑乡农会所辅导的王功畜牧场出产的3Q蛋①

---

① 该牧场出产的3Q蛋具有精美的包装传统市场所贩售的鸡蛋,由消费者自行挑选购买数量,无包装设计。

3.产品如何商品化

社区产业发展可以是简单思考模式,例如将社区风味餐变成特色商品(当作一项产品销售),亦可增加附属产品开发(如研发风味餐专属便当盒),可透过品牌塑造及经营,增加消费大众对产品的认同感,且产品包装社区要找专业团队合作,让社区产业开发的产品如图商品一般精致,消费者才有购买意愿。

图 14 社区风味餐可以融入在地食材及特色,变成一项产品贩售

图 15 彰化县花坛乡农会产品——茶叶礼盒,精美外包装设计,改善商品质感

图 16　农产品(牛西红柿)传统的贩售方式

(三)如何成功营销我们的产品

社区产业开发的产品或服务,要能获得消费者或游客的青睐,否则很难长远,因此,在受限于产业规模无法过度扩张的限制下,必须建构社区该有的贩售通路及管道,拟定适当的营销策略,透过公共关系媒体管道进行故事营销或与都会区进行异业产业串连,开创实体或虚拟通路,以成功打造社区产业知名度并增加消费者购买意愿。

1. 包装设计要创意

发展农村社区产业前,先做好产品定位并锁定目标客户群,针对客户群特性进行包装设计(如年轻族群－流行时尚－中老族群－物美价廉),刺激购买意愿。社区产品的开发应该以现有的东西为基础,再加上现代和创意,符合现在的市场需求。以嘉义县东石乡的蚵产业为例,很多地方都卖生鲜蚵或是腌制品,但社区有没有想过,是不是很多人不敢生吃,即便买回之后也不知道怎么处理。因此,建议尝试小包装,搭配食谱说明,不仅符合现在市场需求(年轻人、小家庭),也极具创意。

包装设计部分,建议社区委托专业的设计团队来规划,双方透过讨论沟通的过程,将产品核心价值定位出来后,设计师再进一步打样、设计、量产,如此一来,除符合消费者的实际需求外,亦可以提高产品整体的质感与价值。另外,在包装设计的同时,亦可透过整合营销规划,使产品销售及通路上有其完整性。然而,并非换个包装就能改善质量,确保质量是很重要的环节。

图17 现今大部分米产品都用真空袋包装

图18 透过一些创意巧思包装设计,赋予米独特的意涵,再利用故事营销方式,可提升精致度及附加价值,增加消费者购买意愿

2.农村社区产业的营销策略

农村社区产业要永续经营发展,就必须要有完整的营销策略规划,找出农村社区产业的营销重点,就变得相当重要。根据营销策略规划的STP分析工具,市场是一个多元的综合体,任何产品都无法满足所有消费者的需求,因此,需要透过顾客需求细分出各类市场区隔(Segmentation),在考量产品本身的优势及特色,选择最佳的目标市场(Targetmarketing),锁定目标市场后再确认产品的市场定位(Position),逐步拟出营销策略。

农村社区自己经营的操作,应先建构社区自身之产业轴向,列出市场上可能遇到之消费者属性,例如个人、企业、组织及地区性,消费者的特性及潜在购买动机亦为重要的环节,例如部分消费者会为了身体健康或同意友善大地之理念等善念善事而购买有机农产品,或者因为该产品颇具特色而选购。

3.农村社区产业的销售通路

再好的产品,没有销售通路,就无法传递给消费者,在讲求通路的时代,谁的产品能够贴近消费者,谁就有商机。

销售通路包含实体通路以及虚拟通路,实体通路包含以下两种形态,分别说明如下:

(1)零售商。所谓"零售"指直接把产品或服务销售给客户,以供其个人或家计位作最终使用的一切活动称之。零售商之存在,是因它能为消费者带来额外附加价值,例如良好的购物环境、提供有信誉品牌的商品、销售人员的解说、地点设置之便利性等。

(2)批发商。所谓"批发"指所有把产品或服务销售出去的各种活动。其销售对象必须是"准备把该产品或服务再销售出去的人或组织",或是"把该产品或服务供其他商业用途的人或组织",而非最终消费者或家计单位。"批发商"就是指主要从事批发活动的组织。

(3)虚拟通路。虚拟通路不同于实体通路,是一种"无店铺零售"的销售形态,意即不通过实体店铺的零售业态,包括电视购物、邮购、网络商城、自动贩卖机、电话购物等方式。

值得一提,随着国人e化程度提高,在线通路也成为消费者热门的购物管道。透过网络营销有许多好处,借由搜寻引擎关键字查询,使产品有大量曝光的机会,初期可选择免费的社群网站(如facebook)或部落格来分享农事或田园生活经验,慢慢累积知名度并拉近与消费者距离,进而利用故事营销方式,使其成为忠实顾客。

不论实体通路或虚拟通路,在不同通路的建立上,透过分析了解消费习惯的顾客群,再针对顾客群进行信息的传达,例如习惯前往实体店的消费者以一般大众为主,特定管道例如网络购物,则以年轻人居多,销售通路的配置可依照不同顾客群进行弹性调整。

4.多种营销手法

社区要用何种方式来销售,可依产品的特色、目标客群属性与合适通路来决定,"没有卖不掉的产品,只有不对的营销手法",用对的方式来营销,才是社区产业增加获利及永续经营的不二法门,以下针对不同的销售手法进行说明。

(1)感动营销。感动营销就是提供具感染力、创意性及感官上的体验与互动,让消费者对产品产生亲切感受,进而建立品牌忠诚度。农村社区可以透过先决定要感动的对象为何,是单身上班族女性或家庭主妇,因不同族群对感动的定义不同,必须量身打造该有的感动元素。再来决定感动的内容是什么,什么样的内容会令人感动,例如高龄老夫妇生死别离之爱情故事,留下农村草戒指或传统花布等。

(2)节庆营销。节庆营销就是应用节庆、周年庆或具地方特色的营销。例如跨年活动、周年庆、年度大活动、中秋节,农村社区可以透过文化艺术的方式,例如宜兰国际童玩节等;亦可透过产业促销之方式,例如台北年货大街、莺歌陶瓷艺术季、麻豆文旦节、东港黑鲔鱼季等,此促销方式为农村社区较为常见且普遍之营销方式;最后为民俗传承,例如妈祖文化节等。

图19　透过节庆来营销社区特色产业

(3)故事营销。故事营销类似感动营销,故事成分居多,可以将农村社区有趣、刺激、难忘、具文化意涵的典故或故事附加社区产业商品上,不仅可提高产品的价值,更能让消费者记忆于心。

图20　透过故事营销使游客更难忘

(4)小众营销。小众营销为非主流之销售产品、方式及对象,例如相较于都市为大多数人向往生活之处,农村社区即为少数人会喜欢且接受的,因此农村社区可以锁定喜欢农村社区产业、风俗民情的消费者,使小众因而获得喜爱更能够提高忠诚度。

(四)反馈机制与社会企业

农村社区产业发展有别于一般纯粹以追求利润为主之私人企业,以社区之品牌、组织、产品进行经济性销售,所获得利润,应该部分反馈至社区组织协会,作为社会服务照顾或延续性营运所需之营销、研发基金。社区可另设置营利组织,但可与此部分之营利组织达成协议,当有利润结余时,提供反馈机制,将所赚的钱反馈给社区。

社区产业反馈类似企业社会责任概念,透过经济销售行为,挹注经费为社区达成公共事务服务目的。若社区透过政府计划经费补助兴建一座具有特色的公园,因而吸引游客前来参观,公园需要持续性修剪、整理与维护管理,相关费用则可透过利用前来人潮,提供游憩机能服务收取费用,例如在公园旁贩卖冰品,扣除冰品材料成本及聘用贩卖人员工资后,所结余部分即可反馈至社区发展协会,作为公园持续性维护管理经费来源。因此反馈机制主要的目的为"对社区的公共福利、照顾弱势",此外社区若能够自筹财源,在脱离政府补助与援助后,才有永续经营持续机会。

图 21　社区共同为了居家环境整理维护

社区产业反馈机制必须注意三个要项,分别是"居民共同参与""不同的社区发展形态与反馈机制"及"反馈机制的建立",分别说明如下。

1.居民共同参与

农村社区产业建立反馈机制前提为社区组织与生产者双方合作关系的建立,反馈机制需要全体居民共同参与、监督。依照各社区特色与推动类型,制定居民共同订定反馈机制,可再纳入共享机制,除能降低对公部门资源补助依赖外,更有助于提高社区发展产业自主性及经营之永续发展。

2.不同的社区发展形态与反馈机制

在社区发展定位上,并非所有社区均需要推动产业,因此社区发展不仅限于产业面向,部分社区可能更重视社会福利发展更优于农村产业的发展。以彰化县某个社区为例,社区内60%为军公教退休人员,其发展重点则着重于人文、学习、终身关怀等等,而非着重于产业发展。在经济弱势与社会福利弱势社区,对于发展社区产业的迫切性与反馈机制的建立,相对重要,除了创造社区工作机会外,亦可促进社区居民的互动,盈余收入则可以补强政府在社会福利挹注的不足。

3.反馈机制的建立

当社区产业有利润结余时,需有固定之反馈机制,反馈机制可以分为两个层次。"强制性"的反馈机制,可由社区设定,例如社区产业获利之百分之几作为反馈农村社区，或是用来做社会福利等；"自愿性（非强制性）"的反馈机制，指较为有弹性且非强制性的机制，可依照农村产业获利于个人身上，个人可依照自己自愿式方式提取多少金额作为反馈部分。此两部分可同时存在并行实施。

另外，建议社区发展协会可共设置公共基金，社区产业发展过程中，初期阶段建立共享机制往往比利益反馈来得重要，例如认养环境维护、创造就业机会、反馈社区发展协会等，除可降低投资风险以避免投资失败，亦可创造产业更佳的营运环境条件。

四、未来展望

随着网络普及、科学技术、交通运输、消费行为及整个产业环境的改变，促使产业结构及市场趋向不断地因应时代及消费者需求而转型，对农村社区产业的发展是新的契机。商品投资大师吉姆·罗杰斯于2012年说"10年后农夫将开蓝宝坚尼，证券营业员开出租车和拖引机为农夫工作"，其足以显现农业并非是夕阳产业，而是透过创意、创新及科学技术，创造一番新局面，塑造出一个个实力顶尖的科技农夫，展现型农新势力。

台湾于2010年推动农村再生，对农村社区的协助，不再是人才培育、凝聚共识、人心的转变、技术与资金的投入，更是协助农村社区产业朝向制度化及企业化发展，解决农村社区产业技术、质量、包装及通路等问题，以开创农村社区产业新契机，期能扶植农村社区自给自足、永续发展的，透过农村再生结合产业发展达成下列目标：

1. 转观念

透过不断地学习与经验分享传承，让民众转换思维，农业发展不再停留于过去传统型的生产模式，对人事地景物也有别于过往的认知、感触与关怀。

2. 重永续

农村社区产业的经营，应具备永续的概念，跳脱长期倚赖政府资源补助的想法，朝向企业化经营，懂得运用专业人才管理、强化企业组织功能，并强调成本支出及营运获利，促使社区产业能透过企业化而永续经营发展。

3.为社会

重视在地环境及社会问题的改善,提高社区服务的参与度。农村社区产业企业经营的盈余除了来投资企业本身外,其余主要盈余应用于解决社会或环境问题,而非仅为出资人或所有者谋取最大的利益,正所谓取之于社会,用之于社会。

典型案例篇

闽南传统村落旅游发展与文化保护的实践
——以龙海市埭美村为例

吴应其[*]

摘　要： 位于漳州龙海市的埭美古村，山环水抱，聚落形态完整，拥有闽南风格的典型建筑和丰厚的传统民俗文化。2011年以来，古村在村理事会和各级政府的支持下，尝试发展旅游和古村保护，取得一定成效，但也存在一些问题。建议挖掘并合理利用古村文化资源，促进旅游业发展；在保护和发展古村过程中应充分考虑村民的意见和建议，引导古村产业转型，发展村落经济，重视非物质文化遗产的保护和利用。

关键词： 古村保护；旅游发展；龙海埭美

埭美，又名柑埭、埭尾，位于龙海市东园镇西部，环抱于鹿山、鸡笼山、大帽山、峨山之中，四周河网密布，为大片喧嚣的现代农村所包围，但又是一个古朴而宁静的闽南传统村落。2009年后，因一位马来西亚华人摄影师的呼吁而引起政府的重视和媒体的关注，村民的文化自觉也被唤醒。2011年年初，村民自发成立水上古民居群理事会（理事会）。几年来，在理事会的努力和各级政府的支持下，埭美先后被评为龙海市文物保护单位、福建省历史文化名村、中国历史文化名村和中国传统村落。政府也陆续为古村的保护与建设投入资

---

[*] 吴应其，硕士，厦门理工学院观光与酒店管理学院讲师，主要研究文化人类学、旅游文化。

金,特别是 2014 年,埭美被列为福建省重点扶持历史文化名村保护和发展项目及漳州市"富美乡村"建设项目后,更多的投资已经或将要注入该村。在此期间,理事会尝试发挥古村资源优势,发展旅游事业。如今,埭美古村的保护与发展已经取得一定成果,但还面临不少问题。

一、埭美的历史与文化

埭美地处九龙江支流南溪下游河畔,通过一个水闸,该村内河与南溪相连。埭美内河水系复杂,其中有一段犹如一条巨龙环绕村落一周,龙头位于村落西南角田间,龙尾深入村内西部,因此埭美被誉为"闽南周庄"。该水系东连外村水系,可通九龙江西溪,到达海澄月港码头。在机动车未使用前,帆船是埭美人的主要交通工具,他们常经南溪下海前往厦门、台湾、南洋等地经商、谋生,如今还有埭美族人分布在台湾高雄(古凤山)和新加坡、马来西亚等地,往东则去月港,埭美是古代漳州"海上丝绸之路"文化的重要见证。

图 1　埭美水上古民居鸟瞰①

---

① 2015 年 6 月 20 日,山东泰安摄影家协会无人机拍摄。

埭美为陈姓血缘聚落,从明代开基至今已有560多年历史,其开基祖陈仕进为开漳圣王陈元光第三十一世孙,宋代理学大师朱熹得意门生陈淳第十二世孙,现有家庭225户、人口900余人,但常住人口仅500余人,因此平日显得冷清。历代陈氏祖先的开拓为其后人留下许多宝贵的文化遗产,其中最有价值的便是规模成片、保存较完整的传统建筑群。该建筑群共176座房屋,分新旧两部分,旧的为明清时期所建的前后四排共49座古厝,多为二进四合院结构。每排按"九宫格"布局,即中间坐南朝北排列9座古厝,据说该朝向表达陈氏祖先对中原故土的思念。两侧附带东西向的护厝,前后排严格对齐,每排前面为十几米宽的红砖大埕,相邻古厝山墙之间是一米多宽的小巷。古厝飞檐翘角,红瓦灰墙,细部装饰也非常精湛,木雕、石雕、灰塑随处可见,尤以前祠堂为甚,故自古以来,埭美流传有"有埭美富无埭美厝,有埭美厝无埭美富"之说,这足以说明埭美古建筑群的稀有和珍贵。不过,因少有人居住,大部分古厝显得破败不堪,甚至面临倒塌。新的部分建造于20世纪70年代以后,为"两伸手"(三合院)格局,除少部分坐南朝北外,大部分坐北朝南,但整体风格如古厝,并且基本与古厝对齐。站在村头高楼俯瞰,一排排传统民居连成一片,街巷纵横交错,整齐划一,井然有序,红色曲线燕尾脊屋顶高低起伏,富有节奏感和韵律感,与外围田园和水系形成鲜明对比,显得格外艳丽。因此,埭美传统建筑群被誉为红砖建筑为代表的闽南建筑文化典范。① 此外,埭美还有"台湾墓""台湾庙"、旗杆基座遗迹、古码头遗址、古炮楼遗址、古学堂遗址、古牌刻等众多遗址遗迹。

此外,至今埭美保存着丰富的闽南传统民俗文化。村民尊祖敬宗,崇拜地方神明。每年春分日、秋分日村中老人群集在前、后祠堂祭拜祖先。不仅如此,各家在农历三月初三、七月十五、除夕,自家喜庆大事日,近祖忌日等均要到祖厝拜祖先。村里有天后宫、映秀宫、观音大士殿、祖师殿等宫庙四座,供奉

---

① 福建省人民政府:《福建省人民政府关于中国历史文化名村龙海市东园镇埭尾(埭美)村保护规划的批复[闽政文2015](75号)》,http://www.fujian.gov.cn/zwgk/zxwj/szfwj/201503/t20150318_920797.htm,2015-03-17/2015-05-30。

妈祖、三王公、观音大士、玄天上帝、广济祖师、千里眼、顺风耳等神明。每逢妈祖、三王公等神明寿诞均要举行重大庆典活动,每两年一次的观音大士三朝清醮活动更是热闹非凡,家家杀猪宰羊供奉神明。正月初四下午,村民抬着村庙所有神像巡游大街小巷、田间地头,全村男女老少跟随游行。上年结婚及生男丁家庭则给游行队伍发放每人一两元的份子钱。元宵节晚上,除再次举行神明绕境巡游活动外,还有激动人心的"过火"仪式,青壮年赤着脚、抬着神像,踩过熊熊燃烧的炭火,冲向天后宫。埭美人爱唱戏,20世纪末21世纪初村里曾有两个芗剧团,演员多达20余人。现剧团已解散,但仍有9位职业演员常年活跃于闽南戏台,多次受邀前往台湾、马来西亚等地演出。由一村人主演的一剧目曾获国家文化部群星奖。村里过去还有锦歌团,现虽已不存在,但村中很多老人会推拉弹唱。赛龙舟也是埭美人喜爱的娱乐活动,每年端午来临之际,村里要举行数天的赛龙舟运动。期间有一项特殊的传统,即全村人要聚集在后祠堂前大埕吃大锅饭,彼此联络感情,增进家族团结。

图2 2015年端午节赛龙舟

总之,埭美传统文化历史悠久、类型多样、内涵丰富,对研究闽南地区传统社会经济文化具有很高的历史价值。①

二、发展旅游的尝试

2009年以来,经各级新闻媒体及网络媒体的多次宣传报道,埭美逐渐为外人所知,不时有游客慕名前来观光。面对络绎不绝的游客,地方政府与理事会决定推动埭美旅游业的发展,为此东园镇政府专门成立旅游发展办公室,负责指导埭美旅游开发。几年来,理事会利用上级政府有限的拨款,主动作为,发动群众,创造旅游经济效益。

(一)美化村落环境,增添接待设施

为营造良好的旅游环境,理事会成立之初便动员村民拆除有碍观瞻的鸡舍、厕所等建筑物,基本得到配合,使街巷更整洁、畅通。其后至2012年,村内建成一座现代公共厕所,购置两座简易厕所,完成主干河道淤泥清理,修建驳岸,聘请专人清洁卫生。2013年上半年,又对进村道路种树绿化,基本改变古村脏乱差的局面。为方便游客游览,理事会设置旅游导览指示牌,添置四艘游览木船,建设游船码头,开放前祠堂作为接待服务中心,租用古厝设立展览室。理事会还计划改造闲置民居充当民宿,但因缺乏资金无法实现。为完善埭美旅游发展条件,2011年地方政府曾委托天津大学城市规划设计研究院进行旅游总体规划,但该规划占地面积过大,需跨越邻近几村,难以实施,因此不了了之。政府还多次与外来投资商洽谈开发事项,至2014年因保护项目启动,旅游开发计划暂时搁置。

---

① 福建省人民政府:《福建省人民政府关于中国历史文化名村龙海市东园镇埭尾(埭美)村保护规划的批复[闽政文2015](75号)》,http://www.fujian.gov.cn/zwgk/zxwj/szf-wj/201503/t20150318_920797.htm,2015-03-17/2015-05-30。

(二)调查村民意愿,外出考察取经

为了解村民对发展埭美旅游事业的看法,争取村民的支持,2011年6月,村委会与理事会就是否同意埭美社按市场化机制发展旅游事业,是否同意把古厝使用权交由旅游开发公司使用,是否同意把土地、宅基地使用权交由旅游开发公司进行开发使用等三问题对村民进行问卷调查。调查结果显示大部分村民支持埭美的旅游开发。镇领导对村民提出的今后旅游开发将带来的问题进行解答,消除了村民的疑虑。为学习同类村落发展旅游的成功经验,2011年5月理事会组织理事会成员及村里热心人士共48人赴南靖土楼参观考察,9月又组织30人前往长泰县山重村考察取经。考察回来后,理事会和村民对埭美旅游业的未来充满信心和期待,进一步明确工作的方向和思路。

(三)积极对外宣传,试行有偿接待

为提高埭美的知名度,地方政府和理事会利用各种机会宣传推介埭美。他们为新闻媒体的采访报道提供便利,邀请漳州文艺工作者前来埭美采风,拍摄专题短片《埭美水上古民居》,制作了旅游宣传画册《埭美水上古民居》,开设"埭美古厝群"旅游网站。2011年5月,参加龙海市旅游局"首届中国旅游日"暨第二届龙海市旅游推介会。2015年5月,参加海峡(厦门)旅游博览会,以多媒体方式展示埭美自然与人文之美。

积极的宣传推介为埭美带来不少客流,激发理事会及村民经营旅游业的行动。2011年初一理事会成员准备在其虾池旁的河岸边搭建水上餐厅,后被理事会制止,理事会认为随意搭盖会破坏村落整体形象。面对游客的就餐需求,理事会决定组建餐饮团队。因条件所限,将餐饮点设在前祠堂,为游客提供地道农家菜,后租用新村民房,扩大营业空间,但因客流量不固定,加之从业人员不专职,故利润微薄,经营几月后便停业。不久,一村人又在不远处开设餐馆,该餐馆离古村较远,生意一般,经营一年多后也被迫关门。为丰富游览内容,2011年上半年起理事会推出木船载客水上游览项目,2011年11月又租用村口楼房接待游客登楼观景,参与的游客分别收费10元和5元,一直延续至今。2014年10月起一村民也开放自家新楼接待游客上楼观光。2012年7月理事会又尝试向游客收取进村门票,但因无营业资质,便以卫生费的名义向每位游客收费20元。不过自从收费后,进村的游客骤减,理事会担心收入不多反而影响名声,因此持续到年底后便取消收费制度。

三、保护与建设的实践

埭美理事会深知要发展旅游必须先保护好古村落,为此在尝试旅游接待的同时,努力争取各级政府部门的支持,致力于保护和建设古村。

(一)编制古村保护与建设规划

埭美水上古民居群理事会成立后便考虑如何保护古村落遗产的完整性。首先,于2011年7月成功将埭美水上古民居群申报为龙海市第七批文物保护单位。随后,为使管理机构具有法律身份,他们成立埭美水上古民居群文物管理委员会并获得龙海市政府批准,与理事会实为两块牌子一套人马。其次,为做到古村保护有章可循,理事会制订了《埭美水上古民居建筑群文物保护村规民约》并于2012年1月16日获村民代表会议通过。对于埭美古村的保护,龙海市政府也非常重视,2012年5月专门颁布保护性的文件《龙海市人民政府关于东园镇埭尾村古民居建筑群现状保护的通告》。此后,为申报第六批中国历史文化名村和第三批中国传统村落,在地方政府的主导下,理事会两次聘请厦门大学古建筑专家制订埭美古村保护规划。2014年,埭美入选福建省重点扶持历史文化名村保护和发展项目后,地方政府又聘请中国城市建设研究院专家进行更详细的规划。

(二)搜集和恢复历史文化证据

埭美理事会注重古村历史文化内涵的挖掘和保护。首先,重修埭美陈氏族谱。埭美原有族谱于"文革"期间丢失,理事会曾多方探听其下落,均无结果。因此,理事会希冀重修族谱,以厘清家族历史和族人关系,但是要补上记忆前的族谱困难重重,为此理事会动员多方力量找寻埭美陈氏祖先的历史线索,查阅陈氏大宗及旁支族谱,多次前往龙海市档案馆查找埭美历史名人,甚至委托台湾朋友寻找埭美陈氏分支。虽然旧的资料无法完善,但新的族谱已基本编撰完成。其次,恢复和保存历史记忆。根据村中老人回忆,重新制作"文革"期间被毁的"钦赐举人""文魁""武魁""义芳有训""厚德宗年"等牌匾,并于2012年年底依原样悬挂。另外,将散落村中的"节孝坊"石碑等古代牌坊的各类石雕收集放置于前祠堂,供村人及游客参观。最后,整理历史文献及传说故事。邀请文学创作者整理清嘉庆年间埭美社天后宫改造碑记资料;根据老人口述,创作《妈祖买胭脂惩财主》《太保公显身请戏》《姑婆祖的启示》等神话故事。

(三)推进实施保护与建设项目

由于缺乏足够的资金,2011—2013年,埭美理事会对古村的保护一直难以有大作为,只能进行日常的环境维护和简单的修补,因此理事会很多设想均无法落实,如多座面临坍塌的古厝因需要大量资金而得不到修缮。不过,经过理事会的多次协调,地方政府已在古村外划拨土地作为新村建设用地,这样就杜绝了村民在古村新建楼房,尽可能地保护古村的完整性。更可喜的是,2014年埭美开始实施福建省重点扶持历史文化名村保护和发展项目及漳州市"富美乡村"建设项目。截至目前,政府已投入1 000多万元资金用于其中。一年多来,各项保护和建设工程逐渐推进。拆除村内污染环境的猪舍和闲置蘑菇房,清理环村河内淤泥,加固河道驳岸,在部分河岸种上花草,使古村变得更加整洁、清新;启动古厝维修工程,现已基本完成两座;建成长500多米、宽13米的进村道路和一段河岸观景步道;正在修建两座公共厕所和两座人行石桥。接下来,还有人行步道、埭巷整修、污水处理、管网下地、休闲公园等工程陆续开工。

图3 美化古村环境

四、问题与建议

从上述情况可以看出,理事会成立四年多来,埭美确实发生不小的变化。村落环境大为改观,其历史文化价值已得到社会的认可,游客的造访使古村焕发新的活力。然而,就目前来看,无论是古村的旅游还是文化保护与发展均存在不少问题,值得思考。

首先,就旅游来说,目前埭美的旅游内容比较单一,缺乏深度旅游项目。通常而言,游客初到埭美,便被突入眼帘的规模宏大、排列整齐的传统建筑群所震撼,之后他们会顺着街巷深入古村拍照、浏览,或者进入前祠堂细细观看。由于各排古厝格局相似,加之多数古厝大门紧闭,因此游客浏览一两排后,看不出什么名堂,便觉得无事可做,打道回府。兴趣浓厚者可能会登楼观全景,或乘船游览,但时间一般不超过半小时。整个行程下来,游客停留时间大约两小时。因此,要发展埭美旅游,必须丰富其旅游内涵,以留住游客,才能带动其他消费。在这方面,其实埭美可资旅游利用的资源很多。建议从以下几方面着手:充分利用环村水系,开发更多水上游览娱乐项目;在修缮好的古厝中建设生活博物馆,分自然生态、聚落历史、宗族祠堂、嫁娶生育、庙宇信仰、戏曲音乐、地方产业等主题,以图文、道具、影像、蜡像等方式展示村落自然、历史与人文;设立传统农渔休闲体验园,游客在其中能操作传统农渔器具耕种、收获、捕捞、加工,体认往昔农人的生活;将闲置的古厝改造成民宿和餐馆,使入住游客真正体验到村民的生活,享受乡村的闲暇与宁静;做好节假日的旅游营销,以地方戏曲、童玩游戏、民俗庆典等形式"活化"地方文化遗产,以突显地方旅游特色。应该说,随着古村保护与建设项目的推进,旅游发展的条件日渐成熟,只要合理利用各类资源,古村旅游前景光明。

其次,在埭美古村保护与发展方面,应该重视以下几个问题。其一,在规划和建设上未充分考虑村民意见和建议,甚至违背地方观念。如古厝维修施工方在用材问题上,与村里老人意见向左,引发老人抵制,最后经协调才得以平息;其二,对古村人口流失问题,缺乏足够认识,未提出发展地方经济的思路;其三,在保护性建设中,重视道路、桥梁等硬件设施的建设,轻视古村文化内涵的保护,对非物质文化遗产关注不够,未见保护方案和举措。如赛龙舟是古村重要的国家级非物质文化遗产,而村里为修建存放龙船的龙船寮,地方政府却不予支持,认为不属于保护范围。

针对以上问题,笔者提出以下观点,以供参考。首先,在规划和建设中,应全程听取村民特别是地方长者的意见和建议,尊重地方性知识,使保护和建设项目不破坏村落肌理和传统格局,真正符合民意。其次,政府要长远考虑古村的发展,引导古村调整产业结构,扶持特色产业发展,吸引村民在家就业、创业,这样古村文化才有"活"的载体,生生不息。最后,设立专项基金奖励传统戏曲和传统技艺的重要传承人,鼓励后辈参与传承,建设活动场所,尝试"活"化利用非物质文化遗产,形成与旅游发展的良性互动。

结　语

短短五年,埭美从默默无闻的闽南小村变成备受关注的历史文化名村,使我们看到传统村落复兴的希望。埭美古村的保护和旅游发展实践,让我们认识到,埭美理事会在其中发挥的重要作用,也证明了一支强有力的村民自治组织的重要性。古村复兴的道路还很长,今后需进一步探讨保护和发展之路,使其充分发挥历史文化价值,创造经济价值,成为埭美人热爱的家乡和外来游客寄托乡愁的精神家园。

自然与人文的和谐共存——下梅古村落

黄玉妹*

摘　要： 作为福建古民居的典型代表，下梅古村落素有"文史精品古村落"的美称。下梅村"天人合一"，体现着对"境"的创造。它顺应自然，因势利导，寻求人、建筑与自然之间的对话。下梅村具有深厚的文化积淀，体现着中国深远的建筑文化。目前下梅村陷入旅游管理困境，需要建设利益补偿机制来平衡各方利益关系，推动古民居的保护和良性发展。

关键词： 下梅古村落；管理困境；利益机制

长期以来的农耕文化背景，使得中国农民喜欢逐水而居，因地制宜建筑适合当地气候和风土人情的民居。中国传统民居类型多种多样，无论从整体布局还是单体营造看，其建筑方式各有特色，展现出中国传统文化的人文精神。福建与浙江、广东、江西相连，与台湾隔海相望，因此福建民居融合这些区域民居的特点，闽北、闽南、闽西、闽东等地民居又不尽相同，在结合本地自然地理环境的基础上形成独特的风格。武夷山下梅村就是自然和人文和谐共生的闽北民居代表，它是第二批国家级历史文化名村，素有"文史精品古村落"的美称，也是武夷山世界文化遗产的重要内容和组成部分。

近年来，古民居村落成为爱好中国传统文化和建筑文化游客热爱的旅游地，在推进旅游经济发展中同步实现对古民居的保护与建设，也成为当前管

---

* 黄玉妹，博士，厦门理工学院文化产业学院副教授，主要研究文化产业、会展经济。

部门要面对的问题。

一、"自然和谐、天人合一"——下梅村村落环境

福建民居形制差异很大,除土楼外,大致分为土堡区、灰砖区、红砖区等几种类型,其中闽北地区民居主要以灰砖作为主要建造材料,风格较为朴实、淡雅,主要受到中原地区院落住宅的影响,因此形制上属于较为传统的纵向多进式院落住宅。

中国古村落的布局方式往往体现人与自然和谐融合,讲求"天地人合一""人宅相扶"的指导思想。武夷山地区的不少村落都选址在溪流冲积出的平原中、盆地里,强调与大河大山相倚的指导思想。在村落建筑的营造中突出山为骨架,水为血脉的自然环境的主体因素,"依山造屋,傍水结村"。

下梅村位于武夷山市区东南15公里处,面积2.4平方公里,人口2 159人。早在新石器时期,下梅村就有人类在这里居住;北宋咸平元年(998)已发展成一个行政区[①];南宋时,理学家朱熹在这里讲学;圣人过化,儒雅传世。此后,村中名士迭出,斯文一脉,源远流长。

下梅村落坐落于山环水抱之中,是武夷山典型的小盆地,四面环山,一面水抱,风水意象独特,四面山峰耸翠,南北水口紧锁,当溪从村中蜿蜒而过,是个具有文昌意象的古村落。清朝康熙年间,下梅村是武夷岩茶重要的中转集散地。据记载,最繁华的时候,每天往来于当溪的船只达300余艘,当溪两岸商铺林立,盛景可见一斑。如今的下梅村虽然由于各种因素已经不复当年盛况,但凭栏远眺,仍然可以感受依山傍水的村落布局的气势。

下梅村"天人合一",与一河两街垂直旁通的高素墙夹着一条条曲径通幽的居住窄巷,深院之中夹杂花庭的民居鳞次栉比,呈现另一番宁静安谧的气氛。下梅村体现着对"境"的创造,它顺应自然,因势利导,再造环境,寻求人、

---

① 席丽莎、董雅:《自然与人文的和谐共生——武夷山下梅古村落考察研究》,《第五届全国建筑与规划研究生年会论文集》,2007年,第54页。

自然与人文的和谐共存——下梅古村落

建筑与自然之间的对话，不拘泥于一定的规则和模式。下梅村是个布局自由、内聚力极强的村落，与其他古村落的古拙之风相比，更有新巧之意。

图1　下梅村全景图　杨婀娜摄

二、"文化积淀与展示"——下梅村建筑实例

下梅村整个村落原有70余栋古宅，至今仍保存30余栋，绝大多数是清早期和中期的建筑，其中具有代表性的古宅有邹氏家祠、邹宅大夫第建筑群、方氏参军第、闺秀楼等。下梅树是湖北邹姓的重要聚居地，在传统民居中，宗族的伦理观念是重要的思想根源。中国古村落的形成，几乎都在以家族血缘为聚合的基础上组建而成。一般以宗祠或家祠为中心辐射展开，形成由内向外自然生长的树落格局。下梅村的村落充分体现这种"聚姓而居"的原则。

（一）闽北民居历史沿革

闽北地区是福建最早有汉人定居的地方，东汉时已有汉人从浙江和江西越过仙岭、武夷山进入福建。及至宋代，闽北鼎盛，经济繁荣，文化发达，人才辈出。南宋朱熹热心教育、门徒众多，使闽北成为理学中心，当时书院如林、学者如云，是闽北最为繁华之地。后经明清开发沿海，重心南移，闽北才相对落伍。闽北盛产木材，尤其是杉木，所以民居至今沿用木作穿斗结构、吊脚楼和大出檐瓦屋面。木材表面不施油漆，显得朴实、简洁、轻巧、实用。在大型多进合院式民居中，常设有书院或读书厅，体现理学之邦的书院文化。

（二）下梅村落典型建筑

图2 下梅村逐水而立 杨婀娜摄

武夷民居大多是内庭式，围绕内天井布置房间，节约用地。内庭式住宅特别注意内部空间的处理，内天井常有一进、二进甚至多进布置，周边的房间围绕其中，安排各种功能空间，形成丰富的空间组合层次。在内天井中，有较好的接触阳光、空气和绿化条件，而与外部隔离，少受干扰。堂屋与内天井畅通无阻，便于家庭公共性活动。在结构上，武夷民居结构简单，就地取材。全都是本构承重，穿斗式构架居多，外围夯实土墙。

在武夷山，包括邹家大夫第等，有数进厅堂的古民居中，从入口到最里层的地势依次渐高,最里层的一进厅堂多为面北而尊。因为面北而尊的厅堂也称"椿萱正寝",椿萱象征父母,最里层的厅堂就是父母的居所。这种布局在其他民居中是不多见的,蕴含着传统伦理观念和步步高升之意。

图3　位于当溪溪北的邹氏祠堂　杨婀娜摄

下梅村现今保留有典型特色的清代民居建筑30余幢,以邹氏家祠为代表的集砖雕、石雕、木雕艺术于一体的古民居建筑群,是一笔不可多得的民居古建筑遗产。此外还有古巷20多处,其中东兴巷、景隆巷、新街巷、方厝巷、达理巷、鸭巷、下陈巷、邹家巷等保护完好。还有宋代少微坊、中坑坊、百岁坊等遗址,有按《周易》八卦来布局于村落的乾井、坤井、天一井等景观。

例如儒学正堂是一座形制完整的闽北民居,四进院落,建筑构件齐全,结构保存得也很完整。儒学正堂的修建较为规整,未出现村内其他民居常见的墙体出现较大倾斜的情况,此外山墙在二进正厅升高的做法也是闽北民居里比较少见的。下梅古民居建筑由于地理较近,多取法于徽派、浙派民居,因此天井也成为当地民居中极为重要的一部分。天井在这个封闭的院落空间内很好地解决了采光、通风、排水的问题。天井因为敞口狭小,能较好地避免风沙尘埃对院内的干扰;再者因为窄小,天井采撷的光多为二次折射光而非直射光,所以光线往往柔和静谧,为民居的内部空间增添了安静祥和的气氛。天井以下的院落中,往往放置长条石花架,种养水仙等植物;旁边放一口石缸,既可养鱼、收集雨水以备消防之用,又兼有"肥水不流外人田"之意,有聚财之说。

另一方面,在完全封闭的窄窄空间内,人们又有与外界交流、与自然对话的愿望。天井也满足了这种需求。下梅的古民居都是一重天井一重厅,天井上望苍穹,下俯地面,与厅堂相互渗透、融为一体,形成流动的空间。天井豁然开朗、别有洞天,则自然也被引入厅堂之内。因此,身处厅堂之内便能晨沐朝阳,夕浴晚霞,夜观星斗。特别是梅雨时节,倾听雨点打在台阶渐渐之声,更添"春眠不觉晓"的娴雅。天井似一个画框,框住自然的一角而据为己用,从而达到与自然的融和。

作为中国古村落的典型实例,下梅村在选址、布局、民居建设等方面充分体现人与自然、社会和谐关系的理念。从传统村落和民居的营造中撷取这种理念。想必在中国正在经历前所未有的城市建设时期,设计的规模远超以往的大背景下,仍然具有现实意义。

三、下梅村旅游管理陷入困境

鉴于下梅村得天独厚的自然资源与人文积淀,2002年,武夷镇政府(现改为武夷街道办)发动下梅村民集资入股成立武夷山下梅民俗文化旅游发展有限公司。截至2004年,全村以户为单位,有90%入股。至此,下梅村才真正开始接待游客。由于经营管理模式与理念的落后,公司发展至2005年各种矛盾滋生,经营发展受到阻碍。2005年,下梅古村落引入武夷山旅游(集团)有限公司(以下简称集团公司)成立新的下梅民俗文化旅游发展有限公司(以下简称股份公司),相应地,其经营主体转变为集团公司+武夷街道办+下梅村委会+村民[1]。但由于集团公司作为大股东,旅游开发在很大程度上为集团

---

[1] 杨桂华:《生态旅游可持续发展四维目标模式分析》,《人文地理》2005年第5期。

公司带来最大的利益,下梅古村落自身发展和当地居民的利益未得到充分保障,导致当地居民不满情绪日益显现。出现居民带游客逃票,私人景点擅自收费,甚至闭门拒客等现象。这些行为直接影响旅游者的感受和下梅古村落的形象,损害了整个下梅古村落旅游利益主体的利益。

总而言之,我国古村落旅游开发和经营管理中涉及众多的利益主体,他们之间的关系较为复杂。每个利益主体都有自己的利益诉求,在不同的利益要求实现方式的作用下,这些利益主体利益诉求的实现程度可能存在差异,这种差异会最终影响古村落旅游的可持续发展。因而,对于不同的利益主体,古村落旅游的管理者或经营者必须采用不同的管理策略,以合适的方式尽量优先满足排序在前者的利益诉求。促使各利益主体朝着共同的目标发展,最终实现古村落旅游利益主体的和谐共生。①

(一)当地居民与当地政府的共生冲突

1.当地政府与当地居民争利

当地居民希望通过发展旅游来提高生活水平,当地政府和武夷街道办也希望通过下梅古村落旅游开发来改善当地的经济状况和基础设施。但是武夷街道办是股份公司的股东,参与下梅旅游资源的经营与管理,必然与经济利益有关联,存在自利性,容易忽略其原来的职责。如武夷街道办将本该自己承担的成本全部或部分地转嫁到古村落上,结果是可供分配的旅游收益相应减少,出现政府与当地居民争利的局面。

2.当地居民改善居住环境的要求得不到满足

为了保护古民居,当地政府不再批准在村落旧址内盖房,计划另择地建设新区。但武夷街道办与当地居民在征地方面协商未果,新区建设用地迟迟未定,导致数十户村民改善居住环境的要求得不到满足,有的索性顶风乱盖。如今下梅古村落路巷边上新房频频落成,严重影响下梅古村的原有风貌和造成

---

① 纪金雄:《基于共生理论的古村落旅游利益协调机制研究——以武夷山下梅村为例》,《西北农业大学学报》(社会科学版)2011年第6期。

部分古民居的破坏。例如,村民在盖房过程中,对构成村落整体景观的石刻、巷道、梅溪堤坝、古道桥亭遗址等造成不同程度的损坏。

3. 当地居民的主体地位未受到足够重视

近年来,当地居民对资源价值有了进一步的认识,其主体意识越加强烈,希望从旅游中获益和参与旅游决策。但是当前还未能从中得到所期望的利益并被排斥在旅游决策之外,只能被动地接受各项指令,与政府之间缺少有效的沟通。他们觉得未受到政府的足够重视,对政府产生不满或抵触情绪。

(二)当地居民与股份公司的共生冲突

1. 当地居民在资源占有状况和经济地位方面不相称

当地居民与股份公司的冲突主要集中在利益分配上。尽管引入集团公司使下梅古村落旅游得到进一步发展,但旅游发展在很大程度上只为企业带来最大的利益,下梅古村落自身发展和当地居民生活的改善未得到充分保障,他们在资源占有状况和经济地位方面不相称。在下梅股份制经营模式中,股东大多以现金入股,而下梅古村落最富吸引力的古民居并未折合成股份入股,股份公司只是按照古民居的规模、历史文化价值、完整程度等因素为古民居进行打分,每年以固定的金额租赁,租金多年来并未适当增加。由于缺乏科学的评分标准,致使古民居业主之间因效益分成不合理而产生矛盾,甚至出现拒客现象。

2. 当地居民对股份公司的补偿不满

下梅村被开发成旅游景点后,股份公司为下梅村民提供了工作机会,但数量有限,而且多是收入较低的工作。原本属于当地居民的资源,甚至是当地居民的生活和生产活动都成为旅游资源的一部分,当地居民成为旅游负面影响最直接的承受者。虽然股份公司对当地居民均发放 10 元(人/年)的补偿,这个补偿非常低,倘若不顾及当地居民的感受,利益分配失衡的矛盾越变越大,给股份公司与当地居民的和谐共生带来障碍。

(三)当地居民与旅游者的共生冲突

1.旅游者的利益要求未能得到有效满足

当地居民与旅游者之间最大矛盾主要表现在:保持下梅古村落文化生态稳定与当地居民渴望改善物质条件之间的矛盾。在对旅游者游玩下梅古村后的满意程度进行调查时发现,旅游者在原生态自然环境和"原住民"的生活方式方面满意程度较低,而这些正是旅游者的首要利益要求。旅游业的发展,使得当地居民的价值观念和生活习俗发生较大的变化,部分居民为了改善生活条件,改扩建房屋,或采用新材料,或改变原有结构,破坏了村落的原有风貌,当地居民摒弃原有的生活方式,部分参观户在私人景点私自收费等等,这些都引起旅游者的不满,导致旅游者体验质量下降。

2.当地居民的正常生活受到干扰

旅游者的到来,使得当地居民的正常生活受到干扰,生活空间受到挤占、生活环境受到污染、不文明的旅游行为时有发生,这都引起当地居民的不满。尤其是在利益分配失衡的情况下,他们认为拿自身赖以生存的自然和文化环境换取 10 元(人/年)的补偿并不值得。因此,他们对发展旅游没有积极性,甚至闭门拒客和做出一些破坏性的行为。

四、建设利益补偿机制

利益补偿主要是针对下梅村落弱势群体实行的救助补偿,是对利益分配的补充。下梅股份公司每年拿出少部分资金建设或维护基础设施,对全村居民均发放 10 元(人/年)的补偿,然而这些远不能补偿当地居民承担的负外部性成本。当地政府和股份公司必须高度重视当地居民的心理感受,对其进行合理的补偿,才能激励当地居民对下梅旅游业发展的支持。①

---

① 纪金雄:《基于共生理论的古村落旅游利益协调机制研究——以武夷山下梅村为例》,《西北农业大学学报(社会科学版)》2011年第6期。

第一,依法设立下梅古村落保护基金。下梅古村落属于国家级历史文化名村,当地政府应在财政支出中安排一定的保护经费给予支持。另一部分保护基金还可以来自股份公司,当前股份公司从税后利润中抽取20%作为公积金、公益金。此外,还应采取多种渠道筹集基金,以解决保护资金不足的问题,该基金主要用于下梅古村落景观、文物、古建筑、生态环境的保护及基础设施建设和古民居的维修。

第二,提高当地居民的补偿额度。武夷街道办和股份公司应根据当地最低生活保障线,制定出最低补偿额并及时发放,确保当地居民的基本生活水平。武夷街道办可运用补贴制度,对遭受旅游负面影响的居民进行补贴,对于那些经营能力差、未持股的居民,应适当提高其补贴标准。

此外,待股份公司转亏为盈,应适当提高补偿金在税后利润的比例,增加对全村居民的补偿额度。

第三,建设下梅新村,改善居民居住环境。异地就近建设下梅新村,既对维护下梅古村落风貌、保持古街巷完整和保护古建筑有利,也能缓解下梅古村落的人口压力和改善居民的居住环境。对没有能力迁出的居民,武夷街道办也应给予补助,帮助其改善生活条件。

画里的村庄
——连城培田古民居的动态传承

杨晓华*

摘　要： 古民居保护是我国政府及各级文物保护部门面临的共同难题,福建省连城县培田古民居通过"统一规划,动态传承",不但基本完整保留整个古民居原貌,而且对古民居背后优秀的传统文化资源进行创造性开发,使之形成具有当地特色的文化产业,为我国的古民居保护积累了宝贵的经验。

关键词： 培田古民居；统一规划；动态传承

福建省龙岩市连城县培田村地处连城冠豸山西部,总面积约13.4平方公里,目前有300多住户(1 000多人)。培田村是由清一色的吴姓人士居住的村庄,至今已经有800多年的历史。培田村古民居主要由30幢"九厅十八井"式建筑,21座宗祠,2座牌坊,6家书院,和1条千米古街组成,连续多年被评为十大"中国最美的村镇"之一,是国家重点文物保护单位。

一、培田古民居的建筑艺术

培田古民居村落以典型的客家"九厅十八井"而闻名于世,它与客家土楼、围屋并称为世界客家建筑三大奇葩。

---

* 杨晓华,硕士,厦门理工学院文化产业学院讲师,主要研究工商管理、文化产业。

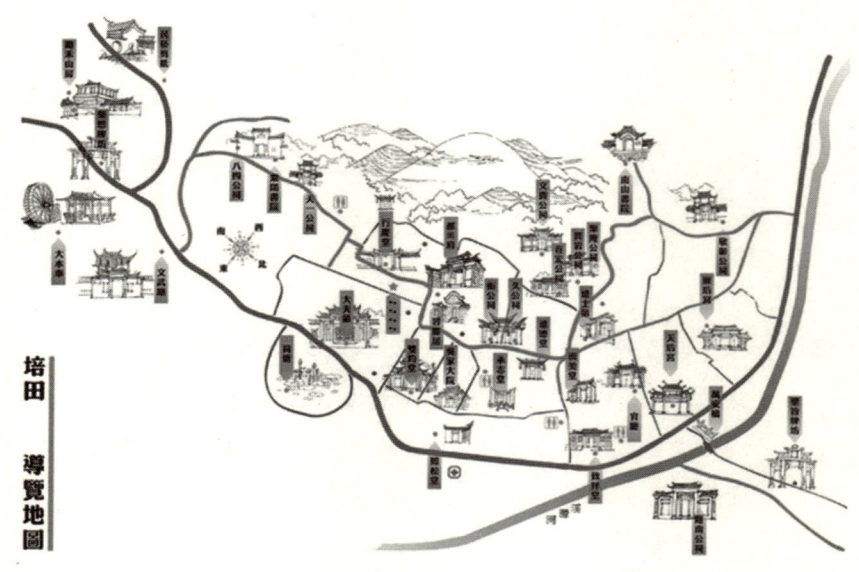

图1 培田导览地图①

培田古民居依山而建,民宅、宗祠和书院错落有致,村庄前荷塘和农田整齐划一,可以看出选择在此地定居的吴氏先祖对耕读文化的推崇和对自然的敬畏。历史上,培田古民居地处位置偏僻,属于远离尘嚣之地,交通也极为不发达,是培田古民居保存良好的重要原因之一。从培田村浏览地图可以看出,培田村的村落中心是一条上千米长的古街。古街西边有20几座宗祠,古街东边有30几座民居和驿站。弯弯曲曲的古街与纵横交错的巷道相连,把错落有致的民居建筑连为一体。

走近培田村,首先映入眼帘的是雄伟的石制牌坊,牌坊上写着光绪皇帝御赐的"恩荣"二字,据传是光绪皇帝亲赐给他的御前四品蓝翎侍卫吴拔祯的。村头的"恩荣"牌坊与村尾的"圣旨"牌坊遥相呼应。"圣旨"牌坊据传是吴昌

---

① 《连城培田古村落》,《中国历史文化名村》,http://www.mz186.com/custom/twkj/3969.html,2014-11-26/2015-06-30。

图 2　培田古村全景①

同得"圣旨"所立,吴昌同曾是富甲一方的商人,以"乐善好施"为人熟知。这两座威武的牌坊是 2000 年前后在原址上复建的,虽然复建时间不是很长,但我们依然能感觉到这两座牌坊的庄重与威严,虽然是复建,但包括两座牌坊上面的题字及花纹在内,大概有 70% 是使用原倒塌牌坊的残片复建而成。

过了"恩荣"牌坊,右边据说是我国大陆地区唯一一个既供奉文帝又供奉武帝的文武庙。文武庙最初也只有一层,供奉武帝,后来为体现客家人崇文尚武、文武并举、兼容并济的情怀,文武庙加盖第二层,供奉文帝。

培田村 30 座被称为高堂华屋的民居建筑,虽有大小和繁简之分,但整体结构并无二致,均为"九厅十八井"式建筑。九厅十八井是客家人结合北方四合院庭院建筑的特点,考虑南方多雨潮湿等自然条件,利用对称布局而建的大型民居建筑。典型的代表民居为大夫第,大夫第又称继述堂,是培田村中面积

---

① 《连城县培田村古民居建筑群》,http://www.china.com.cn/photochina/2007-10/10/content_9025374.htm,2007-10-10/2015-06-30。

最大的一座九厅十八井式建筑,建于1829年,占地6 900平方米,耗时11年建成,因主人吴昌同而扬名。继述堂前的广场当地人称外雨坪,下雨天有蓄水功能,既能调解温度,又暗示水能聚财,反映了主人朴实的愿望。外雨坪边原本建有月塘和围墙,现在都已经残缺不全了。坪中遗有一对石狮石鼓,两根纹龙旗杆,透露出房屋主人显赫的身份与地位。继述堂大门前有一副对联"水如环带山如笔家有藏书陇有田",表达了主人对自然环境的赞美以及对耕读文化的推崇。过了大庭院就到了挂有"大夫第"和"登科"牌匾的中厅,再次让人不由得感叹华屋主人曾经的辉煌与荣耀!

"九厅十八井"的九厅是指门楼、下、中、上、楼上、楼下、左花、右花等九个正向大厅;十八井包括五进厅的五井、横屋两直各五井、楼背厅三井。其厅、井布局合理,各有功用。上厅供祭祀、族长议事,中厅接官议政,偏厅会客接友,楼厅藏书课子,厢房横屋起居饮沐。它集政、经、居、教于一体。九厅十八井的空间布局,既考虑主厅堂华丽高大,满足礼仪的要求,又照顾平时居家过日子的使用方便,可谓匠心独具①。

作为"历史文化名村",培田古民居最为人称道的地方,不是威武的牌坊和高堂华屋,而是有过20多所书院,现在有迹可循的仍有6所,其中文以"南山书院"武以"般若堂"为代表。

耕读传家、崇文重教一直以来是培田的传统。据族谱记载,培田第一所学堂叫"石头丘草堂",创建于明弘治元年(1488年)。明代兵部尚书裴应章曾为草堂题联"距汀城郭岁百里　入孔门墙第一家"。清中期以后,南山书院替代石头丘草堂成为家族书院。当时培田吴氏先人"到处延访名师,教诲诸子画",一时蔚成风气。书院从清乾隆三十年(1765)创办至光绪三十一年(1905)止,共140年,据统计,由此步入仕途的国学生、贡生、秀才、举人、武进士等有100多人。

在培田村的古建筑中,有一座小巧玲珑的建筑"容膝居",据说这是我国最早的女子学堂,专为妇女接受教育而建,旨在提高妇女的修养和开阔她们的眼

---

① 戴志坚:《闽台民居建筑的渊源与形态》,福建人民出版社2003年版,第62页。

界。学生主要是未出嫁的少女、刚结婚的新媳妇,老师就是母亲与婆婆,学习内容主要包括基础文化、礼仪和女红。容膝居建筑不大,"可谈风月"四个大字的匾额镶嵌在厅堂正面的石壁上,可见在男尊女卑及男女授受不亲的封建社会,这里就可以讲习与婚姻、生育有关的生理知识,体现了培田人开阔的心胸与开放的思想。

如果说"容膝居"体现培田先人对女子教育的重视,位于培田古街的"锄经别墅"则再次强调客家人对农耕文化的重视与传承,这里是学习耕作、种植技艺的启蒙理论和实践教育场所,类似今天的"职业教育学院",体现了培田人务实的精神。

二、培田古民居保护存在的问题

近些年,随着工业化和城市化的加速发展,全国各地的村落在不断消失。在这些已经或即将消失的村落中,很多都承载和蕴藏着中华民族的传统文化和风俗习惯,有些村落本身就是一部融合建筑、宗教、伦理、教育等发展的历史书籍,这些古村落的消失将造成无法挽回的损失。

与全国其他小有名气的古民居相比,培田古民居的保护还是相对较好的。前面也说过相对较好的原因之一是这里地理位置有些偏僻,交通不是很发达,实施旅游开发时间不长,也正因为这些原因,培田古民居居民基本上以务农为生,经济条件一般,早些年也无力改善居住环境,维持了古民居原本的建筑风貌,近些年居民经济条件虽明显提高,但由于培田古民居已是"全国重点文物保护单位"而不允许私自改建。

虽说培田古民居的建筑群保存相对完好,但也存在很多问题,首先是火灾隐患。培田古民居建筑多是砖木混合结构,属于易燃建筑,古民居建筑群内各房屋多以羊肠小径相隔,一旦发生火灾很容易连成一片,加上古民居内居民平常取暖烧饭多以柴火为燃物,这些都增加了发生火灾的可能性。1994年,被称为培田古民居中最华丽建筑、拥有600年历史的"都阃府"被付之一炬,令人扼腕。其次是年久失修。培田古民居建筑少则100多年,多则600年,排除人为原因就是自然界的摧残,许多房屋都出现腐烂、虫蛀、漏水等问题。不加修理,破损只会越来越严重;进行修缮,普通居民没有条件也没有能力按照文物的要求进行修缮。这些都要求主管部门统筹规划,防微杜渐。

三、培田古民居的保护与开发

培田古民居群保护的价值,不仅体现在其至今仍是保留完好的明清时期客家建筑,还在其先祖奉行的"饥能壮志寒能壮气志气不凡定多安泰　耕可养身读可养心身心无恙自获康宁"的耕读文化。为了更好地保护培田古村落,培田村所在的宣和乡先后委托陕西古建筑研究所等单位编制保护总体规划和大夫第等七处重点建筑保护维修设计方案,按照"修旧如旧、修古如古"的要求,对古建筑开展抢救性保护。连城县先后投入3 000多万元,对大夫第、官厅等重点文物实施维修,同时出台相关文件规定每年用于培田古民居保护的投入不低于当年景区经营性收入的20%。2014年以来,培田入选中国传统村落保护利用项目首批实施名单,中央财政也在文物维修、"三防"、保护展示等方面给予重点投入。这些举措有力支持了培田古民居的保护,也使培田古民居的保护积累了经验。

(一)统一规划

古村落保护不能靠村民自发进行,必须立足长远,由政府统一规划。近年来,培田古民居的开发一直由连城县政府起主导作用,在开发方向、开发过程及保护居民权益等方面进行资源整合,在保护的基础上加大开发的力度。

古民居旅游开发的前提是保护原生态,为此,在连城县政府主导下,冠豸山国家重点风景名胜区管委会具体进行培田古民居维修、村容村貌整治、基础设施建设、"培田新村"建设、对外交通建设工程及农贸市场建设等六大工程的施工,包括:24座古民居、祠堂及南山书院、跨街牌坊等共4.7万平方米古民居建筑群维修;规划区内环境美化绿化,全面恢复古民居保护区原貌;规划区内配套基础设施工程;占地90亩的"培田新村"建设,迁移安置古民居内居民;培田至文坊 10 公里公路及培田至罗坊 25 公里公路三级公路改建等。目前多数工程已顺利完成。

古民居保护保留现状的原则和居民对便利、高品质的生活要求有时是背道而驰的,以前为了解决这个矛盾,采取将居民整体迁出的办法,然后对此进行大规模的修复,开发成供游人参观的景点。没有人居住生活的古建筑,缺少了人气,只会加速老化。培田古民居原本问题更加严重,居民不但有改造房屋提高生活品质的要求,许多居住空间紧张的居民在原房屋前后用现代材料加盖出许多小房子,这些小房子严重破坏了培田古民居建筑风格。为了减轻居民居住压力,分流群众,更好地保护培田古民居,连城县政府决定对影响古民居整体面貌的违建予以依法拆除,并在距离古民居不远的地方建设培田新村。培田新村由一栋栋小楼组成,现已建成交付,政府补贴部分资金,培田古村的村民可以选择是否迁出。

(二)动态传承

对古民居的维修修缮,恢复基本原貌只是保护开发的第一步,紧接着要做的就是对承载耕读文化的挖掘与复兴。

历史上,培田古村落曾前后建有 20 几所书院,至今有迹可循的仍然有 6 所,其中南山书院最负盛名,培田历史上就有"有南山书院,才有培田古村落"的说法,可见南山书院对培田的重要意义。2014 年 4 月,在多方支持与配合下,南山书院举行盛大的揭牌仪式。重建后的南山书院旨在将培田建设成为"共生文明第一村",实行"三本教育"——发乎本心、成就本事和守住本分,以"书院教育""社区大学"等途径复兴"耕读传世"的思想。南山书院在原址建起五个书院群落,目前主要招生对象包括研究生、大学生、企业领袖、政界人士及新农夫等。

2011 年,培田成立客家社区大学,这是由 21 世纪教育发展研究院、中国人民大学乡村建设中心等单位联合当地政府共同举办的公益组织。社区大学面向村民开设生产生活技能、人文社科、自然科学、社团组织训练等课程,不用交学费,没有固定教室,志愿者负责教学。有时还请专家或专业教师上课,运作资金主要来自社会捐助。为丰富妇女业余文化生活，从河南请来有"中原鼓王"之称的衡生喜老师，带出由20多人组成的妇女腰鼓队；在客家社区大学倡导下，恢复举办"春耕节"，以期让春耕成为中国农民的重要节庆日。春华秋实，夏种冬藏，耕读并作，天人共生，奖农劝稼，天经地义，粮食是永恒的战略资源。春耕节的全部民俗活动，都由培田村村民自行组织进行。游客可以和村民一起参加犁田、插秧等农事比赛，体验传统生态农耕方式，重拾对土地和自然的尊重。春耕节通常由两个部分组成。一是仪式部分，包括游五谷神、神牛行春耕民俗活动、开幕式、文艺演出、开犁仪式、插秧比赛及各种论坛等等，体现的是"耕读并作"的文化传统。另一部分是学习部分，包括"环保酵素培训班""人际沟通培训班"、民宿设计与经营工作坊、乡土集市、爱故乡图文展等等，体现的是"天人共生"的时代精神。

图3　培田民俗表演[1]

---

[1] 《美丽乡村热门节日——福建培田春耕节》，http://heb.hebei.com.cn/system/2015/04/07/015279681.shtml，2015-04-07/2015-06-30。

结　语

　　培田古民居保护方面所取得的成绩表明,保护古民居不但要保留其原貌,更要充分挖掘、保护好其背后优秀的传统文化资源,对这些优秀的文化资源进行创造性开发,使之形成具有当地特色的文化产业,以增强文化自身的造血功能,达到以文化养文化的目的。

闽东"十美村庄"文化遗产的传承与保护
——屏南县漈头村

肖绯霞*

摘　要： 历史文化名村漈头拥有丰富的文化遗产。近年来，当地政府带领漈头人采取多项措施对文化遗产进行保护，尝试进行产业化开发。这些保护措施和开发努力已初见成效，但仍面临村民传承兴趣不大，核心文化遗产的凝炼与保护不足等问题。要保护与传承漈头文化遗产，必须重视对核心文化遗产的凝炼、重植与传播，采取措施合理推进产业化开发。

关键词： 漈头村；文化遗产；传承；保护；开发

相比于城市，乡村是"闭塞""贫穷""落后"的代名词。为建设新农村，国家加大农业和农村投入，深化农村改革，推进城乡统筹，发展农村公共事业。农村的现代化程度提高，精神风貌也有了极大改善。但成绩背后也有不少教训：新农村面貌的整齐划一抹杀了乡村的个性，现代文化的泛滥阻断了历史文化的延续，许多乡村开始了在城市他乡的迷路历程。因此，承袭与保护乡村历史文化，是建设个性化的新农村必须考虑的问题。历史文化名村本身拥有丰富的文化遗产，在新农村文化建设上有得天独厚的优势，正确挖掘、继承、传播、开发这些文化，就能建出自己的特色，还能反哺城市及其他乡村，帮助他们寻回遥远的历史记忆。屏南县漈头村建成至今已逾千年，该村是古代建宁府通往福州、福宁等地的必经之路，商贾云集，人才辈出，文化兴盛，尤以科举、戏

---

* 肖绯霞，硕士，厦门理工学院文化产业学院讲师，主要研究西方文化、文化。

曲、武术闻名,素称"屏南好漈头"。如今的漈头仍有村民4 000余人,以张黄二姓为主。丰富的历史文化资源为漈头村先后赢得"闽东十美村庄""福建省历史文化名村""中国历史文化名村""福建十大醉美村落"等美誉。

一、漈头村文化遗产概述

漈头村文化遗产主要涉及文化古迹、耕读文化、戏曲文化、武术文化、民间信仰、饮食文化。

(一)文化古迹

1.古民居

漈头拥有保存较完整的几条古街。其沿街民居建筑立面多为土墙,入口部分以砖砌成。民居多为一到二进院落,也有少量三进、四进院落,布局讲求对称。院落以天井为中心,有浓郁的南方建筑特色;具有防火功能的马头墙彰显徽式建筑风格的影响。古民居厅堂桌椅多有精美雕刻(图1),以书法、花鸟人物为题材的泥塑、彩绘等墙饰精美绝伦,还保有许多匾额、柱联等古物(图2、图3)。

图1 精美雕刻

图2 匾额

2.古牌坊

漈头村有众多石碑、石刻,常见于石牌坊、古墓碑、石门当、石柱之上。其中,石牌坊群尤为重要(图4)。

图3 匾额

图4 石牌坊群①

在漈头村北,通往旧县城双溪镇的古道旁,竖立着10座5米多高的节孝坊。这是国内少有福建仅有的石牌坊群,由清廷下旨修建于乾隆五十七年(1792)至光绪十四年(1888),用以表彰漈头节孝女子。石牌坊于"文革"中遭到较大破坏,残存部分仍能使人忆起那些女子的不幸命运,沧桑之感油然而生。牌坊上书法或刚健或细腻,有较高的艺术价值。

3.古寺庙、祠堂与墓葬

漈头村还有慈音寺、拓主殿、齐天大圣殿等寺庙建筑,南少林铁头和尚曾避居于慈音寺。此外,漈头村还有张黄两氏宗祠、黄童御葬墓、南少林铁头和尚墓、文武痒生张步齐墓、空窿墓等。

4.自然风光与其他人文景观

漈头村内鲤鱼溪流淌千年,村域内有映月潭、日照岩瀑布、红娘树、水松林、柳杉群、千年龙井、古廊桥、古凉亭等。

---

① 《屏南漈头村古牌坊群一瞥》,http://blog.sina.com.cn/s/blog_4749cf220100puiv.html,2011-03-02/2015-08-03。

（二）耕读文化

"蒲山多胜迹,漈水有贤俊",漈头人崇尚儒学,晴天耕作,雨天读书,耕读并重,才俊辈出,名列屏南"四大书乡"之首。明清时期培养出进士、举人等科举人士 200 多人,以至于出现"叔侄二进士,父子三贡生"。名人高士有参加《永乐大典》编纂工作的黄童,编纂《国音宝典》的同盟会员张赞等。漈头村众多匾额、对联向外界展示着尚学之风。仅"文魁"匾额就多达 160 多块,现存有 40 多块。民居中以"范蠡救国""张良纳履""三顾茅庐""巧遇知音"等历史典故为题材的雕刻向后世传扬着经世济国的思想;"四壁书声人静后 一帘花影月明初""重装墨画数竿竹 长箸香薰满架书"之类的对联向后人袒露与书为伴的独特美感。耕读之风深入漈头人的日常生活中,从留存下来的书形首饰盒、雕有文魁的灯台等可见一斑。

（三）戏曲文化

漈头村有"戏曲之乡"之称,屏南七种地方戏中有评讲、乱弹、木偶等四个剧种发源于此。2008 年 12 月,平讲戏被列为国家级第二批非物质文化遗产名录。2009 年,艺人张贤读被列入国家第三批非物质文化遗产传承人。

（四）武术文化

漈头武术源远流长,200 多年前,泉州少林寺铁头和尚陈云齐逃难至漈头,隐居在村北慈音寺并传授武术。此后漈头武术代代相传,至今武师众多,漈头武艺"甲于闽北各县"。慈音寺内尚存铁头和尚练功石、《脉书》等文物。

（五）民间信仰

漈头村信仰多元,佛教、基督教在当地都有信徒,但漈头人对"齐天大圣"尤为崇拜。漈头人相信,在建村之际,观音菩萨就已指派齐天大圣来到漈头村,保佑村民平安发达。为此,漈头人在漈头上境修建慈音寺以纪念观音菩萨,在漈头下境修建"圣王爷楼"（齐天大圣殿）以纪念齐天大圣。齐天大圣已成为村民心中的"村神",每年农历十月二十七日齐天大圣诞辰日漈头村都会举行隆重的庆祝活动。

(六)饮食文化

漈头村有着众多特色小吃,如漈头扁肉、七层糕、根豆糕、雪片糕、咸饼、光饼、米粿、碱黄粿、七重粿、花生炒米。最有名的当数漈头扁肉,其做工独特,皮薄而滑,肉鲜而韧,以老鸭、猪骨熬制的高汤清甜爽滑。据说清代知县视察屏南必至漈头品尝扁肉。

二、漈头村文化遗产的保护与传承现状

配合新农村建设,漈头村民的文化生活也有了很大的改观,村里配有保洁员,建有农民公园、村史陈列馆等。传达村民幸福心声的村歌《锦绣漈头》入选第二届"中国村歌十大金曲"。宁德市委宣传部组织的文化科技卫生三下乡活动为村民现场撰写春联,展演戏曲,开展游戏等,丰富了村民的文化生活。但是,真正能展现漈头文化特色的显然并不是这些,漈头历史文化正以自己的方式留存在漈头人的生活中。

(一)漈头村物质文化遗产保护现状

1.聚落与建筑的保护

漈头人的文化保护意识是超前的,早在1995年,村两委就做出"保护古村,建设新村"的决定,以至今日漈头可分为两大区域,一为古村,一为新村,漈头村聚落与建筑的原始风貌得以较好地保留下来。2014年,漈头村还邀请省规划设计院和厦门大学联合对古村改造进行规划设计,这表明漈头的古民居保护工作更为理性。漈头人也十分注重生态保护,早在1998年,村委会就与每户村民签订了保护鲤鱼溪公约,境内的"红娘树""水松林""柳杉群"等也保护完好。

2.廊桥、牌坊等古迹、古物的保护

1998年,村两委发出保护古廊桥通告;2000年起,号召村民搜集"文革"期间散落的石牌坊零部件;2001年,召开乡亲联谊会,倡议村民对古牌坊、古楹联及圣旨等文物进行收集;2002年起先后修复百祥桥,搬迁金造桥、清晏桥,延伸与拓宽鲤鱼溪,修复慈音寺、大圣殿及祠堂等。

(二)漈头村非物质文化遗产的传承现状

漈头村于2006年重新成立平讲戏剧团,剧团参加了全国四平腔学术研讨会并在会议期间进行演出,受到与会者的好评。此后剧团还曾前往马来西亚演出,受到当地观众与华侨的高度赞扬。2008年,评讲戏剧团被列入国家第二批非物质文化遗产。2009年,张贤读老人被列为第三批非物质文化遗产传承人,以张贤读为代表的老艺人复活了消失多年的老戏种,使之与闽剧一同成为漈头村人引以为傲的两大戏剧。

漈头人耕读传家的传统使漈头至今洋溢着浓厚的学风,村里走出不少大学生。铁头和尚的传人代代不绝,漈头村至今仍有多名武师健在,如张世造、张尊朋、周家标、张世茂、张尊农、张尊居、张贤桥、张贤注等,尚武遗风仍十分炽热。

(三)漈头村文化遗产产业化开发现状

丰富的历史文化资源不仅滋养着漈头人的灵魂世界,也为漈头村的经济发展提供了文化资本,博物馆业、旅游业、餐饮业、住宿业、演艺业等都有不同程度的发展。

1.博物馆业

"耕读文化博物馆"是漈头文化资源保护性开发的重要成果。博物馆由私人创建,馆长张书岩以"借、赠、租、购"等方式征集展品1万余件,展区面积超3 000平方米,分布在11座清代古民居内,包含农耕文化博物馆、历史文物博物馆、古代家具展示馆、农耕文化体验馆等11个展区。该博物馆曾免费供游客参观,经营者因之负债累累。如今,耕读文化博物馆门票的携程售价为20

元每人,已经开始为经营者带来回报。

2. 旅游及餐饮、住宿业

漈头村较早将目光投向文化旅游,早在 2004 年就多次召开乡亲联谊会,探讨发展旅游经济,促进文化强村。为发展旅游业,漈头村对文化资源进行整理,团结村民投入资金建设或更新设施,整治环境。漈头村先后修建两条长达 3.5 公里的环村旅游公路,延伸鲤鱼溪至全长超 1 500 米;兴建停车场;复制各类牌匾,修复古民居;开设旅游综合服务部,制作大型户外旅游景点示意图,鼓励村民从事旅游配套服务,村民自发开设有饮食店、旅店等。目前,已有多家省内外旅行社将"漈头小鲤鱼溪"、古民居列入白水洋、鸳鸯溪一二日游的捆绑项目。屏南县政府还在持续实施旅游提高工程,建设漈头、漈下为中心的民俗文化旅游区。

3. 演艺业

为保护和发展屏南戏曲文化,漈头平讲戏剧团招收新学员,争取商业转向;地方政府将平讲戏等地方戏曲搬上白水洋景区舞台,寄望凭借旅游演艺的发展来保护地方戏种。

三、漈头村文化遗产传承和保护存在的问题

(一)村民传承历史文化的兴趣不高

尽管从前述情况看,漈头人已初步领略历史文化的价值,饮食业、住宿业、零售业、博物馆业都有所发展,但漈头文化传承对村民来说仍缺乏吸引力。尽管有村委的积极筹划,有张书岩、张贤读等老人的自觉努力,那毕竟仍只是少数。同时,年轻一代的缺席使得传统文化传承呈现出浓厚的夕阳色彩,这应是许多历史文化名村发展中存在的共性问题。

耕读文化博物馆是漈头村的一张名片,租用 11 座民居。除租借外,屋主与博物馆并无其他重要联系。戏曲是漈头的重要历史文化组成部分,2006 年,张贤楼、张贤读等人将漈头平讲戏、闽戏老艺人召集起来,重新组建漈头评

讲剧团,吸收屏南老年大学成员,坚持到各乡演出。终因费用及人员问题,在维持三年后放弃了这项活动。近期,平讲戏剧团打算转向商业运营,对外招收学员40多人,平均年龄也在40岁左右,年轻人鲜有兴趣。激发村民尤其是年轻一代对漈头历史文化的传承热情,延续漈头文化之魂,是地方政府和相关管理部门应当重视的问题。

(二)核心文化遗产的凝炼和保护不足

漈头村文化遗产丰富多样,比较出名的有建筑牌坊、科举文化、戏曲文化、大圣信仰及武术文化。在漈头耕读文化博物馆的带动下,漈头村的古建筑、耕读传统、科举成就广为人知,但外界对漈头历史文化的整体认知还比较散乱,这反映出漈头核心文化遗产的凝炼不足。

当前,漈头村文化遗产保护重点在物质遗产上,比如古民居、古牌坊、古楹联、耕读用品等,对戏曲、武术等非物质文化遗产的保护显得相对较弱。漈头村是历史上的戏曲大村,四大剧种诞生于此。但除平讲戏外,其他三种戏在漈头难觅其踪。漈头武术也曾名闻闽北,但除仅剩的练功石、脉书,鲜见相关武术研究,铁头和尚空余其名。即便是闻名全省的古牌坊,矗立在野外,并未得到妥善的保护。

(三)产业开发仍处在初级阶段

尽管漈头村的游客量日渐增多,餐饮业、住宿业也有了一定发展,但从县城到漈头仅有一路公车到达,交通仍属不便。目前漈头游客多为一日游,观赏鲤鱼溪及沿岸建筑,参观耕读文化博物院等,村内鲜有能供游客做深度旅游的项目。2014年,屏南曾推出民俗体验项目——鸳鸯行创意游,以漈头古村为娘家,漈下古村为婆家,按古村婚俗为新人举行婚礼。但这次活动仅吸引6对新人,费时费力,其宣传效果远大于经济效益。漈头戏曲文化的演艺业开发目前处在邻近景区旅游捆绑阶段,商业效益远不容乐观。

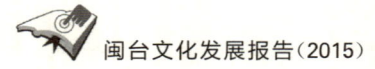

四、头村文化遗产传承、保护与开发对策

(一)凝炼、重植与传播核心文化遗产

1.核心文化遗产的凝炼

历史文化名村文化遗产丰富,但若不加以凝炼,则无法体现精华与特色。核心文化遗产的凝炼有助于强化自我认知及外界认知,有助于有主次有重点地开展文化遗产资源保护与利用工作。漈头村目前有许多资源较为零散,抓住重点才能集中力量进行保护、传承和开发。就具体情况而言,漈头核心文化遗产包括景观、建筑、戏曲、耕读、武术及宗教信仰。

2.核心文化遗产的修复与重植

要留住日渐褪色的历史,就必须采取手段对其核心文化进行修复或重植,让传统文化在现代生活中重放光彩。盘活历史文化资源,需要对物质遗产进行搜集、整理、维护,使其重焕生机,如修缮建筑,适当保护露天牌坊群等;对戏曲资料进行搜集、整理、建档及专馆陈列保护等。要让文化生根,还必须让漈头人认识到传统文化的重要性并心甘情愿地介入和传承。对于非物质文化的重植,主要应集中于耕读文化、戏曲文化和武术文化上。可组织力量对《脉书》进行研究,对铁头和尚武术承袭情况进行整理,成立武术组织并开展对外交流,以全村健身活动为载体,促进武术文化在漈头的成长。可以青少年教育为契机,大力建设村图书馆,成立青少年教育辅导机构。与相关戏曲研究机构、武术研究机构等合作,争取落村挂牌,营造耕读文化氛围。可以漈头村戏曲业余团体、商业剧团为基础,向游客开放戏曲体验与戏曲教学活动项目,由政府牵头扶持戏曲传承人并资助民间题材剧本创作,表演团体可逐步向外拓展表演市场。可开设专门的漈头戏曲文化博物馆、漈头武术文化博物馆。

核心文化遗产的修复与重植是长期的过程,应以中老年群体为依托,逐步争取青年人,进而在全村范围内形成对漈头核心文化遗产及其价值的认同感。

3.核心文化遗产的传播

历史文化名村拥有的文化遗产十分珍贵,不应养在深闺人不识。地方政府、相关部门以及村民都应有积极向外传播的意识,促进资源共享。同时,良好的对外传播也有助于塑造本村形象,促进旅游等产业发展,增加乡村收入。

漈头村尚无专门的网站,相关资料散见于各类访谈、游记或报道,传播主动性不强。可以以历史文化名村为依托,以核心文化遗产为重点,广泛利用传统媒体与新媒体,开展对外传播工作。

(二)合理开发利用文化遗产

"历史文化名村"不仅是一种头衔,同时代表保护历史原貌的责任。现代性的侵入使得乡村的价值观发生改变,一个残酷的事实摆在面前:如果文化遗产不能为村民带来利益,它起码不能成为负担。就文化遗产保护资金看,不外乎两大来源:一是靠外部支持,如政府、企业或个人;二是靠自我创收。五千年的中华文明留下的遗产数不胜数,全部依赖政府投入和社会捐赠几无可能。对文化遗产进行适度商业化开发,使历史文化以恰当的方式在现代社会中延续,展示自己存在的现代性价值,才能促进历史文化资源可持续性发展。漈头村文化遗产的产业化开发可以使漈头人在向外传递文化的过程中获得文化上的自信以及经济效益,精神上会更加满足,从而更加积极地传承历史文化;另一方面,在产业开发过程中,外界向漈头输入现代性知识,可促使漈头历史文化在与现代文化的交锋中找到最佳的生存状态,摸索出一套与现代性和谐共处的模式。

漈头村旅游业、博物馆业、节庆业虽已先行一步,但还有极强的发展空间。从旅游业看,已有部分与其他景区捆绑的旅游项目,鉴于漈头拥有丰富的历史文化资源,地方政府可与旅游管理部门、旅游企业沟通,尝试开设独立的漈头一日游、二日游旅游项目;充分利用漈头的戏曲、武术、传说、耕读等文化资源,开发体验性娱乐项目,促进观光旅游向深度体验旅游转化;以漈头历史文化资源为主要内容,开发旅游纪念品;以平讲戏剧团为基础,发展漈头村旅游演艺

业。从博物馆业看,可开设专门的戏曲博物馆、武术博物馆及大圣信仰博物馆等。从节庆业看,目前漈头已在传统的大圣诞辰节庆基础上举办"漈头文化节"。今后可进一步加强宣传,扩大文化节的影响力。

福建农业旅游化探索——东南花都

陈秋英*

摘　要： 东南花都是国家4A级旅游景区，福建省级农业旅游示范点。在探索东南花都的历史沿革和概况的基础上，分析东南花都当前的经营管理模式，介绍依托东南花都举办的"海峡两岸（福建漳州）花卉博览会·农博会"概况，探讨东南花都的经营效果，最后提出东南花都进一步发展的路径。

关键词： 东南花都；花博会；经营管理

福建漳州东南花都是国家4A级旅游区，省级农业旅游示范点。位于漳州市百里花卉走廊的黄金地段，漳浦马口，国道324线旁，是国家批准的第一批"海峡两岸农业合作实验区"、国家科技部授予的"现代农业园区"，也是历届"海峡两岸（福建漳州）花卉博览会·农博会"所在地，是福建漳州国家农业科技园区的核心区，总面积达10 000亩。

一、历史沿革

福建省漳州市是海峡西岸的重要城市，这里气候温和，物产丰富，素有"鱼米花果之乡""中国食品名城""田园都市、生态之城"美誉，是全国重要的创汇农业基地、对台农业合作基地、绿色食品生产基地、花卉生产出口基地和集散

---

* 陈秋英，博士，厦门理工学院文化产业学院副教授，主要研究企业管理、文化产业。

图 1　东南花都·外景

中心。这些条件为东南花都的发展提供了坚实的基础。

1995年9月,"漳州闽南花卉中心"经漳州市人民政府批准成立,1998年9月,"福建省闽南金三角花卉有限公司"动工兴建,2003年7月,"漳州东南花都有限公司"正式成立。在漳州花卉业开始争取实现产业升级和跨越式发展的2003年,新定位、新模式成为主旋律,"东南花都"花博园——漳州花卉产业的集中地得以诞生。"东南花都"不仅是漳州花卉及其相关产业整合提高的实体,更是漳州政企联手打造的城市新名片[①]。

二、东南花都概况

花都依山傍水,风光旖旎。有2 700亩的花卉博览园,1 500亩的花卉生产基地,1 500亩的综合服务区,500亩的花卉科技园区,1.8万平方米的主展厅。现有各种花卉苗木2 000多种,年培育各种花卉苗木1 000多万株,是集花卉生产、销售、展示、出口、旅游观光、农家休闲度假、会议培训、健身娱乐为一体的现代农业大观园。花都依山傍水,绿草如茵,棕榈园、锦绣漳州园、闽南

---

① 《漳州东南花都》,http://www.huoshandao.com/zhangzhou/zhoubianjingdian/53.html,2015-08-26。

瓜果园、沙生植物园、榕景园、荫生植物馆、百花廊、花卉超市、兰花培育基地、农家生态园、大地艺术展区、南溪茶文化一条街、纪念林植树区等景区交相辉映。到此旅游不仅可以观赏到闽南、台湾及国外的珍贵花卉植物,体验闽南及台湾风俗,了解现代农业生产技术;还可进行游泳、水疗、垂钓、打网球、户外拓展训练(滑索、攀岩、空中单杠、过独木桥)等一系列健身运动。花卉盆景奇石展区、"茶农世家"茶文化走廊、人间百态艺术雕塑展、大型植物迷宫、策士溪乡村俱乐部、全国百家美食联展、大地艺术景区等旅游项目,让整个花博园犹如一颗明珠镶嵌在百里花走廊,形成集休闲、娱乐、购物、经贸、会展为一体的大观园[①]。

图 2　东南花都·现代农业展示馆

---

　　① 《漳州东南花都》,http://www.huoshandao.com/zhangzhou/zhoubianjingdian/53.html,2015-08-26。

三、东南花都经营管理模式

东南花都采用所有权与经营权分离的管理模式。2003年之前,治理主体为漳州市政府。2003年之后,这一治理模式发生变化,东南花都的治理主体由原来的政府部门转变为福建漳龙集团。项目由政府牵头,企业负责经营、开发和保护。通过这种模式,东南花都的经营不但得到各级党和政府的关心和大力支持,而且保持着企业经营的灵活性。比如,由于所有权属归属政府,使得东南花都有机会作为"漳州城市名片"进行着力打造,成为漳州与台湾合作的平台。景区内的东南花都大酒店通过外包的方式由企业经营,实现创收。

在经营机制上,形成以福建漳龙集团和漳州东南花都有限公司共同出资,其中福建漳龙集团控股,漳州东南花都有限公司负责直接经营的特有模式。同时,福建漳龙集团成立董事会、监事会,对东南花都的经营管理过种进行监督与控制。

此外,在业务上,东南花都有限公司实行"公司+农户+市场"的经营形式,积极推进优良花卉品种的组培研发与引进工作,将种植基地逐步扩散到周边地区,以公司为龙头,收购农民种植的花卉苗木,经过精加工、挑选、更换介质、再培养等工序后,出售到各地。公司带动5 120户农户建立起种植利益联结方式,现有花卉种植面积近10 000亩,农民年收入逐年递增,促进农户年收入2亿多元人民币,为当地镇政府财政收入奠定基础[1]。

东南花都有限公司紧紧依靠当地资源优势,努力发挥在百里花卉走廊建设中主力军的作用,将漳州花卉市场向规模化、效益化推进,促进花卉市场的可持续发展。东南花都有限公司主要产品的原料基本在本地采购,带动当地相关花卉苗木种植范围的大面积推广,从而使漳州百里花卉走廊建成具有自

---

[1] 《东南花都花博会》,http://baike.baidu.com/link?url=OoHtb97AyuFWKZn_CAIXXwTo12RH_eH-NEFcCeH14SIR8HlqzzYA1vqCODDXW-TNwkgcEFgjSZtEMvy-AfOXQa,2015-08-26。

己特色的产品基地。在东南花都有限公司的积极引导带动下,漳州百里花卉走廊年产值约 3 亿元,成为海峡两岸花卉市场重要集散地。

东南花都有限公司自有种植地约 2 520 亩,种植苗木的价值约 3 000 多万元,以多种合作形式与农户开展合作,合作面积在 10 000 亩左右,通过公司与农户开展合作,实现优势互补,在提高公司经济效益的同时,提高农户的经济收入,有效地促进农业结构调整及当地农村经济的快速发展。

东南花都有限公司生产设备先进,生产工艺规范,拥有较强的生产专业技术人员。公司现拥有生产基地 3 000 亩,其中国际标准型的蝴蝶兰温室 2 万平方米,法国瑞 2 奇温室 1.5 万平方米,室内花温室 2 万平方米,出口加工、包装车间 2 万平方米。拥有八大类三百多种花卉产品,其中人参榕、仙人球、虎尾兰、富贵竹、发财树、蝴蝶兰、水培花卉等拥有中国最大供货能力、最优异品质、最具竞争力的价格,累计出口金额逾 1 000 万美元,成为国内最大的蝴蝶兰集散地。此外,东南花都有限公司具有一支较高水准的专业技术队伍,被科技部授予"农业高科技示范园区"。福建省农大还在东南花都有限公司设立博士后规则流动站,加强高优品种花卉的研发,组培技术投入,提高产品附加值,

图 3　东南花都·花卉艺术馆

实现产品的升级换代,带动经济效益再上新台阶。

四、农博会、花博会

　　以东南花都为举办地的"海峡两岸花卉博览会"创办于1999年,由农业部、国台办、国家林业局等国家部委和福建省人民政府共同主办,漳州市人民政府和福建省直有关部门共同承办,自2009年起拓展举办"海峡两岸现代农业博览会"。截至2014年,"花博会"已举办16届,"农博会"已举办6届,累计参展企业1.3万多家,展出农林牧渔产品及其加工品7万多种,参会人数超过700万人次。在2014年的博览会期间,现货交易、协议交易总金额达23.3亿元;同时,博览会期间共签约外资、民企、央企"三维"项目88个,总投资409亿元,项目涉及工业、农业、商贸流通、城市建设、社会事业等多个领域。还有291个项目开工、投产,总投资达900亿元。农博会、花博会已从最初的区域性花事活动发展成为突出对台、辐射全国、面向世界的现代农业经贸盛会,被人民网等权威媒体评选为"改革开放以来30个最受关注展会",被中国展览联盟评为"全国十佳品牌展会"①。

　　第六届海峡两岸现代农业博览会、第十六届海峡两岸花卉博览会于2014年11月18—23日在漳州东南花都举办,第八届中国蘑菇节、2014中国(福建)花木行业发展论坛、第五届中国(福建)花王评选暨花卉精品展等系列活动也同期举办,展会期间,还举办了茶业展,漳州市海外联谊会第六届理事大会,沈一丹书画展、林继中、沈舜乾书画联展等。本届博览会秉承"花开两岸、合作双赢"的办会主题,坚持"专业化、市场化、特色化、常态化"的办会思路,突出"花"主题,做好"茶"文章,强化市场运作,注重经贸实效,着力打造成为展示推广农业"五新"、促进产品采购交易、加强项目对接洽谈、深化两岸交流合作的重要平台。

---

①《农博会.花好·茶香·味更浓》,http://www.hxnbh.com/news_show.php?menuid=17&newsid=9859,2015-08-26。

历经16年打造,农博会·花博会秉承"花开两岸、合作双赢"的主题,坚持"突出两岸合作、突出现代农业、突出南方特色、突出优质食品"的办会思路,更加凸显"专业化、特色化、市场化"。在展会管理上,进一步简化办会形式,打破过去由政府包办的运作模式,着力提高办会水平和实效[①]。

图4　东南花都·闽南文化展示馆

五、东南花都经营效果

东南花都的收入来源有景区门票收入、花卉销售收入、东南花都大酒店收入、向婚庆公司收取的场地使用费等。支出主要为员工工资、景区宣传、景区内植物的常年维护和管理费用、设施的增设等。由于收入的不连续性和支出连续之间的矛盾,导致东南花都常年处于亏损状态。

尽管东南花都有较佳的地理优势,但客流量依然有限。除了花博会期间较热闹外,常年游客不多。这跟它本身存在的一些问题息息相关,如花博园中静态景点多,动态项目少;许多展馆未能得以充分利用,展品有一定局限性,如

---

① http://www.hxnbh.com/,2015-08-26。

根雕馆仅为一人的收藏品;主题花卉不够完善、较单一;可供游客拍摄的景点少;更缺乏能供游客亲身体验、娱乐的项目。

同时,周边其他景点对其形成较大的竞争压力,如由漳浦地质公园、石雕园、漳浦抽象画廊、南靖土楼、厦门园博园、永定客家土楼、漳平九鹏溪等景点对其竞争优势构成较大的威胁。

六、东南花都经营管理发展建议

(一)关键利益主体的共同治理

1. 地方政府

尽管2003年之后,东南花都的治理主体发生变化,但东南花都作为漳州市的城市名片,地方政府应继续发挥政府的促进职能。在负责招商引资推动东南花都的可持续发展的同时,地方政府应积极推进东南花都发挥教育功能,以吸引更多的游客,实现东南花都的旅游资源的文化价值。此外,地方政府应对东南花都发展中的社会和环境的协调发展起监督作用,监督经营者的经营行为,保护东南花都的生态环境和景区形象。

2. 旅游企业

作为东南花都的控股方福建漳龙集团以及负有直接经营权的漳州东南花都有限公司,是联系景区、旅游者和当地居民的纽带,应积极开发旅游产品,为人们在东南花都的旅游活动创造便利条件和提供所需的产品与服务,将良好的服务贯穿于旅游者"吃、住、行、游、购、娱"的全过程。同时,东南花都有限公司实行"公司+农户+市场"的经营形式,以更好地发展,企业应起到对当地产业发展的引导作用。

3. 当地居民

当地居民应与东南花都有限公司密切合作,利用东南花都的技术优势,在其所推进的优良花卉品种的组培研发与引进工作中发挥积极作用,通过参与种植花卉苗木,开发特色花卉苗木产品,经营特色小店,参与旅游服务、旅游经营管理和旅游资源的保护,在此过程中找到更多的就业机会和商业机会,提高个人或家庭的经济收入,改善生活条件和生活质量。

由于东南花都景区管理涉及诸多利益相关者,只有妥善处理好各利益相关者之间的利益关系,才能促进该景区的可持续发展。

(二)多渠道开发盈利模式

应多渠道开发盈利模式,尽快探索景区创收途径,改变常年亏损的状态。在现有仅依靠景区门票收入、花卉销售收入、东南花都大酒店收入、向婚庆公司收取的场地使用费的基础上,可以拓宽盈利模式。如紧跟当前人们消费水平提高后对健康、安全食品的需求,利用园区掌握的先进瓜果种植、栽培技术,向周边推广,通过技术转让等方式实现创收。同时,应大力发展休闲旅游、节事庆典和会展项目,为园区可持续发展提供资金支持。如充分利用园区内的自然、人文环境和比较完备的服务设施,特别是园区内数量众多的各类场馆,创办或举办各种节事庆典活动,吸引优秀会展项目前来办展。利用园区举办节事庆典活动或展会对园区的益处颇多,首先,在节事庆典或展会前期,通常会有大量的营销活动,园区可借此扩大知名度;其次,节事庆典活动或展会期间,能为园区带来大量的客流;再次,节事庆典活动或展会的文化载体功能可以增加园区的文化内涵,使园区长期受益;复次,节事庆典和展会可以进一步整合园区的资源,推动园区旅游设施的完善,从而产生明显的经济效益;最后,举办节事庆典或展会的经验,可以提高园区员工的管理能力和服务水平。

(三)与周边其他景点合作

如与漳浦地质公园、石雕园、漳浦抽象画廊、南靖土楼等合作宣传,共同营销,开发捆绑式旅游体验项目,增加客流量。

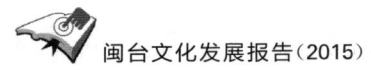

闽台文化发展报告(2015)

低碳生态茶乡

——来自台湾新北市坪林乡实践

蔡清毅[*]

摘　要： 台湾包种茶是台湾茶的代表和中国名优乌龙茶，其主产地文山茶区至今已有百年种植历史，依然生机盎然。坪林乡古风犹存，是台湾包种茶制作的发源地，有着不可多得的样本意义。本人深入坪林乡，经过田野调查和文献梳理、比较，通过走访、座谈、问卷、参观等方式，对坪林茶叶发展带动社区活化进行比对和思考，从台湾茶叶及茶农转型升级、社区营造和文化再生的经验获得样本及个案的实际经验。这对目前转型期的中国农村建设有很好的借鉴意义。

关键词： 社区营造；个案研究；农业升级；古村维新

最近，全球最大的照片分享网站 Flickr 推出"2014年最热门10张照片：台湾篇"，排名首位的是一张"层层叠叠的山峦间，沿着山坡地势生长的大片坪林茶园照"。坪林，对于多数的大陆游客来说，可能有点陌生。

其实，在网络上输入"不可不去的目的地""必去景点"的各种台湾旅游推荐中，坪林乡一直排名第二。好山、好茶、好水，是北台湾仅存的观光净土，近

---

[*] 蔡清毅，硕士，厦门理工学院文化产业学院副教授，主要研究古村维新。

年来已成为都市人休休憩的最佳去处"①,是众网友共同的推荐理由。坪林乡更是早期台湾开发茶叶的城乡中,少数尚能维持欣欣向荣的乡镇。

台湾茶从福建安溪引植而来,逐步形成自己的产区并从福建学会制作技术。在后来发展中,制茶技术渐渐产生差异,对乌龙茶的命名也自成体系,形成"北包种南冻顶"的特色②。文山地区的坪林乡是文山包种茶制作的发源地,也是少有的延续百年之久依然繁荣的典型茶乡,在台湾茶文化形成过程中起着不可替代的历史及现实的重大作用,是研究台湾茶叶文化和传统产业升级、社区总体营造重要节点。为此,本人于2012—2014年多次深入台湾文山地区,进行田野访谈,参考相关的文献。田野访谈对象主要是茶农茶商、坪林茶叶博物馆、坪之乡自然生态茶园、坪林乡公所官员等。

一、一川盈聚翡翠水,群山香溢包种茶

(一)坪林乡概况

坪林乡位于台北县的东南,全乡面积171平方公里,为台北县第三位;总人口数约6 000人,人口密度每平方公里36人,只多于乌来乡的13人。坪林一直以来是由台北至宜兰的交通重要驿站,为台九省道北宜公路段的中继站,也是北宜高速公路从石碇到头城的中点。另有106乙县道衔接石碇、42号县道通往双溪,在南山寺附近有乡道通往平溪。

1662年(郑成功时期)纳入官制的行政版图,但实际的开发应始于清朝的乾隆、嘉庆年间,当时主要是安溪人和泉州茶贩子来到这里。直到日据时代的1897年(明治三十年),才设置坪林尾分署,隶属于景尾(今之景美)办务署,其

---

① 陈立宇:《探访台湾茶乡坪林》,http://www.chinatoday.com.cn/ctchinese/second/2009-07/31/content_210052.htm,2009-7-31。
② 蔡清毅:《闽台茶物质生产习俗与茶文化遗产资源调查》,厦门大学出版社2014年,第347页。

后(1909年)也曾受宜兰厅坪林支管辖。① 目前坪林乡在行政区划上,共分为七村,以坪林乡行政中心为圆心,渔光村、上德村、水德村、石石曹村、大林村、粗窟村依顺时钟方向环绕在外。

(二)青山绿水文山茶　鱼翔浅底鹭鸶飞

坪林四围皆山,中为平地,北势溪、金瓜寮溪、呆鱼堀溪流贯其中,境内还有姑婆寮溪、石曹溪、四堵溪等,原为泰雅族人狩猎之地。溪流两岸遍布河谷平原、台地、梯田,因地形平坦称"坪",又有茂盛的森林分布,故以"坪林"通称。由于地形上林木由高山向平原倾斜,于倾斜尾端建庄,因此以"坪林尾庄"为名。② 温暖潮湿的气候使得境内云雾弥漫,不仅是茶树生长的最佳环境,更蕴藏丰富的茶业文化(图1)。

自1987年翡翠水库建成后成为水源保护区,发展平稳并未有大规模的开发建设,同时乡公所近来极力提倡环境保育与生态旅游,青山绿水得以维持,潭深水绿,可谓水的故乡。生态资源相当丰富,是大台北都会区观赏生态的天堂。动物方面,北势溪纵流其间,这里鱼类以鲤科为主,多属山地溪流类鱼种。两栖类方面,坪林发现20种以上的动物,其中,翡翠树蛙、橙腹树蛙即为坪林首先记录发现的。鸟类方面,坪林乡的鸟种超过百种以上,除常见的大冠鹫、白头翁、绿绣眼外,溪流鸟也可看到小白鹭、翠鸟、河乌、铅色水鹟和台湾紫啸鸫等。此外,哺乳、爬虫类、昆虫种类也很多。植物方面,坪林主要位于阔叶林带,林相丰富,层次分明。坪林油杉保护区与金瓜寮溪蕨类步道两公里范围即有55种蕨类,亦可发展成全台级蕨类步道。

因为拥有这样的自然禀赋,在总体社区营造的基础上,坪林七个村落种植以不同的茶花,不断完善休闲旅游设施建设,以营造美化及观光功能,打造成全台湾第一个环保低碳旅游区。

---

① 薛化元等:《坪林乡志》,http://county.nioerar.edu.tw/image/f0043327/00041.pdf。
② 坪林乡全球信息网:http://www.tacocity.com.tw/plin/newpage2.htm。

(三)文山包种启源流　古风犹存领风骚

北台湾所产的包种茶以台北文山一带产制的品质最优,香气最佳,习惯上这一带又称之为"文山包种茶"。文山地区是台湾茶叶的发源地,尤以坪林山明水秀,平均气温20°,降水量3 000～6 000毫米,气候终年温润凉爽,云雾弥漫,土壤肥沃,所产之包种茶品质也最佳,驰名中外[①]。台湾茶总以"北坪林,南鹿谷"两大茶乡并称,茶除了是帮助累积财富的经济作物,种茶也成为许多家庭生计所在。据坪林乡公所提供的数据,全乡共种植茶叶983.3公顷,占整个耕地面积的28.49%。年产量约80万～100万公斤。"由于作为台北市涵养水源地,茶叶的种植面积不再也不能再扩大",坪林茶叶倍显珍贵。坪林包种茶至今百年,依然生机盎然,是一则活生生的传奇,甚至其名称由来都带有神秘的色彩。揭开这份神秘,对于我们就有重要的意义。

1.文山包种茶开启台湾制茶源地

图1　茶乡坪林的自然环境及森林中的茶叶远眺[②]

---

① 远足地理百科编辑组:《一看就懂·台湾博览》,远足出版社2011年版,第116页。坪林茶叶博物馆编著:《台湾茶乡之旅》,联经出版社2004年版,第28页。

② 蔡清毅摄于2013年12月,本文中所有图片为本人拍摄,时间相同。以下图示不再注释。

打开台湾茶叶史,文山地区是台湾制茶的最早发尝源地①。清嘉庆年间(1796—1820年),柯朝氏从福建武夷山引进茶种,植于〈鱼桀〉鱼坑(今台北县瑞芳地区),这是现有文献中最早提及闽茶引入台湾的条目,为台湾北部植茶之始②。200多年前,文山地区就种植了近300公顷的茶园。清道光年间,福建省安溪县茶商王义程仿制武夷岩茶,茶叶分别制造,带回福州进行窨花,再将制好的茶叶,每四两装成一包,每包用毛边纸二张,内外相衬包成长方形的四方包,盖上茶名及商行名号、地址印章,因而得名"包种茶",故又称"文山包种茶"。后辗转传到南港、文山等地。清同治十二年(1873),台湾乌龙茶遭受世界茶业不景气打击,茶商不得已将乌龙茶转运福州改制包种茶,通称为"花香茶",这是乌龙茶改制包种茶的滥觞,也是台湾从事包种茶制造的先声。③清光绪七年(1881),同安人吴福源在台北县开设第一座包种茶精制茶厂。真正台湾产的包种茶,迟至清朝光绪十一年(1885)由王水锦改良成功④。

2.遵古精制"照起工"

清香型乌龙茶,又称为"台式乌龙茶"。这是在安溪乌龙茶的基础上,适应土壤、气候,以独特的栽培和加工制作技术加工出来的自成一格的乌龙茶。

文山包种茶是茶中极品,是台湾茶叶个性最鲜明的一大茶类。条形,轻发酵(仅在8%～12%),香气清扬,是其特有品质,有"清茶"之美誉。包种茶200年来坚持条状,条索紧结且自然弯曲,有人称为"小龙形",展现自己的独特性。成品茶外观翠绿,冲泡后茶汤水色蜜绿,有自然的清淡花香,滋味甘润,入口生

---

① 台湾省新闻处:《台湾省政丛书之五·台湾茶叶》,台湾省新闻处1950年编印,第1～2页。
② 连横:《台湾通史》(全两册),商务印书馆2010年版,第361页。
③ 在坪林采访中,我得到另一版本:以前闽粤地区就以制法的不同区分茶叶,并以不同品种来突出个别特征。大红袍、武夷水仙、单枞水仙等都先后打出名号,但还存在其他品种,就称为"色种"。传入台湾,因字迹问题误为"包种"。这就是包种茶名称由来。
④ 蔡清毅:《闽台茶物质生产习俗与茶文化遗产资源调查》,厦门大学出版社2014年版。

津,茶韵无穷,具"香、浓、醇、韵、美"等五大特色,素有"露凝香""雾凝春"的美誉。[①] 这种高香味的茶,贵在开汤后香气浓郁与否,香气越浓郁代表品质级别越高,越能齿颊留香久久不散。

包种茶不仅开创台湾茶叶的制茶史,更是创造山城小镇坪林的流金岁月。茶是坪林人的重要经济命脉,全乡90%以上的人从事茶业和与茶相关的产业。吴德亮先生称赞这里是"条条道路通茶园",更让人赞叹的是,坪林包种茶遵古精制,外形古雅、风味古典,坪林老街至今仍保留着传统的茶贩行业,古风盎然。包种茶的栽制过程烦琐而细腻,关系色、香、味制茶品质,在栽种、制作和销售茶叶过程中,坪林茶人非常"照起工"[②],"虽然四斤新鲜的茶菁大约可制成一斤的成茶",这里还是按照古法绝不偷工。如此"照起工"的做法,台湾绝无仅有。

作为北台湾最为盛名的茶乡,坪林包种茶传承的不仅是清香独具闻名于世的包种茶,还是台湾茶业文化与历史的特殊意义,这也是坪林社区营造的总灵魂和最可凭借的文化资源。

二、低碳茶乡,古韵犹存

(一)低碳茶乡的高端定位独树一帜

在发展休闲产业方面,坪林乡因地制宜,高端定位,全线传动,整合当地现有、特有之生产、生活、生态、文化资源,在不破坏原有资源、环境与居民生活形态之原则下,设立具有发展与保护当地人文、景观意义之休闲茶业生态园区,规划好的旅游动线与活动内容,配合特产、当地风俗推出一系列节庆活动,使

[①] 陈焕堂、林世煜:《台湾茶第一堂课》,如果出版社2008年版 P;台湾好茶网:http://www.teacity.com.tw/cyclopeida/open.html 2015-5-9。
[②] 蔡清毅:《闽台茶物质生产习俗与茶文化遗产资源调查》,厦门大学出版社2014年版,第349页。

之成为民众休闲的最佳去处。

北势溪流经的河谷平原,是坪林主要聚落所在,更是重要的水源保护区、台北市的水源地。坪林乡的发展受到很大的限制和政策规约,但在"坪林乡就是一个大水族箱"的理念下,落实生态环保工作不遗余力,实施水土保持工程,推行封溪护渔等举措,努力营造低碳旅游环境,举办多届低碳旅游节。2008年,创立全台湾第一个低碳旅游示范乡镇,低碳之旅已成为茶乡坪林另一张名片。

近几年来,坪林更是以里山(Satoyama)精神,构筑生态旅游,发展有机农业,讲究慢游及铁马休闲风,逐步建立全台特有的"有机村"。里山精神自日本传入,倡议人与自然的和谐共生关系,寻求永续农村社会模式。台湾大学城乡所配合野鸟学会成立"坪林里山中心",逐渐落实"里山"精神。新北市政府农业局、野鸟学会、坪林区公所及农会都认真摸索尝试,期望透过友善耕作方式来保护生态栖地,形塑"有机村"。为从根本上调节城乡关系中坪林茶叶生产与大台北都会水源区环境保育的冲突矛盾,从2011年起,"台湾蓝鹊茶新乡村社会设计实验"在坪林全境展开,这是一个包括里山家园护育、物种多元经济发展、茶学技艺世代传承三个主要项目的社会工程,以空间的社会设计手法尝试从乡村出发寻求都会生态的动态平衡,构筑城乡的新社会关系及生产逻辑。透过学者专家努力,坪林清澈溪流及翠绿山林间逐渐生发一股和善清新的力量。坪林生态茶乡及休闲旅游业的实践展示出台湾生态自然的无穷魅力。

(二)以茶为中心的茶乡文化建构

旅游是一种产业,也是一种文化。坪林乡以坪林村为中心,凭借厚重的茶文化,优美独到的势溪两岸生态和保护鱼种资源带来的溪流特殊之美,在"自然·茶韵·乡亲情"的发展理念指引下,重点发展包种茶、茶叶、茶副食品、茶餐等文化生态旅游,实现生态与人文的在有机融合。

1.茶叶博物馆

为了更好地传承中华茶文化,坪林建了一座幽雅的茶博物馆,使茶乡更有文化气息。这是台湾首座、亚洲第二座茶叶博物馆。其占地2.7公顷,三面为茶园衬托,是一座闽南安溪风格的四合院建筑,是台湾最集中和充分展现茶文化的场所,联结两岸茶的历史和文化。

走进博物馆入口,首先是悬挂正厅的壁饰,它汇聚书法中隶、楷、行、草对茶字的写法,旁边又辅以百年茶树老干实物标本,当我在正赞叹之时,"喝茶能活108岁,而茶字本身已经告诉了我们这个道理,蔡老师您能知道么?"林小姐打趣地问我。"因为茶有108划"。这壁饰已彰显茶的历史和文化这一主题,简洁明了。

博物馆设置有展示馆、活动主题馆、推广中心三大部分,可资体验全台最丰富的茶业文化和知识,更可进行连接台湾和大陆茶的历史和文化联结之旅。其本身的安溪风格建筑也是一种历史联结。

图2　坪林茶叶博物馆正面

图3　博物馆"茶"字壁饰及老茶树标本

地下一层是综合展示馆,以层次分明的陈列方式,常态性展出,计有茶事、茶史和茶艺三大单元,淋漓尽致地展现茶的物质面与精神面。茶事部分的展出品有现代制茶器械、传统制茶器械、茶的分类、唐宋时代制茶方法、台湾名茶介绍、世界及大陆茶产区等十五大贯穿古今中外与茶业相关的主题。茶史展示则有中国饮茶的起源、中国各朝代的茶、茶神陆羽的介绍、坪林茶史、文山包种茶发展史等十五项与茶业发展史有关的主题。茶艺部分的展示则包括养壶、名壶介绍、茶歌、茶书、认识茶叶等14项主题。地上一层则是活动展示馆,博物馆每一季度都会举办一个以茶为主题的活动与展示,如茶艺摄影展、制茶评鉴、当代名家陶艺茶具展等。馆里还有"茶叶推广中心",这里不仅陈列着坪林的包种茶,还有台湾其他地方的名茶。问林小姐为何陈列的不只坪林产的茶。博物馆工作人员回答是,茶文化既是坪林的,也是台湾和大陆甚至世界的,这正是中国茶文化的气度与精髓。茶业博物馆内设置有茶叶品茗区,提供室内品茗及庭园式户外品茗,供游客烹泉品茗,这个茶博物馆的布局和大自然已融为一体,别有情趣。正如多媒体放映室的3D魔幻剧揭示的,整个茶博物馆的一切都"带您进入茶的世界"。

近邻茶叶博物馆就是占地近三公顷的"坪林生态园区",它是世界上最大的大自然博物馆。园区依原有地形规划兴建,保留多处原始林区。这里的各类植物生态区最吸引人,包括茶园生态区、药用植物区、杜鹃花、金针花及野姜花海,还有枫树林、樱花林、爱玉子园。自然和历史相互交映,提高了茶乡的现代品位和生活品质。

2. 茶　艺

坪林乡的茶艺也久负盛名,脱胎于潮州、闽南的工夫茶,但在饮用上没有太大区别。为了将包种茶清香的味道完完全全的释放出来,可使用白瓷壶或白瓷杯,90~100℃的热水,约5秒后将水倒掉,第一泡称为温润泡;从第二泡茶开始饮用,注入热水等待约60秒。第三泡以后每泡茶等待时间各增加20秒,可冲泡6~7次,即可品尝到文山包种茶的"香、浓、醇、韵、美"①。品茶斗茶呈当地茶人的休闲活动,"这也是推动坪林茶叶技术精进的原动力",王天胜不无骄傲地说道。

令人惊叹的是坪林人对于茶文化的全面开发。满足了寻求知识的精神需求,在茶博物馆中,陈列了精致、丰盈的茶叶产品和相关副产品,除却人人想得到的茶叶、茶具与茶书,博物馆也让我们看到了茶叶在更多日常生活领域中的应用,可观赏到茶叶枕头、茶皂及以之为原料制造的洗发液、洗洁精等,茶叶从食品转变为化工制品,你怎能不对台湾茶农充沛的想象力表示敬佩?

坪林是茶餐的发源地,代表有包种香芋、包种茶酥、包种香蹄与清炖茶鸡。

---

① 台北县农会所属文山茶推广中心:《品味茶香——文山包种茶》,http://www.easytravel.com.tw/action/tea/index.htm。

坪林著名的"茶宴风味餐"以"茶"入肴,有包种鳟鱼、翠香茶粿、包种茶鹅、翠玉茶虾、茶油面线、东坡茶味等。茶叶副产品有牛轧糖、茶糖、茶籽粉、茶饼、茶油、茶酒、茶冻、茶粿、茶梅、茶麻糬、茶叶蛋卷、茶酥等。

可观、可食、可用,应有尽有。这样的创造力,正是茶乡百年不衰的秘诀所在。难怪坪林博物馆馆员敢说:要论精致和耐看,论文化底蕴,坪林在全台湾毫不逊色。说不定哪一天,我们这里首创的冷泡茶饮法①,也会在大陆成为时尚。

3.茶 俗

茶俗以茶事活动为中心贯穿于人们的生活中,并且在传统的基础上不断演变,成为人们文化生活的一部分。"茶米"在坪林人的生活中用途颇大,茶礼应用就有:待客、订亲礼、敬神礼佛。平日里,"客至以设茶,欲去则设汤",这样的传统,坪林人世代沿袭。"三茶六礼"更是把茶贯穿于婚姻的全过程②。在坪林茶乡,每逢农历初一和十五,当地农家百姓都会以三杯清茶祭拜祖先天神。每年正月初一的"贺正"和正月初九的"敬天公",是坪林茶乡千家万户的民间传统。向各路神明敬献香茗,无论庙的大小,三杯清茶必不可少,这里素有"敬佛祭祖不离茶"的说法。在坪林镇北面北势溪旁的一个小山头中,坪林人还特意请立了一尊观音菩萨,成为全镇的标志性地标。好山好水好品茶,在坪林每一次品茶,每一个与茶叶相处的时刻,都饱含对自然、对人生、对文化的敬重。

"不过,我们茶乡人最最敬重还是茶郊妈祖"③,受访的陈秋娘女士说的就是在坪林茶叶博物馆旁边"思源台"供奉的"茶郊妈祖"。这尊茶郊妈祖是台湾唯一的茶叶守护神。妈祖从福建渡海来台,守护台湾茶产业已超过一个世纪。

---

① 冷泡茶即用冷水来浸泡茶叶,暑天喝十分凉润爽喉,味道更醇厚,且不会破坏茶叶的有益成分。

② "吃茶"成为男女求爱的别称。订婚时的"下茶",结婚时的"定茶",同房合欢见面时的"合茶",俗称传统婚姻中的"三茶"。

③ 郊,指的是茶叶进出口商或是大批发商组织的联合团体,前冠地名或是产业。如厦郊是厦门,泉郊是泉州。也有茶郊、糖郊、药郊等。

坪林的妈祖是20世纪90年代由大稻埕茶业公会分香而来,每年农历九月二十日(即茶神陆羽生日),坪林茶人则共同祭拜守护神"茶郊妈祖"。祭祖方式依照茶郊永和兴主事惯例,轮流担任护主。同时举行"茶郊妈祖"绕境巡安仪式,全乡茶农热情参与①。届时都举办茶叶展览会等活动,精心策划,吸引大量的外地游客,成为当地重要的现代节庆活动。

图4　坪林博物馆思源台茶郊妈祖

4.因茶而生的坪林老街

位于坪林乡中心的坪林老街是闻名中外的台湾著名老街之一,它以建于1862年的保坪宫为中心,沿着两侧逐渐扩建形成市集,街坊的旧街古厝,充满古色古香的气息。这里除却拥有老街共有的历史沉淀之外,更以茶名闻,以茶为特色。尤以老街店家的屋角,几乎家家悬吊着绕有瓷制绿色茶藤,写有"坪

---

① 今日新闻网:《.默默守护台湾茶业　坪林茶郊妈祖31日回銮绕境祈福》,http://www.nownews.com/2004/05/31/10848-1637493.htm#ixzz1m1Sp5xJn。2015-5-31。

林形象商圈"字样的白色大茶壶,看起来十分惹眼。茶季热络时,这里挤满全台各地的茶贩,堪称北台湾最大的茶叶集散中心。走在坪林老街上,处处可闻茶香扑鼻。笔者粗略算了一下,长约 150 米,宽约 5 米的老街两旁,仅商铺上悬挂着直径约一米、红底白色茶字圆形招牌的店家就有 10 多家,店内高挂着因茶获牌匾的店家也有六七家,有的一家就挂着两三块,甚至三四块牌匾。炒茶、制茶在店内也随处可见,零售、批发则听客尊便。店家还会讲解茶的来龙去脉,请游客品茶。"我们做买卖是一袋一袋按照品质优劣议价——每一袋茶有每一袋茶的行情",郑老先生这么告诉我。我还前往几家茶行验证。果然,如此的古风,使得这里成为茶界内行人的乐园。

5. 茶 歌

"有茶就有歌,有歌就有茶",茶歌是茶人的精神寄托,也是茶乡文化不可或缺的组成部分。具有朴实、抒情、悠扬的山野风味和轻快、明朗的叙事风格,以直接反映茶乡茶农生活感触为主,反映爱情生活中悲欢离合感情为主题的情歌为最多,这里摘录采风得到的几首茶歌①:

> 手提茶卡结半腰,卜去茶山挽茶叶。
> 身躯扑澹惊人笑,若无艰苦钱袂着。
>
> 茶仔幼幼著罔捻,捻卜何时一卡尖。
> 转去家中爱纠俭,添头贴尾买油盐。
>
> 火车卜走乒乓叫,1 点 5 分到板桥。
> 板桥查某水又笑,我可卖某去给招。②

---

① 陈秋娘用闽南话演唱。她说有本歌册,收集了 100 多首歌。可惜没有找到,去找几个朋友也没能找到,说明这里茶歌的丰富。
② 注:(1)水:美;(2)给招:即入赘,倒插门。

那边看过那边 lun，看着阿娘点嘴唇。

想卜晚上跟伊困，她夫不知回来巡。①

这里的茶歌跟福建闽南的褒歌同源，与安溪茶歌如出一辙，是台湾茶乡文化的一枝奇葩。以文创精神把文化注入精致农业的发展，坪林乡不断加强其原有产销功能如改进包装方式、品管制度外，更在农闲之余为游客提供体验茶农生活，学习制茶过程，品味制茶成果，感受农村纯朴的机会，文化旅游渐成风气，带动坪林乡茶业发展。

（三）因地制宜的休闲农业

除了重要的地理位置外，山林溪流及丰富的动植物生态为坪林乡发展各种特色活动提供了条件。坪林生态茶乡以社区为单位进行总体营造，推动农业有机化，整合地方资源与特色，全力推动地方观光产业发展。

1. 茶业为主轴，多元整合

坪林乡的产业以一级产业为主，位居台北县各乡镇之首位，其耕地面积约占面积的 10％。茶叶是坪林乡的主要农作物，种植茶叶的面积为 983.3 公顷，占总耕地面积的 28.49％，年产量约 80 万公斤。坪林乡的休闲农业，以茶业为主轴，结合生态、露营以及自行车活动来发展。

坪林的文山包种茶早已远近驰名，茶园遍布境内，茶园风光极富特色，除了大坪、仁里板及倒吊莲地区的缓坡式茶园外，还有渔光、大舌湖附近壮观的梯田式茶园。有机茶园强调有机施肥，采用生物防治法施作，是茶园农作的发展方向，茶园观光并有茶叶博物馆及各茶行作为展售与行销的据点。露营场地分布在主要溪流两岸，一度成为大台北地区居民的最佳选择，但近年来受水源保护区法令的限制以及假日交通拥塞的影响，许多营地经营的情况并不理想，游憩活动对环境造成的冲击也相当大。自行车活动的场地，主要在粗窟村，那里有金瓜寮观鱼自行车道，沿着金瓜寮溪，从北宜公路黄皮寮处入口进

---

① 注：(1) lun 音注。(2) 卜：要 (3) 困：睡觉

入,建有专属自行车道,往源头可以抵达九芎根农场,在金溪桥过桥则路过大林桥回坪林形象商圈。

2.村村有区隔,景景是特色

根据坪林乡公所印行的"坪林乡休闲农渔园区"宣传折页,全乡规划的休闲园区景点共42处。以行政划分,各村的特色综合如下:

(1)粗窟村—金瓜寮生态村为主要游憩点,以生态旅游方式,徒步健行及单车游憩。有金溪、天山亲水、九芎根农场三处露营区,九芎根农场的特色是香鱼。金瓜寮溪是北势溪的支流之一,仍保持着原始自然景观,雨后仿若世外桃源。观鱼蕨类步道是金瓜寮溪的精华。

(2)大林村多山,主要的道路为自行车道,全程所经80%有树荫,兼有植物景观与溪流景观,主要营区为老地方营地。

(3)石石曹村。沿石石曹溪、四堵溪有坪林境内三大露营地——兴旺、成家、青山,沿溪景观未遭破坏,可进行溯溪活动。其中的四堵苗圃为林务单位所辖,沿着四堵溪,可经由生态步道,体验溯溪,植物观赏,认识台湾油杉等活动。

(4)水德村——主要有合欢营地。

(5)渔光村——渔光假日学校提供生态旅游与教育体验。渔光村景观丰富,有许多体验茶园与有机茶园示范园区,是茶业生产、制作等休闲农业体验最主要的地区,还有湾潭古道。坪林乡的特色学校渔光小学,善用该地的社区资源——茶业,开设颇具特色的学校本位课程以及一系列假日游学套餐,吸引了几十万人前来学习,成为台湾最具特色的游学圣地。

(6)上德村的露营设施之齐为坪林之最,有虎寮潭、文山、映象之旅等六个露营地,数量为坪林之最。本村还有濑狸尖山步道系统与景观台,胡桶古道。

(7)坪林村——为坪林行政中心,重点打造坪林形象商圈,提供餐饮及各项服务,主要景点为坪林坪林茶叶博物馆、生态园区、亲水公园与坪林老街。1997年改组成立坪林形象商圈经营委员会,完成景观工程,持续推动改善并以社区总体营造方式,透过坪林茶乡文化及特产的整体经营,带动商圈繁荣。

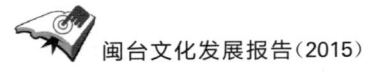

(四)高位营销,创意推广

坪林有坪林溪水岸步道、形象商圈、茶博馆,努力营造健康环保形象,开展多种多样的活动,尤其是融合现代会展活动于日程运营和营销推广中。有"茶乡艺术季、茶叶比赛、自行车运动、雪山隧道一日游"等,积极推动乡民开展茶花种植,期盼再造坪林,使其充满茶香与茶花。坪林还举办"2006 吵茶艺术季",是"吵茶",没有写错!"吵茶"把坪林包种茶热热闹闹地说出来,邀请大家来坪林走走。这一年"吵茶艺术季"邀请在家里开茶行的艺人许嘉容代言,主办单位特别用茶种子为她制作了一件代言服。创意策划和借势营销都很充分。更值得一提的是,2009 年 6 月 14 日,马英九前来坪林骑自行车体验低碳旅游。台北县长周锡玮抓住这个机会力邀,马英九当场承诺担任坪林低碳旅游代言人,鼓励大家一起到坪林喝好茶、吃好菜、过好生活。

为推广自己的家乡,坪林人充分应用现代传播手段和创意技巧。他们为家乡打出的口号是"山水有情、四季坪林",口号后有四句温馨的话:"这里,离台北最近的大自然;这里,台湾最完整的山林景色;这里,有好山好水、好茶叶;这里,是台北最美丽的后花园。"

三、社区活化,文化再生

"坪林溪水流不尽,文山包种永飘香","茶乡"美名的来源和魅力尽在此。根据台湾"农委会"委托台湾休闲农业学会进行的"观光、呷茶、亲近自然"规划,得到坪林乡茶产业的生动实践。该规则以产业观光及生态旅游作为发展主轴,打造深度、优质、体验、生态、可承载的,让游客多元消费的旅游链条,成为坪林观光事业整合规划的方向。

(一)面临的问题

但是,深入了解得越多,我们为茶农的发展益加担忧。虽然坪林是原台北县第三大乡,有 7 个村,人口有 6 000 多人,然实际住户只有 3 000 人。雪山隧道通了以后,往外迁移的更多,年轻人口外流,种植面积变小,进口茶叶的竞争,都造成茶业生产的困境。茶农与茶商如何发挥当地茶叶文化的特色,如何保留产业的历史价值?坪林乡的休闲农业和游憩产业的发展同样面临许多的问题。

1.对于休闲农业景点的界定

根据坪林乡公所折页上的休闲农渔园区休憩旅游导览图,共42处景点,农委会委托台湾休闲农业学会所进行的普查仅落实10处,坪林乡宣传的休闲农场或景点的数量并不符合规定。普查过程中,农会所以露营地为主,有些景点亦提供茶叶的制作体验、介绍或供应茶餐,但都有露营地,尽管这些营地许多已经荒废或面临产权问题。这些景点是否该列入休闲农业,应进行讨论,那些有生态农园或体验茶园的景点才是休闲农业的重要内容。

2.相关政策计划的整合

对于乡镇政府而言,预算来源除税收外,尚需政府相关部门的补助款;补助款有年度限制,往往仅适用于硬件的规划与施作,后期维护或管理面临无预算的窘境。每个部门施作的理念不同,同一个地方由不同的部门赞助,使用不同的标志、路标,对景观视野造成冲击。

3.各村发展差异性大

整体的发展亦包括解说导览的规划与建设,可以明显发现,坪林村是行政中心和交通要道,除设置游客服务中心外,受经济部形象商圈的规划指导,整体而言最完整;粗窟村则有金瓜寮护鱼计划以及体委会自行车发展政策支持,近年来投入的经费与人力亦相当可观,成效也较明显。其他村则受规划不清和主导单位不力的影响,发展较为缓慢。当然,这也与各村的资源特色、居民意愿与支持度有关。

4.旅游基础设施不够完善

除了规模较大的休闲农业区会建立解说导览制度或树立较一致的解说导览牌标志外,规模较小的休闲农场无法提供完善的解说导览服务,通常由园主自行进行解说导览,甚至不提供任何解说导览服务。非人员解说的解说或倡导更是缺乏。解说导览资料或折页不多,且在排版上并不利于游客的使用。

5.旅游品质有待进一步提高

坪林地区年轻人外流严重,许多休闲农场景点的经营者年龄大,解说人员严重缺乏,经培训后,目前有 25 位合格的解说员,主要为当地的居民,分布在各村中。由这些人员建立完整的培训体系,以发挥人员解说最大的效益。

(二)可资借鉴的宝贵经验

应对各种困难和威胁,坪林政府和茶人共同努力和精诚合作,茶产业和社区发展走出特色之路,这些都是可资借鉴的宝贵经验。

1.创造附加价值,推动休闲农业

许多茶农在政府的辅导下把茶叶产业导入休闲领域,坪林乡的休闲农业即以茶业为主轴,结合生态、露营以及自行车活动来发展,各村都形成特色。

2.系统规划,有序推进

在整体社区营造基础上,坪林乡已完成的措施与计划包括:体委会自行车运动设施申请计划、金瓜寮溪封溪护鱼计划、鱼光小学假日教室发展计划、坪林茶叶博物馆委外计划、坪林老街复旧计划、四堵苗圃开放计划、坪林交流道管制开放措施、观光巴士推动执行、解说导览人员培训计划。

3.善用地方资源,发展特色产业

在坪林,每个村结合地方特殊产业,一村种植一种特种花卉,保持自然风貌,深入发展产业链条,依各村的特色在休闲产业或观光体系中寻找定位。以本人考察的渔光村和坪林村为例:渔光村拥有渔光假日学校的生态旅游与教育系统,还拥有景观丰富的梯田茶园,拥有许多体验茶园与有机茶园示范园区,是体验茶业生产、制作等休闲农业最主要的地区。渔光村还有湾潭古道。坪林村是为坪林行政中心,提供餐食及各项服务,主要景观为坪林茶叶博物馆、生态园区、亲水公园与坪林老街。

4.教育与推广活动

在李登辉的提议下,建立坪林茶叶博物馆和自然生态园;从 2006 年开始举办坪林包种茶节,"以茶为主题",创造多元文化特色,具有可延续的高品质产业发展、优质人性化的生活环境,使坪林乡成为最具地方文化特色与创意的山间乐土。推广茶文化,借由活动让民众认识坪林,发现新坪林。

5. 发展有机农业,永续经营

坪林的成功在于进行茶叶有机栽培,发展原产地标识,重视山坡地安全管理及维护生物多样性;拒绝商业移民,打造生态观光业,成为全台第一个低碳生态乡。为贯彻"里山"的永续利用精神,顾及在地居民生产经济的管理模式,坪林成立"有机茶辅导团"推广采用有机农业,提供有机茶产品行销通路。2014年,坪林与台湾大学合作种植纯有机茶坪林蓝鹊茶,更为社区活化、精良农业升级提供了不可多得的样本。

6. 创新经营方式,改变人们行为习惯

这可借鉴台湾茶叶发展的行销手段。1985年,信喜实业推出易开罐"开喜乌龙茶",一炮而红,改变世人喝现泡茶的习惯。之后,"新新人类、继续喝茶五千年"的口号及"开喜婆婆"等系列广告打响知名度,全盛时每年营业额高达60亿元,也打开各种茶饮料市场。

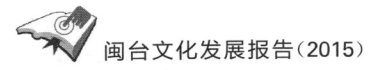

黄金稻穗与水车的故乡——新竹南埔

黄佳仪　张家宁*

摘　要： 南埔村位于新竹县北埔乡，属于传统的客家聚落，拥有许多天然资源和传说。南埔农村的再生，肇因于过去农家赖以为生的灌溉水圳年久失修，因此，启动了一连串的地方运动和农村再造计划，结合政府资源的协助和社区居民的努力，不但凝聚社区的意识，再现南埔独特的风貌，也实现"生活、生产、生态"的三生愿景。南埔社区成功案例，已经成为其他农村社区竞相仿效的对象，未来，应休闲和观光农业的需求，结合当地农村特色和地方产业营销，保有纯朴的风格，以永续发展。

关键词： 农村再生；社区营造；新竹南埔

一、农村的困境与再生

农业是许多国家的经济命脉，但受全球都市化的影响，农村人口外移，青年对农业缺少兴趣，随着高龄化社会到来，农业人口发生严重断层[①]。

自20世纪60年代以来，台湾社会的经济结构发生巨大变化，青壮年人口

---

* 黄佳仪，台北教育大学文化创意产业经营学系研究所，主要研究台湾的商业展览及地方文物馆；张家宁，台北教育大学文化创意产业经营学系研究生，主要研究台湾的商业展览及地方文物馆。

① 林益澧、王俊豪：《欧美青年农民辅导政策之比较》，《农业政策法规与经济动态》2014年第6期。

纷纷外移,加速乡村人口老化速度加快。1985年,台湾地区农渔业基本调查农户人口年龄结构分析显示,农村高龄人口比率已达全农户人口之6.9%,台湾乡村地区已进入高龄化社会。1989年,农林厅的调查显示,高龄化的情形更为严重,农村高龄人口占全农户人口之9.2%(该年台湾地区高龄人口占总人口之5.8%)。1990年台湾地区各县市人口年龄结构分析显示,台湾16个县市老年人口比率是7.15%;两院辖市及5个省辖市是5.94%,高出1.21%,显示乡村老年人口比率高出都市甚多。其中,新竹、苗栗、云林等农业县之老年人口比率均超过7%,全县进入高龄化社会;台中县、彰化县、南投县中的农村乡镇老年人口比率均超过7%,这些乡村地区已提早进入高龄化社会①。

为了改善农村面临的困境,促进农村再生,"行政院"农业委员会于2000年颁布"农村再生条例",希冀借由推动农村再生计划,进而促进农村活化再生,鼓励农村产业转型经营形态,促进农村整体发展②。

近年来,农委会水土保持局将农村未来展望列为重要项目,提出"农村再生计划",这是农村社区实现集体梦想的一个长期计划,以在地组织为代表,由下而上整合社区居民的需求。农村再生计划的内容至少包括:农村社区愿景与整体环境改善、公共设施建设、个别宅院整建、产业活化、文化保存与活化、生态保育、土地取得方式与维护、后续管理维护及财务计划等项目。此外,农村社区居民并得提出当地具发展特色之推动项目,包含社区整体环境改善、公共设施建设、个别宅院整建、产业活化、土地取得方式与维护、生态保育、文化保存与活化、财务计划、后续管理维护等③。

新竹县南埔村位于北埔乡西南方,三面环山、南面依水,自古以来客家子

---

① 郑健雄、张惠真:《台湾乡村老人面临的问题及因应对策》(上),《台中区农业专讯》1993年第2期。

② 陈盈孝:《从农村再生探讨台中市马力埔社区农村旅游之发展》,逢甲大学硕士论文2012年。

③ 《农村再生条例政策说帖》,http://empower.swcb.gov.tw/Bacon//FILE/0/%E8%BE%B2%E6%9D%91%E5%86%8D%E7%94%9F%E8%AA%AA%E5%B8%96.doc,2015-05-15。

民在此开垦经营,主要种植稻米、柑橘、柿子和地瓜,素有"北埔谷仓"之称①。近年来,透过农村再生策略,南埔村致力于永续经营农村和妥善保存村内珍贵的客家伙房和水车。在农委会农村再生计划的助力之下,南埔村呈现新的风貌,纯朴的客家地方成了最迷人的生态村。本着不破坏原始生活形态的初衷,积极维护农业生产及巩固基础建设,有别于打着都市化、社区转型诉求的地方,不论几年后再回到此地,还是可以看见南埔绿油油的稻田,黄澄澄的夕阳倒映在水圳中,成为百年农村不变的景致。

二、南埔农村再生策略

南埔村一直以稻米为生产主业,随着时代变迁,农业生产逐渐衰败,年轻人为了追求更高的收入,向外往其他城市发展,因此,南埔同时面临农村人口老化以及人才外移问题。

自1996年起,南埔村经由社区居民共同讨论,针对农村再生计划之营造与发展,以"永续发展"的理念,实施"生活、生产、生态"三个面向的综合规划,落实永续生态农村理念,根据社区现况,从传统文化、社区组织、产业发展与人力培训入手,让社区居民自主参与构想,提高社区农村生活质量②。

为了达到活化地方产业及改善居住环境,必须结合生态设计、生态建筑、永续栽培、绿色产品、替代能源及社区建筑实务等不同层面之作法,从土地使用与交通运输、自然资源、能源使用与垃圾处理,从自治、自律、自足的社区经营管理等方面着手,达到社区生态环保与永续经营的目的。

---

① 林长立等:《农村72变系报导之68:水保阿甘,打造幸福新农村——新竹县北埔乡南埔社区》,《农政与农情》2011年第230期。
② 新竹县北埔乡南埔社区发展协会:《新竹县北埔乡南埔社区农村再生计划》,新竹县北埔乡南埔社区发展协会2011年版。

黄金稻穗与水车的故乡——新竹南埔

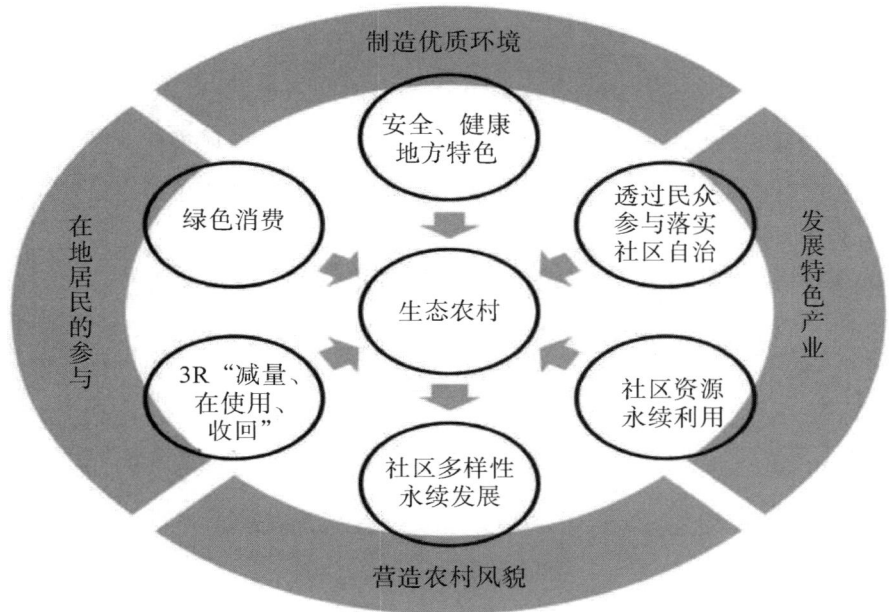

图 1　南埔社区发展构想图[①]

(一)社区发展协会

南埔社区农村再生计划主要对外窗口为"南埔社区发展协会",另有南埔产业协会、南昌公馆立委员会、南埔村办公处、南埔黄金水乡社区工作室等组织,针对社区事务,相互扶持,支援协调。南埔社区发展协会主要负责改善生活环境和增加居民福祉,与社区居民沟通协调,不定期讨论社区大小事务。协会也鼓励南埔地方青年参加协会举办之活动,参与地方事务讨论,增加社区居民加入协会之机会,强化社区组织动力,营造更优质的生活质量,朝健康生产环境目标迈进[②]。

---

① 笔者改绘自"新竹县北埔乡南埔社区农村再生计划书"。
② 黄一翔:《农村再生计划之自主治理制度分析——以新竹县北埔乡南埔村为例》,台北大学硕士论文2011年。

(二)农村再生的方向

南埔村保有传统纯朴的农村景观,在整体环境改善部分,多使用在地建材和原生物植栽,希望建置低碳社区(绿色交通规划、省电节能推广、资源再利用和低碳生活教育等),再造金色南埔(加强主要聚落环境和改善道路景观,将客家意象导入整体规划),节点及空间美化(营造口袋公园、节点动线美化、改善聚落景观),社区排水和生态净化池(改善排水系统、设置生态净化池,达到生态社区愿景),旧圳路更新,道路水土保持,整治大坪溪,建造符合生态工法之停车空间,整建特色农村,兴建农村绿建筑,活化产业,成立产销班,推动南埔文化。

(三)水圳清淤

南埔水圳是村民们百年来赖以为生的水圳系统。南埔村并非都市计划区之特定农业区与山坡地保育区,其中的农业耕作用地面积约占83公顷,灌溉水源皆仰赖此水圳。近三四十年以来,南埔水圳水量减少。1999年九二一大地震之后,泥沙淤积更为严重,水量也逐渐减少。村民担忧灌溉农田的水源即将枯竭,于是全村取得共识——休耕一年清理水圳。但是找来施工单位勘查之后发现,总长9公里的南埔水圳,内部隧道超过20个,且空间狭小又缺乏照明设施,土石四处崩塌并有沼气,施工单位工人不敢进入。最后南埔村开会讨论,由平均年龄超过75岁的村民,自告奋勇进入隧道清除淤泥,为后代子孙奋力一战。清除水圳淤泥一事成为南埔村社区发展的契机,借由水圳,村民再次团结,努力将此人口外移之农村转变为新形态的农村。①

南埔村中保存着全台最原始也是仅存的一座竹筒式水车,但水圳淤泥淤积了数十年,水车不敷使用,村民决定将农地休耕一年,将淤积的深山源头进行疏通,当初因为评估作法艰难,外面技师不愿意接手此工作,后由四名资深

---

① 《台湾1001个故事——黄金水乡—新竹南埔村》,https://www.youtube.com/watch?v=415Fc4K9rfQ,2015-05-15。

的村民代表以传统的矿业工法开挖,也申请到农委会水利局4 000多万元的补助,让原本需耗费10亿的工程,凭借着一铲一铲的人工疏通得到改善,也让百年的传统水车得以复工,沿用至今。南埔的竹筒式水车还是全台湾唯一还在运作的水车。这件事目前还是创举,让大坪溪潺潺的自然流水得以灌溉整个农村,保有黄金水乡的美誉。

(四)步道修建

挑水坳是旧时南埔村民和"原住民"通往南庄的重要通道,也称隘口。这条步道还是以前"原住民"出草和开垦南埔的通道,社区居民加入水保局的"农村好赞"计划,将此处加以整理,成为民众休憩健行的步道。沿路不仅能够看到自然生态,更能够发挥想象力想象先民的开垦历程及"原住民"的出草,留下深刻的印象。水是南埔重要的生命泉源,环抱全村的大坪溪,为南埔孕育出绵绵不息的生命①,水圳文化的建立也带动民众亲近水资源。南埔地区尚有许多产权不清和路径杂乱未整理的步道,更待后续——厘清和修缮。

在初步改善既有状况之后,南埔社区更加确定要朝整体规划的方向发展,在多次开会和与居民沟通之后,决定申请农委会之农村再造计划,将南埔的农村意象完整串联起来,渐渐将南埔这个地方变成新竹竹东一带的新世外桃源。

2006年,南埔社区加入水土保持局《培根计划》②后,展现社区惊人的动能。在辅导团队陪伴下,社区居民改变以往彼此间的漠不关心,从翻修洗衫亭开始号召全村居民共同参与社区讨论,也因此合作成功,建立居民间的情感。现今,每逢社区聚会,都能看到居民热烈讨论之荣景。每年的南埔重头戏——石爷祭上,都能感受到社区居民的向心力和凝聚力。

---

① 《识途老马个人新闻台:南埔好风光》,http://mypaper.pchome.com.tw/shyrshyr/post/1325362113,2015-05-05。

② "行政院"农业委员会水土保持局为积极扩展农业在生产、生活及生态等层面之多元功能,提供优质安全的农产品、自然舒适的休闲农业、和谐永续的生态环境,协助乡村结构逐渐转型,改进农业生产方式、改善农村生活及维护农村生态环境,创造农村经济活力,促进农村社区再生。参见http://empower.swcb.gov.tw/introduction.aspx,2015-05-15。

2010年2月,代表南埔生命命脉的南埔水圳提前通水,展现了农村再生后,农民当家做主的精神。南埔水圳的生命之泉涌现,成为南埔社区的转变见证。不以此自满的南埔社区居民,在农村再生条例通过后,持续进行他们认为自己该做的事情。更积极思考村落未来发展,欲打造一个适合农村老人与小孩居住的友善空间,留给后代子孙一个无毒的健康生态环境。

也因为这样的决心,南埔社区于2011年1月通过农村再生计划审查,这是全台湾第一个正式核定的农村再生计划。对南埔居民来说,审查的通过并不是个结局,而是另一阶段的开始。农村再生让南埔社区找回自我介质与认同感,让居民继续朝着最初讨论的愿景前进,继续深耕社区,持续努力打造更美好的农村生活[1]。

三、南埔农村的特色与景观

近年来,南埔村透过农村再生策略,已经打造出特色,包括:稻米、柑橘、柿子、番薯、夕阳、水牛、水车等七大意象;日晒米、柑饼、柿饼、番薯、咸菜等特产;龙穴(生龙口)、石爷等传说;石爷祭、咸菜季、庆丰收、好孕稻等庆典活动[2]。南埔丰饶的地理环境,让当地居民深信有神灵的庇佑。因此,世居当地的客家人留传下一首生动的歌谣:"南埔住观音,观音前面有龙、有凤、有龟精,还有蛇精;再望过去有桐仔坪,桐仔坪内有个童子翻转拜观音。"

客家人素有勤劳、朴实、节俭的美德,一直以来,当地居民都称这块地为宝地,更视年年丰收为天公的赠礼。虽然南埔不是个很大的地方,也不如北埔老街那样热闹,但是南埔的纯朴和大自然生态的洗礼是其他地方找不到的,这是一个连杂货店都找不到的村庄,可以让远道而来的游客体验一场无须逛商场、住民宿也能深度感受的地方文化之旅。

---

[1] 林长立等:《黄金水乡 慢味南埔》,水土保持局2011年版印行。
[2] 《幸福南埔——黄金水乡》,https://zh-tw.facebook.com/nanpu,2015-05-15。

（一）南埔大桥

有百分桥之称的南埔大桥，修建完成时适逢北埔小学百年校庆，当地村长认为"一百"这个意象对社区意义非凡，"百"有完整圆满的意思，透过农村再生计划，将老师评分常用的手书100分植入这座桥的造型中，南埔大桥也是来往村庄内外的必经道路，一见到大坪溪便可看见这座显眼注目的入口意象，兼具实用及吸引目光的建设功能。

图2　南埔桥入口意象①

（二）石爷公

每年农历四月八日是南埔村的石爷诞辰。石爷是当地的传统信仰中的守护神，从2007年起，就开始举办为石爷庆生的相关活动。相传这一带的小孩都要经过石爷公每年的"换絭"仪式来保佑身体健康。石爷是客家传统的守护神，南埔社区发展协会希望将石爷祭发扬光大，成为年年延续的地方特色节庆。

（三）客家伙房

伙房实为三合院的客语别称，该计划企图修复当地著名的三合院。其中，

---

① 2015年4月2日，张家宁摄。

金鉴堂和锦绣堂皆为百年老宅,具有历史建筑的特色,现在仍在居住使用。将村中伙房一一整修及将资料整理告示,不仅突出农村特色,也让游客和有兴趣的人士可以透过多种管道得知它们的故事及既有功能。

(四)发电水车

水车修复之后,年长居民建议让水车带动发电。这一功能40余年前就有,只因年久失修而废弃了。重装发电设备之后,可配合太阳能蓄电的方法供社区路灯、公共设施的照明使用。

(五)洗衫亭

传统农村生活,村民习惯在溪水中洗衣。为保有传统的洗衣方式,遂整修水圳并备料建造洗衫亭,将其命名为"同心亭"及"协力亭",方便当地居民使用水圳洗衣。

(六)观音步道

观音步道是登上观音座莲山的小径,沿途可观赏客家桐花。登上此步道,可以感受到南埔依山傍水的芬多精洗礼,帮助当地居民健行及使游客能够更接近大自然,在桐花盛开的季节,这里堪称是天然的桐花步道。

(七)共食计划

社区积极发展农特产品及农夫市集,现已有多样的当地自制商品。为反馈当地老人,社区发展协会会同台大医院竹东院区共同举办爱心义诊及一周两次的免费供餐[1],在地的义工会依农特产商品的贩卖盈余及地方捐款来延续这项社区长者的关怀计划,达到饮水思源和社区互助的美意的延续。

---

[1] 简郁芬:《浅谈老年症候群》,http://health99.hpa.gov.tw/Article/ArticleDetail.aspx?TopIcNo=94&DS=1-Article,2015-05-13。

（八）咸菜桶打击乐剧团

客家人的食物中少不了腌渍品，家家户户都备有腌菜桶。闲暇之余，社区居民组成地方打击乐团，使用腌渍咸菜的橘色塑胶桶，这个活动成为地方文化特色，居民的农忙休闲变成有趣的表演形态，不仅结合客家元素，也让南埔经由地方性的表演活动发扬光大，成为别有意义的地方营销。

四、结　语

邻近北埔老街的新竹南埔社区，至今依然保留昔日的农村风情，在南埔社区发展协会的努力下，成为台湾第一个核定的农村再生计划。南埔村的改造诉求是在地经营，由下而上提出改造计划，不由财团介入发展观光农村。当初规划公共设施时也以当地居民为本，以公众的需求为主，在当地现有困难改善之后，再考虑发展，在农作的大前提不改变的情况下，将文化及历史保存给后代及旅客。

在居民努力下，南埔社区的发展朝当初订立的目标发展，迎接更美好的生活。南埔的未来发展，必须取得全村居民共识，是依旧保持世外桃源的美好乡村风情，或是因为社区景点的观光影响，使得观光客数量渐增，而让社区走向如大多数的农村一样。这是南埔社区即将面临且村民们必须讨论的问题。

原乡新时尚
——花东地区"原住民"文化创意产业

王怡惠*

摘　要： 　　台湾的花莲、台东地区自然环境优越，族群发展极富特色，应发挥"原住民"的丰富语言样貌、建筑型态、种植工法、传统祭典及工艺器物等生活形态特点，发展出具有区别度之微型产业。在文化创意产业发展的洪流中，花东"原住民"区域文化识别度彰显其部落经济及文化美学之价值。

　　本文针对台湾花东地区"原住民"文化产业案例进行梳理与讨论，首先以聚落为主体，透过有机趋势与绿色飨宴的概念，进行东部一级种植产业复兴及推广的案例分析。其次则以恢复族群价值为动力，探讨新微型产业的定义与其生存营运的模式与个案。最后从教育机构艺文节庆活动的办理，谈谈社会企业与原乡时尚的新关系性。

　　因应社会发展与政府政策，台湾东部"原住民"部落转型并归根，转换具体的生产模式与产业途径，逐渐将过程转换为自主性的文化探求与主体生命经验内化，从绿色农业、传统工艺、文化观光到国际交流，透过虚拟及实体创意平台进行营销，是台湾东部"原住民"文化产业的机会与挑战。

关键词： 　花东地区；"原住民"；文化创意产业

＊　王怡惠，台北科技大学文化事业发展系助理教授。主要研究当代工艺产业研究、当代陶艺论述。

一、前　言

　　狭长的台湾因中央山脉的切割，形成西部平原与东部纵谷的相异景象，纵谷主要分布于花莲与台东两县之间，因而亦有花东纵谷之名。其形成的主因是菲律宾板块及欧亚大陆板块挤压，形成由中央山脉与海岸山脉所构成之南北狭长纵谷。纵谷间有花莲溪、秀姑峦溪及卑南溪三大河流冲积出的大小平原及台地，交织的河流及土地孕育出独特的人文脉动。花东纵谷是台湾"原住民"重要的孕育地，也是台湾多元文化的来源地之一，"中央研究院"民族研究所的研究指出，千百年来台湾的"原住民"与南洋群岛间皆有交流与往来，南岛语系民族以山田烧垦的方式进行农作，居住于高架的住屋，食槟榔，善编织、狩猎及渔捞等。近年，台湾被多数人类学者推论为南岛文化的发源地，至今在部落间，仍保有多种祖语及丰富的族群特色。由于早期台湾各阶段强势族群的更迭与垦植，使得"原住民族"不断受迫迁徙，在剧烈的变革后逐渐式微，花东纵谷的地景现况及受地形限制的交通状态，间接保存了台湾花东地区"原住民"的器物、建筑、饮食、仪式及耕种等生活形态[①]。

　　台湾文化创意产业源自80年代，强烈的都市化现象下，乡村人口大量移居城市，传统农林生产形态式微后，引发90年代"社区总体营造""社区暨地方特色产业辅导""塑造形象商圈计划"等施政方针，以社区及聚落空间所推展的创意经济，透过文化符号的注入，激发新的议题与现象[②]。相较于一般区域的发展，台湾"原住民族"的社会结构及祭典仪式都较台湾汉民族丰富且多

[①] 潘英海、林清财：《南岛民族的起源地》，《"中央"研究院民族所数位典藏》，1999年。依创用CC姓名标示—非商业性—禁止改作2.5台湾版授权条款，http://www.ianthro.tw/p/49, 2015-05-04。

[②] 黄煌雄、郭石吉、林时机：《社区总体营造总体检调查报告书》，远流出版社2001年版。

元①,"原住民"文化产业的范围,根据学者黄煌雄等人之定义,指当地部落的人文、历史、艺术、手工艺品、自然生态等相关议题,经由部落的生产、生活、生态还有生命的相关文化,使部落原乡确立产业主体性,营造部落经济成长,发展部落文化相关产业②。在此基础上发展出的部落经济及其文化美学,正是全球在地化中"同中求异"的重要趋势;有鉴于此,林荣泰教授曾指出,在消费者导向的趋势下,人们喜欢个性化及差异化的商品,借由产品寻求文化认同③。

二、以聚落为主体的有机飨宴

以近年来全球对于食粮议题的关注与台湾重新面对土地的态度为例,花莲港口部落曾经是稻米生产的重要地方,水稻不仅仅是部落食物的来源,更是保护水源及育养土地的重要环节。70年代外移工作的族人,任这曾经金金黄黄的水梯田荒废20多年,取而代之的是庞然建物的快速增长及无部落文化特质的观光形态产生。食物耕作、农地保存、食育教育与绿能生活的议题,激起部落复耕的动力,以回乡关心土地传承的热情,让"海稻米"的稻浪再次与海相互辉映,土地水分及地貌的保持透过部落共同管理的机制,不只重建稻米的生产链,更将稻米种植文化下所衍生的植物编织对象、木材雕刻艺术及传统酿酒文化等,重新召唤回部落的生活形态中(图1)。

---

① 胡台丽:《文化展演与台湾"原住民"》,联经出版社2003年版。
② 黄煌雄、黄勤镇:《"原住民"地方文化产业总体检》,远流出版社2004年版。
③ 林荣泰:《文化创意产品设计:从感性科技、人性设计与文化创意谈起》,《人文与社会科学简讯》2009年第11期(1)。

图 1 花莲港口部落海稻米复耕之景象

除部落内部文化的重新梳理,以台湾环境信息协会为例,透过外部力量的协助,举办"岛屿、倾听"活动,培训公民记者,深入土地进行耕作,让真实的在地文史经由族人翔实的重现,衍生出自主性农产品开发,为有机农法耕种的"海稻米"建立销售平台及小农市集,活化农村经济[1]。除此之外,在花莲农改场辅导员的建议下,复耕团队采用多品系稻米的耕作策略,衡量土地值性,以不施肥、混种抗虫,让更多人享有土地自然培育的礼物。

无农药绿餐桌的概念,在台湾的东部地区,很早就得到农民的认同,真实实践有机栽种的农法,纵谷土地的封闭性支持了农民改变的便易度。过去为因应市场所需,大量农药及肥料的施作造成水稻田中共生的鸽子、麻雀、青蛙、水鸡等动物间接遭受扑杀,食物链里的平衡,因为人类的生产与消费制度,受到破坏,也为土地永续耕作带来不利的影响。返乡青年卢纪烨在花莲县寿丰乡用老鹰趋谷鸟,老鹰并非圈养、放牧或任人观赏之用,农民希望还给老鹰自由自在的猎性,这样的防治法通常称做生态攻法,用以守护东台湾的土地健康,同时保有产值并传承教育意涵。老鹰顾米田的故事透过"寿丰印象"进行

---

[1] 邹敏惠:《东岸限定!贴近"海稻"香——公民记者细说部落生命力》,台湾环境信息中心,2014年印行。依创用CC姓名标示—非商业性—禁止改作2.5台湾版授权条款,http://e-info.org.tw/node/100475,2015-05-04。

品牌营销,"鹰猎米"让农民与市场分享无毒栽植、友善守护的观念,创造了全面获利的双赢局面(图2、图3)。

图2　花莲寿丰乡的农民以老鹰顾米田所产出的"鹰猎米"①

图3　花莲寿丰乡的农民以老鹰顾米田所产出的"鹰猎米"②

花东纵谷的有机农业,站在台湾食品安全的最前线,因应气候灾变与全球暖化的冲击,部落农民透过土地、汗水与歌声播下的种子,维系住"家"的生命及部落的循环。"Tjemugut",在排湾人语中有播种、整地的意涵,当太平洋暖暖的东风吹拂之际,便是族人春种的时节。除了稻米之外,小米是

---

① http://www.sofengimage.com.tw/product? id=33,2015-05-04。
② http://www.sofengimage.com.tw/product? id=33,2015-05-04。

"原住民"部落重要的作物。2011年,透过台湾大学农艺系教授郭华仁的积极奔走,一批1974年美国学者在台采集的小米种原从美国国家种原库带回台湾,"小米回家"的行动在各部落间经由藏种于农的概念推广展开①。红藜复耕便是台东新香兰拉劳兰部落(Lalauran)的族人恢复族群饮食的重要行动,红藜(Djilis)是台湾"原住民族"食用近千年的粮食,除用以酿造小米酒之外,也添加在米饭、芋头或地瓜等淀粉类食物之中。在"原住民"的传说里,喝了红藜酿的小米酒会让人精神愉快,心情开朗,解除烦恼。红藜的回乡,让族人骄傲地在收获祭上拿出自酿的小米酒,回应祖先传承的记忆与部落的生命力(图4)②。

图4 红藜丰收的景象③

无论是"海稻米""鹰猎米"或拉劳兰的"红藜",从土地、领域到餐桌,"原住

---

① 廖静蕙:《海外阔别34年小米种原回家了!》台湾环境信息中心,2011年。依创用CC姓名标示—非商业性—禁止改作2.5台湾版授权条款,http://e-info.org.tw/node/62737,2015-05-03。
② 梁雯晶:《北大武山下的红宝石—台湾红藜》,《原视界》2015年第5期(4)。
③ http://enw.e-info.org.tw/content/1810,2015-05-02。

民"用餐桌上的实践来证明"你是谁"[①]。在文化创意产业的趋势中,时常因为后端市场营销面向的过度重视,而遗失了文化符号的深度意义,透过结合部落发展与稻米复耕的计划,强化族群文化并召唤族群认同;事实证明,部落透过族群认同所衍生之商品,在产能及产值上皆呈正向积极的成长。食粮产业在台湾东部发展的途径,牵涉社会及文化两个向度的交互建构,外部因应国家政策、社会组织、生产技术及原乡生活形态,转译入"原住民"部落间的意识形态、思想观念及习俗制度,最终建立文化创业的原乡场域,透过挪用或创制独特文化作为产品差异化的方法,成为现今文化经济(Culture Economics)的重要发展策略[②]。

三、恢复族群价值之新微型产业

台东大学夏黎明教授在论及东台湾文化创意产业之推展远景时提出"新微型产业"一词,概念完整涵盖目前台湾东部的文创现象。夏老师认为东台湾有机会发展出"富有故事性、独立性、在地性和不可复制性的新微型产业特质"[③](图5)。在传统的定义中,微型产业常用以描述规模低于中小企业或较为简易的经济体,然而,台湾东部的新微型产业具有以小博大的潜质,微型的规模非受限的结果,而是在强调品牌独立性及不可被取代性后的选择。

2011年,艺术家王力之在花莲港口部落展开"OSAW有鱼"的品牌故事经营,专注纤维艺术里的创作,现在王力之将其转化为策展行动及社群艺术的推广。OSAW有鱼部落生活杂货,取其阿美语"有余"的意涵,将东海岸世代捕鱼、丰足美好的族人意象,透过所余资源、公平利润交易,不刻意开发生产商

[①] 廖静蕙:《比有机更进一步小米复耕重"食"部落传统与文化》,台湾环境信息中心,2014年版。依创用CC姓名标示—非商业性—禁止改作2.5台湾版授权条款,http://e-info.org.tw/node/100060,2015-05-02。

[②] 王志弘:《族裔——文化经济、谋生策略与认同协商:台北都会区东南亚风味餐饮店个案研究》,《政治大学社会学报》2008年第39册。

[③] 夏黎明:《新微型产业,东台湾出路》,《东海岸评论》2012年。http://www.east-coast.org.tw/?p=2483,2015-05-03。

原乡新时尚

图5　微型产业工作室"小陶器"手做陶瓷生活创作

品的态度,在部落间产生共振的影响力。台东大学蔡政良教授提到,传统部落组织的复振与创造,有三个层面提供发展讨论:其一为赋权,其二为传统价值的再发展,其三为区域联盟。单纯的外部政府支持或产业口号的套接,都无力延续部落精神的独立性。反观过去"原住民"部落中"换工"的劳动交换行为,不仅在劳动力上获得支持,也在过程中建立互助合作的观念与行动[①]。品牌OSAW有鱼运用族人的传统生存智慧、鱼捕狩猎技能、巧手善织能编及真诚爱好大自然的特性,引导族人用漂流木、五节芒、轮伞草、香茅、刺葱等进行文化商品的制作与开发(图6)。艺术介入社群,扭转既定、无力的现况,住民受到感动,部落孩子跟着老人家开始学手艺。此艺术行动提示"传承"与"生存"的议题,以社会场景作为展演背景,内容涵盖影像与文字记录、艺术展演、手做食物工作坊及部落深度旅行,透过食农校育的途径,聚焦族群与土地及生存间的关系性,探究文化的形式与精神。实践是身体重复行为下的最终目的,不仅传承文化也维系情感。

---

① 蔡政良:《传统价值,现代经营:东台湾部落形态的新微型合作产业及"原住民"人才培育》,《东海岸评论》2012年期。http://www.eastcoast.org.tw/?p=2762,2015-05-04。

图 6　OSAW 有鱼手工皂①

位于台东隆昌台 11 线路旁,主人龙惠媚静静地在"棉麻屋"工作室里,延续着阿美人织的血液,从医院开刀病房的护理人员到专注摸索自然物作为"钩织"素材的工艺家,龙惠媚幸运地受到许多的鼓励与肯定,其独特的钩织风格及素材选择,脱离了受限于"图腾""祖灵""色彩"和"织具"的传统范围,创造出迥异于他人的"原住民"编织艺术(图 7)。"棉麻屋"是目前少数台湾"原住民"工艺创作接轨国际时尚的案例,热情不断的订单与国际设计师的邀约,为棉麻屋的 17 位部落妇女创造了工作机会,族群的元素隐含在织的形体之中,无论是色彩或素材,都体现着东台湾"原住民"丰富的南岛文化内涵。"原住民"物质文化所传达的主体包含有形的生活形式与无形的信仰价值,所有因自然空间与人为生活所建构的族群意涵,彰显出物的内在特质与人的外在关系。棉麻屋的钩织牵连是族群女性从事织作的传统,同时建立经济地位与传承传统手工艺,编织技艺成为社群间女性培力的重要途径,关系"原住民"女性的生存价值、社会地位及信仰崇拜。唯有重新梳理文化象征的面貌,才有机会将讲究创意与时尚的文化创意产业向前推进(图 8)。

---

① OSAW 手工皂与花莲玉里的璞石皂房合作,包装刻着东部特有鱼种的版画。http://osawlife.blogspot.tw/,2015-05-04。

图7 台东隆昌台11线路旁的"棉麻屋"① 　　图8 "棉麻屋"的手工钩织作品②

当工艺设计家诚诚恳恳地生产出深具台湾"原住民"文化特质的创意商品之际,有效的营销通路是落实产值的重要途径。2009年,"财团法人公益平台文化基金会"成立,正面承诺建立推广平台及深耕教育。透过品牌的建立与推广,由台湾东部输出创意。2011年,依文建会文化资产保存法,港口部落阿美人的"年祭"(Ilisin)被确立为"台湾的无形文化资产",此举意味该仪式具有稳实的传统性、丰富的地方性、传承的历史性及文化的典范性。文化商品需要透过深化及转化,连接具有在地特色及人文关怀之营销平台,"小一点洋行""'o'rip生活旅人""阿之宝"(图9)"花莲日日""铁花村"等文创据点,都在东台湾的土地上默默耕耘,珍惜与永续地对待文化产物。

---

① 2014年11月15日,王怡惠摄。
② 2014年11月15日,王怡惠摄。

图 9 "阿之宝"文创商品营销平台①

四、社会企业与原乡时尚力

2015 年初夏,由台湾东华大学艺术创意产业学系与趋势教育基金会共同合作,串联台湾东部在地艺术家、三栈部落及小学、国际具族群特色之创作者与学者,举办第一届"国际民族艺术节"。三栈国际民族艺术节的主要活动包含由艺术创意产业学系主任万煜瑶教授邀请美国 International Folk Art Market(IFAM)创办人 Judith Espinar 及国际知名纤维时尚设计师 Edric Ong,共同举办以族群文化与艺术、艺术、创业、艺术企业、艺术市场、文化资产创新等议题之讲座。花莲三栈部落邀集来自哈萨克、马来西亚等地艺术家与台湾"原住民"创作者及文创工作者 30 多位,以"文化的高度、手作的温度"为号召进行民族艺术展、时尚走秀、艺术飨宴及手作市集等活动。在三栈小学孩童天真无畏的古谣吟唱声中(图 10),布拉旦部落里回荡在山峦间的笑语,太鲁阁人男子健勇善战,女子善织勤作的部落文化与耆老传说,经由趋势教育基

---

① 2014 年 11 月 20 日,王怡惠摄。

金会以社会企业之力的义务支持,经过大学教育,透过艺文节庆规划实践的路径,落实与结合在部落之中(图11)。

图10　花莲三栈小学孩进行古谣吟唱①

图11　嘉宾和民众体验飨宴②

透过大型国际节庆活动的办理,梳理族群美感特色并确立原乡时尚的新定义,是扩大参与的重要里程碑,以教育机构为出发,邀集部落分散的美学及工艺力量,邀请企业参与,落实以非营利的社会义工思维与无私永续的支持,以举办国际艺术节,当异质族群美感间具有输出与输入的交流能力之际,文化语言也借此传唱。

五、结　论

台湾东部"原住民"部落组织的现代化过程中,因应不同时期的社会发展与政府政策,在产业发展的形式上也逐步改变,近年来的推展,逐渐转为自主性的探求与主体生命经验的内化,具体的产业模式,从有机农业、生活工艺、文化观光到生态体验,"原住民"族群逐渐走出自我的文化语汇与新时尚风格,新

---

① 2014年12月10日,蔡家轩摄。
② 2014年12月10日,蔡家轩摄。

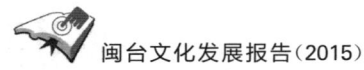

微型产业在台湾东部以全新的姿态,将无法被复制的文化差异性,透过创意进行品牌营销,对内保存族群永续性,对外抵挡资本市场的剥削及倾销。未来,部落的文化人才培育是永续经营的策略,让年轻的世代归乡、落地、深耕,以全新的文创语言开拓区域产业特色,在台湾的土地、在世界的每个角落延续"原住民族"的养分。

苗栗县农村旅游发展策略
——以大三通苑为例

曾千豪[*]

摘　要： 苗栗县境内有96％的面积属于农村地区（包括国家公园），促进农村地区的发展成为苗栗县整体发展的重要环节，在地方政府、相关主管机关及地方共同努力下，将境内各具特色的"休闲农业区"及邻近的农村社区，透过交通动线及游憩资源的加乘互补，由点、线而至面所串接形成数条重要的"农村旅游轴带"，成为全台农村社区产业发展之经典案例，其中以"大三通苑"农村旅游轴带最具代表性。

本文以"大三通苑"农村旅游轴带为案例，分析其旅游轴带发展的背景与特色，并以轴带上栗林社区（姜麻园休闲农业区）、双潭社区（双潭休闲农业区）、城南河社区（福兴南和休闲农业区）、山脚社区、苑坑社区及上馆社区六处不同产业资源条件之农村社区，结合农村再生、休闲农业区等相关政策资源，发展出不同主题特色的农村旅游景点的案例，来窥探苗栗县农村旅游发展策略之案例。

---

[*] 曾千豪，巴尔巴创意开发管理顾问股份有限公司总监。主要研究方向为农村再生、乡村旅游、产业辅导、行销推广。

一、苗栗县农村发展之现况

长期以来,苗栗县因较少有工业、科技业等大规模产业,又受限于地形多属山坡地,可耕作农地较零碎,农业的发展亦不易规模化。相对全台其他县市而言,苗栗总是被归类为穷乡僻壤,此一背景直接影响苗栗县政府的岁收,公共建设财源不足且较缺少工作机会,导致人口外移及青壮年移居外地或都市工作的状况较为严重。尤其在农村地区,老龄化的状况亦十分严重,滋生出许多社会问题。

苗栗县境内有96%的面积属于农村地区(包括国家公园),农村的发展是苗栗县整体发展的重要环节。为了解决这些农村地区社会问题,苗栗县政府与相关主管机关皆努力协助农村社区,从早期鼓励农村社区参与社区营造并加强地方公共建设等开始,2005年时亦成为首批参与"行政院"农业委员会水土保持局推动乡村营造人力培训(现称农村再生培根计划)之地区。至2010年"农村再生条例"立法通过后,苗栗县境内各农村社区积极投入,希望寻求充足的经费来源以进行相关软硬件建设。截至2015年4月,苗栗县境内农村社区完成相关培训并自主提案,通过审查并核定社区之"农村再生计划"已达51处,成为全台最多社区核定之县市。这些农村社区在核定"农村再生计划"后,得以充分运用"农村再生基金",秉持"由下而上、计划导向、社区自治、软硬兼施"之精神,逐步实现农村社区之长期发展愿景目标。

除了农村再生之外,苗栗县政府也大力扶植境内之休闲农业,目前通过划定之"休闲农业区"亦有十处,各自拥有不同特色的产业、文化与生态资源,这些各具特色的"休闲农业区"及邻近的农村社区,透过交通动线及游憩资源的加乘互补,在苗栗县境内串接形成数条重要的"农村旅游轴带",其中以"大三通苑"农村旅游轴带最具代表性,在配合政策引导与社区自主营造双轨并行之下,在这十年内发展出优质且极具特色的产业、文化与生态环境,成为全台农村社区产业发展之经典案例。

二、大三通苑农村产业资源盘点

苗栗县境内的县道130（俗称130线），贯穿大湖乡、三义乡、通霄镇及苑里镇等，随着130线周边的休闲农业区及农村社区的发展，使得沿线的观光旅游、休闲产业蓬勃发展，形成全台重要之农村旅游轴带，130线横串姜麻园、双潭、福兴南和等三处休闲农业区，横串十余处具特色之农村社区，如栗林、双潭、城南河、山脚、苑坑、上馆等已核定"农村再生计划"之社区，这些"休闲农业区"及农村社区拥有着不同的环境与资源，让"大三通苑"农村旅游轴带得以"风情万种、人文荟萃"著称。

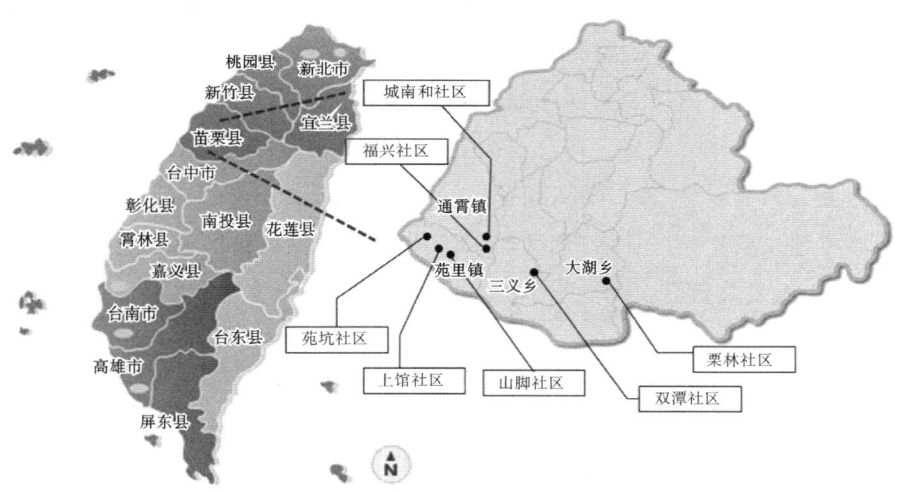

图1　苗栗县"大三通苑"地图

此轴带之特色产业资源包括稻米（有机米、稻鸭共作）、蔺草、姜、草莓、蓝染、酪农业及木雕艺品等；文化历史资源则有百年古厝（东里家风、蔡家古厝等）、山脚小学日式宿舍群、挑碳古道等；自然景观资源则有火炎山、关刀山、日出、云瀑、桐花、萤火虫等。这些游憩资源每年可为地方吸引数百万的游客，为地方创造出实质的经济收益。

三、大三通苑农村旅游发展策略：六处农村案例分析

苗栗县内的农村社区能从穷乡僻壤转型而具有今日百花争鸣的特色风情，有赖政府相关部会戮力辅导与协助，除了苗栗县政府之外，主管机关的辅导亦很重要，如"行政院"农业委员会以水土保持局着重于农村再生业务推展、辅导处专责休闲农业区辅导，农业改良场、农业试验所、茶业改良场等单位辅导农业技术改进，"行政院"客委会、"劳动部"、"文化部"及环保部门等单位亦有相关的支援政策。

诸多政府部会的投入，对于农村社区及休闲农业区的发展，有重要的作用，透过专业技术支援、在地人才培育、多元就业补助、营销展售活动支持等，让农村社区拥有多元发展的契机。更重要的是，以农村再生为主的政策推动，在课程培训、自主提案及软硬件补助施作等辅导机制中，促使社区和居民关心地方事务，讨论地方发展。在自主提案的过程中培养专业知识与实务应用等观念，除公共建设外，亦可争取到补助经费，由农村社区自己雇工购料美化家园，举办活动营销推广社区产业以及落实生态保育及文化保存等，具体实现农村社区之愿景及目标。

（一）苗栗县大湖乡栗林社区：
老姜扎根，嫩姜感恩，传承筑梦，农村再生

1. 社区简介

栗林社区主要包括130线周边的姜麻园，台3线周边的四份、八分等地区，其中，位居苗栗县关刀山山系的姜麻园，早于清朝时期便普遍种植生姜，生姜于客语中之发音近似"姜麻"，故"姜麻园"这个地名之称呼也就渐渐地形成，亦成立"姜麻园休闲农业区"。社区除以生产姜闻名，还种植草莓、桃、李、梨、柑桔、柿子，适宜的气候环境亦相当适合四季蔬果生长。此区位处于大湖乡与三义乡的交界，由苗130县道西向东串联三义双潭及大湖姜麻园两个休闲农业区。

社区以圣衡宫为信仰中心,每逢过节及农历初一及十五日,都有相关祭典,较大的祭典活动是农历春节、六月恩主公诞辰及十月平安福。近年来于公历11月至12月期间由社区及休闲农业区自主办理姜麻节,以次年的生肖及姜为材料,制作大型生肖吉祥物,发挥创意让每年都有别具生面的活动主题,使每年的姜麻节都成为全国农村重要的盛会,吸引众多人潮前往旅游参与。

2.发展起源

早期居住在姜麻园的居民生活非常困苦,因位处山区而主要联外道路130线尚未整修拓宽前,居民大多只能种植桃李等水果,靠着徒步方式挑着扁担走到三义乡的市集贩售,社区发展重要推手刘盈科先生说:"以前在我小时候,姜麻园的生活真的很辛苦,不像现在的130线这样平坦方便,只有能用双脚行走的山路,当时天还没亮就要挑着扁担,一路走到三义街上的市集去卖桃李等水果,来回要走六七小时……因此特别珍惜政府给予的建设与辅导资源,才能有现在的发展成果。"

姜麻园社区(后由苗栗县大湖乡栗林社区发展协会为该区农村再生的代表组织)为2005年第一批参与乡村营造人力培训(现称农村再生培根计划)之社区,透过每年上课的过程,居民在晚上农忙之余一起聚集起来上课,接受老师们的观念引导、其他社区发展经验分享等,进而彼此讨论社区大小问题,共识未来发展目标与方向,包括居民所关心的水土保持与自主防灾、社区景观美化与营造、农村旅游产业发展、导览解说技巧、农产品加工及服务质量提高等课程,奠定社区发展休闲农业的基础,让社区转变成安心、安全的美丽新农村。

因社区休闲产业发展蓬勃,促使外出打拼的年轻人返乡经营,有30余位年轻人陆续于这十年间回到姜麻园工作或经营事业,让不到百户的姜麻园休闲农业区增添源源不绝的活力与创意,成为老姜(老人家)、嫩姜(青壮年)、小小姜(小朋友)共同打拼的农村典范,这样三代同堂或四代同堂的情景也正是所有农村社区的梦想。

3.迈向再生的梦想

栗林社区于2002年起即积极投入农村发展。社区以"传承经典姜麻园,永续乐活新栗林"作为发展愿景,奠定"风情万种姜麻园"的根基,未来社区居民希望,透过越来越多年轻人的投入,延续上一代耕耘十大经典农村的精神,追寻未来姜麻园/栗林社区永续发展的梦想。

此外,为了促进在地农产品的推广与加工,增加就业机会给在地较弱势的居民,姜麻园透过劳动部的多元就业方案补助,结合其他单位的协助,发展出社区自营的贩卖部及导览解说服务等,至今已能自主负担约7位员工的薪资,能依营运绩效为这些员工额外提供奖金,这些员工除了经营贩卖部、提供导览解说服务外,已可以清洁、管理及维护社区内步道、观景台等景点与公共设施,落实社区自治之目标。

4.农村旅游信息

(1)社区节庆汇整。

表1 栗林社区节庆活动时间表

时间	主要活动
公历5月	桃李季
农历六月	六月恩主公诞辰
农历十月	平安福
公历11月	风情万种姜麻节

(2)旅游资源。

表2 栗林社区旅游资源一览表

景点/店家名称	类别	联络信息
大湖乡姜麻园休闲农业区推动管理委员会	地方组织	联络人:张雅茹经理 Email:ginger_951870@yahoo.com.tw 电话:037—951777 地址:苗栗县大湖乡姜麻园13号
苗栗县大湖乡栗林社区发展协会	地方组织	联络人:刘镇灯执行长 Email:cdliu9908@yahoo.com.tw 电话:0916—991088 地址:364大湖乡栗林村15邻八份1号
山水居	民宿、餐厅	房间数:13 营业时间:9:00—22:00

续表

景点/店家名称	类别	联络信息
菊园	民宿、餐厅	房间数:5 营业时间:9:00—22:00
钟鼎山林	民宿、餐厅	房间数:7 营业时间:10:00—20:00
甜甜牛奶草莓农园	观光果园	营业项目:柑桔、草莓、桃、红肉李 营业时间:依产季而订。 柑桔(11—2月)/草莓(12—4月)甜桃(5—6月)/红肉李(5—6月)
华香观光休闲农园	观光果园	营业项目:草莓、桃、李、放山土鸡 营业时间:依产季而订。 草莓(12—4月)/桃李(5—6月)放山土鸡(全年)
隆丰观光休闲农园	观光果园	营业项目:草莓、柑橘、桃、李、姜、高山蔬菜 营业时间:依产季而订。桃李(5—6月)/高接梨(7—8月)
云洞仙居休闲农园	观光农园	营业项目:姜料理、四季采果 营业时间:进房时间:15:00 退房时间:10:00前 草莓:12—3月 桂竹笋:4—6月 桃李:5—6月 高接梨:7—9月生姜:全年生产
石门客栈	果园、餐厅	营业项目:采果、飨宴、栈居 营业时间:9:00—21:00.全年无休
裕国山庄民宿	民宿	房间数:20 营业时间: 进房时间15:00,退房时间10:00
二掌柜的家	餐厅	营业项目:客家菜 营业时间: 平日 11:00—14:00;17:00—20:30 假日 11:00—14:00;17:00—20:30

(二)苗栗县三义乡双潭社区:农艺创景,木艺原乡

1.社区简介

双潭社区位于苗栗县三义乡东部偏北,双潭得名于三义乡东北隅相连的

王爷潭、伯公潭，两处潭水虽已消失但地名沿用至今。居民以从事水稻、木材、水果,等生产及木雕艺术创作及买卖为业。数十年来，在地的木雕产业蓬勃发展，由于当地山明水秀，加上近年文化创意产业的推展，许多由在地农民转型或外地业者进驻的陶艺家、设计师、特色民宿及餐厅等形成"双潭休闲农业区"。

双潭社区的休闲农业发展资源相当丰富，包括卓也小屋、山板樵农园、春田窑、不远山庄、罗庄米食坊、黄石山庄、云洞山庄、穗花山奈等，双潭休闲农业区与大湖乡姜麻园休闲农业区紧邻，由130线串接两处休闲农业区，有丰富生态资源的西湖溪流经两区，使其有"风情万种姜麻园、人文荟萃西湖溪"之美誉。

2. 发展起源

双潭社区旁的水美街，早期是苗栗县南部地区重要市集，后发展成为全台最负盛名的木雕艺术街，临近亦出现胜兴车站、龙腾断桥等文化观光资源，在人文与艺术汇集的契机下，成为双潭社区发展休闲农业的利基。

台湾在经历2000年的九二一地震及随后爆发的SARS疫情，民众的消费意愿低落重创各级产业的发展，然2002年前后，全台开始推动文化创意产业，以木雕艺术闻名的三义乡也浸染着这股文创风，许多文化产业开始转型，双潭社区中有许多颇具代表性的案例，有原本以木艺雕刻为主，转型为国剧脸谱艺术彩绘体验的山板樵农园；有单纯在学校教陶艺的老师，开始经营为游客提供陶艺文化体验的春田窑农场；有从经营园艺造景工程转型经营具特色化乡村田园蔬食餐厅、民宿及蓝染工艺的卓也小屋……人文荟萃成为当地的特色。

双潭社区是较早参与农村再生培根计划的社区，也是2011年第一批核定社区农村再生计划之社区，社区在整合农民、业者的过程中激发出许多具在地文化特色的创意活动，如客庄十二大客家节庆活动的云火龙节、由休闲农业区业者轮流举办的花好月圆活动及名锄摆桌盛宴，吸引众多游客共襄盛举，更是让该区的游客量逐年攀升，活动甚至太有吸引力而造成周边道路塞车。

3.迈向再生的梦想

双潭社区以"农艺创景、木艺原乡、打造幸福双潭"为愿景,透过农村再生,社区居民逐步找寻过去社区内的文化及特色,包括以木雕产业为主题的老师傅一条街,结合蝴蝶生态的二号菜圃花园,废弃香菇寮修缮完成的1号工艺坊,客家传统云火龙文化活动等。居民整合社区内既有资源,循着过去的工艺、产业、生态文化,打造现在的双潭社区,展现社区既有风华。

社区内包括有双潭休闲农业区,社区内业者各具特色,包括以蓝染为主题的卓也小屋,制作传统国剧脸谱的山板樵农场,使用柴烧陶艺的春田窑等。透过各家业者的特色产业与社区技艺,以工艺文化妆点,落实成为工艺之村。深厚的文化内涵,吸引民众前往,带动产业,使双潭社区逐步活化再生。

4.农村旅游信息

(1)社区节庆汇整。双潭社区重要节庆活动有木雕艺术节、客庄十二大节庆三义云火龙节与茶花节,分别在1—2月、5月、8—9月间举办的三大节庆。

表3 双潭社区节庆时间表

时间	主要活动
公历1—2月	木雕艺术节
公历4—5月	桐花
公历5月	云火龙节
公历8—9月	茶花节

(2)旅游资源

表4 双潭社区旅游资源一览表

景点/店家名称	类别	联络信息
三义乡双潭休闲农业区推动管理委员会	地方组织	联络人:郑美淑 Email:joye879198@hotmail.com.tw 电话:03—7879198 地址:367苗栗县三义乡崩山下1之5号

续表

景点/店家名称	类别	联络信息
苗栗县三义乡双潭社区发展协会	地方组织	联络人:魏胜男理事长 Email:dutan888@gmail.com 电话:0972—055232 地址:367三义乡双潭村3邻40—1号
卓也小屋	民宿、餐厅、农村体验、蓝染	房间数:15 营业时间:周一—周日9:00—22:00
漫步云端森林厨房	餐厅	营业时间:(全年无休) 平日11:00—19:00 供餐时间:11:00—18:00 假日10:00—20:00 供餐时间11:00—19:00
客家书院	文化设施	营业时间:(全年无休)
黄石山庄	民宿	艺术创作展览 营业时间: 平日09:00—22:00 假日09:00—22:00
山板樵农园	休闲农园	木雕创作教学 营业时间:9:00—18:00
罗庄米食坊	餐厅	传统客家美食 营业时间:08:00—17:00
穗花之山柰	餐厅	简餐、客家合菜、米食DIY、花茶、咖啡 营业时间:每周四公休,非假日敬请预约
云洞山庄	餐厅	客家菜、云海 营业时间:08:00—20:00,全年无休
春田窑	现代艺术柴窑	露营烤肉、各式美味客家小吃、午茶餐点 营业时间:9:00—17:00(周三休)
不远山庄露营区	露营	生态资源、碧水绿潭、姊妹亭 营业时间:09:00—22:00
同心园	咖啡阳光花园民宿	日式风格建筑、异国风味套餐、咖啡、花草茶、民宿 营业时间:平日11:00—18:00 假日10:30—19:00 公休日:非假日之星期四为餐厅公休日(住宿可预约)

（三）通霄镇城南和社区：双轮转生机、乐活城南和

1. 社区简介

通霄镇位于苗栗县西南部，城南和社区位于通霄镇东南方，范围包括南和里与城南里，社区部分范围与旁边的福兴社区同为"福兴南和休闲农业区"。居民以客家人为主，社区内庙宇的南和土地公庙、城南土地公庙、通天宫及地方妈祖等，是社区居民信仰中心。

本区因环境适宜，农产丰富，以一级产业为主。多数居民以务农为生，主要农作物为水稻、文旦柚、柑桔，另有有机蔬菜、白鹤灵芝、养鸡场、牧场等特色产业，其中以飞牛牧场为全台闻名的景点，也是带领社区共同发展的主要推手。

2. 发展起源

社区的发展通常需要长时间的整合，需要一群如傻瓜般的干部们义无反顾地付出，在城南河社区里，飞牛牧场的经营者就扮演着傻瓜的角色，经过与在地居民、业者多年的讨论、沟通后，整合南和里与城南里共同成立"通霄牧野陶趣农村发展协会"，参与农村再生培根计划的课程培训，并于2013年核定社区之农村再生计划。

当地的休闲农业发展蓬勃，已发展成带动地方经济发展之主要动力，包括飞牛牧场、城南有机农场、翠松苑民宿、湘庭民宿等，飞牛牧场于2011年通过内政主管部门环境保护主管部门的认证和环境教育设施场所认证，成为全台第一个通过认证的休闲农场，逐步凝聚在地居民及业者的共识，致力于发展低碳饮食和绿色商店，推动"环境教育"。

3. 迈向再生的梦想

城南和社区以营造生态，打造低碳环境为目标，订定社区发展愿景为"双轮转生机、乐活城南和"，结合休闲观光产业，以低碳旅行为概念，推动乐活生活体验。社区以低碳生活为出发点，打造低碳社区环境，保育自然生态，更积极推广有机农业，整合生活、生态及生产，成为社区一大特色。

生态低碳兼具的城南和社区，整合农村再生及休闲农业区资源，除硬件建设强调节能永续外，另有社区内飞牛牧场率先导入并通过"环境教育设施场

所"认证。飞牛牧场与社区伙伴共享资源、共同推动低碳环境,由社区伙伴着手推动农业生产之季节性体验活动,积极推广有机农业、有机栽培之理念,倡导节能减碳绿生活。城南和社区以低碳环境为出发点,营造社区特色,使一级有机农业与三级休闲产业更蓬勃发展,带动社区产业永续不息。

4.农村旅游信息

(1)社区节庆汇整。社区之主要民俗文化活动为北港朝天宫绕境活动。因南和社区并无妈祖庙,所以妈祖每年于农历三月二十三日前,掷杯得炉主者恭迎回家供奉,进行北港朝天宫遶境活动,为特殊的文化活动。

表5 城南和社区节庆活动时间表

时间	主要活动
农历三月二十三日前	北港朝天宫绕境活动

(2)旅游资源

表6 城南和社区旅游资源一览表

景点/店家名称	类别	联络信息
苗栗县通霄牧野陶趣农村发展协会	地方组织	联络人:徐白龙总干事 Email:dragon0608@kimo.com 电话:0953-170045 地址:357通霄镇南和里166号
通霄镇福兴南和休闲农业区推动管理委员会	地方组织	联络人:曾仕钦总干事 Email:fuxing357@hotmail.com 电话:037-783476 地址:357通霄镇福兴里6邻51号
飞牛牧场	生态牧场	露营烤肉场地、环境教育、彩绘/点心DIY 营业时间: 周一—周日早上8点—晚上10点
回乡有机生活农场	有机产品销售	有机产品销售、有机蔬菜种植及贩售 营业时间:平日10:00—17:00、 假日09:00—18:00(周二公休)
城南有机农场	有机栽培农场	有机蔬菜批发、现场零售、有机蔬菜宅配服务、农场有机栽培导览、体验活动 营业时间:08:00—17:00

续表

景点/店家名称	类别	联络信息
翠松苑民宿	民宿	文化结合园艺的民宿 营业时间： 平日 01:00—24:00， 假日 01:00—24:00
湘庭民宿	民宿	有机风味餐、五叶松牛轧糖 营业时间：全年无休
圆山农场	农场	生态池、风味餐、自然体验旅程 营业时间：9:00—19:00,全年无休
圳头窑艺博物馆	景观艺术园区	兼具休闲、人文、艺术与教育中心 营业时间：8:00—17:30

（四）苑里镇山脚社区：农情、蔺香、乐安居

1.社区简介

山脚社区位于苑里镇内区中心点，因背倚火炎山而得名山脚社区，主要农产业为稻米，有苦瓜、有机蔬菜、文旦等农特产，社区另有一项重要的产业——蔺编工艺产业，其蔺编制品早期主要外销日本，为以种稻维生的农民创造额外的经济收入，苑里地区种植的蔺草品种有着与其他地区不同的特质，其外形为正三角形，编成之后的用具质量佳，可长期保存数十年，但也要与其他国家的低价产品竞争，这一极富特色的工艺技术消失数十年，直到 10 多年前由山脚社区开始努力复原传统蔺编技艺，透过农村再生的推动及文化部相关计划的扶植，重新开启蔺编工艺产业的推广。

此外，苑里地区的土壤适宜造砖瓦，砖瓦窑业兴盛，随着台湾产业转型、人力成本增加等因素，砖窑产业开始没落，山脚社区内原有 4 间较大型的砖瓦窑业工厂，但现代砖瓦的需求量减少，目前仅剩金良兴窑业仍在制作红砖并且转型为观光工厂，社区还有其他知名的旅游资源，如山脚小学日式宿舍群、山脚社区公园、蔡家古厝。

2.发展起源

山脚社区投入社区营造的工作，最早开始是透过文化建设委员会的协助，

围绕传统的红砖产业及蔺编产业开发特色文化工艺,运用雕刻方式将原本用作建筑材料的红砖变成红砖艺术品及砖雕体验品,蔺编部分则找回过去的老师傅传承编织技术。

直到2009年前后,社区参与农村再生培根计划,并于2011年成为第一批核定社区农村再生计划之社区,因而得以妥善自主的运用补助经费,透过每年举办蔺编创作竞赛活动,邀请知名设计师开发新款产品,累积蔺编工艺与文创产业的量能,进一步发展蔺编工艺产业,更开始朝向国际化的目标发展。

蔺草与编织是早年苑里地区家家户户共同的记忆,如台湾蔺草学会理事长叶文辉先生说:"以前苑里地区的小孩子最喜欢妈妈了,因为爸爸种田一年只交稻米两次,只能拿来帮小孩子缴学费,而妈妈有编蔺草的副业,每天交货后就可以拿到工资,小孩子就可以每天跟妈妈要零用钱买糖果。"蔺草是很好的天然绿色植物纤维之一,很适合透过编织成为生活用品,使用蔺草编织的产品具有通气、吸湿、清凉、脱臭、防虫、柔软富弹性与散发的自然草香等作用,能保持适度的干燥及保温的效果,使人们的皮肤感触舒适。日本是使用蔺草编织品最多的国家,普遍作为室内装饰和草席等使用。

在山脚社区的努力下,几乎失传的蔺编工艺重新站上国际,于2014年参加日本无印良品"2013 MUJI AWARD国际设计比赛",荣获世界铜牌奖,受邀参与日本东京千叶大学文化祭的产业展览、德国柏林工艺展,开始接受日本文化商人每年的订单,重新进入停滞近40年的外销市场。

在发展蔺编工艺产业的过程中,社区除运用农村再生之协助外,也透过职业训练局的"多元就业方案",于2012年开始吸引社区中的失业妇女参与编织,由社区技艺精湛的蔺编达人刘彩云女士担任蔺编教师,负责指导新进人员学习蔺编技艺,更进一步与大专院校设计相关科系师生及文创设计公司合作,将蔺编工艺加值成为富有设计感与时尚感的生活精品,盼望能吸引更多青年回乡服务,让这项具有"历史感"的一技之长变成年轻人也可参与的新兴产业。

3.迈向再生的梦想

山脚社区的农村再生愿景为"农情、蔺香、乐安居",由于拥有优质的蔺草生产环境,过去社区内的妇女以编织蔺草为业,但随着工业的发展,蔺编文化逐渐没落。在山脚社区的推动下,重新找回面临失传危机的蔺编技术及产业。透过农村再生,协助蔺编工艺展览、工艺研习活动的举办、工艺创作产品开发,搭配导览解说服务等,让蔺草产品重新回到生活之中,更跃升至国际舞台。

山脚社区长期发展蔺编文化,将技艺转化成为艺术,成为工艺产业,不仅展现社区产业之特色,更凝聚起居民共识,启动了社区产业的活化。山脚社区的蔺编产业采社会企业模式,将商品贩售后的之利润使用于社区营造发展,为社区内妇女提供工作的机会,更引动青年返乡、驻村,目前已有迴游的青年运用自身所学专长,协助推广、营销蔺草文化。山脚社区"农情、蔺香、乐安居"的愿景已逐步达成,后续将持续培育产业人才及探索、纪录蔺草之研究,落实文化技艺之深耕与传承。

4.农村旅游信息

(1)社区节庆汇整。

表7　山脚社区节庆活动时间表

时间	主要活动
农历2至3月	北港进香活动
农历十月十五日	慈护宫收冬酬神
公历11月	蔺草文化活动

(2)旅游信息。

表8　山脚社区旅游资源一览表

景点/店家名称	类别	联络信息
苗栗县苑里镇山脚社区发展协会	地方组织	联络人:叶文辉总干事 Email:ywh77@mail2000.com.tw 电话:0932-740969 地址:358 苑里镇山脚里14邻378号
金良兴观光砖厂	观光工厂	营业时间:9:00—12:00 及 13:00—16:30 每星期一为休馆日 园区参观全票每人100元

续表

景点/ 店家名称	类别	联络信息
蔡家古厝	观光景点	蔡家古厝建于清嘉庆末年（约1820年），至今已将近有190的历史。
蔺草文化馆	观光景点	开放时间：9:00—17:00，星期一休馆 票价：馆内免费参观，导览清洁费30元、蔺草编织体验含清洁费100元，以上两项服务需事先预约。
山脚小学—日宿舍群	观光景点	现存宿舍应为1937年到1944年间兴建。是地方人士、毕业校友乡土记忆之精神场所，丰富地方的人文脉络。

（五）苗栗县苑里镇苑坑社区：红瓦绿田、喜乐安居、戏说苑坑

1. 社区简介

苑坑社区位于苑里镇境内北方，为低密度开发之点形山坡型农村，主要产业为稻米，拥有盎然绿意；丘陵层层迭起的景色与古厝聚落的人文景观相互映衬。

苑里镇是台湾过去中部沿海重要的物产集货地区，因开发较早，居民生活水平普遍较佳，从现今仍保存下来的传统三合院建筑方式即可见一斑，苑坑社区拥有许多百年古厝聚落，居民在参与农村再生培根课程的讨论过程，开始重视古厝保存与活化，经过这几年来的努力，已逐步整理郑家古厝（东里家风民宿）、何厝古厝、萧家古厝等，重现百年古厝的聚落。

2. 发展起源

随着台湾产业结构转变，苑里地区已不如当年经济繁荣，许多居民纷纷迁居都市地区或移居国外，又因子孙众多产权复杂，反而让为数不少的百年传统古厝得以留存至今，却也因无人居住年久失修或仅剩老人家居住而无力维护等状况，让这些台湾重要的文化资产，随着老人家凋零而不断颓圮破败。有鉴于此，在约十年前的一个机缘中，郑家古厝因仅余第六代子孙郑基炀老先生等人长期留居于此，在无力自己维护诺大的三合院的主因之下，与苗栗县农渔牧休闲观光推广协会总干事林彦伶等人，合作转型为东里家风

民宿,亦随着参与农村再生培根课程开始,带领苑坑社区其他居民共同营造社区。

留居社区的居民以务农为主,较少有商业活动,所以在"东里家风民宿"刚开始成立之时,当地居民较不习惯常有游客在社区走动,而有些许反对的声音,然而,因为百年古厝的风貌非常符合乡土剧类型的拍摄场景,吸引许多电视剧的剧组前来此处商借场地拍片,也因拍片需要而邀请附近的居民担任临时演员,参与的居民经常出现在电视剧里,增添许多居民茶余饭后的话题,也让居民增加扮演临时演员的收入,让大家慢慢认同东里家风民宿对地方的贡献。

苑坑社区自 2012 年核定社区农村再生计划后,开始有较充裕的资源着手修复以开始颓圮的古厝群,现依靠社区自主力量整修了郑家古厝、何厝古厝、萧家古厝等三处,也依其主要传统建筑材料发展出"土角"技艺文化,以"古式婚礼"为主题办理常年性主题活动,在东里家风民宿提供"乡土爆笑剧"的戏剧体验活动及割稻仔饭等,再沉寂近半世纪的苑坑社区再度活跃,成为全台知名的农村旅游好去处,促进许多年轻人返乡经营社区。

3.迈向再生的梦想

打造一个"红瓦绿田、喜乐安居—戏说苑坑"是苑坑社区的发展愿景,希冀透过闲置古厝修复再利用传承文化记忆、田园美景与记忆传承来体验农村生活趣、着重社区关怀处处有温情、体验重温古早生活方式戏说苑坑人文风情等目标。

苑坑社区透过参与农村再生、多元就业方案等政府资源后,让社区内的东里家风民宿这个唯一的旅游产业重现生机,过程中改变了东里家风的经营模式与理念,致力于带动社区的整体发展,将社区内开始颓圮的老房子一栋一栋整修回来,也促进社区内老人家、身心障碍的弱势族群有工作的机会,亦在园区内开放让邻近的农特产品展售,增加农民的收益,反而更让民宿的经营越来越好,每天游览车络绎不绝,创造出每年数十万的游客量。

4.农村旅游信息

(1)社区节庆汇整。

表9　苑坑社区节庆活动时间表

时间	主要活动
农历一月十五日	千岁搓汤圆
农历五月五日	端午包粽
农历七月十五	庆赞中元
农历八月十五	中秋节控窑
公历7—8月	仲夏音乐季
公历11月	割稻祭
公历12月	古式婚礼

(2)旅游信息

表10　苑坑社区旅游资源表

景点/店家名称	类别	联络信息
苗栗县苑里镇苑坑社区发展协会	地方组织	联络人:林彦伶 Email:patty4983@yahoo.com.tw 电话:0919—070507 地址:苗栗县苑里镇苑坑里2邻8号
东里家风民宿	民宿、餐厅	房间数:5 营业时间:周一——日 AM8:00～PM5:00(住宿者不受此限) 电话:康文环 0985—038148 地址:苗栗县苑里镇苑坑里2邻8号

(六)苗栗县苑里镇上馆社区:全面有机的健康农村

1.社区简介

苑里镇上馆社区位于火炎山下丰饶的冲积平原上,居民以务农为主,其中种植有机稻米的面积超过全社区农田面积的一半,使得有机米成为上馆社区最大的特色。

社区居民之宗教信仰以道教为主,镇安宫为社区中主要的庙宇,镇安宫主要供奉神尊为五谷爷、妈祖以及三官大帝,其余庙宇有观济堂、天云楼、天灵宫等。除此之外,上馆社区尚有12座土地公庙,每邻都有一座以上的土地公庙。

社区位于"稻米产销专业区"范围内,普遍可见种植稻米的农田景观,除稻米产业外尚种植黑豆、小麦等,因而较少观光旅游景点,近两年才开始推展"农事体验"等活动,邻近的旅游景点以"火炎山自然保留区"最为著名。山峰上大多岩层裸露,少有植被,因夕照时有如火焰般,故名为"火炎山"。山区有大面积的马尾松林,也称为台湾赤松,常提供作为教学及学术研究之用。

2.发展起源

上馆社区自2010年开始参与农村再生培根计划,并于2013年核定社区农村再生计划,可归属于农村再生的新兴社区,社区主要的推手也是社区发展协会理事长李庆祥先生说:"我以前是做土水的,因为爸爸生病才回来种有机米,会参与社区的事务是被前理事长骗进来的,结果越做越有心得,尤其是参与农村再生让我跟社区伙伴学到好多新的观念,也更想让故乡发展的越来越好……"

社区早期土壤贫瘠,地面下充满大小石砾,不利于耕作,在日治时代才开始开垦,挖凿火炎山的土壤填土,清除田地里的石砾,这些石砾也会拿来作为石驳坎,社区随处可见石驳坎这一农村景观,在改善土壤贫瘠的问题之后,才能开始耕作,数十年来,居民即便种植有机稻米,亦不易维持家庭所需,恰逢参与农村再生的推动,有意经营农业的年轻人开始返乡,除种有机稻米交给粮商外,也开始发展农事体验或自有品牌,如返乡经营的年轻人柯雄能及其姊姊,除了种植稻米、小麦、黑豆,也为都市民众、机关或企业提供农事体验,将传统农业转型为体验旅游,吸引游客前并带动社区消费。

3.迈向再生的梦想

上馆社区以"全面有机的健康农村"为发展愿景,以有机的概念作为主轴,结合农村节能减碳推动各项社区的工作。因社区的水源来至大雪山山脉水系,水源干净清澈,当地居民善用这项优势,致力于种植有机稻米,亦有"稻鸭共作的故乡"之美称。

近来社区为了自主推广有机米,发展出农事体验活动、黄色小鸭造型爆米香等,尝试从传统单纯种稻维生转变为可直接服务消费者及自有品牌的服务型农村。虽尚在起步的阶段,诸多服务与环境设施的量能尚需持续精进,但上馆社区却也开始思考与规划,未来能将产销之所得提取固定比例反馈社区与地方,作为环境营造、维护之自主经费来源,并可落实社区福利之推动,期与所有居民互利互助,共创上馆社区之荣景。

4.农村旅游信息

(1)社区节庆汇整。

表11　上馆社区节庆活动表

时间	主要活动
农历七月二十九日	拜驳祭典活动
公历12月	油菜花节

(2)旅游资源。

表12　上馆社区旅游资源表

景点/店家名称	类别	联络信息
上馆社区发展协会	地方组织	联络人:李庆祥　理事长 Email:heysong791208@gmail.com 电话:0937—743432 地址:苗栗县苑里镇上馆里104号

结　论

回顾近年台湾农村的发展,农村再生政策的推动发挥了较为全面的作用,透过农村再生培根计划的培训,让农村居民学习新知,改变观念并重新凝聚社区共识。从提送审核社区农村再生计划及年度农村再生执行计划等,让农村由下而上直接争取软硬件建设之补助,实践发展愿景与目标。

自2010年农村再生条例公告以来,已具发展方向的农村社区得以聚焦于主题特色,持续深化,让社区发展更上一层楼,栗林、双潭社区的休闲农业、山脚社区的蔺编文化等都是成功的例子,因参与农村再生才启动的新兴农村社区,则有机会开创不同风貌的发展方向,如苑坑社区的古厝文化、上馆社区的农事体验等。

这些农村社区在政府支持、社区自主营造的合作下,不再如过往只依赖政府补助,开始培育具备自主经营与维护管理能力的人才,透过生活、生产、生态与文化等主题特色营造,进而寻求财务自主,甚而可反馈社区福利,促进在地就业,带动产业整体发展与推广等。

大三通苑农村旅游轴带所串联的农村社区,正是现阶段农村再生的经典案例,发展出生活、生产、生态或文化主题的在地特色,彼此间亦可加成与互补,在居民持续努力之下,打造永续经营之经典农村社区。

台湾客家庄区域发展策略：
闲置旧教堂转型为社会企业的行动研究

俞龙通[*]

摘　要： 峨眉天主堂近年来逐渐打响知名度，成为经过台湾台3线和新竹县市人们的必经之处。峨眉天主堂原本为废弃的教堂，近年来逐渐活化。从杂草丛生的废弃空间变为以窑烤面包闻名的地方产业营运中心，这一过程中，政府经费的挹注扮演重要角色，负责人员的努力与付出更是关键。目前虽以窑烤面包为主要产品，聘请了八位工作人员，勉强可自负盈亏经营。虽然申请政府经费办了许多活动，但从企业管理与文化产业的经营看，峨眉天主堂产品线太过单一、空间动线缺乏有效整理与规划、人口过度老化与专业技能不足和品牌意象未充分发挥等问题都有待克服。

从2007年进驻到2013年属于第一阶段的开创阶段，接下来五年是转型与升级的发展阶段。聚焦品牌精神与价值，朝文化园区与文创产业方向转变是方向，本研究透过企业个案诊断的方法及与经营者协同合作的行动研究方式，诊断出包括专业人力缺乏（含专业经理人）、经费短缺、园区和商品识别系统欠缺设计、餐饮特色仍未突显及书面资料短缺等营运问题，提出媒合周边大专院校产学合作，争取政府经费，媒合设计团队进驻、争取专业餐饮学校主厨团队指导及尽速招募专业经理人等行动方案，逐年逐步改善营运问题。

---

[*] 俞龙通，台湾联合大学文化观光产业学系副教授。主要研究客家文化观光、客家文化创意产业。

台湾客家庄区域发展策略：闲置旧教堂转型为社会企业的行动研究

关键词： 峨眉天主堂；客庄区域发展策略；闲置空间再利用；社会企业；行动研究

一、绪　论

峨眉天主堂近年来逐渐打响知名度，成为经过台湾台3线和新竹县市人们的必经之处。峨眉天主堂原本为废弃的教堂，近年来，在"新竹县峨眉乡月眉观光休闲产业文化协会"姜信钧先生的主持营运下，振衰起敝，活化过来。从杂草丛生的废弃空间，到以窑烤面包闻名而成为地方产业营运中心，期间历经了六年的时光。这一过程中，政府经费的挹注扮演重要角色，负责人员的努力与付出也是关键。目前虽以窑烤面包为主要的产品，聘请了八位工作人员，勉强可自负盈亏。但走进峨眉天主堂，仍旧有些凌乱，屋墙滴水潮湿，产品线过于单调，只有窑烤面包与果酱。虽然申请政府经费办了许多活动，表面上看起来热热闹闹，也成立了野山田鼓队，能够上场表演，但从企业管理与文化产业经营来看，峨眉天主堂缺乏该有的氛围，产品线太过单一、空间动线缺乏有效整理与规划、人口过度老化与专业技能不足和品牌意象未充分发挥等问题，都有待克服。

从2007年进驻天主堂到2013年，属于第一阶段的开创阶段，接下来五年是转型与升级的发展阶段。聚焦品牌精神与价值，促使峨眉天主堂朝向文化园区与文创产业的方向转变，是本研究选择峨眉天主堂个案诊断的原因。这些转型与升级深深影响着大隘地区整体区域的发展，峨眉天主堂拥有丰富的历史文化元素，若能有效加以转型升级，将有助于旅游路线的质量和深度及吸引力，为在地和游客提供更优质的文化空间。这是此一个案值得探讨与深入辅导之处。

二、峨眉天主堂的现况

(一)闲置空间再利用,从无到有的社区产业模式

峨眉天主堂1963年由西班牙籍桑朗度神父所建,建物依照斜坡地形和阳光照射位移来设计,外墙为华丽马赛克壁画,在山林间格外亮眼,早期设有储蓄互助社、诊疗所与幼儿园,因人口变迁,教友减少,教堂功能逐渐丧失,也成为乏人问津的闲置空间。

地方文史工作者姜信钧,在北埔乡公所服务超过15年,见证北埔老街由凋敝,透过文化观光的转型与加值,成为新竹县的观光典范的过程,身为峨眉子弟的他,深觉自己应该在公共部门的退休生涯后,投入地方文化与观光推动的复兴计划,于是在2002年,邀集峨眉地区的有心之士,成立"新竹县峨眉乡月眉观光休闲产业文化协会",以调查地方文史与促进地方文化产业发展为目标,初期主要致力于维护峨眉地区人文与自然资源,推动各项艺文活动,协助区域内居民发展各种产业,培训解说专业人员,举办各种传统或创新产业或技艺研习,落实执行峨眉乡石子溪护角净溪活动。

该协会与新竹地区天主教会联系,设法取得峨眉天主堂的使用权,于2007年取得授权,利用闲置教堂,实施峨眉风华再现计划,研提多元就业补助项目,借助社区居民自主能力进行空间重置,规划成为地方特色产业发展中心、旅游信息咨询中心,设置植物医院,培训推广客家米食文化人才,提供社区居民休闲娱乐与学习场所、学校户外教学、农村生活体验、儿玩DIY、艺文展览、导览解说等服务。

姜信钧理事长认为光是保留旧东西还不够,必须设法导入新创意,改造天主堂,使之由过去做礼拜的宗教圣地变成展示、展演、展售三合一的地方文化艺术殿堂,又根据其发展优势,结合其适合艺术展演的特点,深耕在地艺术家资源,吸引陶艺家与素人艺术家进驻,带来新形态的美感经验教育。再透过艺术驻村行动,联结居民生活和艺术思考,和在地文化交织出更深层的火花,低

阶的生产产业转变为高阶的文化产业。艺术家重视环境,避免乡村过度开发,让乡村可以永续发展,也让社区居民与艺术活动产生交集,为日后实施"野山田"计划播下种子。

2008年,协会参与"大隘艺术节",负责执行大隘茶乡艺术文化生活美学中心计划,举办中秋古道茶席等数场音乐会。在"大隘艺术节"中尝试将属于非洲节奏的创意鼓阵表演融入地方经年举办的"迎古董"艺阵之中,得到社区居民热烈回响。

新竹县政府文化局正有在各地成立民俗艺阵的计划想法,于是姜理事长即就鼓阵的概念研提峨眉客家野山田民俗艺阵社区传习计划,计划内容计有:(1)农具打击乐培训,唤回纯真的农闲艺致生活面;(2)民俗艺阵培训,结合传统艺阵创新形态之表演,配合农具打击乐节奏,营造传统农业社会欢乐气息;(3)民俗艺阵资料收集与汇整;(4)培训成果展演,将培训结果利用公开表演形态让社区居民欣赏。

在2008年年底的国际花鼓节闭幕晚会上,该艺阵与来自世界各国的表演团队齐聚一堂同台较劲,观众感受到这是截然不同的农村艺术团体,也是前所未有的全新演出,这群来自农村的居民,在打鼓中找到新生,找到价值。

2009年,"野山田"参加台北元宵灯节表演,在北市府广场前演出,以101大楼为背景,演出的同时,台下分送由乡间采集的老萝卜所制作的创意提灯,都会民众为之惊艳。2010年,因团队成员之健康因素考量,原意以搭柴烧砖窑作为疗愈机制,却意外开创柴烧面包风潮。2011年入选文建会推动的"社区营造亮点计划",以峨眉东方美人茶为原点,结合在地民俗信仰、茶文化生活美学,作为展示峨眉乡特色产业及文化创意资源的媒介。

(二)空间氛围

峨眉天主堂为典型的教堂式空间,原本就具有浓浓的宗教气息,只因闲置废弃未善加利用,内部老旧墙壁渗水。姜理事长进驻以后,为先自给自足,空间使用上略显杂乱,需要善加规划与调整。桌椅、器具和杂物等太多,没有足够的收纳空间,只好摆放在教堂内。贩售窑烤面包的空间不足,整体无法呈现宗教文化的氛围。姜信钧先生目前已着手规划户外空间,将空间净空,使之恢复宗教文化气息,便于举办规划中的文化沙龙。

峨眉天主堂极具文化历史氛围和想象,此一空间若能有效加以规划和营造,将能从个闲置的空间、营运的据点,转型成为社区产业和社会企业的亮点,长久之后将能成为新竹大隘三乡文创观光产业的亮点。

三、研究方法与设计

本文采取多元方法来搜集,包括文献分析、个案研究、深度访谈与行动研究等多重方法,借由融合一种以上方法搜集资料的三角交叉检验法,来提高研究解释上的可信赖度,以中和任一资料、研究方法与研究者的主观偏差[①]。

在文献分析法方面,针对主要的核心概念和研究主题与个案,搜集相关重要图书与研究论文加以探究、整理、分析、归纳、整理与评鉴之前的研究成果,达到延续累积与创新的研究目的。在个案研究法方面,选择具产业转型与升级的代表性和关键性个案[②],针对个案整体营运状况进行了解分析,然后聚焦于个案业者在文化产业经营策略的导入等面向进行分析与归纳汇整,归纳出转型与升级的需求,提出对策。在参与观察法方面,作者因担任本个案的辅导业师,对于研究个案有长期的参与及观察,深度了解个案内部者的观点,与个案业者互动过程中,因多年来培养高度的信任,所以整个研究的过程是一个开放式的探知过程,因辅导与协助的过程,作者直接参与个案的相关产业运作过程,这种过程提供了许多直接观察的机会来搜集丰富的个案资料[③]。

作者也采用深度访谈法,挖掘与了解这些个案,深度访谈的优劣深深影响

---

① 胡幼慧:《质性研究:理论、方法及本土女性研究实例》,五南出版社1996年版。
② 陈向明:《社会科会质的研究》,五南出版社2002年版。
③ Jorgensen, D. L, Participant Observations: A Methodology for Human Studies (Newbury Park: Sage, 1989;俞龙通:《客家族群象征产业的当代新风貌》,师大书苑出版社2014年版。

访谈的深度与碰触问题核心的程度。而这又受到访谈者的专业及其与受访者的互动的层次和信任程度的深浅。作者长期辅导研究个案,对个案有长期的观察与研究,与研究个案有密切的互动和极高的信任度,经由辅导业者转型与升级的过程,建立坚强的学术单位与产业团体间的伙伴关系。本文采取企业个案诊断的研究方式,从2012年开始与研究个案有多次的访谈,透过企业诊断分析表的填答后,由作者据以写成个案分析。持续性且深入的企业辅导诊断过程与其间从2012年6月开始,一直持续至今。参与访谈者为"新竹县峨眉乡月眉观光休闲产业文化协会"理事长姜信钧先生,访谈的重点:第一部分企业的背景,第二部分主要的产品与经营特色及第三部分现况问题与对策。访谈过后进行行动研究的具体行动方案的提出等。

透过辅导过程的直接参与和协同合作,行动研究法为本文非常重要的研究方法特色。在多年的参与个案辅导的过程中,作者更是成为积极的行动者。本文研究个案的辅导型塑中,作者都扮演积极与引导的角色,此种作者实为行动研究的最佳诠释。行动研究法主张:行动者在实践过程中产生知识,在行动中自我反思(self-reflection)及自我觉知,透过与研究对象的共同合作解决所面临的问题。针对相关政策与产业实务的咨询及辅导过程中,从计划的拟定、相关资料的搜集与实地观察、进而开始实际的辅导行动到辅导成效的评估与检讨等,每次的辅导个案都实践了行动研究法的内涵与精神。

四、企业分析

(一)SWOT分析

"月眉观光休闲产业文化协会"目前聘有八位社区年长者,从事窑烤面包和果酱的制作与销售。在营收上,尚能损益两平,维持稳定的发展。在产品品项上,以窑烤面包为主,果酱为辅。窑烤面包已经有较大的知名度和越来越多的客源。目前因只有一座面包窑,所以产量是固定的,姜信钧先生考虑扩建另一座烧窑。果酱方面也是手工制作,量产上也需要克服相关供应和制作的技术。峨眉乡盛产柑橘,经评估每年有数吨,大部分透过农会系统销售,在目前台湾水果市场上维持不错的价格。姜信钧先生目前正思考着手手工果酱产量的扩大与自有品牌的创建,这部分的发展潜力极大,却需要相关条件。此外,"月眉观光休闲产业文化协会"也会在提供给各个团体举办活动之用的同时提供餐饮。窑烤面包、手工果酱或餐点的供应,都使用之前多元就业方案补助中所聘请的人力,目前多元就业方案已经结束,所有人士的聘任与所需薪资皆自负盈亏,目前也皆能自给自足。

"月眉观光休闲产业文化协会"的窑烤面包之所以能够创造一定的知名度,乃是充分利用峨眉天主堂的文化底蕴和历史纵深,利用帮助乡亲疗伤之感人故事。峨眉天主堂的古老建筑和文化底蕴促进了窑烤面包的销售,所以此一闲置空间实为"月眉观光休闲产业文化协会"营运的基地。正因为峨眉天主堂有效的文化搭台,社区产业才能经济唱戏。从2007年开始进驻峨眉天主堂开始迄今的六年间,"月眉观光休闲产业文化协会"透过发展社区产业,引进社区乡亲来从事这些产业,这样的阶段都是属于奠基扎根阶段,目前这个步伐已经站稳,接下要发展的重点就是持续深化峨眉天主堂的文化历史和在地文化的论述以健全组织运作和发展更具多元的产业;未来的目标与愿景就是往文化园区与社会企业的目标前进。要实现此一目标与愿景,必须更深入地分析经营单位"月眉观光休闲产业文化协会"的优劣势后,再思考与规划更具体的行动方案。这些正是"月眉观光休闲产业文化协会"转型与升级必经的历程与阶段。

除了针对目前的经营状况进行探讨外,若要拟定相关经营策略,则必须深究内外部环境因素,用SWOT分析表1。

1. 优 势

峨眉天主堂具丰富的文化底蕴,若能充分盘点、挖掘和转化与加值利用,将能有效加值产业发展,现有的窑烤面包就是在这样的氛围下创造出知名度。"月眉观光休闲产业文化协会"非营利组织之社会企业的公益特质,创造社会就业之核心价值,成为其最吸引人与营销的最佳利器。经营者一路摸索过来,渐渐地型塑出未来的发展方向与愿景,再加上其丰富的经验与广阔的人脉及整合能力,将对未来的发展营运有重大影响。窑烤面包具知名度,可以延伸发展外围产品且容易营销。目前已经规划完成峨眉制茶体验文化游程,一条龙完整规划的产品具独特与竞争力。

2. 劣 势

目前处于转型与升级的过渡阶段,迫切需要经营管理或专业人才,组织发展受限。峨眉乡地处偏乡,许多人才都不愿回乡,若要就地取材多属年长且教育程度较低之高龄者,他们对于社会企业营运及文化创意产业发展或文化观光行程操作几乎没有经验与专业背景。尽速招募这方面的专业人才,组成专业团队是目前最大的困境与弱点,也是亟须着手克服的事项。再者,目前营业项目不多,营收规模不大,属微型企业,资源有限,未来若要发展文化园区,峨眉天主堂老旧墙壁的修复,文创小铺的规划与兴建等,都需要一定的资金投入,这方面的需求也成为目前转型与升级之重大阻碍。再者,虽说文化游程已经就位且具有一条龙的优势,然不可否认的现实是峨眉乡地处偏乡,就景点而言,相对于其他景点,知名度和观光吸引力非常薄弱,做好进行市场区分与明确产品定位非常重要。

3. 机 会

首先,要取得政府政策的支持,各级政府,对于社区产业与闲置空间利用,都有相关计划补助。"月眉观光休闲产业文化协会"有能力争取政府计划,若能善用这些计划,将能克服资金不足的问题。在地文化资产与生态丰富,构成有利的文化资本,有利于文化加值产业的发展。体验经济与休闲社会来临,文化旅游型态符合全球文化观光与乡村旅游趋势。

4. 威 胁

主要的威胁还是市场上其他竞争产品大量供给,许多人风闻窑烤面包好卖,跨入门槛又不高,越来越多人模仿制造,供给慢慢增加的情况下,增加营运的挑战。再者,窑烤面包价位偏高,虽然现在受到消费者喜欢,新鲜感十足,但哪一天消费者口味改变,可能就荣景不在。消费者口味难以掌握,市场营运不易。

表1 "月眉观光休闲产业文化协会"SWOT分析

优势（Strengths）	劣势（Weaknesses）
S1.峨嵋天主堂具文化底蕴,充分挖掘将有效加值产业发展。 S2.非营利组织之社会企业的公益特质,创造社会就业,成为经营的核心价值。 S3.经营者具愿景与整合能力,经验丰富人脉广阔。 S4.窑烤面包具知名度,发展外围产品容易营销。 S5.已经规划完成峨嵋制茶体验文化游程,一条龙完整规划的产品具独特与竞争力。	W1.经营管理或专业人才不易寻觅,组织发展受限。 W2.组织规模不大,微型企业资源有限。 W3.就景点而言,大隘三乡属偏乡,相对于其他一级景点知名度和观光吸引力弱。
机会（Opportunities）	威胁（Threats）
O1.政策支持。政府对于社区产业与闲置空间利用都有相关计划补助。 O2.在地文化资产与生态丰富,构成有利的文化资本,有利于文化加值产业的发展。 O3.体验经济与休闲社会来临,文化旅游形态符合全球文化观光与乡村旅游趋势。	T1.其他竞争产品大量供给。 T2.消费者口味难以掌握,市场营运不易。

（二）消费族群分析

峨眉天主堂的窑烤面包与手工柑橘酱的消费族群主要客群是邻近新竹县市的人们,大部分慕名而来或是口碑营销。随着窑烤面包的故事和峨眉天主堂公益形象的被报道而大获认同后,许多人专程或顺道经过时来到峨眉天主堂购买刚出炉的窑烤面包。随着知名度的增加,网络下单的比率也越来越高,已经超过三成的订单是网络下单购买的。

（三）商品营销分析

1.产品策略

目前的产品以窑烤面包和手工果酱为主,窑烤面包受欢迎程度越来越高,销售额也越来越高。果酱目前尚在起步当中,由于欠缺商标符号和包装设计,有待加强。峨眉天主堂的果酱用峨眉乡盛产的柑橘制作,原料本身就汁甜味美、果肉丰富,其甜味为天然果香的自然口感,许多吃过的消费者都会在购买窑烤面包的时候顺带几瓶回家。但因为缺乏品牌识别和包装设计和陈列,目前无法有效量产,摆设也欠缺创意。产品品项只有单一的柑橘酱,种类太过单调。除柑橘外,可考虑生产柿子、橄榄或茶叶等农特产来增加产品的多样性,更可以透过不同的做法来增加其丰富性。精选外观罐子及 Logo 商标和品牌识别的导入,运用手工麻绳装饰等。摆设也是一大重点,增加手工果酱的氛围与购买欲望。应提供试吃,这样消费者都能知道果酱的好坏。峨眉天主堂在开发相关果酱产品未尝试上述做法,未来可以尝试。

现有草地上的茅草屋内部可规划建置创意小铺,目前这个地方仅在相关活动时作茶席奉茶之用,平时并无其他用途,因此产品策略的第二改造之处就是建置创意小铺。随着创意小铺的建置,整体空间的规划与思考是改造的第三部分,首先是内部空间的美化与氛围营造。目前整栋建筑物因年代久远失修,墙壁已经漏水严重,壁癌情况严重,这是空间改造与美化当务之急。再者,现在内部空间的摆设过于凌乱,当务之急是寻找可以收纳这些器材和设备的空间。经过现场的勘查后,烧窑后面上有一块空地可以作为收纳之用。器材设备的收纳问题解决之后,将恢复教堂的原始功能,提供宁静安详做礼拜的空间。这一连串的改造都需要时间、人力与经费。

硬件空间的改造与美化方向得到确认,接下来必须布置软件,首要之务是导览解说路线规划与系统的设计。配合已经规划完成之"拜访小绿叶蝉的家东方美人茶文化之旅"游程(表2),"月眉观光休闲产业文化协会"的峨眉天主堂提供手工窑烤面包 DIY 以及社区产业发展经验分享的体验游程,对峨眉天主堂的发展历史与环境特色加以导览解说,导览解说必须对天主堂的历史与发展过程等介绍,用展板的方式来呈现。天主堂资料的搜集与归纳分析,已着手邀请大隘茶原乡文化创意产业发展联盟的联合大学文化观光产业学系透过课程专题方式来协助。在导览解说与动线方面,经过多次的会勘,初步规划以下五大项目:

项目一:迎宾(视旅游人数多寡及预算,安排野山田鼓队)(30 分钟)。这部分要看人数多寡和经费额度而定。若是人数较多(30～50 位)且愿意付费,则可以安排野山田鼓队表演迎宾乐曲。

项目二:奉茶(柑橘酱果汁)(5 分钟)。所奉之茶自己开发的手工柑橘酱所做的果汁。

项目三：窑烤面包DIY（30分钟）。许多人来到峨眉天主堂都是买个面包就走，并无时间峨眉天主堂的来龙去脉和可贵典故。"拜访小绿叶蝉的家深度文化旅游"希望带给大家带来全新的感受和不同的体验，计划让来宾品尝自己做的窑烤面包。透过师傅的讲解，将面团做成喜欢的造型后送入烧窑加以窑烤。在等待的空闲分享峨眉天主堂的典故和社区产业经验。

项目四：峨眉天主堂文化历史与空间导览解说（20分钟）（编制导览解说手册）。峨眉天主堂从衰败到现在的发展，有相当丰富的文化底蕴和发展历程，这部分是游客的兴趣，也是峨嵋天主堂最珍贵的文化资产，非常值得解说。不论是建筑外观或内部彩绘和装置等，都弥漫着浓浓的天主教的宗教文化气息，非常值得体验与感受。

项目五：社区产业发展经验分享（20分钟）。闲置空间再利用的成功典范是峨眉天主堂的缩影，其中的关键就是社会企业经营和社区产业开发的过程与心得，在社区资源极度匮乏的困境下，靠着经营者个人的毅力和创意，让这样一个地方成为社区产业的中心与平台，而且能够自负盈亏聘请将近十位社区乡亲，创造就业是一件相当不容易的事情。这样的励志故事充满传奇与想象。这部分的交流分享可以增添这次游程中知识分享与教育的旅游意涵。这样的故事充满着打拼奋斗的励志故事，是台湾许多偏乡发展的楷模。

表2 峨眉制茶趣深度文化之旅一日游

序号	时间	项目	内容
1	09:10—09:30	峨眉天主堂行前集合	说明整天游程和须注意事项、着装。
2	09:30—09:50	前往茶园	乘车移动
3	09:50—11:20	探访小绿叶蝉的家——茶园采茶趣	前往茶园采茶，实地欣赏东方美人茶园风光与体会采茶乐趣
4	11:20—12:00	手做面包/社区产业发展经验分享	幸福窑烤面包DIY
5	12:00—13:00	食中午	感受与体验采茶人家辛勤采茶中午短暂休息片刻的午餐

续表

序号	时间	项目	内容
6	13:00—14:00	制茶趣	浪菁
7	14:00—15:00	制茶趣	炒茶/柔捻
8	15:00—16:00	东方美人茶故事馆巡礼	导览解说
9	16:00—17:00	茶乡.茶香——东方美人茶席品茗	茶席展示/解说、现场品茗、包装、购物
10	17:00—	赋归	满满的回忆与祝福,恁致谢正来嫽

资料来源:笔者根据调查资料整理①。

未来峨眉天主堂想朝向文化园区与新竹县天主堂联盟方向发展,营运以社会企业方式进行,以峨眉天主堂周边区5~10公里为范畴,结合宗教、生态、文化历史及在地特色产业为内涵,建构完整的发展模式。

2.定价策略

目前窑烤面包的定价100~150元,比照一般面包价格,略微偏高,然因充满在地故事与公益特性,许多消费者也都能接受这样的价位。手工果酱目前定价每罐200元,但因欠缺包装和品牌识别,所以定价尚偏贵。旅游行程方面,除项目一的迎宾鼓队表演需另计外,项目2~5等四个项目以300元。整条路线的订价为1 250元,为每个店家采取成本利润定价法所产生的定价。主要的定价策略和目标市场锁定在园区高科技的电子和国内公司团体旅游,以非假日为主,主要的目标就是扩展星期一至星期五的离峰时段的人潮。借由提供较为深度与精致且在地的文化旅游行程,锁定对象为企业和会议参访的顾客,定价上采中价位。

3.营销通路与推广策略

目前的营销通路以行社和新竹县市的主要饭店为主,网络营销为辅。借由异业结盟,透过旅行社和主要饭店业者来营销增加。在推广方面,将于今年

---

① 俞龙通:《创意循环:区域文创观光亮点打造的黄金法则》,师大书苑出版社2014年版。

度(2015)的高雄秋季旅展上进行主要的推广,陆续网络营销,不论是脸书或是知名部落客等的营销与联结也将建置。此外也会透过 DM 寄送至科学园区的福委会和参与新竹县主要的大型节庆活动。当然现在最重要的营销与推广方式就是口碑营销,把每一次的文化游程接待都视为是最后一次的高质量展现,才是目前体验口碑营销的主流。

五、行动研究

在实践这些想象与目标的时候,务实和可行的做法是相当重要的。综归"月眉观光休闲产业文化协会"要达到这些目标与愿景须专注于以下的数项行动方案:

行动研究问题一:峨眉天主堂宗教文化故事盘点、挖掘与记录,形成书面化之导览解说的资料与文宣品。目前"月眉观光休闲产业文化协会"欠缺这方面的人手,现有的人力主要从事窑烤面包的制作与销售,主要为社区的妈妈等,专业知识略显薄弱,如何克服?

行动方案一:媒合新竹大隘三乡或苗栗县的周边大专院校的学生来协助。目前媒合联合大学文化观光产业学系的学生来进行这方面的工作。

行动研究问题二:空间改造与美化,对于峨眉天主堂空间与氛围改造具重大影响,也是文化园区概念能否落实的一块骨牌。这方面需要更多经费来支援,经费来源为何?

行动方案二:目前已聘请相关修缮人员前来勘查两次,预算也以估出,若真无法透过其他管道募集足够资金,姜信钧先生倾向自己支出。因为想要达到这样的愿景与目标已经成为其下阶段要推动的重点。此外,目前也希望透过研提客家委员会的空间型文化产业精进计划来开辟这部分的经费。

行动研究问题三:有关整体园区和商品识别系统设计,欠缺专业人士,如何招募与聘请?

行动方案三:有关整体园区与果酱商品等识别系统与创意小铺建置,陆续将媒合其他设计团队进驻来协助。

行动研究问题四：结合文化游程的推动，目前现有的餐饮的地方特色仍未突显，如何突显？

行动方案四：在地特色料理的开发已经聘请开南餐饮学校主厨的专业团队来现场莅临指导。

行动研究问题五：旅游行程规划与导览解说动线已诚如上文所言规划完成，极需导览解说手册，如何制作？

行动方案五：将结合行动方案一来编排与制作导览手册。

行动研究问题六：偌大的园区，发展事务庞杂，急需一位专业经理人来统筹？

行动方案六：将透过各种管道来寻觅。

六、结论与建议

在姜信钧理事长的带领下，"月眉观光休闲产业文化协会"导入社区产业发展策略与社会企业组织营运模式，有效地让原本闲置的峨眉天主堂摇身一变成为峨眉乡耳熟能详的窑烤面包的人气景点。其中的关键为峨眉天主堂浓厚的宗教文化气息的场域氛围和公益性质的创造社区就业的感人发展历程，这也正是文化创意产业核心价值的产业文化化和文化产业化的最佳注解。窑烤面包因为峨眉天主堂空间氛围的加值，姜信钧先生协助乡亲有效地克服病情的故事让这样的窑烤面包充满故事性和感动性，窑烤面包不再只是单纯的面包。持续深化这样的故事和文化内涵，挖掘、盘点与记录峨眉天主堂的宗教文化典故，讲述它在峨眉乡的发展历程与始末，铺陈社会企业感人情节和社区产业发展模式，介绍特色手工果酱开发与其他周边产品研发行成的创意小铺，介绍在地特色料理研发以及利用在地东方美人茶的知名度和文化意象所规划而成的文化旅游行程等，从生态博物馆的概念与思维出发，将原本教堂的营运模式扩展成为文化园区的发展模式，是"月眉观光休闲产业文化协会"从闲置的废弃教堂到成功社会企业的经验所在。

峨眉天主堂从闲置空间到成为社区产业带动者的典范过程中，政府政策扮演重要角色。只有文化部门社区总体营造的社区亮点计划或是客家委员会的特色文化产业加值计划和各种公部门资源的挹注,奇迹才会发生。峨眉天主堂仍旧有更大的愿景与目标,朝文化园区与生态博物馆转型,需要各种人才和资金或技术的协助,这也需要政府政策的配合,因此政府应该持续加以扶持,鼓励经营有成的社会企业迈向更高远与宽广的境界。

两岸文创视野篇

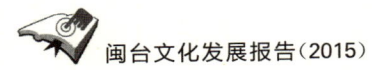

闽台文化创意产业园区发展研究

黄金洪[*]

摘　要：　闽台具有地缘近、血缘亲等关系。在文化创意产业园区的建设上，台湾走在福建之前，但两者都存在不足之处。台湾要在扩大市场容量上下功夫，福建则要多多向台湾学习。政府转变角色，成为园区管理主体；削减园区数量，进行差异化定位；重视展演活动，以互动性休闲娱乐为准则；加大创意型策划人才的培养和引进力度。

关键词：　闽台；文化创意；产业园区；发展

被誉为"21世纪朝阳产业"的文化创意产业自20世纪90年代甫一提出，就成为世界各国关注的焦点，因之发展起来的产业聚集地——文化创意产业园区也在国内外大有繁星点点、星光熠灿之势。闽台之间一衣带水，具有地缘相近、血缘相亲、文缘相承、商缘相连、法缘相循的"五缘"关系。在文化创意产业园区的建设上，由于台湾起步相对较早，积累了一定的经验与教训，值得与之有"五缘"关系的福建好好学习和借鉴。

---

[*] 黄金洪，硕士，厦门理工学院文化产业学院副教授，主要研究文化产业、民俗学。

一、闽台文化创意产业园区发展的现状

(一)台 湾

2002年5月,台湾行政主管部门发布《挑战2008:国家发展重点计划(2002—2007)》,首次将文化创意产业列入十大重点发展计划,2002年成为台湾文化创意产业发展的元年。作为文化创意产业的重要组成部分,《挑战2008》也将"规划设置创意文化园区"作为发展重点,"初步指定原烟酒公卖局民营化后的闲置酒厂,包括台北华山、花莲、嘉义、台中、台南等五地'工业文化遗产',进行'闲置空间再利用'转化为文创产业发展空间和平台"①。现在,全岛由北至南正逐渐形成以台北、台中、花莲、嘉义、台南创意文化园区为核心的区域性文创产业集聚群落。其中,比较著名园区的有七个。

1.华山1914

全称"华山1914文化创意产业园区",位于台北市忠孝东路一段。其前身为台北酒厂,因始建于1914年而名之。1997年,在文艺界各界人士的推动下,旧厂房得到再利用,逐渐成为多元发展的艺术文化展演空间。园区主打"酒"文化牌,开辟公园绿地、创意设计工坊及创意作品展示中心,成为展现各种文化创意的最佳舞台。至今,已多次举办大型展演活动。其中,一年一度的华山艺术节,经常汇集世界各国表演团体和知名人士进行艺术交流,是台湾最大的艺术节。同时,由于园区内旧建筑翻新、富有艺术气息,不但吸引广大民众和游客前去参观游览,也成为台北地区热门的婚纱照取景地。该园区被公认为台湾文创产业的"旗舰"。

2.松山文创园区

位于台北市忠孝东路四段,毗邻101大楼。其前身是建于1937年的松山烟厂,2010年转型为文化创意园区。2012年,该园区被定位为"台北市的原创

---

① 林秀琴:《台湾文化创意产业政策的发展》,《东岳论丛》2011年第11期。

基地",目标是培养原创人才及原创力。它以"创意实验室""创意合作社""创意学院"和"创意橱窗"为四大策略,致力于成为台北市的创意橱窗。现在,它不仅是一个展现平台,更是一个激发及培育创作精神的平台,"原创"成为其闪亮的品牌。园区内除了有烟厂古迹、休闲绿地,还有台湾创意设计中心和台北文创大楼。前者于2004年启动营运,是台湾地区最高级别的设计中心,定位为台湾创意发展整合服务平台;后者高14层,于2013年5月开幕,集合商场、文创办公场地等各类设施,为新锐设计师作品提供展示空间,开设诚品生活松烟店等,吸引众多在地年轻人和外来游客前往游览、购物。2013年,该园区被台湾旅游专业传媒评为"岛内最喜爱最热门的旅游景点"[1]。

3. 西门红楼

位于台北市万华区的成都路上,紧邻西门町徒步区,因其为红砖洋楼而得名。建于1908年,原为供应当地日本新移民日常生活必需品的市场建筑,共两栋。入口处是一栋每立面8米的八角形两层楼房,后面是一栋横45米、直65米、内部宽15米的"十字形"一层楼房。最独特之处就在于外观的八角形,因此常被称为"八角堂"。1997年,内政主管部门将之列入第三级古迹,定名为"西门红楼"。2007年1月,台北市文化基金会接手管理营运,以举办文创性活动对之进行重新塑造,提供出新颖的创意空间,吸引了大量观光人群,使之成功转型为台北市西区文创产业发展中心,并于2008年荣获第七届"台北市都市景观大奖"之"历史空间活化奖"。如今,西门红楼成为与华山1914、松山文创园区三足鼎立的文创园区。

4. 台中文化创意产业园区

位于台中市南区复兴路三段362号、台中市火车站附近,占地6.4公顷,前身为建于1916年的"大正制酒株式会社",是全台现存日据时期酒厂中保存最好的一个,1998年由"文建会"(文化建设委员会)接手管理。《挑战2008》将之列入"五大创意文化园区",定位为"台湾建筑·设计与艺术展演中心"。现

---

[1] 《台北的文化创意地标:松山文创园、华山文创园》,http://tw.people.com.cn/n/2014/0414/c14657-24894317.html,2014-02-27。

在，园区里拥有多功能艺文中心、艺文展览馆、雅堂馆、烟草储藏仓库、衡道堂、国际展演厅等文创空间，吸引许多展会和前来游览观光的客人。

5.台南文化创意产业园区

位于台南市东区北门路二段16号、台南火车站旁，前身是建于1906年的总督府烟酒专卖局台南办事处的办公厅舍，为∏型红砖建构，面积仅0.56公顷，是"五大创意文化园区"中最小的一个。它以"创意生活产业"为核心，以"台湾创意生活空间"为定位，着力于培育生活创意（设计及时尚设计产业）、食玩及游乐创意（文化及观光特色产业）和技艺创意（文学、影音及动漫产业）产业，具有展示、推广、育成、贩售的功能。该园区于2014年基本上完成招商计划，正成为南台湾创意产业的整合创新平台。

6.十鼓文化村

十鼓文化村由台南的仁糖文创园区和高雄的桥糖文创园区构成。仁糖文创园区位于台南市仁德区市郊，占地约7公顷，前身是"车路墘制糖所"，由日本"台湾制糖株式会社"于1909年创立。2003年7月，仁德糖厂并入台南善化糖厂，台湾糖业台南区处接管闲置厂区。2005年12月，"十鼓击乐团"向其承租并请国际知名设计师刘国沧和叶世宗对之进行精心规划，融入十鼓独创的台湾特色鼓乐，使之成为亚洲第一座鼓乐主题的国际艺术村。

桥糖文创园区位于高雄市桥头区，南邻高雄市楠梓区，北与高雄市路竹区接壤，前身是创立于1902年的高雄糖厂，是台湾第一座新式糖厂和台湾糖业文明的发祥地。2010年10月，十鼓进驻其北区仓库群，以"守旧创新"并融的理念对之进行改造，以水剧场进行定位，创造出兼具艺术人文内涵的自然环境与击乐表演融合的创意空间，使之成为集休闲、旅游、校外教学于一体的充满文化知性的观光新景点。

7.花莲文化创意产业园区

位于花莲市中华路与中正路交界处的144号，总面积约3.3公顷，前身是"宜兰振拓株式会社"建于1913年的花莲酒厂。2001年，花莲都市计划将其旧址划设为"历史风貌公园用地"。2002年后，园区内各式厂房经过改造成为艺术空间，经常举办定期或不定期的展演活动，是花莲许多重要艺文活动的发生地。截至2014年,园区内26栋旧建筑的使用率达75%,开放参观的区域包括城市时空馆、红露馆、小米酒剧场、糖蜜馆等,不仅为艺术家提供作品展览的空间,也成为民众欣赏古迹建筑、体验历史风貌及休憩散步的好去处。

此外,还有一些较小的、特色比较鲜明的文创园,如新北市景美人权文化园区、台南市数位文创园区、高雄市驳二艺术特区,也聚集不少人气。

(二)福 建

在海峡东岸的台湾如火如荼地建设文化创意园区的同时,西岸的福建也亦步亦趋地进行着。2007年8月,省政府下发《关于印发加快我省创意产业发展指导意见的通知》①,明确提出"鼓励各设区市综合利用自然、人文、历史基础,结合区域产业结构调整,在符合条件的专业产业园区或服务业集聚区内建立创意产业基地""启动一批福建创意产业园区建设,引导分散的资源和项目向园区集中,促进创意产业规模发展……完善创意产业园区展示、发布以及商业、休闲等配套功能建设。鼓励利用城市中心的老厂房、旧仓库、传统文化街区等存量房产资源和可利用的历史建筑进行保护性改造和开发,兴办创意产业",吹响建设文创园的号角。2010年12月,省政府办公厅又下发《关于印发进一步加快我省创意产业发展实施意见的通知》②,提出"重点培育一批省级创意产业园区(基地)",并要"建立每年滚动考评的激励机制。省级创意产业园区(基地)纳入年度滚动考评。在运行中出现不符合条件的园区(基地)将予以调整"。此外,各地市也大都制定鼓励发展文创产业园区的相关政策。

在各级政府的高度重视下,福建文创产业园区的发展态势十分迅猛。2014年初,中共福建省委宣传部等9部门首次联合下发《关于公布全省文化

---

① 《福建省人民政府关于印发加快我省创意产业发展指导意见的通知》,http://www.110.com/fagui/law_293932.html,2007-08-13。

② 《福建省人民政府办公厅关于印发进一步加快我省创意产业发展实施意见的通知》,http://law.lawtime.cn/d680326685420.html,2010-12-13。

产业园区名单的通知》①，共公布81个文化产业园区名单。其中，名称里含"创意"和"文化创意"的分别为31个、24个，主要业态里含"文化创意与设计服务"的达40个，综合加权，福建省共有47个文创园区，是一个不小的数字。具体情况如下表：

表1 福建省文化创意产业园区名单（2014年3月）

地址	序号	名称	主要业态
福州	1	福州动漫游戏产业基地	文化创意和设计、广播电视电影服务等
	2	福州榕都318文化创意艺术街区	文化创意和设计服务
	3	闽台（福州）文化产业园	文化信息传输服务、文化创意和设计服务
	4	马尾中国航政文化城	文化休闲娱乐服务、文化创意和设计服务
	5	海峡文化创意产业基地	文化创意和设计服务
	6	福建海西广告产业园	文化创意和设计服务
	7	福州影视文化创意产业园	广播电视电影服务、文化休闲娱乐服务
	8	福州建筑设计创意产业园	文化创意和设计服务
	9	福州工艺美术创意产业园	文化创意和设计服务、工艺美术品生产
	10	福州工业设计创意产业园	工业设计与创意产业
厦门	11	厦门惠和石文化园	工艺美术品生产、文化创意和设计服务、文化休闲娱乐服务
	12	厦门海峡文创园	文化创意和设计服务
	13	厦门市软件园二期动漫产业基地	文化信息传输服务、文化创意和设计服务
	14	厦门牛庄文创园	新闻出版发行服务、播电视电影服务、文化艺术服务、文化创意和设计服务
	15	厦门龙山文化创意产业园	文化创意和设计服务
	16	集美集文化创意产业园	文化艺术服务、文化创意和设计服务

---

① 李珂：《福建省文化产业园区名单出炉》，http://fjrb.fjsen.com/fjrb/html/2014-03/04/content_716338.htm，2014-03-04。

续表

地址	序号	名称	主要业态
漳州	17	诏安文化创意书画产业园	工艺美术品生产、文化用品生产
	18	漳州古城文化产业园	文化创意和设计服务、文化休闲娱乐服务
	19	平和林语堂文化产业园	文化创意和设计服务
	20	龙文区文化创意园	文化艺术服务、文化创意和设计服务、工艺美术品生产
	21	漳州中心城区文化产业园	文化创意和设计服务、文化休闲娱乐服务
	22	长泰马洋溪文化产业园	文化创意和设计服务、文化休闲娱乐服务、文化用品生产
泉州	23	源和1916创意产业园	文化创意和设计服务
	24	晋江市创意创业创新园	文化创意和设计服务
	25	晋江市洪山文化创意产业园区	文化创意和设计服务、文化休闲娱乐服务
	26	泉州惠安雕艺文化创意产业园	工艺美术品的生产
	27	星期YI服饰创意博览园	文化创意和设计服务
	28	南安市工业设计与创意产业园	文化创意和设计服务、文化用品的生产
	29	领SHOW天地文化广告创意园	文化创意和设计服务、文化休闲娱乐服务
	30	泉州T淘园——六井孔文化创意产业园	广播电视电影服务、文化休闲娱乐服务、文化艺术服务
三明	31	闽台(永安)文化创意产业园	出版发行服务、文化创意和设计服务、工艺美术品的生产
	32	三明文化创意产业园	文化创意和设计服务
	33	将乐杨时文化园	文化休闲娱乐服务、文化创意和设计服务、文化艺术服务
莆田	34	莆田工艺美术城	文化创意和设计服务、工艺美术品的生产
	35	仙游工艺产业园	工艺美术品的生产、文化创意和设计服务

续表

地址	序号	名称	主要业态
南平	36	武夷山文化创意产业园	文化创意和设计服务
	37	邵武市和平古镇文化创意产业园	文化休闲娱乐服务
	38	建瓯武夷根艺城	文化艺术服务、文化休闲娱乐服务、文化创意和设计服务
龙岩	39	龙岩市文化创意产业园	文化休闲娱乐服务、文化创意和设计服务、文化艺术服务
	40	福建土楼永定客家文化旅游创意产业园	文化休闲娱乐服务
	41	漳平富山文化产业园	文化创意和设计服务、工艺美术品的生产、文化用品的生产
	42	武平县闽粤赣边客家生态文化产业园	文化艺术服务、文化休闲娱乐服务、文化创意和设计服务
	43	福建龙州文化创意产业园	文化创意和设计服务
宁德	44	宁德(霞浦)国际滨海影视文化创意产业园	广播电视电影服务、文化休闲娱乐服务、文化创意和设计服务
	45	谷风(周宁)文化创意产业园	文化创意和设计服务、工艺美术品的生产
	46	"珍华堂"畲族银雕文化创意园	文化创意和设计服务、工艺美术品的生产
	47	福建盈盛号民族银饰文化产业创意园	文化创意和设计服务、工艺美术品的生产

资料来源:笔者根据调查资料整理。

注:此名单含在建或基本建成的文创产业园区,不含规划中的园区。今后将每年滚动调整公布,有效期至当年12月31日。

二、闽台文化创意产业园区发展的特点

(一)台湾

1.以旧建筑改造为主,注重保留历史遗迹

从前文台湾文创园的发展现状中不难看出这一特点。《挑战2008》中规划建设的台北、台中、花莲、嘉义、台南五大创意文化园区,主要在原烟酒公卖

局民营化后的闲置酒厂和办公处所的基础上进行建设,在保留历史建筑遗迹的同时开拓文创产业发展空间。无论华山、松山、西门红楼,还是十鼓文化村、花莲,都保存原有建筑的历史风貌,既守旧又创新,使人们在寻古探幽中感受到文化创意的魅力。

2. 以吸引人气为目标,突出创新创意特色

纵观台湾经营成功的文化创意产业园区,莫不以吸引观光游览人气作为其追求的终极目标。首先,保留历史建筑风貌,让人们身处其中,在观光休闲的同时发思古之幽情,本身就是吸引人气的法宝之一;其次,在园区里举办各种展演活动和开设文创商店等多元业态,如华山每年一度的大型艺术节、松山新锐设计师作品展示空间和诚品生活松烟店等,都为园区汇聚了不少的人气;最后,各园区无论旧建筑的翻新改造、各种展演活动、多元业态的融合及园区定位,都突出创新创意特色。如华山主打"酒"文化牌、松山注重"原创"、台中力推"台湾建筑·设计与艺术展演中心"、台南打造"台湾创意生活空间"、十鼓以鼓乐为主题等创新创意特色,都为园区贡献一定的人气率。

3. 以政府管理为主体,积极引进民间资本

《挑战2008》中规划建设的台北华山、花莲、嘉义、台中、台南五大文化创意产业园区的管理主体是"文建会",即后来的"文化部"。其他园区,如松山的是台北市文化局,西门红楼的是台北市文化基金会,驳二艺术特区的是高雄市文化局,景美人权文化园区的是新北市文化局等,只有十鼓文化村的管理主体是国有的台湾糖业股份有限公司。政府作为管理主体,指政府对文创园区的管理有绝对的管控权,但不大包大揽,具体的园区运作则通过积极引进民间资本来实现。如"2007年2月,文建会以促进民间参与模式,规划台北的《华山创意文化园区文化创意产业引入空间整建营运转移计划案》……并采用ROT(rehabilitate-0prate-transfer)的方式征求民间资本参与投资营运。ROT方式在创意文化园区的具体运用,指政府部门出资整建、扩建或修复园区现有公共建筑之后,甄选委托民间资本在特许时间内营运,特许期满后营运权转移政府"[①]。

---

① 戴承良:《台湾文化创意产业发展分期与产业政策》,《上海经济》2013年第6期。

(二)福建

1.新建园区多于旧建筑改造

在前述福建文化创意产业园区名单中,主要业态含有"文化创意与设计服务"的有40个。其中,只有16家或多或少与旧建筑发生关联,其他24家基本上都是全新的园区。而在16家中,完全由旧厂房改造的有12家,由老街区改造的有2家,剩下的2家只是与旧建筑沾些边。如福建海西广告产业园,含闽台AD广告创意园、闽侯广告研发制造园和长乐海西广告创意园三个园区。其中,只有闽台AD广告创意园是在对晋安区新店镇溪里村旧厂房改造的基础上进行建设的,其他的都是新建园区。

表2　福建省文化创意产业园区新建与改造名单

新建园区(24家)	1.福州动漫游戏产业基地 2.海峡文化创意产业基地 3.福州工艺美术创意产业园 4.厦门惠和石文化园 5.厦门市软件园二期动漫产业基地 6.平和林语堂文化产业园 7.龙文区文化创意园 8.长泰马洋溪文化产业园 9.晋江市创意创业创新园 10.南安市工业设计与创意产业园 11.闽台(永安)文化创意产业园 12.将乐杨时文化园 13.莆田工艺美术城 14.仙游工艺产业园 15.武夷山文化产业园 16.建瓯武夷根艺城 17.龙岩市文化创意产业园 18.漳平富山文化产业园 19.武平县闽粤赣边客家生态文化产业园 20.福建龙州文化创意产业园 21.宁德(霞浦)国际滨海影视文化创意产业园 22.谷风(周宁)文化创意产业园 23."珍华堂"畲族银雕文化创意园 24.福建盈盛号民族银饰文化产业创意园
旧厂房改造(12家)	1.福州榕都318文化创意艺术街区 2.福州建筑设计创意产业园 3.厦门海峡文创园 4.厦门牛庄文创园 5.厦门龙山文化创意园 6.集美集文化产业园 7.源和1916创意产业园 8.晋江市洪山文化创意产业园区 9.星期YI服饰创意博览园 10.领SHOW天地文化广告创意园 11.漳州中心城区文化产业园 12.三明文化创意产业园
老街区改造(2家)	1.闽台(福州)文化产业园 2.漳州古城文化产业园
与旧建筑沾边(2家)	1.马尾中国航政文化城 2.福建海西广告产业园

资料来源:笔者根据调查资料整理。

2.园区人气和效益苦乐不均

2007年以来,各地纷纷上马一系列文创园项目。如今,斗转星移,披沙沥金,各园区的人气和效益相差迥异。如福州首家文化创意产业园——福百祥1958,在2010年开园之初,目标定位为福州最大的集"设计·创意·文化·休闲"为一体的文化艺术产业园区。五年后的今天,园内萧条衰败,除象征性地分布了少量的书画店、影视制作公司、动漫制作公司、雕塑工作室、陶瓷店及一些茶叶店、部分玉石店外,其余均为与文创产业毫无关联的各类会所、美容美体店、房产中介等;又如2012年年初,厦门灿坤文创园开张,入驻商家达200多,一年后却剩不到100家。尽管园方将租金下调了将近一半,仍然商去园空……诸如此类起初轰轰烈烈建设的园区全省不在少数,但最终却与2014年公布的福建省文化产业园区名单无缘。相反,另有一些园区却人气爆棚、效益良好。如建于1999年的福州软件园,目前已开发至第五期,总建筑面积约160万平方米。截至2015年5月,入驻企业达450多家,其中不乏年产值过亿及全国软件收入百强企业;又如闽台AD广告创意园,2013年8月开园时每平方米的租金仅30元左右,一年后整个园区的交易额达10亿人民币以上,租金涨到每平方米70多元,等等。苦乐不均的人气与效益,直接导致强者恒强、弱者出局的结果。

3.政府主导民间资本为主体

与台湾不同,福建文创园的管理主体是各园区的投资方,政府只扮演制定政策鼓励民间资本投资的主导角色。在福建省的9个地市中,厦门对民间资本投资建设文创园的扶持力度之大位列全省之冠:2014年11月26日,为推动老工业厂房向文创园转型,湖里区政府在悦华酒店举办"老工业厂房文创园政策发布会暨湖里文创园招商推介会",发布六大利好政策[①],包括"完成基础性改造项目,对投资改造方按原产权建筑面积给予100元/m^3补助,对所产生的区级房屋税费给予100%奖励""对配套的公共服务项目,自建成使用起按每月20元/m^3的标准给予补助""对符合市重点文化产业门类的企业及符合园区导向的企业,给予每月20元/m^3的租金补助""对国家级和省级文化产业

---

① 《造文创航母湖里文创园新政发布暨推介会举行》,http://www.ffw.com.cn/1/84/891/262212.html,2014年11月16日。

示范基地,分别一次性给予100万元和50万元奖励"等内容。2015年1月,思明区正式出台《鼓励扶持龙山文化创意产业园发展若干规定》①,内容包含"首次完成一幢以上建筑改造并通过核实验收后,按照项目入驻并产生营业收入的企业实际经营面积(不含车库等附属设施)给予每平方米200元改造补助,总额最高不超过500万元""已入驻及新注册或思明区外新迁入园区的创意设计、数字内容与新媒体企业,年度营业额达到100万元及以上,按营业额的1%给予补助,每年最高不超过100万元""思明区主(承)办的创意创新创业邀请赛及其他国内外有较大影响力的创业竞赛中的获奖项目入驻园区设立文创企业,三年内无偿为其提供不超过100平方米的办公场所,或给予相同面积每月每平方米不超过50元的租金补贴""大师级"人物入驻,无偿为其提供500平方米办公场所""园区内文创企业或项目获得国际级、国家级奖项或称号,分别给予一次性奖励100万元和50万元""因发展文化创意产业项目(含项目改造)向金融机构融资的园区运营商、自我转型改造业主、文创企业,每年按其实际支付贷款利息的50%给予补贴,最高不超过50万元"等。可以说,为充分鼓励民间资本投资文创园,各级各地政府都在不遗余力地发挥政策上的主导作用。

三、闽台文化创意产业园区发展的不足

(一)台 湾

尽管到过台北华山1914、松山文创园、西门红楼的人都对它们带来的文化与经济效应赞不绝口,但从整体上看,台湾文创园还有不足之处。

1.发展速度偏慢,区域分布不均衡

自2002年《挑战2008》将"规划设置创意文化园区"作为发展重点以来,

---

① 吴晓菁:《厦门加速文创产业发展 入驻龙山文创园享八大福利》,http://haixi.cnfol.com/haixishehui/20150121/19969978.shtml,2015年1月21日

13年过去了,台湾的五大文化创意园区除台北华山从2007年开园后发展模式日渐成熟外,"其余园区尚处在招商阶段,仅花莲文创园区对外营运近两年,但因在'起步阶段',尚有文创厂商与表艺团体入驻数不足问题"[1],遑论其他园区。整体发展速度偏慢,是五大园区建设的表征。此外,在现有园区中,区域分布与台湾人口和经济分布的不均衡性基本上保持一致。在北部等人口和经济汇聚区,文创园扎堆聚合,且大都运营状况良好,如台北一市就有华山、松山、西门红楼三大运营成功的文创园;而在东部和中南部,就连台中、台南、嘉义、花莲这四大重点园区都发展得差强人意,其他的就别提了。

2. 市场规模狭小,同业竞争压力大

台湾现有人口2 300多万,相对于其土地面积,人口密度不小。但相对于包括文化产品在内的整个市场,哪怕所有人都行动起来、积极参与消费,市场的容量也是有限的。所以,近二三十年来,台湾商人纷纷出走,到祖国大陆、东南亚等地谋求商机。文创园区具有不可移动的特性,不像其他商品可以被运输售卖,只能被动地接受人们前来观光、休闲、消费。因此,单就台湾现有的人口来说,其市场规模之狭小不言而喻。与此同时,在有限的市场空间里分布着多家相同业态,推陈出新、差异化经营是必不可少的生存法则,竞争在所难免。前文已述,台湾各文创园区十分注重差别定位和创新创意特色,但多数都以举办展览和演艺活动来吸引人气。作为消费者,不可能每展必观、每演必看,其结果必然使各园区的经营方背负着沉重的竞争压力。

(二)福 建

相较于台湾而言,福建文创园发展中的不足要显而易见多了。如果依照台北华山、松山和西门红楼的范式来看福建的文创园,严格地说,福建至今还没有一家真正意义上的文创园。"台北式的文创园"是融多种业态又富有文化创意的休闲、娱乐园区。首先,它的文化意味超过商业氛围,艺术创意业态多

---

[1] 管婺媛、简浩正:《花莲文创园区龙应台惊艳》,http://www.chinatimes.com/cn/newspapers/20140704000868-260115,2014-07-04。

于通俗商业业态;其次,它对展览和演艺活动非常重视,并以之作为吸引人气的不二法宝;最后,它能满足人们或猎奇、或娱乐的身心休闲之需求。如华山1914,引进流行音乐、表演艺术等各种文创产业,聚集了方文山小店、周杰伦餐厅、Legacy音乐、CDpiazza和阿优依原住民精品店等文创品牌,通过"会展演"平台检视经营方向,"展演也十分用心,国内外皆有,类型多元,符合亲子参加的野餐日、年轻人爱的啤酒节、体现视觉艺术创作的艺术365计划、台湾原创积木展、酒厂艺术季、最具台湾原创文化象征符号的霹雳布袋戏艺术大展;从国外引进的海贼王、失恋博物馆、普利兹新闻摄影展等,体现出华山文创园对于活动互动性的打造"①。以之观照福建的文创园,其发展中的不足主要有以下四点。

1. 业态或单一或复杂,文化与商业氛围失衡

福建专业性强的文创园多数业态比较单一,如福州动漫游戏产业基地和厦门市软件园二期动漫产业基地,主要以动漫游戏企业为主,业态单调,文化与商业氛围俱缺;又如福州工艺美术创意产业园、莆田工艺美术城和仙游工艺产业园,主要以工艺美术品的创作与销售为主,文化气息和商业氛围杂糅,置身其间,满眼都是标着高昂价格的精美艺术品,让多数人的身心无法休闲、放松下来。综合性园区则多数业态比较复杂,有的管理者只是充当包租婆的角色,为了经济效益,只要给房租,什么业态都可以进去。如旧厂房改造而成的厦门牛庄文创园,布满了咖啡、酒吧和豪享来之类的休闲、饮食及文创商品店铺,甚至还有"如家"快捷连锁酒店等,商业氛围浓厚,文化气息微弱。有的则在建设之初对外高调标榜要建成多种业态综合的文创园区,实际上却是披着"文创"外皮的商业地产项目。如曾被媒体称为"福建省规模最大的文化创意产业园区"——海西文化创意产业园,2010年5月在福州永泰县开工时,号称要建成一个总投资32.5亿元、占地约3 232亩的"集广播电视、出版、报业杂志传媒、网络动漫、传统手工艺品、高新技术产品研发及休闲度假娱乐为一体的

---

① 《文创园区热台湾华山1914、西门红楼掀起文创品牌秀》,http://news.winshang.com/news-399250-2.html,2014-10-16。

综合型园区"①,如今五年过去了,园区里配套的酒店项目刚刚建成,主体的创意工程却迟迟不见动工,地产化倾向十分明显。

2.展演活动为数不多,创意型策划人才缺乏

福建的文创园区大多在开园时有一些展演活动,以后则难得再举办一两次。如靠举办"国际奔牛节"起家的牛庄文创园,在 2010 年 4 月 8 日开幕时展出 200 多头形态各异的艺术雕塑牛,之后却只保留一个小型的"牛文化馆"作为展厅,展览着几年不变的"牛",演艺活动无从谈起。又如泉州六井孔文化创意产业园,在最初建设时将之定位为音乐主题文创园,并于 2011 年 5 月 18 日开园时举办首届为期三天的不收门票的音乐狂欢节,邀请老狼、刺桐花开组合、黑猫、Free Fall、界限等 27 组知名乐队进行 1 080 分钟连续不断的接力演出,吸引众多市民前往观看,盛况空前。遗憾的是,那只是昙花一现,四年多来很少有媒体再爆出关于六井孔演艺方面的新闻,它也只是和"T 淘园"捆绑在一起入选进 2014 年福建省文化产业名单中,等等。福建的文创园之所以不以展演作为汇聚人气的手段,主要根源还在于会创意善策划的人才缺乏。成功的展演项目需要一定的创意点子和精心的策划,既能接地气又可给观众带来新奇、新鲜和或轻松、或紧张刺激的愉悦感,进而吸引他们不断来到园中。这样的创意策划人才目前在福建比较稀有,导致厦门思明区在扶持龙山文创园发展的措施中,做出对"在园区内举办对区域发展有较大影响力的市场化文化创意活动(如节庆、赛事、论坛等)"的主办方一次性给予补贴 20 万～50 万元的重奖规定。

3.休闲娱乐功能低下,互动性体验项目稀少

与展演活动直接相关的是园区的休闲娱乐功能。由于展演活动较为罕见,福建各文创园的休闲娱乐功能普遍低下,互动性体验项目稀少,有的甚至于完全没有。在前述 2014 年的文创园名单中,主要业态里同时含有"文化创意与设计服务"和"文化休闲娱乐服务"的仅 12 家。其中,已经基本建成并投

---

① 田国宝:《福建永泰海西文化创意产业园陷"旅游空城"》,http://www.yuqingcn.cn/wwww/show-28801.html,2014-02-25。

入运营的只有三家——厦门惠和石文化园、泉州领 SHOW 天地文化广告创意园和南平建瓯武夷根艺城,其余的尚在建设中。惠和石文化园位于厦门岛内吕岭路忠仑公园旁,占地总面积 25 000 m³,号称是"集石雕展示、艺术创作、文化交流、旅游休闲及教育学习为一体的综合性园区"①,然而,该园区里的所有陈设物,无论石文化走廊还是石雕博物馆,几年来一成不变。仅有的一台惠安女风情舞蹈表演,其编排和演绎的艺术水准实在难以让人恭维。所有的互动性体验项目,就是看演出后与演员合影或自穿惠安女服饰拍照;领 SHOW 天地文化广告创意园,位于泉州市区刺桐南路与泉秀街交汇处的成洲工业区,总面积达 509 亩。其娱乐休闲的主要去处是乐其道(LUCKY ROAD)文化旅游街。该街仅 208 米长,分布着咖啡馆、酒吧、料理、画廊、艺术展览馆等各种业态。与整个园区相比,规模微不足道,也没有什么可圈点的互动性体验项目,所发挥的休养娱乐功能非常有限;建瓯武夷根艺城位于建瓯市徐墩镇,占地 600 多亩,建筑面积 40 多万平方米,对外标榜"已初步形成福建最大规模根雕产业集群,是一座集根雕艺术文化展示、旅游观光和休闲娱乐为一体的旅游景区"②。但事实上,2013 年 9 月它才通过国家 3A 级旅游景区评审验收,无论旅游观光还是休闲娱乐功能,都有待于进一步提高。上述主要业态里含有"文化休闲娱乐服务"的园区尚且如此,其他的可想而知。

4.基础设施难以完善,后续发展空间受制约

有的由老工业厂房改造而成的园区由于地处城市中心地带,具有寸土寸金的特性。在政府无法对原厂区施加太多影响的情况下,其外部空间往往会得到充分乃至过度开发利用,使之陷在四周或商业或居住楼的包围之中,活动地盘有限且进出通道狭窄拥挤。在被改造成文创园之后,其交通、停车场等基础设施根本无法得到完善,导致后续发展空间受到严重制约。如前文提过的"福百祥 1958",由于停车空间有限,车辆被随意停放在路面上,加剧了园区的

---

① 《厦门惠和石文化园简介》,http://hlsh.huli.gov.cn/content.aspx? id=671910809765,2010-10-3。

② 廖晨星、王明波:《婚纱摄影新人青睐建瓯徐墩武夷根艺城》http://fj.sina.com.cn/news/city/nanping/information/s/2013-09-03/10063630.html,2013-09-03。

凌乱程度,也使许多人因此对之望而却步;又如厦门龙山文创园,原厂区周边建起密集的居住楼,前往园区的通道狭窄且七拐八弯,公交车无法直接到达,致使开园四五年来没有多少文创企业入驻。园区的先天不足是很难以被纠正的,尽管思明区专门为之出台了力度较大的扶持政策,成效如何还有待于时日验证。

四、闽台文化创意产业园区进一步发展的思考

(一)台 湾

台湾文创园发展中的所有不足,归根结底都是由人口少带来的市场容量小造成的。正是因为台湾人口有限,支撑不了那么多文创园同时发展,必然导致整体发展速度慢、区域分布不均和竞争压力大等问题。因此,解决的对策首先要在扩大市场容量上下工夫。

1. 放宽陆客人数限制,增加留台时间

2008年6月,台湾开放大陆居民赴台团队游,翻开两岸经济与人员往来的新篇章。"2010年1至12月大陆旅客赴台163万多人次,较前年成长67.75%,成为台去年外来旅客创历史新高的最大来源地;其中以观光为目的有1 228 000余人次,较前年比增127.8%。"[1]时隔三年,2011年6月,台湾再次开放大陆居民赴台个人游。2013年4月1日,台湾观光局将大陆赴台团客从每天4 000人增加至5 000人、自由行旅客由每天1 000人增至2 000人。截至2014年11月,"大陆居民赴台团队游累计829.8万人次,个人游累计172.2万人次,已突破千万人次大关"[2]。大陆游客的到来,给台湾旅游经济注入强大活力,也为其文创园的发展提供了市场机遇。从前文台湾文创园发展

---

[1] 《2010年大陆民众赴台旅游122万比增127.8%》http://www.china.com.cn/economic/txt/2011-01/12/content_21718997.htm,2011-01-12。

[2] 《大陆居民赴台游累计突破千万人次》http://news.xinhuanet.com/tw/2014-11/07/c_127190021.htm,2014-11-07。

的现状中不难发现,台北华山等文创园的发展步伐与台湾开放大陆居民前往旅游的步调基本一致。为使台湾文创园整体上发展得快一些、扩大其市场规模,再放宽对陆客的人数限制是很有必要的。同时,在自由行客人一次入台逗留的时间上也应该突破当前最多15天的限制,可增加到20~30天,以更好地增加与旅游相关产业市场的消费总量,惠及文创园的发展。

2.合理设置旅游线路,引导客流去向

限制陆客入台游的人数固然有台湾政治安全方面的考虑,但也与台湾各热门旅游景点的接待能力无不关联。陆客到台湾旅游的热门区域主要集中在台北、阿里山、日月潭等地,导致这些地方人满为患。2011年4月27日在阿里山发生的小火车翻车事件与其接待能力无法满足蜂拥而至的游客需求脱不了干系。该火车由4节车厢改造成8节车厢,发生事故产生人员伤亡的都在后面4个车厢里。因此,在放宽陆客入台游人数和时间限制的同时,合理设置旅游线路,分散游客去向非常必要。在线路的设置上,应该充分考虑台湾文创园的分布状况,将游客多引导到台中、台南、花莲、嘉义等地游览观光,既能解决热门景点人满为患的问题,又能解决因人口分布和经济发展不均带来的除台北之外文创园发展慢、竞争压力大等问题,一箭双雕。

(二)福 建

台湾文创园发展中的经验与教训很值得与之一水之隔的福建好好借鉴。首先,最急需解决的是何为"文创园"这一问题。在业界对什么是"文化创意"尚无统一定论的语境里,抛开争议,以台北文创园的发展模式为范式,应该是正本清源之举。在此基础上,正视存在的不足,理顺各种关系,切实推动福建文创园走上良性发展的轨道。

1.转变政府角色,以政府为园区管理主体

以政府出台扶持政策为主导、民间资本参与投资并成为园区管理主体的发展模式,迄今为止起码在福建省内成效并不很理想。对于文创园的投资,如果真要从文化与商业协调发展的角度考虑,其直接的经济回报难以预测,且不太可能立竿见影。民间资本多以逐利为目的,在政府资金、税收等鼓励政策的诱惑下，往往一头扎进园区的投资建设中。一旦无法迅速获利，作为管理主体，必然会做出谁给钱多谁入园的行为，导致园内商业氛围过浓、业态过于杂乱等问题；有的则故意利用政府的扶持政策，以建设文创园为名，大行商业地产之实，致使园区发展变味。因此，以台湾为榜样，转变政府角色，设立购买、租用旧建筑使用权或投资新建园区的财政专项资金，并使政府有关部门（如文化局等）成为园区的管理主体，势在必行。只有这样，才能顾及园区的发展目标，才能真正从文化创意的角度严格审查入驻的企业，使园区纯粹的商业性设施限制在一定的比例范围内，进而最终取得良好的社会与经济效益。

2. 削减园区数量，以差异化定位为建设目标

福建现有人口约 3 800 万，与台湾相比，要多出 1 500 万。虽然拥有与国内其他省份人口自由流动的优势，但考虑到其他省份也设有大量的文创园区，福建现有的 47 个文创园在数量上明显偏多。台湾迄今为止取得较成功的园区也不超过 10 个，以此为参照，整个福建省哪怕削减去一半多，留下 20 个也足够满足省内对文创园区的市场需求。因此，应将那些基础设施难以得到完善、后续发展空间受到制约的园区作为削减的重点，鼓励它们往其他业态转型，以充分发挥其经济效益。同时，要充分考虑园区所在地的民众需求、历史文化特色和文艺群体生态，以差异化定位为建设目标，让每个园区拥有各自与众不同的创新创意特色。具体做法可以采用专家与民众互动的汇聚民智的方式，广泛发动市民参与献计献策，使每个园区的建设定位做到科学、准确、合理、独特，为其后续良性发展奠定扎实基础。

3. 重视展演活动，以互动性休闲娱乐为准则

台湾成功的文创园之所以成功，就在于"对剧场、展场表演异常重视，成功的园区不会被动招租，而是具有策展观念，找到适合的业态进驻，展演活动扮演着关键性角色，能保证园区从白天到夜晚都充满人气"[①]。因此，各园区要在差异化发展定位的基础上，高度重视展演活动，以互动性休闲娱乐为准则，

---

① 《文创园区热台湾华山1914、西门红楼掀起文创品牌秀》，http://news.winshang.com/news-399250-2.html，2014-10-16。

将园区建设成为市民和游客观光、休闲的好去处。为此,每个园区起码要有一个以上定期举办的如台北华山一年一度的艺术节、松山新锐设计师作品展之类的品牌展演活动;要有一些类似于华山亲子野餐日、艺术365计划和酒厂艺术季等互动性休闲娱乐项目;要有一定比例的如华山周杰伦餐厅、诚品松烟店之类的原创性文创生活业态,等等。只有真正将互动性休闲娱乐准则落实到园区创新创意的每一个细节上,才能使园区成为聚集人气的大磁场,吸引着人们不断前往休闲、娱乐、观光、购物。

4.加大引培力度,以创意型策划人才为抓手

福建文创园发展中的诸多不足都与创意型策划人才严重缺乏密切相关,如展演活动缺失、休闲娱乐功能低下等。因此,要加大此类人才的引进和培养力度,并以之为关键,促使其整体上得到提高。首先,要充分利用与台湾的五缘优势,出台切实可行的人才引进政策,吸引台湾高端的创意策划人才到福建文创园里就业、创业;其次,要充分利用省内高校教学资源,多开设些艺术、演艺等经营管理专业,培养出符合园区需要的会创意善策划的经营管理人才;最后,承担园区管理主体责任的政府部门要多邀请大陆、台湾等地著名的创意策划专家举办讲座、经验交流会等活动,帮助园区现有的创意策划人才更快更好成长。只有各园区里充满各种创意策划人才,才能焕发出蓬勃的生机,才能真正会成为文化与创意的聚集地,最终取得社会与经济效益的双丰收。

总之,闽台文创园在发展中各具特点与不足,作为后来者,福建尤其要向台湾学习。相信各方如果都能正视存在的不足之处,勇于采取措施加以改正,闽台文创园一定都会取得更大的成功。

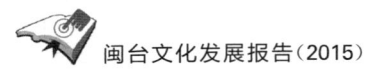

佛教旅游胜地的机会教育
——以南普陀寺导览为例

谭继镛 赵 梅[*]

摘 要： 佛教寺院中的艺术形象是为了表法，导览员在为游客介绍佛教的表法艺术时，应当进行直观的机会教育，借机把宗教的教导纳入生活的意义和实修经验里，提供人生方向的指引。本研究以南普陀寺为例，以导览活动为研究对象，以导览词为分析材料，探索佛教导览活动在机会教育中的特点和不足，分析好的导览范本如何契机契理地进行社会教化，还原寺院本有的教育功能。

关键词： 佛教；导览；机会教育

一、引 言

据中国历史记载，佛教的创始人释迦牟尼诞生于周昭王二十四年，于周穆王五十三年入灭，住世 79 年，其中 49 年到处讲经说法。佛陀和常随弟子 1 250 人，哪个地方邀请就到那个地方去。佛法传到中国才有寺院、丛林这样的固定住所。唐朝的时候寺院发展成丛林，即佛教大学。佛教是佛陀对九法界终生至善圆满的教育，释迦牟尼佛被称为"本师"，寺院本是佛教教学与佛教艺术相结合的教育机构。发展到今天，从外在形式看，也成了宗教。佛教寺院

---

[*] 谭继镛，博士，厦门理工学院文化产业学院教授，主要研究高等教育；赵梅，博士，厦门大学副教授，主要研究文化与传播。

的主要功能是弘法利生,此外还有庄严国土、接引信众、保存文化、抚慰人心的作用。[①] 改革开放以来,全国共有开放的佛教活动场所约3.3万处,全国有佛教类宗教院校38所;信仰佛教的人数众多,但难以统计。在一般大众心目中,佛教寺院主要用来烧香祈求和观光旅游,寺院也逐渐被"商业化"氛围包围。

近几年,有佛教界人士认为去商业化须坚守宗教底线,主张所有的佛教活动场所都取消门票。2011年3月22日(农历二月十八),在观世音菩萨圣诞到来之际,千年古刹南普陀寺为了进一步弘扬佛法,决定取消已经实行一甲子有余的"凭票入寺"的规定,十方游客至此可免费入寺,同沾法喜。随后南普陀寺实施免费赠香,愿每个来到南普陀寺的人都得到感悟和净化。这些措施使得入寺修身养性、参观、礼佛的信众和游客增多了。寺院借助游客旅游的机会,为其提供导览服务,希望能应机说法,契理契机地弘扬佛法。本研究以南普陀寺为例,通过观察访谈,认为南普陀寺的导览活动是对一般大众进行"机会教育"的有效途径。

二、研究目的

本研究以导览活动为研究对象,以导览词为分析材料,探索导览者如何向民众介绍佛法,发挥了寺院哪些社会教化功能,存在哪些不足。以南普陀寺导览为例,探索当今寺院利用机会教化民众的现状、特点和方向。

三、文献回顾

民国初年有一位佛学家名叫欧阳竟无,于民国十二年(1923)在第四中山大学(现南京师范大学)发表了题为"佛法非宗教非哲学而为今时所必需"的讲演,讲演内容后被收录在其著作《佛学通论》里。面对当时反宗教、反迷信运动的社会大背景,顾及传统佛教界衰败的现状,欧阳竟无坚持,佛法于宗教及哲

---

① 释净空:《认识佛教》,线装书局2010年版,第6~7页。

学、科学外别为一学,它是为一切众生所必需,从生活问题到生死大事,无一不能解决。欧阳竟无和学生吕澄等人创办支那内学院,建立具有真正近代意义的中国佛教教育。净空法师1991年在美国迈阿密讲述《认识佛教——至善圆满的教育》,后被整理出版。① 书中多次提到欧阳竟无的观点,并反复强调"佛教"就是佛陀的教育,是佛陀对九法界众生至善圆满的教育,内涵包括无尽无边的事理,比现代大学里面的课程内容还要多。时间上,它讲过去、现在、未来;空间上,它从我们眼前的生活一直推演到无尽的世界。所以它是教育,不是宗教;它是智慧、觉悟宇宙人生的教育。中国孔子的教育,是讲一世(一生)——从生到死的教育。佛法是三世的教育,讲过去、现在、未来。星云大师在《寺院的功能》中阐述了寺院是教育的场所:藏经楼里的大藏经,是用来供给古今学子阅读的,成就了如刘勰、吕蒙正、范仲淹、王阳明、梁漱溟、赵朴初等古今学人,为社会化育杰出人才。寺院就是学校,是推广教育的中心,是悲智愿行的学习处,是启发道德良知的教育学校,寺院是人心教化的艺术中心。②

　　佛教刚传入中国时,僧人沿袭印度托钵的习惯,居无定所,四处托钵。唐朝中叶,禅宗大师马祖道一、百丈怀海两位大德,于中国首创佛教禅门丛林制度,"马祖建丛林,百丈立清规",将出家僧众集中起来,成立僧团组织,参加农业生产,自食其力,老实修行,安心求道。丛林寺院的组织与现代的学校大致相同。掌管教务的称"首座",掌管训导的称"维那",掌管总务的称"监院",相当于现代学校里面的教务、训导和总务。

　　佛的教化,讲善巧方便。佛法用音乐表法,大小乘经论里歌叹很多,偈颂配谱,经文唱诵。佛重视艺术的教学,佛菩萨的形象都代表很深很广的教育意义,所以佛像不能随便雕塑。有一部经叫《造像量度经》,里面说明佛像、菩萨像、罗汉像尺寸的比例,造形、手上所拿的道具,统统是表法。纵然建筑风格不同,譬如印度佛教教学的道场跟中国道场建筑的形式迥异,然而精神内涵完全一致。

　　佛教发展到今天,以宗教文化为核心的旅游体验活动成为人们认识和了

---

① 释净空:《认识佛教》,线装书局2010年版。
② 星云法师:《寺院的功能》,《福报哪里来》,宗教文化出版社2006年版,第136页。

解佛教的又一重要途径。在宗教旅游活动中介绍佛教的表法艺术,目的是为了"社会教化",它是直观的教育旅行,把宗教的教导借机纳入生活意义和实修经验里,提供人生方向的指引,此即"机会教育"。

作为以宗教文化为核心的旅游体验活动,是近几年国内旅游学术界逐渐重视的研究内容。佘晶晶通过分析244篇(1991—2009)相关研究文献,发现20年来国内的宗教旅游研究主要集中在宗教旅游内涵、宗教与旅游的关系、宗教旅游资源评价及开发、宗教旅游可持续发展、宗教生态旅游等五方面。这些成果从总体上反映出我国宗教旅游研究领域狭窄、研究方法单一、成果水平不高、适用性不强的特征。从研究内容上,学者们的兴趣集中在旅游资源的利用和开发上。① 高科撰文指出过度的宗教旅游开发,导致的宗教文化庸俗化、商品化,封建迷信泛滥,消费者购买行为异化等特点,一些旅游者对宗教旅游抱有功利性的目的,他们希望通过祈福、祭拜、捐赠香火等手段,实现自己升官、发财、转运等愿望,认为自己耗费的钱财越多就越灵。一些旅游者只将目光聚焦于宗教建筑设施,或感兴趣于念经、法事等宗教外在形式。对许多游客来说,名刹古寺只是旅游景点,只为拍照、烧香、拜佛、求签而已,而对博大精深的宗教文化并不关心,更无机会了解其中的教育内涵。②

上述问题不但给作为旅游胜地的寺院提供了很好的省思方向,也为研究者提供了思路转向。对于佛教旅游,应该考虑从经济思路转向契机契理地对大众进行社会教化,以还原寺院本有的教育功能。

四、研究问题及方法

笔者在前期观察调查中发现,南普陀寺导览者可以分为三类:一类是南普陀寺"导览组"的义工,一类是旅游团的导游,还有一类是为数不多的个别导

---

① 佘晶晶:《近二十年中国宗教旅游研究述评》,《西南交通大学学报》(社会科学版)2010年第3期。

② 高科:《宗教旅游异化论析》,《四川大学学报》(社会科学版)2012年第2期。

览。本研究首先对比这些导览材料(解说词),分析他们的特点和异同;其次分析哪些内容更能起到社会教化的作用;最后对照好的范本,探索宗教观光活动中应机教学的方向和重点。

本研究采用文本分析,对导览文本字里行间的表述进行比较和意义探寻,探讨其中隐含的观念和特征。以正见正解的范本为参照,对比分析现有导览解说词,找出其有限性和不足。

在笔者搜集到的南普陀寺导览词中,南普陀寺义工导览组的导览词《南普陀寺介绍》是最详细的,共约26 000字;旅行团导游导览词10篇,每篇2 500~3 000字不等。除了这两类,导览者中还有个别导览。个别导览有的是重要人士参观时由寺院的法师陪同讲解,另一类是熟悉佛教、南普陀历史、建筑的人陪同友人参观时对景物做介绍。个别导览属于少数,且导览词尚未搜集到,因此本文只对现有的10篇旅行团导游导览词和一篇南普陀义工通用导览词进行分析,分别简称之为"导游版"和"义工版"。

五、研究分析

(一)导游版的导览词分析

这类导览词都以景观顺序为线索,先讲述该寺的由来"南普陀寺是中国古代建筑物之一,大雄宝殿石柱上有副对联'经始溯唐朝与开元而并古 普光被夏岛对太武以增辉'。这副对联将寺庙开基的年代和地理位置说得清清楚楚",而后谈到寺院的历史变迁。移步易景,依次介绍主体建筑和新增设施,多会提及南普陀寺院内以及后山五老峰前的摩崖石刻和多块碑记。本文着重分析这类导览词对于具有教化意义的表法景物是如何介绍的。

1.对弥勒佛的介绍

入寺参观,最开始经过的是天王殿,又称弥勒殿。

他盘坐正中,倚着布袋,袒胸托膝,十分可爱。相传弥勒为五代梁朝明洲奉化人,号长汀子。他常常扛着一布袋,云游四方,自由自在,劝人信佛,而且总是眉开眼笑,和善待人,因此人们称他为布袋和尚。布袋和尚圆寂时,口含一偈"弥勒真弥勒,分身千百亿,时时示世人,世人自不识",人们这才恍悟其为弥勒的化身。10篇中有8篇基本上都是这样的表述,有两篇加上了"开口便笑笑天下可笑之人 大肚能容容天下难容之事"的楹联。

在实际的导览中,导游者如背书式地介绍完毕,接着介绍下一个景物。不仅未借此提醒游客学习"遇事从容""待人宽容"的品质,更未告诉众人佛门里的规矩是:佛菩萨示现在人间,绝对不会暴露身份,身份一暴露,立刻入灭,弥勒佛就是这样示现的。让游客明白,自称菩萨再来还不走的不是真人,而是招摇撞骗。众人有了这样的辨别力,就不会让那些冒充的人得入其便。遗憾的是,在现实中没有这样应机说理,就丢掉了"机会教育"的一个教育"机会"。

就上述的解说词而言,除非那些自我教育能力强的,会结合自身的情况一边听介绍,一边省悟,一般的游客也只能走马观花。不经提醒,很难起到受教化的作用。

2.对四大天王的介绍

10篇导游版认为四大天王隐喻"风调雨顺",内容实出一辙:

> 各护一方天下,河、山、森林,都是他们的庇护范围。中国的"天王"是依照《封神榜》所塑造的,这是东方持国天王,雪白的身躯,身着甲胄,手持无弦琵琶,意为"弦弹破苦",修身养性;南方增长天王,身青,手持宝剑,意斩尽妖魔,佛法不可侵犯;西方广目天王,身红,右手绕龙或蛇,有的左手还持珠,意即吉祥如意;北方多闻天王,身绿,右手持宝伞,又称宝幡,用来制伏妖魔;左手握银鼠,意为苦海慈航。四大天王的法器各有含义,剑;锋利也,谐喻"风";琵琶,暗指调;伞,隐喻雨;龙,有通的含义,暗指顺。这样一来,四样法器合起来便是"风调雨顺",四大天王成了护国安民,风调雨顺,五谷丰登的佛教天王,吉祥的象征。

虽然这里介绍四大天王的法器各有含义,但听者头脑中对四大天王的印象多是"宝剑""斩尽""妖魔""不可侵犯"。难怪游客拜佛带着"祈福求贵"的功利性,因为他们知晓的就是"神力"和"权柄",只能通过祭拜、捐赠求愿望实现。

笔者看到几位游客跪拜天王塑像,向他们问及跪拜的含义,他们回答:"他们有神力,能保护我家人。"

在导游版的导览中,知识性内容介绍多,有关于菩萨称名的,大殿的来历的,也有关于建筑、塑画艺术的,在一定程度上能满足不同需求的游客。然而,能起到教化品德和平和心态的内容极少见,有的在无教化意义的传说上重点着墨。例如:

> 我们看到这四大天王的一只脚是悬挂在空中的,你们知道这是怎么一回事吗?关于这个有一个传说,明朝皇帝朱元璋出生在农家,小时候家境很贫寒,经常饿着肚子,于是就到庙里做小沙弥,负责清扫,他扫到天王殿的时候看到四大天王的脚周围不干净,于是就叫四大天王把脚抬起来,因为朱元璋是真命天子,天王不好不从,结果打扫干净后,小家伙听到开饭的钟声,顾不得眼前的事,放下扫帚,跑去吃饭,四大天王的脚就一直抬到今天了。那么只要谁能命令四大天王把脚放回去谁就是真命天子。

听到此处,总有游客起兴喊到"放回去",引得众人一阵嬉笑,不但失敬失礼,还影响了道场的清静和庄严。

此外,导览词中还存在不恰当甚至错误的内容。例如在介绍释迦牟尼佛时,有的说释迦牟尼佛是"传说中的人物",有的说他"出家以摆脱自身生老病死的困苦"。

更有个别导览词中有戏谑的成分,例如"如果各位以后看破红尘什么的,可以考虑到这里深造,里面有小沙尼、小和尚,有车有房!快快加入吧!"把"比丘尼"戏称为"小沙尼",对出家人拥有"车"和"房"这种现象不但不批评,反而表露出有趣和羡慕之心。这类导览词只顾增加娱乐性,不能如理如法。当然,这在一定程度上揭示了末法时代寺院中存在的乱象。佛教殿堂里的艺术是用来教学的,作为殿堂里的修行者,僧尼们更要真正修行做出示范,时时警醒不贪名利,不惹是非,身着僧衣,当为人师表。

(二)义工版的导览词分析及比较

1. 义工版导览词的优势

相比导游版,南普陀寺义工版的介绍有意识地添加了联系实际的内容,比如介绍弥勒菩萨,"万事只要忍一时、退一步,便可成就","弥勒菩萨难行能行、难忍能忍、难舍能舍","我们应该学习弥勒菩萨的大度、放下、自在与洒脱"。

义工版的导览词中知识、常识,明显比导游版严谨、丰富,以知识性内容见长,历史、建筑、佛教知识均有涉及,比如:

> 大悲殿由清初收复台湾的大将施琅始建,初称大悲阁,高三层,原为木质结构,整体不用任何钉件钉合,全靠木榫互相契合,十分牢固,虽遇地震或台风也毫不动摇。直至1928年,遭火灾,被毁。时任住持太虚大师和都监转逢和尚组织募捐重建,遗憾的是多方聘请不到斗拱榫合的巧匠,最后只好摹拟斗拱结构支架的外形,采用钢筋水泥模架浇注成型,再饰以木构原色漆绘,竟可以假乱真,重修后定名为"大悲殿"。大悲殿以精巧独特的雄姿立于大雄宝殿后的高台上,不仅成为观音道场的标志性建筑,也是南普陀寺的中心坐标。大悲殿内供奉四尊观世音菩萨圣像,分立在四个方位,正中一尊为双臂观音,双目垂帘,神态安详,端坐在莲花之上,其余三尊为四十二臂观音,掌中各持不同法器,姿态不一,各臻其妙,我们在参观佛教寺院时,可以发现观音造像有多种,有两臂、四臂、十二臂、十八臂、四十二臂、七十二臂等等,都是千手千眼观音菩萨的简化形式。

类似的介绍很多。可以看出,义工们使用的26 000字的南普陀寺导览词是由寺院精心编撰的,相信爱好历史、文化、建筑、艺术的游客们都能从导览义工的解说中选择性地获益。但也可能存在"填鸭"的现象,毕竟涉及的知识包罗万象,一般游客在一个导览过程中领悟理解这些讲词几乎是不可能的。如果能分成不同的导览类别,重点放在"机会教育"上,活泼实用、发人深省,游客就会感到心灵受到净化。

导游版中也有适时教化的内容。最典型的一处为:

每一位大菩萨,都表示一种不同的品德,慈悲是观世音菩萨的德行。如果我们对一切众生,能予以普遍的爱护,那么我们的心行,就会与观音的慈悲相应,相应则相感,这是"同类相感"的道理,如此祈求观音菩萨的护佑才能获得感应道交。

义工版导览中还专门介绍几位南普陀寺的高僧——转逢和尚、会泉法师、太虚大师和妙湛和尚的事迹,这些大德们守志护法、持戒精严、济世救困的经历真实不虚,令人萌生敬意,发心效仿。

2. 对四大天王的表法介绍

这部分导览词也是讲四大天王分别护持着东西南北四大部洲,手中的法器,则分别代表着"风、调、雨、顺"。中心思想与导游版一致,但介绍更详细:

东方持国天王手持琵琶,表明用音乐来教化大众,音乐司"调";南方增长天王手持宝剑,表明用武力扬善抑恶,剑司"风";北方多闻天王右手持伞,左手持金鼠,表明一边引导众生向善,一边用武力降妖除魔,伞司"雨";西方广目天王腰盘一条龙,手握头龙,表明他惩恶护善的方法不是靠杀,而是令其归顺。

这里的"宝剑"表示"用武力扬善抑恶",然而佛教不宣扬武力,"宝剑"实为"慧剑",文殊菩萨手上也是拿剑,剑表示智慧。

从"机会教育"的视角,我们从义工版对"四大天王"的介绍中可以发现其中的不足之处。义工组导览词中天王"降妖降魔"的形象和作用依然是威慑和护佑,百姓们所能做的也只是敬拜和祈福,因为未提及任何对个人心念言行的修正。佛教八万四千法门,它的目标、方向只有一个——帮助众生觉悟。如此看来,义工版的这部分介绍需要进一步深悟佛法,增加在机会教育中帮助大众觉醒的内容。

对于寺院中的塑画形象,无论是威武庄严,还是悲悯慈祥,许多游客们逐一跪拜祈求,但很多人并不知道跪拜的真正意义。拜佛的意义是学谦卑,学敬仰,拜出自己的清静心。佛陀教人转恶为善,转迷为悟,最重要的是个人的转变,因此佛教重视的是实质而非形式。当知个人命运起伏跌宕是自己造作的,不是佛菩萨安排的,自己改邪归正,闲邪存诚才是正途。寺院里应当有人教导此理,没有人教,大众才会误解佛教,迷信佛教。

(三)一个"机会教育"的参照文本

笔者在南普陀的网站"南普陀在线"上看到一篇文章《佛门教学的表法艺术》,这篇文章来自"华藏净宗学会",是净空法师在讲经说法中谈到的佛法教学。四大天王塑像是从帮助众生幡然醒悟的角度来表法,倡导众生只有接受教导,变成自己的思想、言行,天王才真正能起到护持的作用。必须从内因下功夫,佛力才能加持。因文字颇多,笔者概述如下:

> 东方持国天王,持是保持,这是护法,从大的方面讲怎样能够保持你的家国?从最小的地方来讲,怎样保持你的身心?中国儒家讲"诚意、正心、修身、齐家、治国、平天下"。持国天王就是教我们这些道理。能够真诚恭敬地对待一切人、一切事、一切物。东方天王手上拿一柄琵琶,这是乐器,这个乐器代表中道。我们知道弦乐器一定要把它调好,如果弦太松它就不响,太紧它就会断掉,一定要调得适中,代表儒家讲的"中庸之道",用中;不能够不到,也不能够过分,做到恰到好处。在日常生活当中,对人对事对物,我们起心动念、言语造作都要懂得中道。中国古人常讲,要懂得分寸,佛家讲中道第一义谛,儒家讲中庸,都是主张用中,用中才是最好的方法。

这样讲解佛像表法艺术,特别是关于"中道"的解释,能引导人联系自身经验,朝觉悟的方向迈进,对传统文化产生敬佩和信心。

当今世界,灾难冲突频繁不断。大至国家,小到人际,不能平安相处,甚至个体内心,都难以气定神闲。究其原因,是偏颇心态和极化思维作祟。比如,对朋友追求完美,别人稍有差池,便全盘否定;对人对事总用"必须""一定"来要求,非白即黑,我对你错,其结果从"不理解""不原谅",到"仇恨""你死我活"。

对于"中道"的教育,世尊在《佛说四十二章经》里讲到,有一个沙门诵经时,"其声悲紧",自我要求高,达不到目标,不想修行了。佛问他:"你在家的时候做什么职业?"这个沙门说:"弹琴奏乐。"佛又问:"琴的弦若是松了,会怎么样啊?"沙门说:"就弹不响了。""那这弦如果太紧了呢?"回答:"一弹弦就断了,也没有声了。"接着佛问:"急缓得中如何?"对曰"诸音普矣,每个音都能弹,就很好听了。"佛说:"沙门学道亦然,心若调适,道可得矣。"学道不能贪心,也不能懒惰,处中才能得道。

由此可知,上述对东方天王的表法解释契机契理,发人深省。

接下来是关于"南方天王""西方天王"和"北方天王":

南方增长天王,增长善法,闲邪存诚,我们要懂得预防邪知邪见,一切错误的思想、错误的见解、错误的行为、错误的言论要懂得防止。"存诚",常存真诚心,永远存真诚心、清净心、平等心、觉悟的心、慈悲的心,这就是积大德。南方天王手上拿的是宝剑,剑代表智慧,我们常讲慧剑。剑代表智慧,说明智慧比什么都重要。在世出世法里面,唯有智慧能解决一切问题。要把执著放下,把分别放下,把妄想也要放下。这是真正听从佛菩萨的教诲,我们才能够契入佛菩萨的境界。入佛菩萨的境界,就是恢复自己的性德。

西方广目天王教我们多看,十法界依正庄严,境界千变万化,要掌握到一个永恒不变的原则,真诚心不变,清净心不变,平等心不变,正觉心不变,慈悲心不变,这就是西方广目天王手上拿的珠;他手上拿的龙,有的造像是蛇,龙蛇是比喻变化,特别是我们现前的社会,天天都在变化;但那个珠子就是不变的,就是我们的菩提心不变。无论对什么人,无论对什么事,我就用这个心,你说多自在!什么人要用什么方法去对付他,那个多苦!我们只用一个真诚心,你说多自在!

北方多闻天王教我们多闻,没有叫多说。舌头是我们人整个身体里面器官最小的一部分,可是它能够闯最大的灾祸。所以佛教人"善护口业,不讥他过",你才晓得讥讽别人的过失是多么严重的罪业!那一点小小的善事,都从口业里头抵消掉了。

北方天王手上拿的是伞,伞是什么意思?防止污染。不但要保护环境不受污染,更重要的是防止心的污染、思想的污染、见解的污染、精神的污染。跟社会大众接触的时候,要懂得防止污染,永远保持清净平等觉。

这样的讲解契入经教,都是教人从自身做起,遵照教诲长智慧,断烦恼。智慧福德是本性具足的,不假外求,只须把分别、妄想、执著放下。游客到天王殿上这么一课,增长了正知正见,哪来的迷信?如果导览员能读懂佛经,能为大众正确讲解,就能够当机说法,实现为宗教旅游进行机会教育的目的。

结　语

几十年前,融贯儒、道、墨、佛及西洋哲学的方东美先生曾经感慨,两百年前寺院庵堂里面的修行人,都有道德、有学问的人,这两百年情况发生了变化,只求神明来保佑,不读经典了。现如今,寺院除了人们来求保佑,又成了观光景点,香客如流,游人如织。面对这样的现实,如何解决旅游喧嚣与清心修道之间的矛盾,如何发挥寺院的教化功能,这是当今佛教界内外最为关注的问题。净空法师曾建言,全国所有的寺院庵堂、名山古刹,因其历史价值和艺术价值,宜全部开放作为旅游观光。佛法的道场在别处重建,不建宫殿样式,而是建成学校,既研究教理,又如法实修,远离名闻利养,是真正的道场。作为观光旅游的寺院庵堂,应当为香客游人实施机会教育、生活教育,不但介绍佛教的艺术——音乐、绘画、雕塑和建筑,更要介绍佛陀的教导,将佛教教义与实际生活相结合,使人们深受启迪,才能体现出佛教旅游胜地的最大意义。

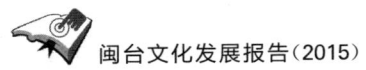

文化经济六产化
——创意生活产业关键报告

张淑华[*]

摘　要： 2002年,台湾提出"挑战2008国家发展重点计划",将创意生活产业列入文化创意产业范畴。观察欧、美、亚洲等推动文化创意产业的国家,创意生活产业是其他国家所未涵盖的范畴,彰显在地化发展文化创意产业的特殊性。创意生活产业强调融合一、二、三级产业特性,将产业经济活动,融入生活文化,发展出文化经济六产化的模式。本文探讨重点包括探析创意生活产业推动概况,推动历程的重要课题与政策布局,不同属性产业转型升级发展创意生活产业的特性;不同属性创意生活产业案例,发展六级产业的策略作法。最终,提出创意生活产业未来发展的趋势。

关键词： 体验经济；文化创意产业；六级产业；顾客完整体验

前　言

20世纪后半时期以来,经济活动随着贸易全球化、国际市场的开放,文化全球化渐渐成为市场竞争的舞台[①]。以"内容"为特性的文化创意产业,由于

---

[*] 张淑华,财团法人中卫发展中心总监、台湾艺术大学兼任助理教授,主要研究文化创意产业管理营销、创意生活产业研究、体验服务设计。

[①] 郭为藩：《全球视野的文化政策》,心理出版社2006年版,第5页。

创意多样表达的可能性,具有高附加价值,文化经济遂成为国家竞争力的展现。

2010年,联合国发布《创意经济报告》,依美国学者J.派恩与J.吉尔摩撰着《体验经济》一书,指出体验经济应用的范畴,可延伸至旅游业、艺术与文化产业如音乐、表演艺术、文化节庆活动及其他相关文化创意经济活动[①]。

文化经济活动特点之一,在于须由消费者参与体验,以沟通传达文化价值,体验经济对于文化创意产业的意涵,显示经济活动需跳脱生产供给角度,以消费体验价值发展产业经济形态,打破一、二、三级产业界线,文化成为产业经济创新的元素。2007年,英国提出《创意产业经济表现报告》,以同心圆形构创意经济,发展态样从核心创意领域向外扩展为文化产业、创意产业等,最外圈为文化创意加值的制造业与服务业等其他经济活动[②]。文化内容更大的影响力,在于作为不同产业经济创新的引航力。

2002年,台湾提出"挑战2008国家发展重点计划",将创意生活产业列入文化创意产业发展计划推动,以既有产业制造基础,融合创意、科技、人文,发展产品、场所、服务、活动的整合型产业网络[③]。创意生活产业定义为"指从事以创意整合生活产业之核心知识,提供具有深度体验及高质美感之行业,如饮食文化体验、生活教育体验、自然生态体验、流行时尚体验、特定文物体验、工艺文化体验等行业"。观察欧、美、亚洲等推动文化创意产业的国家,台湾提出的创意生活产业是其他国家所未涵盖的范畴,呈现出在地化发展文化创意产业的特殊性。2010年1月,立法主管部门通过《文化创意产业发展法》,创意生活产业明列为16项产业范畴之一,纳入法定范畴,显示创意生活产业具有

---

① United Nations.*The Creative Economy Report* 2010,http://unctad.org/en/docs/ditctab20103_en.pdf,2015-05-20。

② DCMS.*Staying Ahead*:*The Economic Performance of the UK's Creative Industries*.UK:Department for Culture,Media and Sport.http://www.theworkfoundation.com/assets/docs/publications/176_stayingahead.pdf.2015-05-21。

③ 经济建设委员会:《挑战2008:国家发展重点计划(2002—2007)》,经济建设委员会2002年印行,第43~44页。

法律位阶稳定性,成为经济活动与文化结合的文化经济政策。

2009年,台湾知名的《远见杂志》,进行文化创意产业调查,创意生活产业被视为最具有潜力壮大、走向世界的产业类别①。显示人们认为文化创意产业的发展融入于日常生活的文化经济,因应人们对于生活素养不断提升的需求,而能持续地发展。

创意生活产业涵盖一、二、三级产业的转型升级,为了推展新的产业模式,该产业政策计划提出六级产业观点,诉求突破既有产业模式,运用科技、文化、美学等元素,融入于产业创新,即1+2+3＝6或1×2×3＝6的六级产业思维。六级产业为创意生活产业发展的核心思维,体验经济内涵作为经营模式转型升级或创业的关键技术。

创意生活产业是台湾文化创意产业政策中的特点,反映文化经济的在地创新性,本文探讨重点包括:探析创意生活产业推动概况;推动历程的重要课题与政策布局;不同属性产业转型升级发展创意生活产业的特性;不同属性创意生活产业案例,运用体验内涵发展六级产业的策略作法。综整前述,提出创意生活产业未来发展的趋势。

一、创意生活产业推动课题与政策布局

创意生活产业由于具跨领域属性,政策计划自2003年推动至今,本文探析推动课题可分为三阶段,初期(2003—2006年)主要面临新的产业思维如何带动产业转型升级。中期(2007—2010年),则以产业合作综效提升的课题为要。近期(2011年迄今),以经营模式扩散,产生地方影响性。因应各阶段的课题,概述下列的重点政策布局。

(一)初期:突破产业经济疆界,推动六级产业思维

台湾过去偏重于生产与技术发展为主的产业形态,面对以知识为主要竞

---

① 范荣靖:《文化创意产业调查报告》,《远见杂志》2009年第278期。

争要素的新经济时代,需突破以往生产、制造外销出口优先的策略,改以内需市场为导向,服务社会大众日常生活各方面的需求。从生产供给转为生活消费驱力的经营思维,如何运用原有的产业核心知识,借由产业资源的整合,发展六级产业经营模式,促成产业转型升级,为推动初期的基本课题。

2003年推动之初,产业转型升级面临如何发掘在地元素、资源等透过创意整合,利用生产制造本身的基础,结合在地文化内涵、观光休闲与学习体验等要素,将制造本身所蕴藏的服务价值提升为外显价值。因应此一阶段课题,主要政策布局如下:

1.评选示范案例,带动学习作用

为突显创意生活产业属跨产业领域的特性,政策计划推行,采用"评选"界定推动对象,评选项目包括"核心知识""深度体验""高质美感"及"事业合理化经营"。"核心知识"指地方、社区生活或文化特色;科技、美学、营销;及同/异业垂直或水平整合的表现与运用情形;"高质美感"指产品、空间的美感设计;"深度体验"指服务、活动的体验设计。

2.发展顾客完整体验辅导机制,推行产业运用

创意生活产业卖的是生活风格体验,整合性的生活设计是转型发展的关键要素,经营者在体验主题、空间、产品、服务行销上密集使用设计赋予商品形貌的美感品味,传达事业经营的生活理念。产品、服务、活动、空间四位一体融合为"商品形貌"。建立体验营运的操作手法形成辅导机制,也是推动初期的重要课题。执行单位财团法人中卫发展中心参考相关研究与经验,提出"顾客完整体验"辅导模块,透过咨询诊断辅导机制,推广于产业界运用,结合相关培训课程及海内外观摩研习,带动产业的标杆学习。

(二)中期:加速产业合作综效,拉动生活形态消费

创意生活产业多数为中小企业,在发展生活设计体验时,由于整合型人才的专业知识涉及范畴广泛,创意生活事业本身的组织资源能量,多数较为受限。面对此一课题,创意生活产业中多元的事业类型,透过彼此间同异业合作互补加值,强化产业合作价值链,成为政策布局的要项。

另一方面,受西方社会慢活生活风格趋势的影响,创意生活产业接轨生活风格经济的潮流。扎根在台湾风土人文中的创意生活产业,对于消费者或外来人士具吸引力。在生活风格体验的潮流下,扩大消费体验商机,借市场拉力促进产业持续的转型升级,亦为重点课题。

1. 强化产业交流合作,创造合作综效

创意生活产业评选对象,涵盖不同生活领域及体验特性,为促进产业合作综效,推动创意生活产业协盟的交流合作,促进彼此经营专长的结合,扩大各自的竞争优势。政策计划推展产业价值链的合作或联合营销推广,如共同参与海内外的文化创意产业相关展览活动,区域共同旅游产品、服务合作等,增进合作综效。

2. 策略运用利基市场拉力,开拓体验消费需求

创意生活产业贩售的是生活经验,为了增进社会大众对于创意生活产业体验价值的认知,政策工具采策略性与利基市场合作,如日本自由行市场推广、企业旅游、校外教学市场合作等,透过寓学于游,开拓创意生活产业的市场形象与商机。借此,因应市场需求拉力,带动产业持续的创新升级。

(三)近期:扩散品牌体验价值,拉动旅游市场合作机制

在多年推动下,创意生活产业观念已渐为产业界所认知,唯因创意生活事业发展程度、规模有所差异,具特色、潜力、规模小的单点事业,仍需提供技术型的协助,扶植成为独立个体。已成熟的企业,则需强化品牌结合创意的体验价值,促成品牌扩散推广,能与在地产业加强关连,发挥地区性的产业影响性。

1. 鼓励创意生活事业品牌扩散投资,开拓品牌体验能见度

发展稳定已臻成熟的创意生活事业,此一阶段多会面临品牌扩散课题,政策性工具导入鼓励新事业或新品牌发展投资的辅导机制,结合不同属性政策计划资源,如服务业创新、文化创意产业补助、融资、创投等措施,整合协助成熟型事业品牌的扩散,以连锁而不复制的创新思维发展。

2. 开发旅游市场通路合作,促成市场运行机制

十余年的政策推动,成熟的创意生活事业朝向多品牌或连锁不复制发展,

新创或转型升级的创意生活事业,也多能运用生活体验设计于事业营运。创意生活事业多与休闲旅游市场的发展有关,与旅游通路合作,促成不同市场的运行机制为重要课题,政策措施采取与海外来台观光的自由行旅行社、车队等的合作,冀形成市场自主性合作。

二、创意生活产业推动概况

创意生活产业发展的概况,系依评选通过的事业作为探析对象,创意生活事业评选的目的,在于从潜在的产业对象,评选出具代表性的案例,以对产业界产生示范学习的效果,带动一般企业的转型升级或投资创业。评选作业每三年进行一次续约评核,实际家数续约评核情形略有差异。

创意生活产业的政策措施,从前述的政策布局综整为评选、辅导、产业合作与推广营销等项,2014年评选创意生活事业累计208家,营业额计246亿元,累计就业人数10 991人[①],近年来的产业变化情形,如图1。

创意生活产业政策措施推行,发挥了政策的外衍效益,如2008—2012年带动新公司及新事业单位成立30件[③],促进大专院校相关科系或课程的开设,如云林科技大学创意生活设计系、台湾艺术大学术创意产业所博士班、台北教育大学、台北商业大学、南台科技大学等,从产业发展趋势培养未来人才。由工业局主推的政策计划,渐获县市政府纳入地方自治政策,如台北市政府推行创意生活产业风格好店计划、台中市政府举办创意生活节、台南的创意生活文创园区等。

---

① 财团法人中卫发展中心:《2014年创意生活产业发展计划执行成果报告》,工业局2014年印行,第125～145页。

② "文化部":《创意生活产业》,《2014台湾文化创意产业发展年报》,"文化部"2014年印行,第125页。财团法人中卫发展中心:《2014年创意生活产业发展计划执行成果报告》,工业局2014年印行,第125～145页。

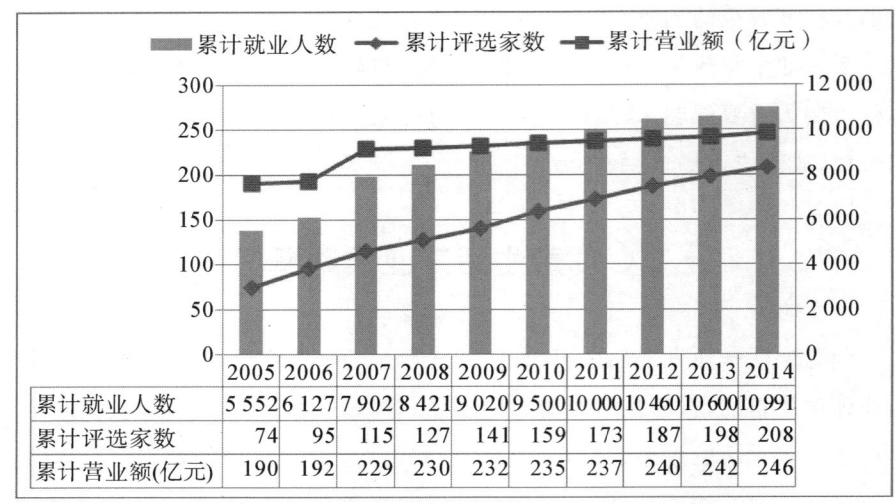

图1 创意生活产业家数、销售额、就业人数

资料来源：整理自《2014年台湾文化创意产业发展年报》、《2014年创意生活产业发展计划执行成果报告》①。

依评选通过的创意生活事业体验类型及区域分类，各区域类型的家数及占比如表1。

表1 创意生活产业类别及区域分布

类别 \ 区域	北部	中部	南部	东部	小计（家数）	占比（%）
饮食文化体验	25	13	5	9	52	25%
生活教育体验	22	12	5	3	42	20.2%
自然生态体验	5	11	5	12	33	15.8%
特定文物体验	5	4	3	6	18	8.7%
流行时尚体验	11	5	1	1	18	8.7%

---

① 财团法人中卫发展中心：《创意生活产业发展计划成果效益报告（2008—2011）》，工业局2011年印行；财团法人中卫发展中心：《创意生活产业发展计划成果效益报告（2012）》，工业局2012年印行。

续表

类别 \ 区域	北部	中部	南部	东部	小计（家数）	占比（%）
工艺文化体验	9	18	9	9	45	21.6%
合计	77	63	28	40	208	100%

资料来源：整理自《2014年台湾文化创意产业发展年报》，《2014年创意生活产业发展计划执行成果报告》[①]。

由评选通过对象，探析创意生活产业下列特性：

（一）转型升级或新创事业均反映服务业态的经济结构

观察评选通过的事业，不论农业、制造业、服务业转型升级或新创为创意生活事业者，均透过服务业态发展消费服务或休闲服务的B2C经营形态。此一现象，反映台湾经济发展迈向后工业时代，人们在日常生活消费需求品味提高、休闲生活精致化的趋势。

（二）地区产业资源特性影响创意生活产业的发展

北部地区为主要消费人口集中地带，以饮食文化、生活教育、流行时尚居多，显示该区域创意生活事业模式以提供日常生活消费者居多。中部地区以工艺文化、饮食文化、生活教育居多，中部原为许多任务艺生产制造之源地，反映工艺产业转型升级的契机。东部地区以自然生态体验类别居多，主要运用生态休憩、农业资源、原民产业基础，发展精致的农文创或生态生活场域。南部地区各类型家数较少，可能与长期工业城市、农业生产源地有关，转型升级或新创事业发展的驱动力，依恃消费服务、观光休闲需求的拉动。

（三）传统产业转型升级及生活风格创业驱力的差异

传统产业转型升级多反映了制造业或农业，面对经济环境的变迁，如代工

---

① "文化部"：《创意生活产业》，《2014台湾文化创意产业发展年报》，"文化部"2014年印行，第126页；财团法人中卫发展中心：《2014年创意生活产业发展计划执行成果报告》，工业局2014年印行，第125~145页。

订单减少、工厂外移大陆等,致使传统的制造业寻找新的经营方式,通常以产业文化作为转型升级的元素;农业的转型升级,多数系以休闲农场为基础,发展为主题生活体验场域。生活风格创业反映了追求自我生活风格实践,将生活与工作场域结合的精神。

三、创意生活产业发展模式

观察传统产业转型升级或生活风格创业的创意生活产业,以营业地点坐落于都会或乡村地区,本文将创意生活产业发展模式区分为四种类型如图2。

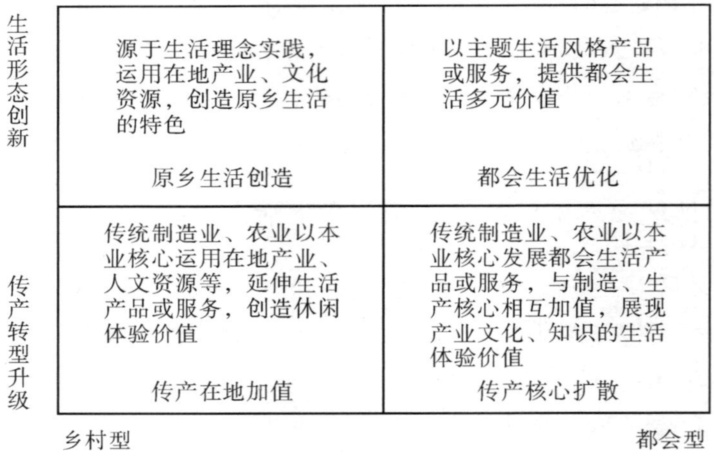

	乡村型	都会型
生活形态创新	源于生活理念实践,运用在地产业、文化资源,创造原乡生活的特色 **原乡生活创造**	以主题生活风格产品或服务,提供都会生活多元价值 **都会生活优化**
传产转型升级	传统制造业、农业以本业核心运用在地产业、人文资源等,延伸生活产品或服务,创造休闲体验价值 **传产在地加值**	传统制造业、农业以本业核心发展都会生活产品或服务,与制造、生产核心相互加值,展现产业文化、知识的生活体验价值 **传产核心扩散**

图 2 创意生活产业发展模式类别

(一)传产在地加值

传统制造业、农业以本业核心运用在地产业、人文资源等,延伸生活产品或服务,创造休闲体验价值。此类创意生活产业发展模式,源于制造、生产基础,面临生活形态变迁,原有代工或农业生产市场的消退或转移,运用地方特色资源及生活文化,延伸发展休闲旅游服务,合计82家。发展特性概以一级农业或二级制造,向后延伸三级服务内容,透过体验服务,增进一级农业或二级制造业的原真体验价值。如休闲农业再升级的宏基蜜蜂生态农场、君达香草健康世界、制造业休闲服务化的雅闻香氛馆……

(二)传产核心扩散

传统制造业、农业以本业核心发展都会生活产品或服务,与制造、生产核心相互加值,展现产业文化、知识的生活体验价值,合计11家。此类的传统制造业、农业仍于在地营运,作为产品的供应基地,因应都会生活的多元化需求,于都会区发展商业服务品牌。发展特性为以一级农业或二级制造,向后发展三级服务品牌,如郭元益糕饼博物馆、树火纸博物馆、吃茶趣等。

(三)原乡生活创造

源于生活理念实践,运用在地产业、文化资源,创造原乡生活的特色。观察此类创意生活产业,多是来自个人生活想象实践的创业,以生活休闲为出发点,创造生活体验产品或服务,发展特性多是从三级服务业核心,向前整合深耕一级农业或二级制造资源,如 The one 南园、华陶窑、薰衣草森林等。

(四)都会生活优化

以主题生活风格产品或服务,提供都会生活多元价值。此类大多反映都会日常生活优质化的需求,提供生活素质提高的方案,发展特性多是从三级服务业出发,服务内容多展现在饮食文化、生活教育、生活美学的提高,如好好餐饮、苏荷儿童美术馆、The one 概念店等。

传统制造业、农业多座落乡村或市郊,其转变方式,一类是依原生产或制造核心因产制空间需求,调整生产制造空间设备资源,增加产业文化化的休闲附加价值,扩充原有产品产制到休憩服务功能,也就是从生产财延伸为服务财。另一类,反映出因主要的消费市场多来自都会人口,经营策略运用价值链整合,延伸于都会区设立通路营销,从产制到销售采取一条龙形式或者另开发通路品牌,作为与都会消费市场的沟通渠道。

生活风格创业的创意生活事业,多是基于某生活型态的热爱、理念,投入于事业的创业,这类创意生活事业的经营者,大多是创作者或是偏好某特定生活理念或是特定族群生活文化的传承创新者,第一种如工艺创作者从工作室融合创作、教学、休闲服务为新服务形态,如华陶窑等。第二种如香草生活美学的熏衣草森林、东方人文生活美学的 The One 南园、饮食生活美学的帕莎帝娜法式餐厅等。第三种则以"原住民"传统文化融合现代生活美学者,如蜻蜓雅筑珠艺工作室。这类创意生活事业的经营场域,亦反映出产制需求与在地历史文化联结的重要性,多座落于乡村地区。

探析上述四类发展模式的创意生活事业,随着经营稳定与成长,传统产业转型升级或生活风格创业的创意生活事业,市场经营开拓策略上,概有下列二项特性:

1.生产制造深耕,消费通路开拓

源自制造业或农业生产转型升级的创意生活事业,生产或制造作为企业品牌发源地,当事业经营成长至一定规模时,延伸于都会区开发消费通路或设立门市通路,拓展人进物出市场,如游山茶访、台南·家具产业博物馆、天仁吃茶趣、吉而好文创观光工厂等,此一形式多反映于传产在地加值与传产核心扩散类别。

2.单一品牌经营,多元主题发展

源自生活形态创业的创意生活事业,因应乡村或都会特性,于事业品牌的开拓,多以单一品牌为主,赋予各事业主题内容上的差异化,此一作法,有助于吸引不同地域的消费客群及增进消费回流率,深化品牌认知度。如熏衣草森林延伸缦慢民宿、心之芳庭、好好等品牌;十鼓文化村、十鼓文创园区;The One、The One 南园人文休闲客栈等。

四、案例分析

创意生活产业的推动,在于协助产业运用文化、美学、科技元等,从产品、服务、活动、空间等四构面形成的商品形貌,透过体验设计发展六级化模式。本文从传统产业转型升级及生活风格创业两类,分别以七星柴鱼博物馆及 The One 南园案例,探讨六级化模式的策略作法。本文经由访问专业经理人、次级资料搜集、参与观察等方法,探析创意生活事业发展的六产策略元素与生活风格主张、体验价值、体验形态与商品形貌构面。

（一）七星柴鱼博物馆

七星柴鱼博物馆座落花莲县七星潭附近，柴鱼是七星潭一项重要物产，七星柴鱼工场于 1983 年成立，曾为七星潭规模的柴鱼制作工厂，随着渔业捕捞及柴鱼制作等产业逐渐没落，工场于 2001 年歇业。当时的余宗柏董事长，为了恢复渔场的昔日光彩，让更多人了解台湾与海共生的海洋民族性，以"复刻洄澜渔史风采"为使命，整建柴鱼工场，2003 年重新发展为七星柴鱼博物馆。发展模式如图 3。

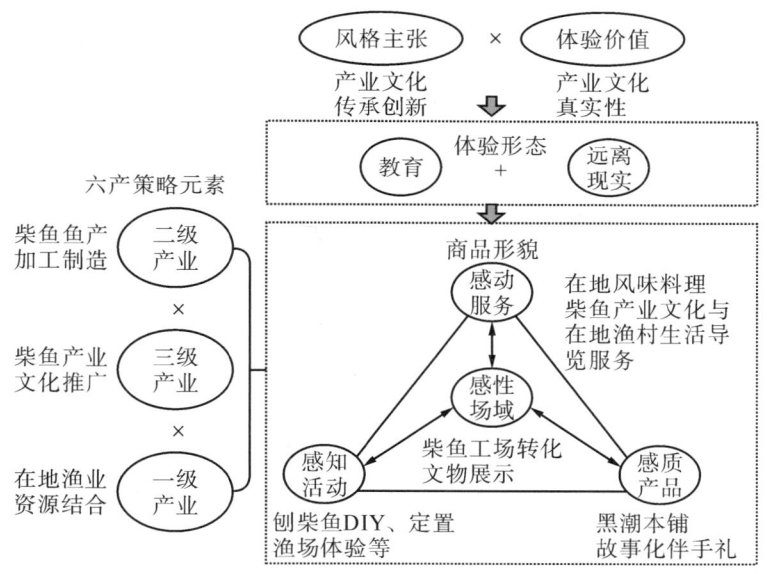

图 3　七星柴鱼博物馆六级产业体验设计策略作法

1.六产策略元素

七星柴鱼博物馆原为渔业加工场，于花莲地区深耕多年产业根基，基于产业文化的传承与创新。六产策略思维，以二级渔业加工产业文化为其核心资源，向后延伸三级博物馆展示服务功能，向前结合在地一级渔业生态，将七星社区滨海渔村风貌、定置渔场等渔业文化整合为博物馆的服务特色，转型升级经营10余年,带动地区产业的共同发展。

2. 生活风格主张:以产业文化情感转型发展博物馆

柴鱼博物馆成立之初,诉求产业文化情感,从既有柴鱼工场转型产业文化博物馆,原是基于产业在花莲深耕20年,如何将柴鱼产业文化,让下一代的社会大众了解产业文化及价值。

3. 体验价值:产业文化真实性的展示服务

柴鱼博物馆经营的价值在于传达产业文化的传承与创新,顾客体验的价值,反映在柴鱼产业文化真实性的表达价值。顾客经由导览参观、现场参与互动,可认识到遵循古法与现代机器制造出产品差异的服务优越性,在现场经由嗅觉、味觉、触觉等,体验到柴鱼味美及产业文化传承与创新。

4. 体验形态:柴鱼文化的教育及远离现实体验

柴鱼博物馆的体验特色,在于恢复渔场的昔日光彩,并让更多人了解台湾与海共生的海洋民族性,以工场的原来结构,将柴鱼烘培烟熏、海洋生态、柴鱼生产、产业生活情境,塑造远离现实时空环境,传达远离都市生活的远离现实体验与产业文化的教育体验①。

5. 商品形貌

柴鱼博物馆诉求传达与海共生的柴鱼产业文化,转型发展的关键要素,在于将柴鱼工场的情境氛围展现出来,柴鱼工场保有的建筑风貌益显重要。

以产业文化博物馆的经营形态,商品形貌以感性场域为轴,设计感动服务与感知活动,触动感质产品的体验消费。柴鱼博物馆的感性场域,保留工场旧址,运用整体性的感官设计,如柴鱼博物馆空间内散发烟熏的柴鱼味,进入柴鱼烘焙室,感受烟雾弥漫的怀旧氛围。馆内展示重点,以花莲在地海洋生态、渔业文化、柴鱼生产、产业生活故事为主,餐饮空间场域呈现渔业文化的渔船、怀旧小铺情境,仿佛进入复刻的渔村生活。

感动服务与感知活动,在于开启参观观众的情感体验,感知活动设计的关

---

① 张淑华:《创意生活产业顾客完整体验模式建构》,台湾艺术大学博士学位论文2012年,第198页。

键要素,考虑多数的游客为家庭旅游,着重亲子互动的游戏设计,借此传达产业文化及亲子教育价值,如刨柴鱼片、拼图游戏。服务人员进行导览解说时,多以趣味性问答,增进观众参观经验;餐饮服务着重在地风味料理,如柴鱼生鱼片等,传达在地热情质朴的感动服务。

感质产品的创意(Creativity)表现,撷取柴鱼产业与在地渔村特性,开发故事化的产品,将在地文化元素趣味化如柴鱼伯、曼波婶、发财猫发展为黑潮曼波品牌的伴手礼,以伴手礼作为参观记忆的纪念品。

(二)The One 南园

The One 于 2002 年成立异数宣言品牌,初期以产品销售为主,于衣蝶百货公司通路等推广。早期经营产品品牌时,经营团队已有朝向生活体验目标发展的想法。策略上,先由产品设计及通路销售打开知名度,进而成立餐饮生活空间如 The One 中山概念店,2007 年经营新竹县 The One 南园,将 The One 南园发展为东方人文休闲客栈。发展模式如图 4。

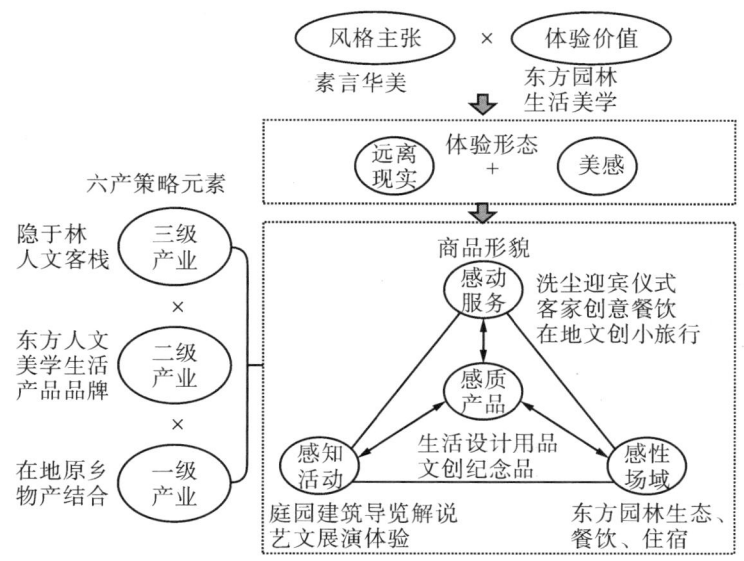

图 4　The One 南园六级产业体验设计策略作法

1.六产策略元素

The One 创业之初,虽以产品设计销售为主,生活风格的品牌发展则为其经营目标,初期先以生活用品结合餐饮服务为试炼,2007 年经营 The One 南园,作为其六产化发展的代表。六产策略元素,以三级服务业为载体,开发五感六觉美感生活的桥梁。产业元素向前整合二级产业的生活用品开发,生活用品以东方人文元素的居家餐具器皿、礼品到伴手礼。The One 南园坐落于乡林之间,运用客家文化特色,将一级农产生态,结合在地文化资源发展文创旅行行程,开发在地食材、当令物产的创意料理。六产的发展策略,展现 The One "素言华美"的生活风格模式,同时也赋予在地产业、文化价值链新意义,带动地区产业发展。

2.生活风格主张:以生活用品与场域精神,经营素言华美风格

The One 南园以追求"和美"的生活为目标,诉求人文的坚持、创意的观点、原创的思维,透过设计价值的具体演绎,融入生活中的物件与场域,扮演实践五感六觉美质生活的桥梁。The One 的产品是生活用品,即是餐宿的体验、生活用品的表现。The One 南园用以实践想要给消费者的生活风格。生活风格可用"素言华美"表达,主张一切"从一开始、风格万象",表现出很多不同的风貌。

3.体验价值:东方人文生活美学

南园的体验价值,透过游园及住宿,让顾客体验到园林建筑、生态的文化价值,传达园林的文化认同感。住宿体验,在于塑造顾客在园林感受到舒适、放松的生活风格特色,希望让客人感受到"原来生活可以这样"的东方人文生活美学。

4.体验形态:以远离现实为主,美感为次,娱乐、教育为辅

南园诉求不同于一般在家里面的体验,其次是环境带给人的感动,经过设计后,园区会有一段时间是除顾客没有其他客人的,可以在一个很特别环境中,没有其他人干扰,体验感受设备或建筑与原野生态。在南园场域,提供都市人远离现实的生活空间,体验建筑文化、自然生态、生活理念的美感,也借由该空间不受干扰的生活环境,建筑人文、生态等内涵,体验在都市中不易体验到的生活美学①。

5. 商品形貌

The One 南园商品形貌,在于传达其"素言华美"的生活风格,以感质产品为轴,经由隐于林的感性场域,设计感动服务与感知活动,让顾客在南园的生活体验剧场中扮演自己的主角。

感质产品,如撷取素有东方君子之称的竹为设计概念,文人将竹比作"贤人君子",形成高风亮节的魅力。美感转化,以竹节意象转化为餐桌上的饮食器皿;赞美竹子的本固、性直、心空、节贞等品格与情操,呈现出竹的素雅宁静美感。创意与工学的展现,表现在竹节杯,透过杯子下半部的中空设计,手握杯子而不会感到热烫感,在收纳部分,杯子可堆栈成竹节状,可节省空间并具趣味感。精致之处,在 The One 的产品材料均为自然材质,强调在地工艺精神,与工艺师合作来突显产品的工艺精致感。

感性场域如同剧场舞台,感动服务与感知活动的设计,作为服务人员与顾客互动沟通的剧本。中国园林建筑元素:亭、台、楼、阁、堂、榭、廊、桥等,是 The One 南园园林建筑的主要形式,在南园不同的空间氛围,发现到南园古迹维护的用心,将拆卸下来的桧木,回收作为门把、窗花转化为壁饰,物尽其用。例如,有着花瓶形状的瓶形门,蕴含着出入平安的象征意义②。客房体验,以减法设计概念为主,让顾客成为南园深夜的主人,27 公顷的园地,仅提供 20 组客人入住,可以充分地自我探索南园文化之美的感性场域。

服务人员于顾客入住时,递上热毛巾,意喻洗尘的迎宾仪式,代表进入世外林园。餐食体验,以传统客家美食为基底,厨师再以东西融合的创意料理呈现,让顾客品尝到在地时令的佳肴,认识到在地的客家美食文化的创意性。服务人员在上菜时借由说菜引导餐具器皿设计概念之认知,例如知竹茶具、如意餐具等,让顾客加深体验到"素言华美"的生活风格,沟通建筑古迹在现代生活

---

① 张淑华:《创意生活产业顾客完整体验模式建构》,台湾艺术大学博士学位论文,2012 年,第 187 页。

② 张淑华、林荣泰:《创意生活产业感性场域与感质商品之体验——The One 南园之个案研究》,(台湾)《感性学报》2013 年 1 卷 1 期。

风华中的感动服务。

园区导览结合感知活动设计,创造令顾客惊喜的接触点,如依园区建筑特色设计对联,引导参与。古筝老师适时地出现在休憩亭中,等候嘉宾莅临,为到访嘉宾弹奏一曲林中乐音,在导览行程让顾客非预期地在小憩时间,欣赏古筝曲乐与大自然对话的美感惊喜。各式活动如寻宝记、工艺创作体验的设计,开启顾客在此园林中的感知力。

前述两个案例六产化策略作法,传统产业转型升级的七星柴鱼博物馆,以生产制造积累的渔业产业文化,诉求文化推广教育,透过博物馆展示的趣味性,延伸参观者在趣味创意的感质产品消费。关键要素在于保留产业文化遗迹(二级制造业),运用复刻文化的展示及休憩(三级服务业),联结在地渔村生态资源策略合作(一级渔业),创新产业文化的新价值。生活风格创业的The One南园以"隐于林"的人文休闲客栈,塑造一个远离现实的生活体验,透过餐饮、住宿、艺文体验等,延伸创造游园或住宿客人的感质产品消费。关键要素在于提出一个生活风格的休憩品牌(三级服务业),掌握生活设计产品开发(二级制造业),发掘在地客家文化、农产生态等真实性元素(一级农业生态),创造产品服务的策略合作价值。综整两个不同发展模式案例,显示在地人文地产资源的结合,对于文化经济活动,可创造出高附加价值的营运模式。

五、未来发展趋势

创意生活产业推动至今,反映出台湾因应经济结构变迁挑战的产业创新政策及人们生活素养提高对于产业转型升级的影响性。面对文化经济的大势所趋,展现台湾在地产业创新的随波不逐流风格。

(一)创意生活产业智慧资本输出,展现生活品牌竞争力

创意生活产业贩卖的是生活风格的体验,对于生活品位或异文化人士具有相当的吸引力,展现台湾在地的生活产业特色。推动以来,已臻成熟的中大型事业,品牌扩展方面朝向连锁不复制或新事业开发,如薰衣草森林集团的缓

慢民宿至日本北海道设立、The One 至中国大陆北京设点等。对于成熟型创意生活事业的推展,以台湾为营运总部,除了开拓外地来台的休闲消费市场外,创意生活产业经营的智慧资本输出,发展品牌国际化、经营在地化的智慧财,可期创造下一波的生活竞争力。

(二)跨业整合地区特色资源,创造区域产业优势

源自在地特性发展的创意生活产业,在各地方多为具代表性的事业,创意生活产业的在地价值链,可从创意城市角度,加强与在地不同特性的资源融合,如艺术文化、餐饮美食等形成合作价值网络,创造合作综效的区域产业优势。

(三)在地产业学研合作,培育整合型产业人才

创意生活产业多数是中小企业,影响事业创新发展的策略规划整合人才,专业知识涉及范畴广泛,往往面临力有未逮缺憾,难以持续创新生活设计产品与服务。近年来,部分大专院校开设相关科系或课程,但仍多于大学的基础课程,关于产业人才的培养,宜运用在地大专院校资源,长期产学合作培养专业人才,使产业竞争力扎根发展。

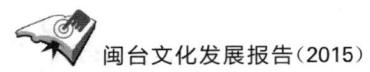

台湾近代制糖产业遗产活化
——以蒜头糖厂暨周遭制糖产业遗产群为例

王新衡*

摘　要： 自明清时期，台湾制糖产业即十分兴盛，特别是南台湾以砂糖为主要贸易输出的经济产物。日据时期，日本企业大举来台投资，吞并本土糖商建立大型糖厂促使糖业生产近代化，也带动台湾基础设施改革与产业革新。台湾光复后，国民政府全盘接收制糖会社资产并持续营运，但80年代后期国际糖价崩盘导致糖厂陆续关闭，台湾制糖产业荣景不再。近年来，各地糖厂、制糖铁道与甘蔗农场配合地方发展快速变迁，以嘉义县蒜头糖厂为例，糖厂规划为蔗埕文化园区、制糖铁道成为绿廊带与自行车道、甘蔗农园成为重要都市计划区域与开发地区。本文将探讨蒜头糖厂制糖产业遗产的整体变迁与再利用，分析制糖产业遗产保存的特征与课题。

关键词： 蒜头糖厂；蔗埕文化园区；制糖产业；产业遗产

---

* 王新衡，辅仁大学博物馆学研究所项目助理教授，主要研究历史城区保存、博物馆学、都市计划与社区营造。

一、台湾近代制糖产业发展与制糖产业遗产保存

(一)明清时期台湾传统制糖产业

约莫自 16 世纪,甘蔗种植技术自中国传至台湾,小型产糖工坊生产的砂糖为台湾主要的外销经济产品。这类型的工坊称为"糖厂",是以稻草屋棚搭建的熬糖工坊,每年初冬到隔年春季为甘蔗采收季节,也是制糖生产的旺季(又可称为"厂动")。17 世纪,荷兰东印度公司占据台湾后发现,南台湾气候与爪哇类似,因此积极推广蔗糖生产并促成明末大批移民前往台湾从事生产。当时大部分的砂糖销往中国与日本,也成为台湾经济发展主力。郑成功治台时期,延续制糖产业并颁布新的糖业奖励规则。1858 年《天津条约》签订后,美国商行在台湾高雄设点输出砂糖,其后英国商行与澳洲商行等国际企业陆续来台从事砂糖的输出贸易,台湾便以制糖产业于国际贸易中立足。[①]

16 世纪起,台南为台湾首府,也是糖业发展的重心。北侧的嘉义与云林地方,逐渐成为台南北侧重要砂糖集散地;南侧集散地则以高雄为中心,扩散至凤山与阿公一带。以南台湾为主的糖厂曾多达千余座,是地方产业的金鸡母,也是促进聚落发展的动力。台湾开放通商口岸之后,欧美资本导入台湾制糖业,台南与高雄成为制糖业的国际贸易据点,长年来肩负为台湾贸易赚取输出顺差的重责。位于广大农村地区为数众多的糖厂支撑农业小型聚落发展,至今仍有许多地名保留"厂"字。河海港与内陆产业集散地也成为糖业贸易据点,周遭集结了糖厂,促进了聚落快速成长。换言之,糖业聚落与集散地体现糖业生产贸易与地方发展紧密结合之关系,糖业不仅是赚钱的产业也代表开拓地方的原动力。

---

① [日]佐藤吉治郎:《台湾糖业全志(时代篇)台湾糖业发展全史》,台湾新闻社 1926 年版,第 1~2 页。

(二)日据时期近代制糖产业近代化发展

19世纪末,台湾糖业因国际政治与经济因素一时衰退,此时恰巧英商从福建引入茶叶并以台北大稻埕为主的北台湾发展茶业,不仅让商家富有,更逐渐取代制糖业的地位。此时,台北的茶叶经济重要性逐渐超越南台湾制糖业,成为近代台湾产业发展的象征。但是日据时期的台湾总督府效法欧美帝国殖民主义,于热带国家广为投入蔗糖生产,例如美国与古巴、英国与印度等案例。为复兴台湾制糖传统,据台初期即邀请新渡户稻造汇整《台湾糖业改良意见书》,发现蔗园荒废与制糖产量减少的主因如下:(1)台湾割让日本后制糖贸易商人大量返回中国大陆;(2)日据初期政情混乱劳动力匮乏;(3)土匪暴行频发导致蔗园与糖厂荒废;(4)日军为讨罚土匪避免其躲避蔗园,道路两侧150 cm以内禁止种植甘蔗,导致甘蔗产量减少;(5)台湾总督府课税较清朝重,抑制糖业生产与贸易;(6)制糖利益为到糖商独占。① 1901年,新渡户稻造担任殖产课长,隔年升任精糖局长并发表《糖业改良意见书》,确立糖业政策补助与奖励办法,邀请日本大企业来台投资建立最新科技的大型糖厂,促使台湾糖业近代化从而快速提高制糖产能。

三井财团亦受台湾总督府邀请来台开办制糖公司,于台南厅高雄北部"桥头"地区成立"台湾制糖株式会社",从夏威夷引入最先进的制糖机具与建厂技术,开办台湾第一座近代制糖工厂"桥仔头糖厂"。台湾总督府颁布《糖业奖励规则》与《制糖场取缔规则》后,促进日商与台湾本土糖商开办近代化糖厂与改良糖厂。但是以本土糖商为主的改良糖厂,经过日本大致糖公司的并吞合并后,改建为现代化的大型糖厂。在台湾总督府有计划地强化台湾制糖业下,1930年代台湾砂糖产量曾高达世界第三,且维持长年第四位的佳绩,成为世界上制糖生产密度最高的地区。台湾光复后总计有42座近代糖厂被接收,持续支持着台湾战后的经济复甦与城乡再发展。

此外,糖厂的甘蔗原料与制糖成品以高密度制糖铁道网连结纵贯线铁道

---

① [日]矢内原忠雄:《帝国主义下的台湾》,岩波书店1934年版,第60页。

运送,完全性地改变自古以河运为主的物资运送模式。纵贯线铁道与制糖铁道联结下,铁道与车站成为各地物产新的集散地,周边地方则因产业聚集与人口移入等因素,纵贯线铁道车站迅速发展出新兴城镇。拥有上千座散布于中南部的传统糖厂的生产体系快速崩解,不只影响制糖产业聚落,更冲击集传统散地城镇,造成人口与劳动力流失,促使台湾城乡结构急遽转变。

(三)台湾制糖产业衰退与制糖产业遗产保存课题

台湾光复后,国民政府颁布"收复区敌伪产业处理办法",透过"资源委员会"将日据时期的公私财产全数接收。国民政府于"台湾省行政公署"旗下设置"糖业接管委员会",将台湾制糖、大日本制糖、明治制糖、盐水港制糖等四大制糖会社与其他小型制糖公司的工厂、铁道与农地等统合成为"台湾糖业有限公司"(以下简称台糖)。由于二战时许多糖厂受到美军轰炸严重受损,国民政府积极复原各地糖厂生产效能,维持大部分糖厂生产与制糖铁道运行。甘蔗农场部分,总计约 24 170 公顷土地释放给农民、政府单位用地、军方用地、公共建设用地。① 战后初期台糖始终是台湾规模最大的公司,支撑台湾经济发展,制糖铁道则成办郊外农村地区重要的公共交通,不仅载运制糖物资,还运送各地农产与工业产品。数量众多的甘蔗农园为国民政府提供了接手治理台湾所需的多样化的机关用地与公共建设土地。

然而,到了 80 年代,国际砂糖价格崩盘,台糖因成本考量不得不陆续关闭糖厂。为寻求产业转型,台糖于 1990 年成立"土地开发处",2004 年成立"休闲游憩事业部",企图发展休闲游憩事业②,期待以既有资源与制糖产业遗产的活化,促进闲置农地与厂区活用,结合地方观光休闲需求,发展既可保存糖业历史文化又具备教育及休憩功能之观光休闲园区。目前,作为制糖产业文化资产活化的糖厂有月眉糖厂、溪湖糖厂、蒜头糖厂、乌树林糖厂、桥仔头糖厂、仁德糖厂、花莲糖厂……以文化园区的规划手段将厂房开办为糖业历史文

---

①② 台湾糖业公司,《台糖土地之经营管理及利用策略》,台湾糖业公司 2009 年印行,第 3~10 页。

化与艺文展演空间,制糖铁道火车则持续运转供民众体验。

二、蒜头糖厂保存再利用:蔗埕文化园区

(一)蒜头糖厂保存与环境整备

以云嘉南地区为例,嘉义县有明治制糖会社的"蒜头糖厂"(1911年建厂)、东洋制糖会社的"南靖糖厂"(1909年建厂)、新高制糖会社的"大林糖厂"(1913年建厂)等三座糖厂。其中蒜头糖厂位于甘蔗原料采取区域中心地带,不仅可缩减甘蔗采收时间,利用周围的河流作为工业用水。糖厂附近皆有重要聚落,工厂与甘蔗农园提供足够的劳动力。曾是明治制糖会社砂糖生产量最大的蒜头糖厂有"明治宝库"的荣称,战后则有"台糖宝库"之称,这座曾经的全台湾第三大糖厂却因2001年台风来袭破坏制糖设备而废弃。为了保存再利用制糖产业遗产,糖厂于2002年规划为"蔗埕文化园区",民众可免费入园参访。园区内完整保存厂房、机具设备、办公室、仓库群、制糖铁道等关连遗产,工厂庭院也规划为公共空间与绿地公园。工业遗产再利用方面,主是要是厂房部分改成展示步道以供参访。仓库空间则多样化活用,作为历史展示资料馆、卖店、剧场等,亦改建出一处展演台湾糖业发展与蒜头糖厂历史的展览空间。制糖列车则作为观光列车再利用,动态保存活用制糖铁道遗产。由此可知,蒜头糖厂可算是台糖于云嘉地区主要的糖业类文化园区,是展演嘉义县制糖产业历史文化的重要据点。

蒜头糖厂园区开发与环境整备方面,2002—2005年,蒜头糖厂再生事业的总经费约2亿元,陆续整修项目有大门改建、老榕园、厕所、农特产展售中心、黑糖园咖啡简餐馆、车站、五分车车厢及铁轨、机车头、号志等整修、铁道文物馆、烤肉土窑区、冷饮冰品卖店……2006年起,总经费约7 000万元的景观工程分为三部分施工,第一期整理介寿桥朴子溪沿岸,进行4.4公顷湿地水质净化与景观工程。第二期着力打造约1.6公顷的朴子溪生态列车,于厂区西侧增设生态教育园区。第三期将厂区西侧6栋闲置的仓库整修并活化,设置

多媒体展示馆、环保生态展示馆、资源回收展示馆、生态复育展示馆、水质处理展示馆、环保艺术工坊等环境教育展演空间。

此外,蒜头糖厂完整保存了制糖机具设备,可诠释糖业生产的流程,巨大的厂房与高耸的烟囱也是重要的工业地景与地标。工场遗址再利用呈现多元主题,铁道以动态保存,联结工厂设施陈列、园区内外部地区。换言之,蔗埕文化园区以"类博物馆"手法,将蒜头糖厂的历史文化解构为"糖业生产""铁道设施""传统建筑""可运行产业列车""历史人文",入园观众可充分理解砂糖生产的流程与整体产业系统。

图1 蔗埕文化园区正门

图2 蒜头糖厂房外观

(二)蔗埕文化园区之特征

1.云嘉地区唯一的糖厂文化园区

蒜头糖厂为云林与嘉义地区唯一可参观制糖机具设备与体验制糖铁道的文化园区,制糖遗址纹理完整保存,透过制糖流程专业导览充实制糖教育与倡导机能[①]。由此可知蒜头糖厂是台糖于云嘉区的重点保护糖厂,完整的制糖遗产群规划为大型文化园区推展嘉义县观光休憩产业。

2.配合地方观光政策下的文化园区经营

2001年起,嘉义县政府以"观光发展"为主要发展方向,透过大型主题活

---

① 目前台糖旗下经营管理糖厂中,规划为糖业文化园区者仅有桥子头糖厂、大和糖厂(花莲光复)、大甲糖厂、溪湖糖厂、蒜头糖厂等五处。

动与庆典,企图抑止人口流失并期待地方活化。近年来,蒜头糖厂及其周边甘蔗农场举办的大型活动有"社区总体营造全台年会(2003年)""南台湾爱情护照——嘉义县蒜头糖厂浓情蜜意(2004年)""嘉义诸罗记——五馆联展之蒜头糖厂佳邑馆健康看我嘉(2005年)""回嘉真好——等嘉乡记情五分车怀旧之旅(2006年)""2007年台湾灯会"①。近年来,蒜头糖厂与周边农场废耕地成为嘉义县大小文化活动的主要场地,也是地方观光休闲活动的核心地带。糖厂对面的故宫南院,同样利用废弃甘蔗农园而兴建,将成为嘉义文化观光发展的核心据点。

3.产业建筑再利用与公共空间创出

蔗埕文化园区除了经常性配合地方政府文化观光政策外,也积极与多元组织合作。例如由嘉义县政府文化局、环保局、六脚乡公所共同合作的朴子溪生态园区、自行车道、公园广场,皆是大规模活用蒜头糖厂遗迹与遗构,也得到行政院财政部国税局与体委会的补助,改善了园区观光服务设施,利用制糖铁道建造嘉县自行车网络。经由多方合作,蒜头糖厂原来较封闭的厂房和生产空间得以良好利用,转化为结合历史文化、观光休闲、环保教育的学习体验空间。由于入场不收费且部分活动仅收取少许费用,蔗埕文化园区不仅已成为嘉义县重要的观光景点,更是社区住民日常生活重要的公共空间,具有极高的公共性特征。

---

① 陈虹廷:《城镇发展下的连结与解散——蒜头糖厂地景变迁与空间再结构》,南华大学硕士学位论文2008年,第119页。

表 1　蒜头糖厂制糖产业遗产再利用方式

制糖产业遗产		再利用方式
蔗埕文化园区	糖厂建筑与设备	为台湾少有的糖厂建筑与机械展演空间，呈现完整的厂房与机器设备，让入园观众可理解制糖生产线中甘蔗原物料转变为砂糖产品的流程。
	制糖铁道关连遗产	台湾少有的制糖铁道动态保存案例，制糖列车持续以观光列车模式运行，让观众参观"机关车、轻便车、巡道车、饲料车、糖蜜车、板车"等不同列车类型，同时可搭乘体验制糖铁道遗产。除了铁道遗产参访，乘客还可沿途参访当地甘蔗农园与田园景观。
	仓库群	设有文物馆，展示各种传统制糖工具、铁道运输设施、农业机具设备展、照片与地图。大部分仓库空间为食品商店与临时性特卖场为主，2012 年加入表演活动演出。
	办公室与近代建筑	日据时期的事务所持续作为台糖办公室使用，糖厂农务科办公室则作为"黑糖园"餐厅活用，为园区内主要的餐厅。2011 年起故宫南院办公室借用"甘堂"近代建筑办公，介寿堂则尚持续作为活动场所，周遭建筑也配合园区提高工厂村社区生活质量。
	日式宿舍群	日式宿舍群与部分近代建筑群虽然仍闲置中，但近年经常为电视电影拍片取景场所。然而日式宿舍群至今尚未有具体的活用政策，老化课题十分严峻，甚至部分被园区拆除。
	公共设施与遗构	八角壁角楼防空洞、神社遗址、老树……皆是重要的文化资源，已成为园区主要的公园绿地，也是住民生活中重要的公共空间。
朴子溪生态园区	工厂外侧的自然环境	园区北侧的朴子溪左岸堤岸周边土地，配合嘉义县政府朴子溪流域水质改善暨生态园区政策，规划为"朴子溪生态列车文化馆"与"朴子溪高滩地生态园区"。借由朴子溪流域丰富的自然生态资源结合制糖文化景观，创造出学习生态环境的亲水空间。
	工厂外部的制糖铁道	除了东侧部分铁道作为观光列车动态保存外，其他铁道路线设置自行车道，利用原有的制糖铁道路线与既有道路规划自行车道，连结六家佃长寿桥通往朴子溪堤防，途中穿越蒜头、蒜东、蒜西、潭干、溪厝、正义等村落，最终可达西侧海岸的东石渔人码头，全长 25 公里车道连结各地自然与人文资源。

资料来源：笔者根据调查资料整理。

图3 厂房内部机具设备

图4 厂区制糖铁道遗址

图5 甘堂近代建筑

图6 厂区仓库群

图7 厂区内日式宿舍

图8 制糖列车作为观光列车运行

三、蒜头糖厂周遭制糖铁道保存再利用

(一)民众主导下的制糖铁道保存运动——以顶菜园地区为例

1990年嘉义县新港车站铁道遗构的保存运动是台湾最早的民众主导式制糖铁保存案例,至今还深刻影响嘉义与台湾各地制糖铁道的保存和再利用。90年代起嘉义各地民众主导下制糖铁道保存运动中,社区住民以自发性投入经费与人力,将铁道与车站再利用为公园绿地与历史展示空间。以蒜头糖厂北侧新港乡顶菜园地区的制糖铁道保存与车站的复原为例,主要是2004年由陈明惠带领地方住民进行。在没有任何资金补助下,仅靠该协会成员带领地方住民完成制糖铁道保存工作。社区住民从清除制糖铁道的覆土与杂草开始,整理铁道沿线的环境进行美绿化工作。例如庭园的设置、凉亭的建构、诗巽的设立等,从废土杂草与垃圾堆中挖出铁道,充分活用制糖产业历史文脉与空间。此外,还复原了板头厝车站作为地方发信与展演中心,一旁设置月台意象地的社区活动空间。

2007年顶菜园社区发展协会将东西向的制糖铁道北港线串联地方的历史文化资源,称为"精彩一条路"的人行步道,沿线设置以公共艺术与绿廊带。沿制糖铁道的人行步道网络跨越社区,地方历史文化得以保存外还促进观光产业发展。2010年该协会再透过南北向制糖铁道仓仔线,向南通往蒜头糖厂与故宫南院,称之为"精彩二条路",更拓展地方制糖铁道再利用网络。顶菜园地区是台湾第一处在地社区主导跨区域制糖铁道保存再利用案例,观光发展主要借由制糖铁道连结嘉义县与云林县以及周遭两个乡与六个村落,形成从制糖铁道网状连结面状发展的社区营造与文化观光发展。

(二)地方政府主导之制糖铁道活用

1.作为自行车道活用

受到90年代新港地区住民主导制糖铁道保存运动的影响,2003年嘉义

县政府完成"蒜鳌制糖铁道再生计划",将蒜头糖厂北侧越过朴子溪的部分制糖铁道设置为自行车道。2005年完成蒜鳌铁道再生计划,建设全长6.1公里的自行车道。沿线中的月台、农会与公有地等,加以整备成为休憩据点与旅客中心。虽然仅有朴子溪北堤到十字桥的部分为制糖铁道,然此计划却是嘉义县政府首次正式将跨区域制糖铁道规划为自行车道的案例。其后又设置了绿线与紫线的自行车环状线,扩大了嘉义县制糖铁道再利用。

蔗埕文化园区作为制糖铁道再利用的中心地位,绿线与紫线自行车道环状线的起终点皆为蒜头糖厂。然而,其中紫线大部分是沿着制糖铁道所设置,嘉义北侧的绿线还串联起大林糖厂与山区阿里山铁道,嘉义西南侧的紫线则串联南靖糖厂与西海岸的渔港文化景观。

2.作为都会公园的活用

1911年通车的制糖铁道朴子线全长约24.8公里,连接"蒜头糖厂""嘉义车站"与西海岸的"港墘",是嘉义西侧农渔获载运至嘉义市与纵贯线铁道的重要通道。然而,朴子线载客业务于1980年停止,载蔗业务则于1999年终止,随后不久蒜头糖厂就把铁轨拆除。有鉴于铁道空间成为脏乱空间,在嘉义县政府与朴子市公所的主导下,2004年将朴子线于朴子市区内的1 250米部分路段,进行"朴子铁支路公园"绿美化工程,沿线设置植栽、人工步道、凉椅、夜间照明设施等。这条运载着嘉义人们共同记忆的制糖铁道,现今已转换为城镇中最重要的绿色廊带,肩负社区日常休憩的公共空间。

图9 板头车站与制糖铁道利用

图10 义竹车站作为自行车道休憩据点

图 11　铁道路线作为自行车道　　　　图 12　朴子铁支路公园

四、蒜头糖厂周边废弃蔗园之活用

蒜头糖厂周围的甘蔗农园废耕地，主要有蒜头、东势寮、马稠后、太保等四大农场，近三十年来逐渐被规划为嘉义县治都市计划区（嘉义县政府机关用地）、故宫博物院南部分院、高铁嘉义站、长庚医疗专用区、大专院校文教特区、马稠后工业区等，逐年建构成为嘉义县重要都市计划与大型公共建设。由此得知，蒜头糖厂腹地广大的甘蔗农园废弃后，长年成为嘉义县政府取得机关用地与都市发展用地的首要考量，且如此大范围又完整的土地开发成县政中心更是近年少见。特别是1986年颁布的"嘉义县治"都市计划中，设置嘉义县府各局处办公大楼、大型体育馆、都会公园广场、宽广都市计划道路，让原为农业聚落的此地摇身一变成为嘉义县重点开发区域。① 高铁嘉义站的设立，促使转变为交通建设发展与嘉义转运站的核心，使其地理区位重要性快速提高。

1."嘉义县治"都市计划

1986年，嘉义县政府为配合县府所在地之迁建，拟订"嘉义县治所在地细

---

① 《拟定所在地细部计划案》(1986年11月07日)，嘉义县政府档案，档案号：府建都八三九八六号。《变更嘉义县治所在地细部计划（机关用地（六）为产业专用区）》(2014年9月18日)，嘉义县政府档案，档案号：府经城字第10301373081号。

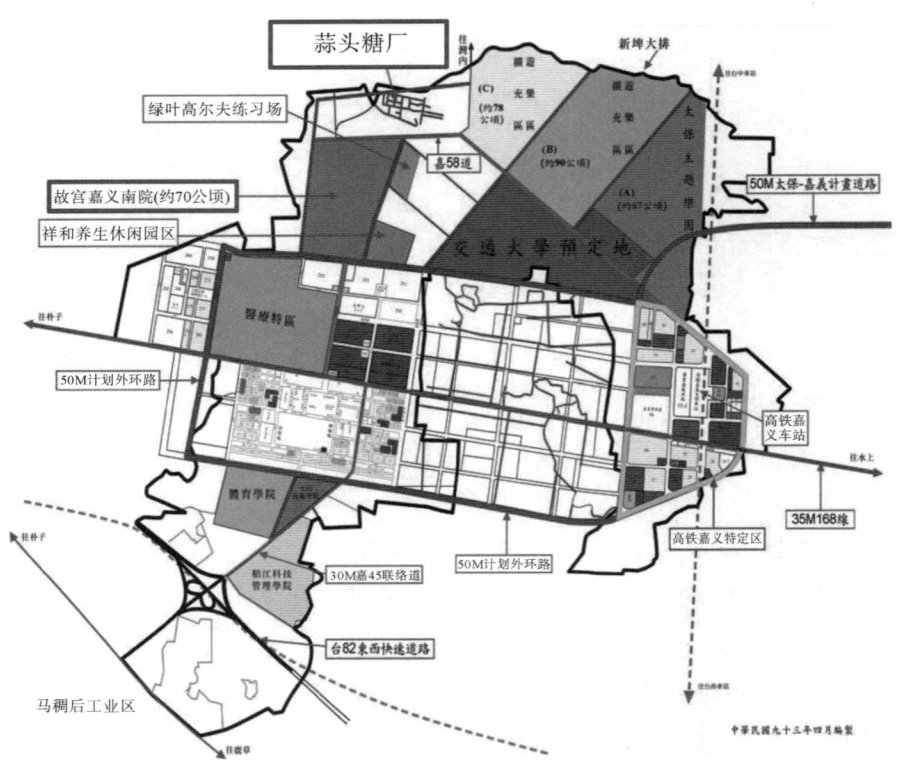

图 13　蒜头糖厂原甘蔗农园废耕地之土地使用规划示意图①

部计划",计划利用东势寮农场中的 200 公顷作为嘉义县政府机关用地。该地位于蒜头糖厂南侧,原台糖蒜头畜殖场附近。嘉义县政府分别于 1992 年与 2004 年经过两次通盘检讨与数次修正,现阶段已有的土地使用计划面积为 109.59 公顷,主要由 8 处行政区约 15.69 公顷、住宅区 76.62 公顷、商业区 4.05 公顷、农业区 12.37 公顷……计划用地。嘉义县治都市计划年期预计于 2020

---

① 《拟定嘉义县治所在地细部计划书》(1986 年 10 月 30 日),嘉义县政府档案,档案号:府建四字第 157828 号,第 6 页。

年完成所有规划,计划人口 2.4 万人。① 目前嘉义县治已成为嘉义县政治中心,虽然周边还未形成大型城镇,但是因为政府机关林立、大学、大型医院与公共设施等的设立,近年已成为嘉义县最具规模与发展潜力的新市镇。

2.高速铁路特定区计划

1996 年,行政院交通部申请"拟定高速铁路嘉义车站特定区计划"经内政主管部门区域计划委员会审查后,于 1999 年发布实施并将原计划纳入"拟定高速铁路嘉义车站特定区细部计划",确实执行管制要点、事业及财务计划及都市计划等。② 计划面积 135.22 公顷,计划目标年期至 2021 年,计划人口 2 万人,共划设住宅区、商业区、产业专用区、高铁车站专用区、灌溉设施专用区等土地使用分区。③ 计划预估开发土地面积 157 公顷,主要连结嘉义县首善之都太保市与县治计划区,运用高铁与周边转运站交通系统之便,打造转运中心、商业服务区、休闲游憩区与居住生活区等。

3.故宫博物院南部院区

故宫博物院南部院区简称故宫南院,紧邻蒜头糖厂南侧,腹地广达 70.3 公顷,除了展览场馆以外还设置主题园区与大规模人造池等景观工程。故宫南院设置除了可解决台北正馆展览空间不足课题以外,主要还是 2000 年民进党执政后为解决南北平衡与故宫本土化政策所衍生的扩展计划。故宫南院强调亚洲文化展演,积极与亚洲各国合作,策展以亚洲为主轴的历史文化展示,将成为南台湾规模最大的博物馆。

4.周边土地使用计划

县治计划区北侧 230 公顷的"长庚医疗专用区",1998 年通过都审后大幅

---

① 《变更嘉义县治所在地细部计划[机关用地(六)为产业专用区]》(2014 年 9 月 18 日),嘉义县政府档案,档案号:府经城字第 10301373081 号。《拟定嘉义县治所在地细部计划书》(1986 年 10 月 30 日),嘉义县政府档案,档案号:府建四字第 157828 号,第 6 页。
② 《变更高速铁路嘉义车站特定区主要计划(第一次通盘检讨)书》(2014 年 5 月 21 日),嘉义县政府档案,档案号:府经城字 10300873031,第 1 页。
③ 《变更高速铁路嘉义车站特定区主要计划(第一次通盘检讨)书》(2014 年 5 月 21 日),嘉义县政府档案,档案号:府经城字 10300873031,第 5 页。

解决云嘉义区医疗资源不足问题。县治计划区南侧的"大专院校文教特区"集结了台湾体育学院、大同技术学院、稻江科技暨技术学院三所大学在此设立嘉义校区,交通大学嘉义校区还在审核中,未来将有效打造为大学城增加城市活力。更南侧则有"马稠后工业区",占地近578公顷,2010年3月底获"国科会"正式核定编入南部科学工业园区中,成为嘉义县最重要的科学工业园区,建构为高科技产业发展核心地带。

五、台湾近代制糖遗产活用与转型概要

从前述台湾整体糖业发展盛衰,与台湾糖业发展缩影的"蒜头糖厂及周遭地区制糖产业遗产"的活用,可将台湾近代制糖产业遗产的变迁归纳为三个时期:日据时期以前(1945年以前)、1945—1984年、1985迄今。台湾整体的制糖产业遗产之变迁如下表所述,日人延续台湾的制糖历史并效法欧美殖民地经营,大举发展砂糖生产以供国内市场,大规模制糖会社建构高密度大型糖厂、铁道与蔗园。台湾光复后,国民政府持续制糖产业与相关资产的运作,糖厂生产仍是经济发展主轴、制糖铁道持续载运人员与物资,蔗园除了供应砂糖原料还可作为国民政府治理台湾时土地使用弹性调拨的筹码。

80年代以降,台湾糖业已成夕阳产业,糖厂逐一关闭造成制糖资产与设备长年废置,于各地形成土地荒废与环境景观管理上的严峻问题。在台糖企业经营上与政治派系影响下,台糖土地管理始终为人所诟病并力图寻求改善。下表江制糖产业遗产的"产业系统"分类为"糖厂(生产区)""铁道(运输区)""蔗园(原料区)",概述于各个时期所产生的发展与变迁。

表2 制糖产业遗产的变迁

制糖产业遗产	日据时期以前（1945年前）	1945—1984年	1985—迄今
糖厂（生产区）	1.促使制糖产业近代化与台湾整体产业革命。2.地方基础建设全面近代化，水利、电信、交通……3.成为台湾经济发展主轴并促进各地就业与在地产业发展。4.糖厂内的职员宿舍聚落与周边城乡逐渐兴起。	1.接收日据时期糖厂并持续作为台湾主要经济发展重心同时设立台湾规模最大的公司"台糖"。2.70年代以降台湾制造业与科技业蓬勃发展让制糖产业已不再是经济重心。3.因应国际糖业变迁80年代后从35座糖厂调整至25座。	1.因为世界糖价崩盘造成1985年代起糖厂砂糖生产快速减少。2.至今2015年仅剩虎尾与善化糖厂仍持续制糖。3.许多废弃的糖厂因台糖主导或委托民间单位活化再利用为糖业博物馆、文化园区与公园绿地。
铁道（运输区）	1.运送各地甘蔗、旅客与物资特产且为地方主要交通设施。2.促进地方交通近代化让铁道与巴士的交通系统联结。3.造成人口与物资借由制糖铁道集中至纵贯线铁道再运送至台北与高雄。	1.持续运送甘蔗与旅客肩负地方主要交通系统。2.曾作为政治宣传工具并南北串连成南北线作为战备铁道使用。3.巴士与道路系统逐渐取代制糖铁道致使其营运逐渐困难。	1.随着糖厂陆续关闭造成制糖铁道运行停止。2.90年后以嘉义为开端的住民主导铁道保存运动促使政府正视保存问题。3.制糖铁道以步道、自行车道与绿廊带活化并串联各地文化资源。
蔗园（原料区）	1.日本制糖会社半强制征收农民土地规划会社持有之大型甘蔗农园。2.大规模甘蔗农园促使地方农业发展、农业机具与水利系统近代化。3.制糖会社持有之大规模农地阻碍人口聚集与城镇发展。	1.由台糖全盘接收日本企业旗下甘蔗农园成为拥有最多土地资本之企业。2.配合国民政府接收治理台湾部分农园转为军事、国家安全、都市计划与公共机关用地。3.为弥补农民被日人半强制征收农地而部分释出回归农民。	1.甘蔗农园废耕地长年废弃形成资产闲置问题。2.配合台糖产业转型部分作为畜牧养殖、花卉种植、精致农业……转用。3.台糖与各地方政府合作以都市计划变更与共同开发为前提释出部分废耕农地。

资料来源：笔者根据研究资料整理。

六、结　论

　　蒜头糖厂及其周边的制糖产业遗产的变迁可说是台湾糖业发展史的代表，废弃糖厂再利用为蔗埕文化园区，成为嘉义县重要的观光据点。周遭的制糖铁道网络在长期废置后，由住民主导保存运动诱发地方政府重视，迫使台糖让嘉义县府与社区代为管理，进而借由制糖铁道历史路径活用成为绿廊带与自行车道。制糖铁道网以蒜头糖厂为核心，联结嘉义县各地文化与自然资源，形塑为观光客参访路径与社区住民休憩空间。甘蔗农园废耕地于1980年代即逐步释出作为嘉义县政发展核心，利用紧邻于蒜头糖厂的四大农场，打造县治都市计划区、高速铁路特定区计划、故宫南院、医疗特区、大学文教区、科技园区等，建构嘉义县府新城镇、大规模公共设施与大型文化馆舍。

　　由此可知，借由制糖产业遗产促使地方历史文化的串联，确认嘉义县自明性与文化个性。同时透过台糖废耕蔗园开发设立高铁嘉义站及嘉义县治打造新都心，进而产生公共建设的群聚效应。然而，制糖产业遗产保存方面，吾人应重视原料区、运输区与生产区所构成的"产业系统"完整保存。受到保存活用的蒜头糖厂、制糖铁道与部分蔗园受到保存，至今仍可诉说着四百年来近代制糖产业支撑台湾整体经济的荣景。配合台糖产业政策与地方政府观光休憩建设下，制糖产业遗产群多样化的活用，让嘉义县逐渐脱离长年为嘉义市次等生活圈的窘境。未来，台糖将更应尊重糖厂遗址工业发展纹理，确实保存厂区厂房、宿舍、近代建筑等工业地景完整性，强化与制糖铁道联结并扩大民众参与。地方政府则应持续监督制糖产业遗产保存与文化资产指定工作，避免滥用台糖土地。总而言之，活用制糖遗产土地之同时，更应理解与保存制糖产业历史的脉络，避免只为不动产开发破坏遗产如此杀鸡取卵的错误，方能将制糖产业遗产成功转化为城乡进步的驱动力、保存历史文化拓展观光发展，兼顾住民需求提升社区生活质量。

鼓乐文化与园区经营
——台南十鼓文创园区

谢 十 陈禹安 吴俞萱*

摘　要： 台湾十鼓击乐团有许多成功的展演经历，独树一格的音乐创作曾获得格莱美奖入围奖、金曲奖、美国独立音乐大奖等音乐奖项的肯定，闻名国际。十鼓文创园区则是由十鼓击乐团所打造、以传统鼓乐为主题的国际艺术村。2005 年，十鼓击乐团承租台湾糖业仁德糖厂的闲置空间，将废弃厂区和仓库整理建设成为十鼓文创园区，希望将此处打造成为鼓乐文化薪传的基地，作为台湾南部文化交流、体验与表演艺术的国际平台。本文概述十鼓文创园区的发展现况，讨论重点为十鼓击乐团的经营理念以及如何活化文化资产。十鼓文创园区虽然是民间表演艺术团体经营的场域，但在近年台湾各界对文创园区的功能争扰不断的情况下，作为闲置空间活化以及国际艺文交流平台的成功案例而引起关注，对十鼓击乐团的成功经营并发挥影响力进行讨论，或许有助于我们重新思考文化创意园区的定位。

关键词： 十鼓击乐团；十鼓文创园区；闲置空间再利用；艺术村

---

* 谢十，十鼓击乐团团长，十鼓文创园区负责人；陈禹安，台北教育大学文化创意产业经营学系研究生，主要研究艺文空间经营；吴俞萱，台北教育大学文化创意产业经营学系研究生，主要研究文创园区经营与管理。

一、概　述

十鼓文创园区（原十鼓文化村）位于台南市仁德区，原址是废弃的糖厂。十鼓击乐团于2005年进驻，建构了文化艺术与在地的连结，除了击乐团成员投入台糖旧糖厂的文化资产保存，且以创作、文化推广、表演艺术，使仁德糖厂的文化内涵发扬光大。2007年起常态开放，与台南当地奇美博物馆、保安车站、虎山农场、台南都会公园一起成为仁德文化园区，成为南台湾的艺文新地标。

十鼓击乐团成立于2000年春天，创办人谢十有感于台湾千百年来的鼓术一直都没有自己的根，外来的鼓乐很多，但都只是一昧的模仿，缺乏独特的精神，努力打造一套真正属于台湾的鼓术音乐系统，遂以"传创台湾本土文化，发扬鼓乐艺术薪传"为其乐团发展目标，大部分的创作作品以台湾的历史、风景、人文为创作题材，落实人本教育，推动特教启蒙，开启多元智慧，普及全民鼓术，传创本土击乐，广纳世界文化，达到鼓术推广之目的。

十鼓击乐团自2003年成立至今已经参与上百场国际表演艺术演出：2004年以千人击鼓打破金氏世界纪录；2005年赴美国的拉斯维加斯、纽约、罗得岛，加拿大的温哥华等地巡演；同年，亦成为文化建设委员会之扶植艺文团队。2009年，十鼓击乐团录制的"鼓之岛"专辑，以台湾历史"鹿耳门"为故事架构创作，入围第五十二届格莱美奖"最佳传统世界音乐专辑"提名，名扬中外。十鼓击乐团目前除了从事艺术演出之外，更致力于鼓艺传创工作，期望能将固有的"本土"击乐艺术在台湾这片土地世代传承下去，创作全新的台湾鼓乐。

自2007年起，十鼓击乐团选择在台南市台糖仁德糖厂落脚，自给自足建造了一座占地约7.5公顷的十鼓文创园区。进驻厂区时，团员们花了许多时间清理打扫园区，精心规划教育、生态、文化、艺术、餐饮等空间，设立简介馆、鼓博馆、击鼓体验教室、十鼓蔬苑、视听馆、中剧场、水槽剧场、烟囱广场、森林呼吸步道、十鼓祈福馆、空中步道、制糖工厂等。

园区里不论是指标的摆设、餐厅的配置，都以不破坏原本在地的糖厂历史建筑为原则,团员们在园区里大量创作,有石头、木材,或者是以鼓乐器为元素的作为地景创作,在园区的生活也激发了十鼓击乐团的音乐创作。十鼓的经营方式,让喜爱鼓乐的团员能在十鼓文创园区尽情享受音乐的创作与美好,也透过文化与表演艺术的推广,获得在地居民的认同,为国际表演艺术家、音乐家提供驻村便利,拥有完善的鼓乐表演艺术生态(图1)。因此,透过十鼓的个案,不仅可以了解表演艺术活化闲置空间的历程,也能探讨如何将工业时代的旧糖厂转型为文创园区。

图1　台南艺术节于十鼓文创园区演出

二、契　机

十鼓击乐团原本在台南市区租赁空间作为练团使用,但练习时的乐音影响居民生活以及场地使用,一直是乐团的困扰。2003年适逢台湾糖业公司台南仁糖糖厂停止生产并将闲置厂区开放出租,于是十鼓击乐团决定将团练的地点搬迁至仁德糖厂,设立十鼓文创园区。

仁德糖厂位于台南市仁德区的田厝里,1909年由日资"台湾制糖株式会社"创立,1910年开工生产,日治时期为台湾制糖株式会社的车路墘制糖所,迄今已超过百年历史。台湾光复后,1945年11月由"国民政府"资源委员会监理,并于次年接收。该厂于2003年停工后,原有的办公大楼及办公室由台湾糖业公司量贩事业部、休闲游憩事业部与台南区处等单位共享,十鼓击乐团则承租闲置场域成立十鼓文化村(现为十鼓仁糖文创园区)。

十鼓仁糖文创园区地理位置邻近台南市区,在台铁、高铁、机场、省道、一高、二高之汇集处(图3),交通十分便捷。园区占地约7.5公顷,共有22座日据时代所建筑之旧仓库,2005年由十鼓击乐团接手重新规划,以闲置空间活化的理念,在国际知名设计师和叶世宗先生的精心规划下,运用有限的资金,以表演艺术和音乐活化这片土地,让喜爱鼓乐的朋友在此汇集。在糖厂中,十鼓击乐团的团员们也能与自然共存,创作在地化的音乐,将原本荒芜的废弃糖厂园区改善为兼具生态、文化、艺术的空间。十鼓团队通过自己的力量,使之化身为亚洲第一座鼓乐主题国际艺术村,更多人看到台南的文化之美。

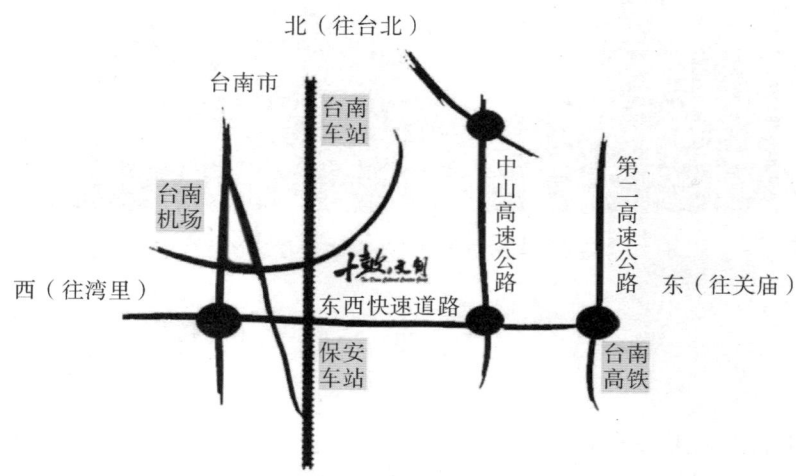

图2 十鼓文创园区交通位置

三、闲置空间再利用

从台南保安火车站下车后,在不远处有一座高耸的烟囱,上面写着"十鼓"二字,俨然是仁德区的新地标,徒步走大约十分钟的路程,就抵达台湾鼓乐薪传的发源地"十鼓文创园区"。

十鼓击乐团在台南旧糖厂建造十鼓文创园区,以强化玻璃的"天空步道"串联起三个蜜糖罐、五形圣树,邀请日本设计师在园区内打造"禅"的意境,透过糖厂空间的规划,改变参观者的心境,为本园区的一大特色。此外,透过步道连结文史馆、儿童游戏馆和鼓波咖啡馆三大馆区,利用糖厂留下的工业建筑借由互动设计进行文化的学习体验。

园区刻意保留过去运送蔗糖的五分车以及轨道(图 3),提供民众搭乘并感受农业时代的生活;接着,再由导览人员安排进行击鼓体验活动,以简单的

图 3 五分车行驶隧道改造前后

教材让民众体验合奏的乐趣；另外，还有从事制鼓35年的老师傅驻厂制鼓和解说制鼓工艺，参观民众不仅可以充分欣赏鼓乐的艺术，也能深刻体验仁德糖厂的旧空间（图4）。

图4　园区内的制鼓场域

十鼓击乐团善用闲置的旧糖厂，精心规划了许多具有特色的空间，提供休憩娱乐用途，概述如下：

1.鼓博馆

汇集东亚地区各国的传统鼓乐器，由导览员详细解说乐器的历史以及文化背景，透过展览方式达到击鼓乐器的教育目的。出口处特意安排投影互动设计，参观者可依照指示，以肢体创作打击古乐器，达到寓教于乐的功能（图5）。

图5　鼓博馆展示以及互动屏幕

2.击鼓体验教室

将原本户外仓储空间改造，十鼓透过简单的口诀来教导乐理，如：走路、跑步、跳等,来解释一分音符、二分音符、四分音符,民众可以马上理解并且合奏,体验过程十分有趣,老少咸宜(图6)。

3.十鼓蔬苑

为自由行个人用餐区域,简单的风味定食餐点,加入鼓乐器的餐具设计,锅、碗皆与鼓乐器的元素契合,在体验园区活动后,能在园区消费享用在地风味餐点。

4.中剧场

该剧场是十鼓展演定目剧的空间,原是台糖放置砂糖的室内仓库,阶梯状的旧有空间活化成木质座位,此空间能容纳500人,震撼的鼓乐演出,与室内凉爽的空间结合,视听效果十分精彩。

5.水槽剧场

过去为大型冷却槽,在工厂排放热水前冷却使用,十鼓将其改造成户外水槽剧场,此空间提供户外展演需求使用,使鼓乐展演能与户外自然结合(图7)。

图6 击鼓体验教

图7 水槽剧场

6.森林呼吸步道

在进驻园区时,园区内老树林立,十鼓除了复育该园区生态环境,也希望引发人们重视生态教育,打造森林呼吸道,远离都市尘嚣,让人放松、痛快地吸取大自然的涵养。

7.十鼓祈福馆

放置各式各样祈福的鼓面——平安、官禄、延寿、驱魔、祈福、添财、添丁、姻缘、考运、除病鼓,体验打击祈福大鼓,祈福健康平安。

8.梦糖工厂场景

梦糖工厂以仁德糖厂为基地,透过感人的小品故事,让更多人了解糖厂的美及保存糖厂文化的必要性。

9.空中步道

由梦糖工厂作为起点,沿着糖罐厂可经过文史馆、儿童游戏馆、鼓波咖啡馆,透明的玻璃阶梯,绕着制糖工厂,随着攀爬高度俯瞰整个制糖厂区(图8)。

10.制糖工厂

分别由文史馆、儿童游戏馆、鼓波咖啡馆(图9)组成,用旧制糖厂区改造成教育或饮食空间;厂区所留下的大型机具,透过设计以及装置艺术,让旧厂区点燃新生命。文史馆运用大量互动科技,让民众了解过去历史背景;儿童游戏馆陈设大型溜滑梯,让小朋友或成人都无法抗拒在制糖厂游戏的快感;鼓波咖啡馆以工业风和十鼓击乐团巡演的影视作为室内展示,空中步道也深入馆内随之环状阶梯到地面作为空中步道终点。

图8 天空步道于儿童游戏馆

图9 天空步道于鼓波咖啡馆

四、经营特色

(一)定目剧

"定目剧"是指在固定地点演出的固定剧目,在呈现上有许多不同模式,例如,中国大陆的印象系列,美国纽约百老汇以及英国伦敦西区的音乐剧、加拿大的太阳剧团等。来到十鼓文创园区必定要欣赏的定目剧,以台湾的文化为脚本,由十鼓击乐团自行制作,使用特有的本土鼓乐器,首创4D旋转舞台作为演出空间,早上、下午各有一场,也是国内少数经营定目剧成功的表演团体(图10)。

图10 台湾十鼓文创园区定目剧演出照

2011年,文化主管部门首次推动补助民间推动文化观光定目剧作业要点,十鼓击乐团就以作品"台湾风情"获得500万的补助;当年获补助的团体除了十鼓击乐团之外,还有"全民大剧团""拾艺整合营销"和"舞铃剧场"等三个团队,一年之后,就只剩下十鼓击乐团持续演出至今,其他团队皆是巨额亏损

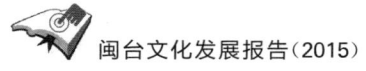

收场①。

其实,早在获得补助之前,十鼓文创园区就已有"定时、定点"的表演。十鼓击乐团于2005年进驻台南仁德旧糖厂,在着手筹备园区的同时,随着海外演出的机会增加,国际好评不断,谢十团长便暗自期许十鼓击乐不仅要走向国际,更希望观众愿意踏入台湾剧场欣赏演出。凭着谢十团长和团员们的借贷,筹备两年,十鼓文创园区终于开幕;尽管开幕首月游客仅有500人,经过三年,终于达到损益两平。谢十团长认为,定目剧要平易近人才能与社会大众产生共鸣,因此,他也不断尝试在艺术和市场间找到平衡点,除了将十鼓文创园区经营成鼓乐文化的平台,也会针对不同族群调整演出的内容,从纯艺术到商业性演出都有,让人人皆得以亲近鼓乐文化。

十鼓击乐团的定目剧能够成功,与谢十团长坚持十鼓"一定要有自己的故事"有关。他指出,"定目剧前三年一定赔钱,首先不能想赚钱的事,要想艺术内容的创意及创造幸福感觉,要有感动观众的心,长期经营的打算,才能存活"②。亚洲许多国家都有鼓乐文化,十鼓击乐团秉持"本土化才能国际化"的原则,扎根于台湾,深化属于台湾的鼓乐文化。此外,鼓乐的创作也必须和本土对话,具备"抓地力"才能走出自己的路。如今,十鼓文创园区一年吸引近24万的观光人潮,欧美、日本的游客也专程慕名而来,是台湾目前唯一以定目剧获利的艺文团体。

(二)车路墘故事馆

十鼓击乐团进驻仁德糖厂后,不只是利用旧糖厂的空间作为练习的场地,他们也琢磨善用原有的制糖机械设备,努力为社区聚落寻根,以记录故事的方

---

① 厉复平:《文创产业思维下的剧场表演艺术——一个艺术社会学考察刍议》,(台湾)《戏剧学刊》2014年第20期。
② 刘婪枫:《深耕鼓乐文化,十鼓击敲响定目剧》,《台湾光华杂志》,http://www.taiwan-panorama.com/tw/show_issue.php?id=2012100110050C.TXT&table=0&h1=%E8%97%9D%E8%A1%93%E6%96%87%E5%8C%96&h2=%E5%82%B3%E7%B5%B1%E6%88%B2%E6%9B%B2,2015-05-08。

式重现地方历史,深化在地性,为守护当地的人文景物做出贡献。

仁德糖厂旧称"车路墘制糖所",十鼓击乐团会成立车路墘故事馆,主要是受到一封感谢信的启发。紧邻糖厂的虎山小学保留了三封早期从日本鹿儿岛萨摩郡寄来的感谢信函,感谢校长在他们回台寻根时的照顾,提及过去在此聚落的生活点滴,激发十鼓击乐团为当地历史溯源[①]。十鼓乐团循着信件地址去函询问,只有鹿儿岛的前原夫人回复,循线找到了现居东京的高井先生,他是当年虎山小学校长的儿子。十鼓击乐团为此召集志工,专程赴日本东京探访,取得许多珍贵的史料和文物。最后,汇整当地耆老提供的旧照片,根据当时的建物分布进行遗迹访寻,逐渐串联出虎山村的历史脉络,"车路墘故事馆"成功重现糖厂聚落的旧貌和记忆。

（三）电影《加油！男孩》[②]

十鼓文创园区希望透过感人的小品故事来呈现糖厂的人文意涵,让人了解文化保存的重要性。因此,十鼓文创与百世文教基金会合作筹拍电影《加油！男孩》(图11),该电影于2013年10月25日上映。电影描述对音乐没感觉的阿泽,在舅舅钱副理的半推半就下,接下一个跟糖厂有关的音乐创作案,恰好这个糖厂也有他的童年回忆。在创作的过程中,阿泽发现这其实不是"百年纪念音乐会",而是暗中拆除糖厂的破土音乐会仪式。阿泽用童年回忆引发人们和糖厂的共鸣,从人与土地的角度出发,利用旧厂区的机械设备,从那些所谓的"破铜烂铁"中发展出"原创音乐",让糖厂诉说自己的故事。

十鼓击乐团于2005年向台糖公司承租仁德糖厂闲置空间经营文创园区时,并不包括糖厂的核心区"制糖工厂";在电影拍摄前几年,台糖公司原本也打算把"制糖工厂"内旧有的机具设备等资产全部处理掉,但在地方民众、文化界人士与厂方的协调下,这些机具设备得以保留。

---

① 吴俊锋:《"我的车路墘回忆"特展,十鼓重塑虎山社历史》,(台湾)《自由时报》,http://news.ltn.com.tw/news/society/breakingnews/1225127,2015-05-08。

② 《电影加油男孩守护梦糖工厂》,https://www.facebook.com/pages/电影加油男孩守护梦糖工厂/141506739354401,2015年5月8日。

图 11　电影《加油！男孩》宣传海报

《加油！男孩》电影制作的过程当中，十鼓击乐团与制片团队合作，在"制糖工厂"中找到各种新的声音元素，就地取材创作电影的原创音乐，让糖厂为自己发声。谢十团长则更进一步修复"制糖工厂"内的设备，甚至能够再次运转，游客只要在每个机器前按钮启动，配合荧幕的解说信息，就能看见"制糖工厂"的运作情况①。十鼓文创园区的案例，让我们看见文化遗产蕴含的可能性，远远超过人们的想象。

（四）艺术家驻村

十鼓文创园区成立之初，希望打造鼓乐文化与艺术的平台，不仅要发扬台湾本土文化，更要走向国际；因此，除了将旧工业厂房和设备活化外，更邀请许多国际艺术家驻村，促进文化与创作交流。历年重要国际艺术家驻村合作计划如下：

2014 年 7 月—2014 年 8 月，与法国里昂 Grame 国立音乐创作中心共同

---

①　杨思瑞：《鼓乐团加持老糖厂变文创产业》，http://www.epochtimes.com/b5/14/6/14/n4178154.htm 鼓乐团加持——老糖厂变文创产业.html，2015 年 5 月 8 日。

合作,邀请艺术家 Zoe Benoit 在台南十鼓文创园区发展"建筑声响系列计划"(Archisony)"擎乐音柱"(图12、图13)。艺术家以制鼓过程为构思,造访与制鼓所用材料有关的地方,例如:森林、台中鼓桶工厂等制鼓所,对这些地方的人们和空间进行访问与录音,创作出一个由木头变为鼓的故事。民众经过这些雕塑品时,似乎可以听到它们诉说自己的故事。

图 12　擎乐音柱/木材

图 13　擎乐音柱/树脂

2014年8月初至2014年8月底,法国艺术家 Jacqueline Delpy 驻村,于高雄桥糖文创园区创作作品"甘蔗小巷"(图14)。这是一组悬挂在旧糖厂空间中的装置艺术,使用用过的彩色笔管作为创作材料。色彩鲜艳的笔管被悬挂在长条形的仓库间金属架上,使人们联想到甘蔗;也能让人想起梅雨季节。

图 14　Jacqueline Delpy 作品"甘蔗小巷"

2.2013年8月至2013年9月,来自加拿大的声音艺术家Robin Minard驻村,于高雄桥糖文创园区创作作品《十鼓寂静之音》与《梦糖声境之旅》(图15)等作品。"梦糖声境之旅"是Robin Minard到台南善化糖厂录制制糖过程的声音(此糖厂当时仍在运作中),也录制了仁德糖厂退休员工的访谈。这个作品将这些录音混合为故事般的组合,聆听者得以知晓这座糖厂听起来曾经是什么模样,听到那些曾在这里工作的人们的故事及声音。就如Robin Minard在故事中指出的,工人们的生活在2003年糖厂关闭时改变了,但是他们的某些部分将永远不会离开这个地方。

图15　Robin Minard作品《梦糖声境之旅》

结　语

在全球化当中,许多追求"进步"与"成长"的国家,往往在都市计划或都市变更时,将旧建筑、旧地景夷为平地,建造崭新的现代建筑,造成文化上的断层,并且消弭了自身文化在国际当中的能见度。十鼓文创园区让我们看见在快速生产、什么都可以被消费的当代社会中,文化资产所蕴含的价值意涵与永续性;文化资产并不是没有价值,而是人们视而未见。这也启发我们,在"文创园区"泛滥的当代社会,为了刺激消费与经济而经营文创,只会渐渐流于表面;最终,"文创"的根本内涵还是要回归到人们的文化活动。文创园区若能够成为人们从事文化活动的良好平台,激发人们在此发展出文化的深度与厚度,便是实至名归。

过去仁德糖厂从事糖业生产,现今成为十鼓击乐团发展鼓乐文化的最佳基地。十鼓击乐团凭借着民间的力量,坚持属于自己的理念,以表演艺术进入老旧闲置空间,不仅保存了文化资产,也不断发展出自己的故事,十鼓文创园区终于成为台湾鼓乐传承的发源地。

综观十鼓击乐团成功的关键因素,除了多元的园区经营外,还有十鼓击乐团的鼓乐与艺术展演;此外,谢十团长秉持"本土化才能国际化"的理念,终于在糖业文化资产中找到养分,深耕在地,从鼓乐中提炼出属于台湾的特色,透过传承、创意、创新孕育出十鼓击乐文化的独特性。

值得关注的是,这种由民间筹资经营并且成功的案例虽是少数;但文创能量最宝贵之处还是来自民间,"政府"与"公共部门"应制定更为宽松的制度与提供充足的资源,积极辅导、培育、活化民间由下而上的力量,促进艺文团体的发展,也让闲置空间原有的文化底蕴,成为崭新的文创热点。能够不断自我再生、永续发展的文化,才能以其文化的深度和广度,站在全球化的浪潮中而不被淹没!

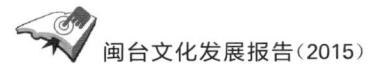

台北宝藏岩共生聚落有机发展之个案探讨

张玉汉*

摘　要： 　　宝藏岩共生聚落是台湾少数活态保存的案例。在宝藏岩共生聚落中，透过国际艺术村的维运，引进艺术家驻村，为本区注入多样、多元的能量，进一步透过艺居共生的政策，让原住户继续在聚落中生活，让原住居民的生活模式、独特文化得以传承跟再现。这样的保存方式也让我们看到台北宝藏岩国际艺术村的永续发展与艺居共生的居民之间的紧密联系。台北宝藏岩国际艺术村的发展，受到原住居民的有机影响，未来也要面对第一代原著居民的凋零。为了让宝藏岩共生聚落能更加有机的发展，应让居民更深入参与宝藏岩共生聚落的发展，透过让居民加入宝藏岩公共空间管理的服务团队，参与台北宝藏岩国际艺术村活动的评审、展演。透过艺术村的能力，鼓励居民将原有的柑仔店（杂货店）重新开张，增强宝藏岩共生聚落的有机功能，借此重新凝聚社区内的在地意识。台北宝藏岩国际艺术村持续促使居民参与介入共生聚落的发展，而非仅作为住户。

关键词： 　台北宝藏岩；共生聚落；艺居共生

---

* 张玉汉，台湾艺术大学艺术管理与文化政策研究所博士候选人、台北市文化基金会艺术村营运部行政经理、台湾文化政策研究学会秘书长。主要研究文化政策、博物馆经营管理。

台北宝藏岩共生聚落有机发展之个案探讨

一、绪 论

面对"全球化"的冲击,许多城市的在地纹理都发生变化,这使具有人情风俗与在地氛围的事物逐渐被单一化、标准化的资本市场及行为所改变,许多传统的民俗风情及建筑景致逐渐消失,导致现代社会难以寻找传统旧记忆及文化传承。中国大陆近年来推动的"城镇化"也面临相同的问题,农村的重新规划发展使许多旧风俗与地景逐渐消失。透过保存政策来维护传统文化与地景则成为重要的议题,本文将透过台北宝藏岩共生聚落的活保存来探讨如何让聚落更有机地发展。

台北宝藏岩共生聚落是亚洲城市中对历史聚落进行活保存的经典案例。台北宝藏岩聚落的保护从18世纪初期的宝藏岩寺建寺开始,至今已有300多年,期间历经日治时期军事管制、国民党政府军队驻守、国民党政府军队移防等,历经多次的寺庙改建和居民的自力造屋,形成具有特殊氛围的城市聚落空间。近期,政府介入,让原生的人情风俗跟在地氛围得以保存,与后续的艺术进驻计划融合,变成具有艺居共生特色的宝藏岩聚落。2006年,宝藏岩也更因为独特的氛围及历史人文发展脉络,被《纽约时报》列为台北市最具特色的景点,与台北101大楼齐名。2011年5月27日,台北市政府文化局依据文化资产保存法将其指定为历史聚落,透过政策及法令的保存,让此处战后违建聚落的景色及自然形成聚落的风格得以保存。

为保证宝藏岩聚落进一步发展,台北市政府文化局采用"艺居共生"的政策方针,在宝藏岩聚落中导入艺术村机制,透过艺术家的驻村、微型艺术工作室的进驻,让此地更加多元,也让原本在地的居民生活与外来的艺术家在地创作进行激荡,为此地创造更多的可能性。但看似发展丰富且号称为活保存的宝藏岩共生聚落,面临原住户的凋零及第二代第三代落户发展的难题,宝藏岩共生聚落发生质量上的变化,原本共生聚落的历史背景也跟随着转变,这样的发展,连带影响宝藏岩共生聚落的有机发展。本文试图从宝藏岩共生聚落的发展过程,探讨宝藏岩共生聚落未来的发展。

二、个案概述：从违建到宝藏岩共生聚落

在政府介入后，宝藏岩逐渐发展成共生聚落，目前以台北宝藏岩国际艺术村为主维护整个宝藏岩共生聚落。仍居住在宝藏岩的 20 户约 60 名原住户扮演着促使宝藏岩共生聚落发展成城市有机体的重要角色，是探讨宝藏岩共生聚落时不能忽略的力量。

宝藏岩聚落最早依宝藏岩寺发展而来，在清代与日本殖民时代便有农民移垦，1949 年国民政府来台，许多自谋生活的退役军人因无法在台北市中取得住宅，也到宝藏岩营区附近搭盖违建，或承租违建解决住宅问题。

早期宝藏岩的居民大多由社会较底层阶级组成，经济能力不足，多以"自力造屋"的方式来盖安身立命的处所。宝藏岩聚落也由宝藏岩寺附近的 6 户住家向周边拓展，经历了自力造屋时期，最多约有 200 多户人家居住在此，且因其特殊的地理位置与居民结构，形成在台北市非常有特色的聚落空间，展现出有别于繁华台北、现代化建设的独特地景。

宝藏岩聚落虽具有丰富的人文特色，但因其多为违建，于公安消检管理及都市计划相违下，迫使台北市政府思考该如何处理其历史问题，台北市政府考虑的不仅仅是该区该如何规划使用，其要面对这些原本较弱势，在政府默许下自力造屋百姓的居住权问题。1980 年左右，台北市政府在第一次都市计划通盘检讨中将宝藏岩地区（包含宝藏岩寺、聚落与周边军事营区所在地）划为"中正 297 号公园（永福公园）"预定地，计划将宝藏岩地区的违建地景开辟成公园绿地。但因无法解决都市弱势社群住宅供给匮乏等议题，宝藏岩聚落的拆迁与安置问题一直争议不断。①

宝藏岩被台北市政府公园处公告拆迁、辟为公园后，宝藏岩的居民开始进行陈情，学生团体也参与权益争取。当时正逢台北市市长选举，获得候选人马英九的承诺背书，马英九当选后也要求公园处委托办理"宝藏岩共生聚落保

---

① 夏铸九：《在网络社会里断古迹保存的新想象》，《城市与设计学报》2003 年第 13，14 期。

存"的研究案,后来由台大城乡所协助进行研究,提出聚落保存的三大建议方案,分别是"聚落、生态、艺文公园,以社会住宅安置居民""聚落、艺文展演园区,原地安置居民""福利性公共住宅,原地安置居民",三个方案均建议将聚落指定为历史聚落①。最后市府决议将宝藏岩规划为"艺文聚落展演园区",此方案有几个重要的配套措施——短期内要"原地留住"老弱者、规划原地留住区。这样的规划也使原本大规模抗争、政治动员游说转向体制内争取资源、期待变革②。1999年,龙应台担任台北市文化局局长,宝藏岩作为艺术村的方向最终确定下来。2004年,宝藏岩正式被认定为历史聚落,以聚落活化的形态保存。2006年年底开始进行聚落修缮工程,艺术进驻团队于2010年10月2日正式进驻营运,台北宝藏岩国际艺术村也正式营运,2014年宝藏岩青年会所开幕营运。原本规划的宝藏岩共生聚落政策更趋成型。

三、问题分析

台北市政府文化局介入宝藏岩聚落的保存与修建,从原作的违建管理到后来的共生聚落保存的发展,不能单面将此案例看作政府与居民争夺空间,宝藏岩共生聚落的发展应着重于在城市转型或变化的过程中保护违章建筑,从台大城乡所的师生找寻建筑特色,进行论述,到后来文化局采用文资法进行"聚落"保存,都可以看出市政府并无意于与民间争夺空间,政府决策的重心是如何处理这些空间的保存与谁有权力继续居住。

自2010年整建后,宝藏岩聚落落实艺居共生政策,居民与艺术村共同存在于此一空间,虽然是对历史聚落活保存的展现,让原住居民的生活模式、独特文化得以传承与再现,也透过艺术村的机制,导入更多艺术创作的能量,让本区重新活跃并找出定位。然观察在地驻村与细部则会发现宝藏岩共生聚落

---

① 张立本:《都市治理与社会运动的文化策略:台北宝藏严违建运动》,《中外文学》2005年33卷第9期。
② 张之颖:《宝藏严艺术村不只是个高级动物园》,《文化研究月报》2011年120期。

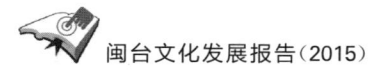

中有诸多问题。

(一)十二年居住权的议题

台北市政府决定要在此进行共生聚落保存时,为了让宝藏岩违建能通过公安消防安检,政府介入整修宝藏岩聚落的房屋,透过建筑师的检测结构、补强修建,让宝藏岩共生聚落的违建符合现代的公共安全管理法规。在整建的过程中,台北市政府文化局推动安置作业,让不愿意搬到外地居住的原住户可以选择先迁至在宝藏岩所盖的中继住宅,或者领取"等候期间自行安置补助津贴"至外地租屋,尔后再搬回聚落住,或者直接领取行政救济金或承购国宅,搬离宝藏岩聚落。整个安置计划未能完成,至今约有20户仍继续在宝藏岩聚落居住。

约20户的原住户构成宝藏岩共生聚落中非常重要的元素,但这使台北市政府面临"公共资源分配公平"议题的挑战。宝藏岩聚落违建进行修复,政府的介入让违建变成合法住宅,居民从拥有房子变成使用房子,从房子主人转换成为房客,住宝藏岩聚落的居民有身份限制,也只需缴交非常低的房租,房舍修缮由文化局负责,相对于其他的保存案例,宝藏岩原住居民的留住使这里产生排他性的身份障碍,因此部分人认为台北市政府文化局图利"少部分的原住居民"。宝藏岩原住户续住宝藏岩聚落也有问题,原住居民仅能再住12年,在"国宅法"母法下,台北市政府文化局授予宝藏岩原住户可以在此地居住的年限最多为12年,至晚到2022年,居民必须全部搬离宝藏岩共生聚落。原住户的十二年条款,各方也正努力突破,希望让原住户能持续在此地居住。

十二年条款会导致严重的后果,共生聚落中的居民消失,宝藏岩国际艺术村的角色也会受到挑战,共生聚落由艺术村、居民共同构成,居民消失,则必须考虑没有居民后的艺术村将以何种面貌呈现,如何取得社会民意及政府预算的支持。

(二)艺术村与居民自治的平衡议题

部分人认为,透过官方打造的宝藏岩共生聚落是由上而下的城市形象,与现住户的生活是断裂的,有学者批评宝藏岩原住户的租屋留住只是为了满足外界对宝藏岩历史怀旧的想象①。事实上,宝藏岩共生聚落的发展也遇到艺术村管理与居民自治上的问题。台北宝藏岩国际艺术村握有较多的预算资源,负责主要的聚落公共空间的管理,因此常在园区公共空间管理的事务上与居民有较多的互动,互动的频繁也增加了摩擦的机会,在停车位管理、公共空间定义、居民私人空间被游客闯入、居民于宝藏岩共生聚落举办活动受管理等都是共生聚落中常发生争议的议题,争议的产生大都是因为台北市政府文化局、艺术村营运部与居民彼此间因处于不同立场及生活需求。管理单位希望宝藏岩共生聚落的管理越单纯越好,在年度预算所能支应的情况下维运园区,但居民认为共生聚落的园区是生活空间,越方便越好,这两者常遇到纠纷。台北市政府文化局为了让居民更有组织地进行自治,除鼓励宝藏岩文化村协会自主运作,进行居民自治外,也驻点设办公室协助文化局跟艺术村营运部协调居民的意见。

居民自治更趋活跃且成熟时,提出的意见便会挑战管理制度,例如居民想在聚落中做生意、放宽修缮规定。取得文化局、艺术村营运部与居民自治间的平衡点是长远重要的议题。

(三)共生聚落有机保存的议题

宝藏岩最具体的生命力呈现在造型迥异的建筑,建筑是由居民的身体与空间长时间互动生长出来,现在居民依赖的文化局的授权、外包工人的维修,房子已经属于公产而非私产,过往搬运砖块筑房、偷接水电之事已经不可能再发生②。宝藏岩聚落经历自力造屋到历史聚落保存的过程中,从原本的6户人家发展到200多户,最后剩下约20户继续居住,这20户中约有10几位原本就居住在此的老人家,年纪也80多岁,虽然迟到2010年也有第二代、第三代居住在宝藏岩共生聚落,但随着第一代原住居民的凋零,如何进行历史聚落的有机保存面临相当大的考验。

---

①② 张之颖:《宝藏严艺术村不只是个高级动物园》,《文化研究月报》2011年第120期。

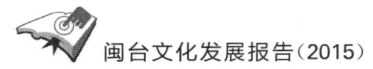

宝藏岩共生聚落的居民来自四面八方、不同族群有后来许多外籍配偶迁入，共生聚落更加多元，但整个历史聚落的永续发展亟须找到维续的方法，否则疏离感将在宝藏岩共生聚落中产生。

目前透过居民自发性的每个月举办一次一家一菜活动，让聚落中的居民跟艺术村的艺术家、驻村单位能在每个月的这时候拿出属于自己记忆的菜肴与大家分享，透过这样的联谊深化整个聚落的有机发展；居民也尝试进行每周一次的宝藏岩老人供餐活动，希望透过老人供餐的活动进行记忆与经验的传承，也借此让宝藏岩聚落中原本居民邻里之间的关系仍紧密地连在一起。宝藏岩国际艺术村营运部也持续参与居民的自发活动，给予适当的协助。

四、问题讨论

宝藏岩共生聚落政策的执行，正反评价各异，支持者认为透过政府力量的介入，借由"艺居共生"的政策完整地将宝藏岩的地景保存下来，让多元的创作力量进入，丰富该区，让原住户持续居住，除了解决弱势居民居住上的问题外，也让聚落得以进行活保存。而批评者认为，"艺居共生"只是政府一味从上至下的幻想，艺术家驻村创作，很难达到与居民的共同创作的共生目的，艺术家的驻地创作便受到限制。居民在此则成为被"观视"的景色，从本质上是打扰到居民生活。

但是2010年来，台北宝藏岩共生聚落的发展已成为事实，除了约20户共60多位的居民生活在共生聚落中，宝藏岩国际艺术村也每年接受数十位的艺术家申请驻村，有近15组微型文创业者申请进驻聚落，台北宝藏岩国际艺术村每年也会举办开放工作室、艺术村灯节等大大小小活动，因此自2010年后每年也约有20万人次前来宝藏岩共生聚落参观，俨然已经变成台北市重要的休憩景点。笔者比较关心的是，在居民、艺术村营运部共生的状况下，宝藏岩共生聚落如何成为有机体，朝着真正共生的方向发展，台北宝藏岩国际艺术村扮演的角色为何？

宝藏岩共生聚落共生的部分为原住居民与艺术村营运部，有机发展的标的较为单调，有别于高雄凤山黄埔新村的"以住代护"①的多元申请方式，接受热爱眷舍的个人、工作室或团体，以实际入住的行动力，汇聚延续台湾眷村文化聚落。宝藏岩共生聚落的入住资格限制尚未改变下，其有机发展需由在地居民来实现。

宝藏岩国际艺术村为了要让宝藏岩共生聚落能有机发展，希望艺术村与居民贴近，因此除了持续参与家园的活动外，也让艺术家跟居民多进行互动，为在地居民提供在地工作机会。从2014年起，艺术村更进一步让居民扮演更多角色，除筹组宝藏岩文化服务员、家园巡守队还邀请居民共同参与宝藏家园的公共空间清洁及秩序的维护，相关的艺术村活动评审也邀请宝村协会的干部参与，代表居民提出意见。开始大型活动也邀请居民共同创作，参与展演。为了要恢复宝藏岩共生聚落的生活功能，让宝藏岩共生聚落更加有机地发展，2014年国际艺术村辅导居民在宝藏岩共生聚落中筹设宝村柑仔店，该店于2015年3月正式营运，由宝藏家园的居民进行，营运的相关营余部分必须反馈到宝藏家园使用。希望借此的方式，改变原住户仅是住户的角色意识，希望居民能扮演更多的角色，让居民的日常生活活动跟艺术村的活动进行联结。

小 结

宝藏岩共生聚落是台湾少数活保存的案例，透过国际艺术村的维运，引进艺术家驻村，为本区注入多样、多元的能量，透过艺居共生政策，让原住户继续传承与再现生活模式、独特文化。台北宝藏岩国际艺术村的永续发展跟艺居共生的居民紧密联系，台北宝藏岩国际艺术村的发展受原住居民的有机影响，更原著居民的凋零，导致的活保存的挑战。面对这样的挑战，台北宝藏岩国际艺术村应思考艺术村的营运方向，除继续进行艺术村艺术进驻的业务推动、艺

---

① 《不用占领空屋 眷村免费让你住》，《壹周刊》2015年4月28日，http://www.nextmag.com.tw/breaking-news/people/20150428/18711969？fb_comment_id=fbc_895523940513044_895587383840033_895587383840033#f2c4a7eb6，2015-04-28。

图 1　宝村柑仔店

术家扶植及台北市民提供休憩空间外,也应协助原住居民在聚落中能找到有机的发展为。

为了让宝藏岩共生聚落能有机地发展,国际艺术村让居民深化参与宝藏岩共生聚落的发展事务,让居民加入宝藏岩公共空间管理服务团队,参与宝藏岩活动的评审、参与展演活动,扶植居民重开原有的柑仔店,强化宝藏岩共生聚落的有机功能,借此凝聚社区内的在地意识。总结来讲,为让宝藏岩共生聚落持续有机发展,宝藏岩国际艺术村持续让居民参与介入宝藏岩共生聚落的发展,而不仅将他们视为住户。